# 曾氏源流与太平房系

（上）

曾佑桥 主编

浩明

岳麓書社·长沙

曾氏“省身念祖”图章

大成至圣先师奉祀官孔德成题词

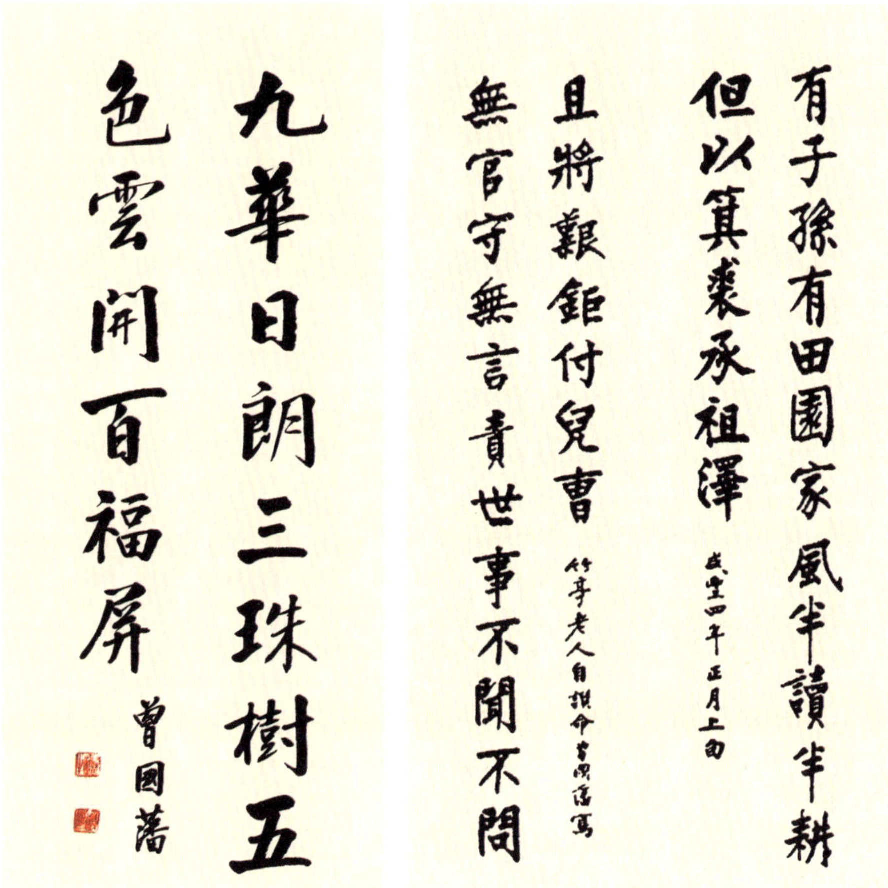
有子孫有田園家風半讀半耕
但以箕裘承祖澤
且將艱鉅付兒曹
無官守無言責世事不聞不問
九華日朗三珠樹五
色雲開百福屏
曾國藩

曾国藩手迹

湖南曾氏集团创始人曾敬章（1913 年 2 月—2000 年 12 月）铜像

2004 年太平曾氏宗祠重光大典合照

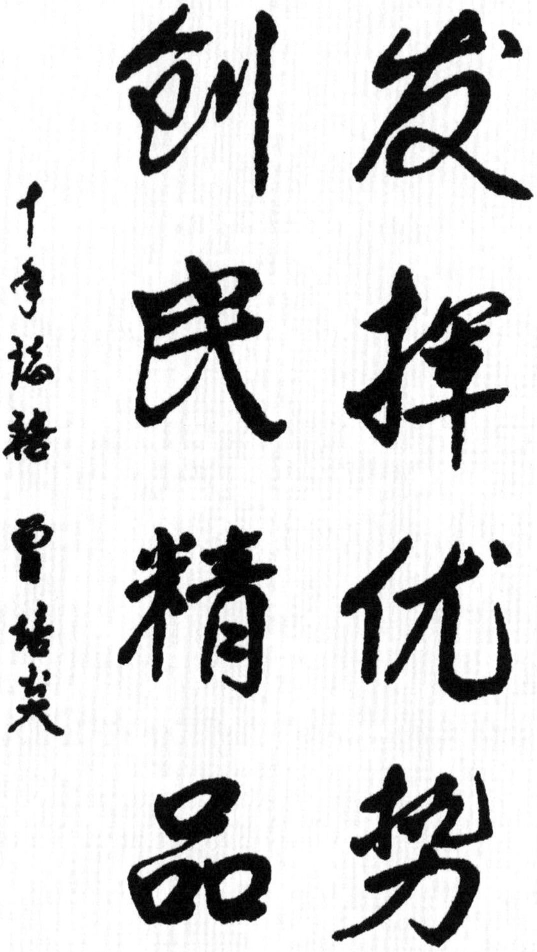


时任国务院副总理曾培炎2003年为曾氏企业集团成立10周年题词

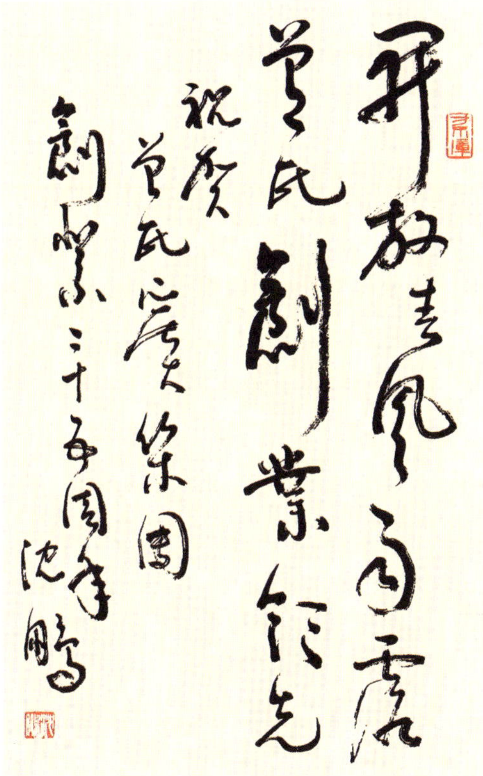

中国书协名誉主席沈鹏题词

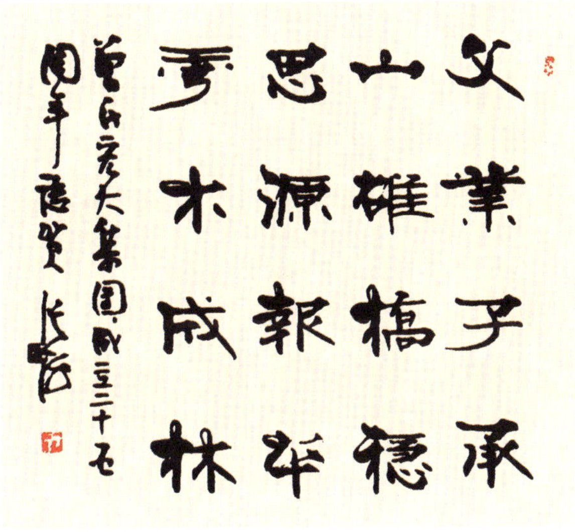

中国书协主席张海为曾氏企业创业 25 周年题词

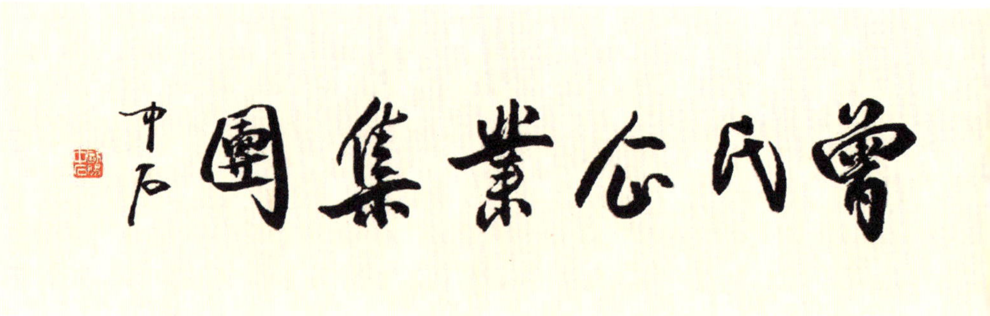


中国书协顾问欧阳中石题

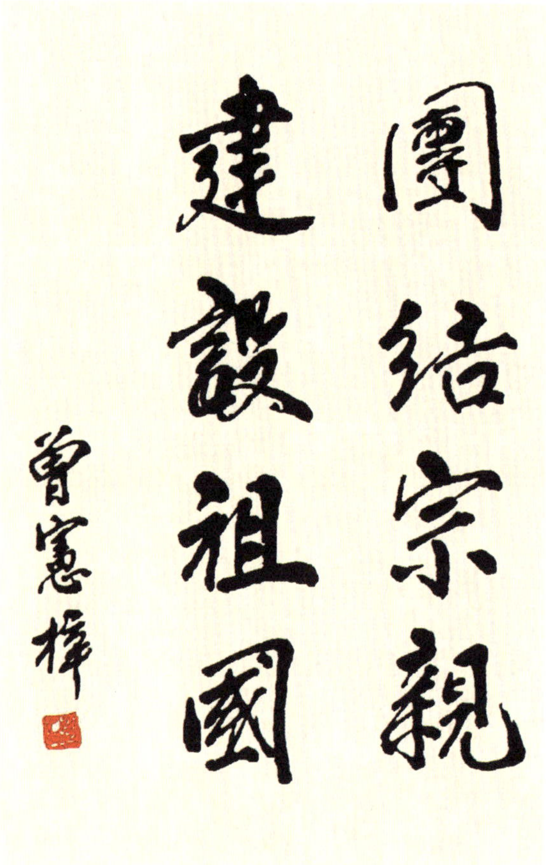


香港金利来集团董事长曾宪梓题词

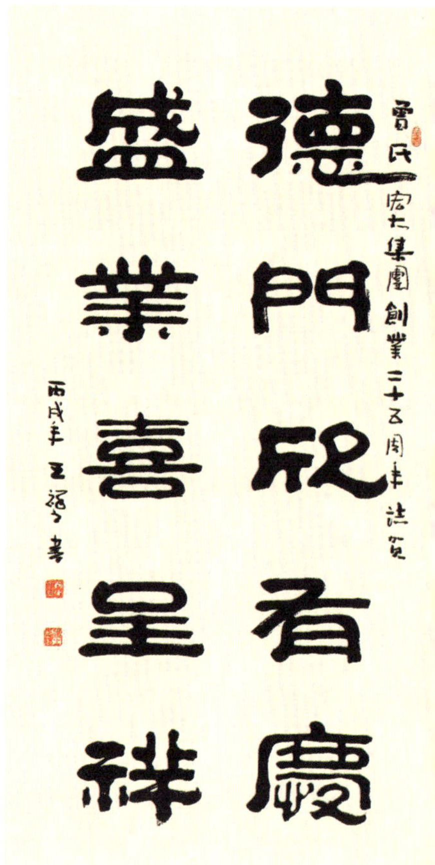


中直机关书协副主席王祥之题词

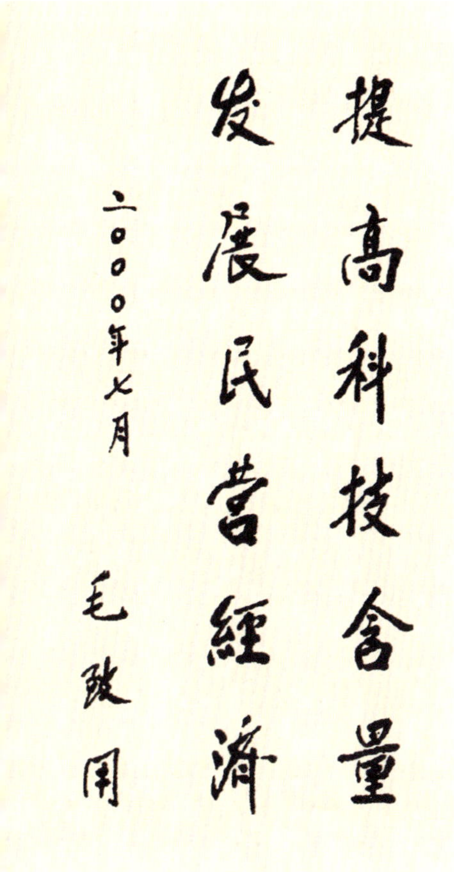


时任全国政协副主席毛致用 2000 年为曾氏集团题词

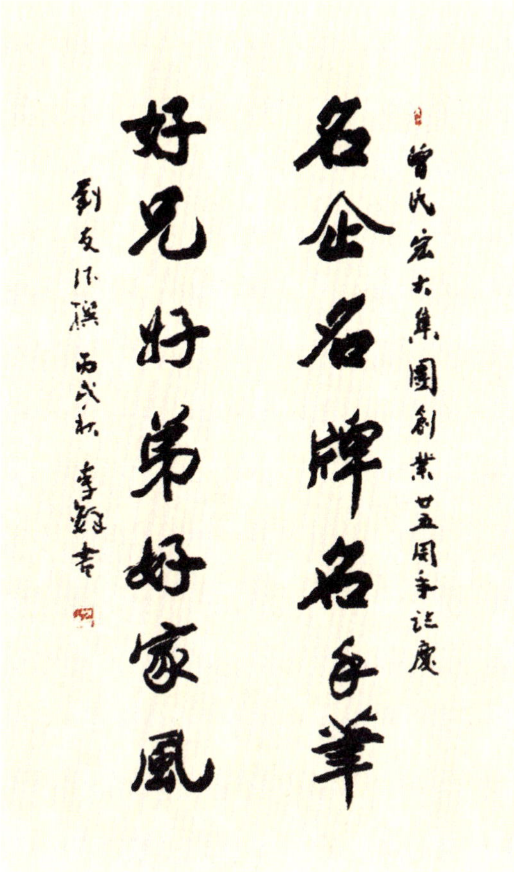


中国书协顾问李铎题词

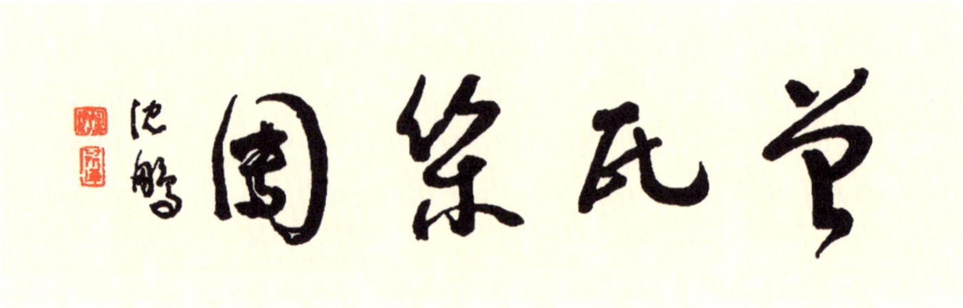


中国书协名誉主席沈鹏题

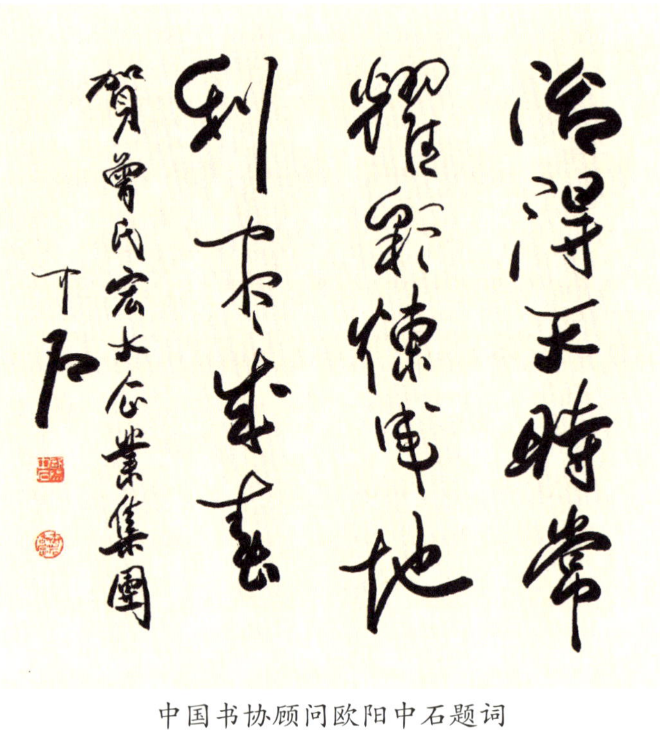

中国书协顾问欧阳中石题词

# 序 一

袁隆平

中国人早在母系民族社会的时候就有了姓。经过五千多年的历史发展，姓氏延续至今，已经变成了一种文化现象。姓氏是以一种血缘文化的特殊形式记录着中华民族的形成，它在中华民族文化的同化、发展、传播和国家的统一上都起过巨大的作用，如我们熟知的“岳家军”“杨家将”等，他们在中华民族发展的历史进程中就做出了极大的贡献。因此研究姓氏传承，对于了解中华文化的融合和中华民族的发展具有重大的意义。

曾氏是轩辕黄帝的后代，是我国姓氏中最纯粹、最古老的姓氏之一，也是在我国百家姓中目前排名比较靠前的姓氏。所有的曾姓人口都是由曲烈一脉传承而来，其受姓始祖是太子巫，开派始祖是曾参。而曾参是孔子的得意弟子，他全面、深刻地继承了孔子的学说并发扬光大，为孔子儒家思想的传播做出了突出贡献，被后世尊称为“宗圣”。整个曾氏在几千年的发展传承中，诞生了一大批优秀人才，如曾据、曾公亮、曾巩、曾布、曾国藩、曾国荃、曾纪泽等，还有现当代的一大批曾氏人才。曾氏发展至今，已经枝繁叶茂、人才辈出、兴旺发达。

本书名为《曾氏源流与太平房系》，以湖南曾氏集团曾佑桥先生为首编写。全书分两大部分阐释曾氏的传承与文化。“曾氏源流”将曾氏几千年的历史条分缕析、层次分明、脉络清晰地展现给读者。既有对曾氏历史宏大场面的整体描述，也有对曾氏历史成败得失的深刻总结。“太平房系”则是选取曾氏发展传承成就较为突出的一支——湖南邵东太平曾氏，以点带面、见微知著地展示曾氏当代人的骄人风采。本书历史感强，文笔清新简练，我从中既读出了曾氏几千年的厚重历史，也读出了曾氏“孝悌、正直、勤奋、重教”的家族文化内涵。

盛世修史和姓氏传承既是历史的一种表现形式，也是中华文化的一块重要基石。因此，编写姓氏源流的书籍在今天来说，对弘扬中华优秀传统文化、凝聚中华民族的向心力都有着十分重大的意义。

正因为此，我乐于为本书作序。

2018 年 10 月 15 日

（袁隆平简介：世界杂交水稻育种专家，中国工程院院士。）

# 序　二

曾小山

姓者，统其祖考之所自出；氏者，别其子孙之所自分；“姓氏者，标示家族血缘之符号也”。早在五千多年以前，中国就形了成姓氏。了解中华民族发展史和文化传承，姓氏研究是重要的途径和窗口。

在百家姓中，曾姓属于大姓，最初发源于今山东省临沂市兰陵县（苍山县）西北一带。夏王少康封地给小儿子曲烈作为子爵王国，称为鄫子国。后鄫国被灭，鄫国太子巫出奔邻近的鲁国，用原国名“鄫”为姓氏，但除去了邑旁（阝），表示离开故城，不忘先祖，称为“曾”。据考证，曾氏是轩辕黄帝的后代，是夏禹王（姒姓）的六十三世孙，是中国古老姓氏的突出代表，传承至今。曾姓人口都是由曲烈一脉传承而来的，因此自古就有“同根同祖，血脉相连，天下曾氏一家亲”的说法。曾姓也是我国姓氏中最纯粹、最古老的姓氏，底蕴深厚，英才辈出。

《曾氏源流与太平房系》一书是对曾氏历史的全面概括、曾氏人物的深刻总结和曾氏文化的大力弘扬，做到了史实清楚、脉络清晰、客观真实、文笔严谨、可读性强，具有存史育人、激励后人等积极意义。曾子文化委员会致力于研究曾氏家族的历史变迁，从中汲取文化滋养，加以发扬光大，为推动文化传承、增强文化自信，尽一份绵薄之力。

仁、义、礼、智、信、勇、恕、诚、忠、孝、悌及修身、齐家、治国、平天，是儒学经典思想。曾子不仅忠实地继承了孔子的思想，而且在许多方面有新的建树，最主要的是孝道和修身。曾子的政治主张和他的孝道与修身思想紧密相连的。他从“事父可以事君”推衍，提出“始于事亲，中于事君，终于立身”孝的三部曲，进而实现以孝治天下。曾子的一生最重是实践，他不仅关于实践的论述多，而且身体力行。曾子认为实践可以丰富自己的知识见闻。他说：“言不远身，言之主也；行不远身，行之本也。言有主，行有本，谓之有闻矣。”古往今来，曾氏始终以孝悌、正直、勤奋、重教为文化内核，体现了曾氏始祖曾参的精神传承，也是曾氏族人共同的精神财富和几千年的精神坚守。人类社会总是在历史前进的逻辑中前进，在时代发展的潮流中发展。曾子文化委员会以曾氏家族研究为己任，不断挖掘新的元素，不忘初心推动与时俱进。

历史是一面镜子，但愿《曾氏源流与太平房系》的编辑出版，对整个曾氏的发展进步有所启发、有所借鉴、有所教益。

是为序。

2019 年 7 月 25 日

（曾小山简介：湖南省曾氏集团董事局主席，第十届全国人大代表，曾子文化委员会主任。）

# 前　言

中国的姓氏诞生至今已有五千多年的历史，其历史之悠久在世界文化史上极为罕见。姓氏延续至今，早已变成了一种文化现象，成为了一座蕴藏丰富的精神矿藏。世界上有许多古老文化早已连同创造它们的族群一起销声匿迹了，而中国姓氏文化则历经了五千年始终延续与发展着。姓氏一直是代表中国传统宗族观念的主要的外在表现形式，它以一种血缘文化的特殊形式记录了中华民族的形成，在中华民族文化的同化和国家统一上曾经起过独特的聚集民族凝聚力的作用。因此研究姓氏传承对于研究和传承中华文化具有重大的意义。

曾氏一姓是目前排名在我国百家姓中比较靠前的姓氏。据2010 年 11 月第六次全国人口普查的资料显示，2010 年全国曾姓人口总数达到 600 多万，居姓氏排行第 38 位。曾氏是轩辕黄帝的后代，夏禹王（姒姓）的六十三世孙，传承至今，枝繁叶茂，是中国古老姓氏的突出代表之一。因此，编写曾氏源流一书对梳理曾氏一脉、传承曾氏家风、弘扬中华文化同样意义重大。

本书取名《曾氏源流与太平房系》有以下原因：第一，曾氏传承久远，支系繁多，本书不能一一追根溯源，只能在梳理曾氏总体源流的情况下，选取其中一支进行比较清晰的记述。第二，本书系我们湖南曾氏集团组织编写，曾氏集团属湖南曾氏太平房系，拥有太平房系比较完整的传承资料，选取太平房系一支写作较为便利。第三，我们湖南曾氏集团对湖南乃至全国曾氏较为了解，研究曾氏太平房系对于深刻理解曾氏文化和曾氏发展有着更好的参照意义。

本书的写作是在充分搜集和研究资料的基础上，去伪存真，谋篇布局完成的。具体说来，想达到以下目的：

第一，客观真实。全书所用资料文献力保准确，不偏听偏信，不断章取义，不以讹传讹，不无中生有，使呈现出来的事实真实可信，尽量做到有据可查。

第二，把握大局。全书力图说明四件大事：一是曾氏的总体渊源和传承脉络；二是曾氏迁徙和发展的大体步调和策略；三是曾氏文化的精髓和大致表现；四是湖南太平曾氏房系的传承和精神。

第三，注重可读性。本书不是曾氏史料的堆砌，不是空洞无序的记述，我们尽量做到在尊重史实的基础上，对史料进行合理运用和总结。既有直观的曾氏传承，也有整个民族发展与融合的大势，还有曾氏先祖在大环境条件下的决断与行动。

本书的第一篇和第二篇着重讲述第一件大事，即曾氏的总体渊源和传承脉络，这是全书的基础和重点，也是写作本书的主旨所在。曾氏作为全国有名的姓氏之一，自有其悠久的历史和深刻的内涵，对中国历史发展和民族融合起了很大的作用。究竟曾氏来源于哪里，鄫国建立和兴衰是怎样的过程，曾氏定名是如何确定的，曾氏的始祖有着怎样的艰辛和事迹等，都必须写得比较细致，以求对全书起到统领作用。

本书第三篇着重讲述第二件大事，即曾氏迁徙和发展的大体步调和策略。究竟曾氏在山东的发展遇到了什么问题，为什么要南迁，当时是出于一种怎么样的考虑，其南迁的策略是如何制定和进行的，这和当时国家和民族大势有着怎样的关系，对曾氏以后的发展有怎样的意义等，这些都是需要理清的，这将有助于对曾氏的整体理解。

本书第四篇主要选取曾氏历代先贤进行述说，他们是曾氏的杰出代表，是曾氏的骄傲，只有了解他们，才能更好地发扬曾氏传统、弘扬曾氏文化。

本书第五篇着重讲述第三件大事，即曾氏文化的精髓和大致表现。每个姓氏都有其内在的特色，这种特色即可称之为文化。那么曾氏的特色在哪里，应该如何把握和理解，要怎样流传下去，本篇都有论述。

本书第六篇着重讲述第四件大事，即湖南曾氏太平房系的传承和精神。太平房系只是曾氏的一支，是比较成功和突出的一支，也是较有活力和成就的一支。本书比较细致地分析这一支，是为了更好地了解曾氏族群整体，以点带面，提供启示意义和参照价值。

总的说来，全书是以叙述曾氏源流为主，弘扬优秀家族文化为主旨，力求让曾氏家族文化更好地传承下去，让我国的姓氏文化更加发扬光大。

本书力求写出特色，希冀写出不同于以往众多的姓氏图书，并力求让读者有所收获和感悟。由于编著者学识有限，书中的不足在所难免，恳请读者指正。

曾佑桥
2020 年元月于长沙

# 目　录

## 第一篇　曾氏源流

## 第二篇　曾氏受姓始祖太子巫、开派始祖曾参



## 第三篇　曾氏历代的迁徙和发展



## 第四篇　曾氏先贤

## 第五篇　曾氏文化

## 第六篇　太平房系与湖南曾氏集团

# 第一篇

# 曾氏源流

# 第一章　曾　姓

“姓”字是由“女”字和“生”字组合而成的，因此，最早的“姓”只知有母，不知有父，是跟随母亲的姓，说明中国人在母系氏族社会的时候就有了姓。

“氏”来源于所担当的官职、所赐予的爵位、所得到的封地或者称号。因此，早期只有贵族有姓也有氏，平民有姓没有氏。如黄帝，姓公孙，生于轩辕之丘，故称为轩辕氏。

到了战国时期，社会剧烈变动，贵族没落了，有的还沦为奴隶。于是，代表贵族身份的“氏”，已无存在的必要，而平民也开始姓氏俱全。

我国的姓氏，大约有以下几种来源：

（1）以氏为姓。如姬、姜、姒、嬴、伊、风、子、任、姚等。

（2）以封地为姓。夏、商二朝均封侯赐地，西周初年更甚，造成大大小小的诸侯国遍布九州，这些国名便成为封国后代的姓。如房、宋、郑、吴、杜、雷、秦、程、邑等。

（3）以居住地为姓。如齐国公族大夫分别住在东郭、南郭、西郭、北郭，这四郭便成了姓氏。

（4）以先人的字或名为姓。如周平王的庶子字林开，其后代姓林。又如齐国大夫童刁的孙子以刁氏为姓。

（5）以排行为姓。如春秋时期鲁国有孟孙氏、叔孙氏和季孙氏。

（6）以官职为姓。如西周的职官司马、司空后来均成为姓。又如汉代有治粟都尉，后代便姓粟。

（7）以技艺或器物为姓。商朝有巫氏，是用筮占卜的创始者，后代便以巫为氏。如甄、陶、屠、卜等均是以技艺为姓。

（8）以谥号为姓。如庄姓原为楚庄王之后，康姓原为周武王之弟康叔之后等。

曾姓则是起源于原始社会末期，当时发明蒸饭的“甑”这一器具的部落被称作“曾”。因此，曾姓是我国一个十分古老、历史十分悠久的姓氏，具有相当深厚的文化积累和深刻内涵。

## 一、“曾”字释义

我国远古的象形文字是经过人的眼睛对所看到的事物进行保存，再通过手描绘出来的图形或线条。它是事物最本真、最原始的反映。我国后来的甲骨文、金文正是对象形文字的整理和修改。“曾”字可以拆分为“八田日”，至今我国各个城市都有以“八田日”命名的商店，它们的老板无疑都姓曾。“八田日”三字中，田字最为重要，从前面说过的原始社会末期发明蒸饭炊具“甑”的部落被称为“曾”可以看出，田字就是蒸煮东西的器物，或木器，或竹器，或陶器，或石器，或金属器皿，都有可能。田字中间的十字间隔表明“甑”有着或简单或复杂的分层，在古代，“曾”与“层（層）”属于通假字就是明证。田字下层是水，而上层可能是米饭、肉类或者其他食物。当田字中间的十字变为倒写的“小”字时，说明器物里面的分层更加科学和实用，甚至已经出现了多层的器具。“八”字是蒸煮器具挥发出来的香味和水蒸气，八字会随着风向改变形状，上下左右飘忽不定，但终归会释放出令人或喜或忧的味道。因此，八字是曾字里面最活跃的部分。“日”字是一个平台、一个基点，是炊具总要放到灶台上，日字就是这样一个灶台，因此，它是最稳固的部分。日字中间的一横是灶台中的燃料。

“曾”字无疑也是象形文字，它是比较完整地流传下来的正宗的象形文字，不像其他诸多文字，在几千年的流传过程中，已经被会意、假借等造字手段弄得面目全非，再也找不到原版的那种原汁原味。对曾字的象形解读能够让我们更好地理解曾姓的缘起。

在这里，有必要比较一下与曾字字形相近的三个字：“会”“兽”“鲁”。

会字的繁体是“會”，与曾字的字形相当接近，会字底下的日字也是一个平台，它是一个汇聚的平台、争斗的舞台，好多的“人”来到了这个舞台，展示自己，释放自己，证明自己。会字中间一个倒写的“小”字，是什么，像什么？这是刀枪剑戟，是武器！非要说得明白一些，那就是刀枪剑戟中的“戟”。因此，会字在秦始皇统一中国之前，更多的意思便是“会盟”。夏商周，偌长的历史时期里面，多的是会盟。所谓的会盟更多的是指以武会友，是古代版的“华山论剑”，即谁的武力强大谁就是名正言顺的老大。身处那样一个风云变幻的时期，土地之争、国家之争、派系之争、人才之争、权力之争等从未间断。保守就会落后，不争就是灭亡。先后出现的春秋五霸和战国七雄就是争斗的结果。没有哪一位国君能够长时间独霸，也没有哪一个国家能够安稳如山。一直到秦国商鞅变法一枝独秀，最后统一全国，才结束这一旷日持久的“会盟”岁月。这一时期，正是由于有了“百家争鸣”，才出现“百花齐放”的盛况。

曾国也参与了会盟，先是紧跟齐国，接着求助于鲁国，但最终从诸侯大国沦为偏居小国，遭到时代的淘汰。

“兽”与“曾”字的字形也很接近，只是曾字底下的日字中间的一横移到了上面一点点，正像把动物用一根粗大的棍子关在围墙内，动物要冲出去，必须弄断粗棍，但要弄断粗棍显然是不可能的。其实，在古代，能够被关起来的动物一般都是已经被驯服了的，就像后来所谓的“六畜”，已经相当老实听使唤了。真正不能驯服的应该叫作野兽，而不是家里关着的兽。这种已经驯服的兽有着相当大的作用，一是能干活，二是能杀了当肉食，三还可以当奇兵。我们耳熟能详的“火牛阵”就是最经典的动物奇兵。燕国大将乐毅率兵攻打齐国，齐滑王逃到莒城，乐毅虽然杀了齐滑王，但是却攻不破莒城，当乐毅掉头来攻即墨时，田单被推举成为统帅。田单用计让骑劫代替了乐毅，并在城内搜集了一千多头壮牛。田单给牛“化装”，牛角绑尖刀，牛尾扎芦苇，五千精兵油彩满面，半夜出击，全线出动，收复了所有被燕国夺去的城邑，田单是用兽的高手。另外，田忌赛马的故事也是对兽的妙用，其“上马、中马、下马”的理论对后世产生了深刻影响。其实，作为农耕社会，兽的作用是人无法取代的。

“鲁”与“曾”字形也有些接近，鲁字的本义是鱼在一个器皿里，表示鱼味鲜美，鲁字下面的日字就是器皿。鲁国和齐国都是周王朝在山东的封国，都是千乘大国，只是齐国军事力量较强，而鲁国则短于军事长于外交。齐鲁两国既唇齿相依又争斗不断的“冤家”。

公元前685年，齐国大夫雍廪杀了国君姜无知，姜小白和姜子纠皆回国争位，姜小白先至登基，是为齐桓公，鲁国支持姜子纠。于是双方爆发了干时之战，鲁国大败。第二年，齐桓公踌躇满志，起兵30万进攻鲁国，鲁国以3万人应战，双方战于长勺。在曹刿“三鼓”理论（即“一鼓作气，再而衰，三而竭”）的指导下，齐国三次进攻都被鲁国强大的防御抵挡住了，鲁国乘机反攻，大获全胜。此后双方相互牵制，直到鲁国被楚国灭掉，齐国才明白了唇亡齿寒的道理。齐国最终也被秦国从北边入境灭亡。

鲁国的外交是相当成功的，虽然在山东的地盘仅次于齐，但鲁国四处交好，和周王朝关系十分牢靠。当周王朝衰败进入春秋战国以后，鲁国和周边国家的关系都还不错，即便是老对手齐国，鲁国也乐于示好。当齐桓公称霸时，鲁国果断承认其霸主地位。后来，鲁国更是抱紧晋文公的大腿，多次让晋国缓解了自己的危机。在山东这块地盘里面，鲁国无疑是最聪明的国家，当其他众多的国家纷纷被灭亡时，鲁国坚持到了最后，山东也因此被称为鲁。

春秋战国时期，在山东境内的诸侯国除齐、鲁两个大国以外，还有近30个小国，分别是：祝、聂、纪、鄅、邾、向、滕、薛、郯、郧、宿、谭、郭、郜、焦、牟、茅、莒、鄫等。这么多的国家，大部分是被齐、鲁、楚三国吞并或灭掉的，所谓弱肉强食、丛林法则，就是这个道理。地盘就那么大，抢赢了是你的本事，被灭了只因为你自己不强大，怨不了别人。于是，各种阴谋诡计、坑蒙拐骗层出不穷，各种竞争手段尽出，为的就是消灭别国壮大自己。这段历史是一场政治、经济、军事、外交、文化和理论的大碰撞。

鄫国也位居山东，在强邻觊觎的复杂境况下，地盘不断缩小，逐渐沦为小国，最终被邻居莒国灭掉了。

## 二、曾姓目前分布情况

曾姓是目前排名在我国百家姓中比较靠前的姓氏，据2010年11月第六次全国人口普查的资料显示，2010年全国曾姓人口总数达到600多万，居姓氏排行第38位，约占全国汉族人口的0.5%。

而人口排名我国百家姓前10位的姓氏分别是：

（1）李，9530万，约占全国汉族人口的7.94%。

（2）王，8890万，约占全国汉族人口的7.41%。

（3）张，8480万，约占全国汉族人口的7.07%。

（4）刘，6460万，约占全国汉族人口的5.38%。

（5）陈，5440万，约占全国汉族人口的4.53%。

（6）杨，3700万，约占全国汉族人口的3.08%。

（7）赵，2750万，约占全国汉族人口的2.29%。

（8）黄，2680万，约占全国汉族人口的2.23%。

(9) 周，2540 万，约占全国汉族人口的 2.12%。

(10) 吴，2460 万，约占全国汉族人口的 2.05%。

曾姓人口在明朝中后期时约为 46 万人，到 2010 年，约 600 年间，曾姓人口增长到了 600 余万，增长了 13 倍，而同期全国人口也增长了约 13 倍。

目前，曾姓人口在全国的分布主要集中在四川、湖南、广东和江西 4 省，这 4 省的曾姓人口约占全国曾姓人口的 65%。此外，福建、江苏、湖北、贵州 4 省的曾姓人口也比较多，约占全国曾姓人口的 17%。而四川一省（含重庆市）的曾姓人口就占了全国曾姓人口总数的 21% 左右，是当之无愧的曾姓第一大省。而且，曾姓人口的流动方向呈现出由北向南、由东向西的格局，即不断地由北方移民南方，由广东、江西等地向四川、湖南迁移，全国形成川湘赣粤曾姓密集、北方少曾姓的局面，与古代曾氏的分布格局大相径庭。

曾姓人口单位面积密度最高的地区在四川东部、湖南大部、江西南部、广东东部、福建西部地区，每平方公里的曾姓人口达到 2.4 人以上，中心地区可达 4.8 人以上。曾姓在台湾地区也是一个比较大的姓氏。

曾姓在湖南的基本情况：

(1) 湘乡大界曾氏。以曾参为始祖，至十五代曾据，迁徙江南，居江西庐陵之吉阳乡。至四十二代，其中一支迁徙茶陵，为迁徙湖广的始祖。四十五代曾霸，南宋时迁徙衡阳，为迁衡阳始祖。六十二代曾孟学，明清之际迁湘乡大界（今属双峰），为迁湘乡始祖。六十五代曾贞桢，号元吉，曾国藩、曾国荃兄弟即曾贞桢房第七十世孙。

（2）湘乡沙石曾氏。宋时自江西庐陵吉阳乡来楚地，居龙城黄荆塘（今湘乡沙石）。子孙析居湘乡皇管、沙石、石屋冲、坟山上、毛田、金家湾、荷叶塘、长背冲等处。

（3）宁乡麻田曾氏。以曾参为始祖。曾据西汉末年自山东迁江西庐陵吉阳乡。三十七代曾庆生二子：长子曾伟，次子曾骈。曾伟后裔麻田房，在湘、鄂、赣等地繁衍，号为“南宗”；曾骈后裔曾质粹，明朝嘉靖（1522—1566）年间奉旨东归，授翰林博士世职，守宗圣庙墓，号为“东宗”。南宗五十六代曾芝，明时授沅州知州，后家于宁乡西南四十里二都六区麻田。清乾隆五十三年（1788），东宗、南宗建宗圣庙于长沙，又于宁乡麻田设谱局纂修总谱，清嘉庆三年（1798）完成，称南宗谱。

（4）邵阳太平曾氏。以曾参为始祖。曾据迁江西庐陵后，传至五十六代曾福仲（一名朝奉），行什一，元末官太常博士，至正七年（1347）自江西泰和迁潭州录事，弃职归隐于邵阳太平老君塘，尊为邵阳曾氏始祖。

（5）邵阳大滩曾氏。始迁祖曾思义，江西庐陵人，明初徙邵阳县新宁里大滩。

（6）汉寿曾氏。明永乐二年（1404）由江西吉水迁至汉寿。

（7）益阳曾氏。明洪武二年（1369）自江西吉水徙益阳十八里梱木嘴。八子：应富、应贵、应和、应礼、应祥、应深、应森、应沅，派衍八支。

（8）益阳宝林冲曾氏。始迁祖曾时介，明万历年间自江西庐陵经商来此。后嗣居宝林冲、水满冲、篦梳岭。

（9）衡阳龙田曾氏。该族传自曾参第五十六代曾芝，明永乐（1403—1424）年间由江西吉安的永丰迁宁乡做官，成为曾氏南宗之祖。第六十代于明弘治（1488—1505）年间由宁乡迁衡阳。后裔曾景于明正德（1506—1521）年间躲避兵乱，潜居衡阳龙田，成为龙田始祖。

（10）双峰斗门曾氏。始祖曾参，十五世曾据南迁庐陵。传十九世至曾略，历五世至曾延构，又十二传至德昭公。德昭公之孙圣三郎有三子：镇抚、应抚、廷抚。元天历元年（1328），三兄弟徙湘，曾镇抚屯居湘乡南门，随后移居棚山黄花园，生大俊。大俊之子必洪、必庆、必可于明时徙溪口斗门。

（11）桃源黄石曾氏。明万历二年（1574）由江西迁于桃源县北黄石。

（12）嘉禾太平坊曾氏。始祖曾善，字大美，相传曾为长沙太守，家耒阳。生有十子：千一、千二、千三、千四、千五、千六、千七、千八、千九、千十。千八迁桂阳水源下，其子添麒、添麟，自桂阳水源下迁嘉禾太平坊。

（13）临澧曾氏。始迁祖曾闻天、曾闻地，明洪武二年（1369）从江西九江驾舟逆长江而上，入澧水至管渡，定居新安乡彭家铺后牛头山脚下。

（14）浏阳东门曾氏。始祖曾参，三十七传至曾泳沂，泳沂再二十八传至曾宗庆、曾得义、曾尚水、曾尚颖等，皆于清康熙中叶自广东兴宁镇平先后来浏。

（15）醴陵荷田曾氏。清康熙末年自广东迁此。

（16）醴陵石板滩曾氏。曾参后裔第六十代于明代自宁乡徙醴陵南乡石板滩。

（17）炎陵茶垅曾氏。始迁祖曾贞洪，清雍正（1723—1735）年间自广东兴宁迁入六都茶垅。

（18）耒阳曾氏。始迁祖曾益，官湖南善化县，于元末时家耒阳，生有三子：曾贯居常宁，曾泰居临武，曾存居耒阳。

（19）汨罗桃林曾氏。始迁祖曾杨西，祖籍福建晋江，明崇祯年间迁汨罗桃林。

（20）汨罗洞坑曾氏。始祖曾暄，明成化年间自江西永丰迁湘阴南岑，传十一代至曾兴信，迁汨罗洞坑。

（21）华容范家岭曾氏。曾参之后十五代曾据，曾据之后五十四代曾濂，居江西永丰县，元至正年间因旱灾迁华容东乡范家岭。

（22）平江嘉义东山曾氏。始迁祖曾兴锡，清康熙六年（1667）自广东镇平迁此。

（23）平江驷马桥曾氏。始迁祖曾尚祯，清乾隆十年（1745）自江西会昌迁此。

（24）安乡曾氏。始迁祖曾推，原籍江西庐陵，元至正年间到岳州省亲，因兵乱留湘，开基于安乡县治北乡系马台。

（25）新化曾氏。始迁祖曾泰谕，北宋真宗咸平元年（998）携子延禨、延福、延寿及孙文谅、文迁等自江西泰和梅子坡早禾渡迁居此。

（26）汝城西街曾氏。始迁祖曾泷，江西泰和县人，宋淳祐六年（1246）迁汝城，后裔分析斗金、冈石桥边、石牛马、郭塘。

# 第二章　曾氏姓源

## 一、姒禹后裔

曾姓为禹的后裔，姒姓。严格地算起来，黄帝的第二十五子昌意是曾姓的远祖。昌意生颛顼，颛顼生鲧，鲧生禹。

为了弄清曾姓的起源，这里有必要把大禹及其后代创建夏王朝、少康中兴以及分封诸侯的史实清楚交代。

（1）大禹治水。公元前2700年左右，陕西中部地区有一个以黄帝为首领的姬姓部落，其东面则有一个以炎帝为首领的姜姓部落，它们都源于原始农耕氏族少典氏，但双方经常发生摩擦，两大部落在中原地区终于爆发了阪泉之战。最终黄帝打败了炎帝，于是两个部落结为联盟，并攻占了周边各个部落，形成了一个很大的部落联盟——“华夏部落联盟”。

相传在尧做华夏部落联盟首领的时候，大地上多次发生洪水，其中有一次大洪水持续了很长时间，田地被淹没，庄稼被冲毁，房屋倒塌，牲畜死亡。洪水泛滥，逼得人们逃往高丘或山上去找洞穴避难。居住在这一地区的人们，不少人就在大树上搭起木架巢居。洪水时涨时退，人们根本无法耕种。

有一位叫鲧的人，是黄帝族后裔，为夏部落酋长，被封在崇（今河南登封崇山附近），为崇伯。鲧是一个很能干的人，他生性耿直，为人有些恃才自负。

滔滔洪水肆虐中原大地，百姓无法安居乐业。于是，尧便命鲧去治理洪水。鲧过于自负，认为自己治理洪水完全是大材小用，以为只要把洪水集中在大的洼地或者塘坝里面，采用筑堤围堵的方法，把洪水堵住就会没有问题了。结果不仅没有把洪水堵住，反而使被堤坝围住的水越积越多，最后洪水无情地把堤坝冲溃，大水更加横流泛滥，周边人畜损失更大。鲧虽然因治理洪水辛辛苦苦地奔波了 9 年，修筑了许多大大小小的水利设施，但是终究没能把洪水制服。

这时，尧由于年老，把盟主之位让位给了舜。舜见鲧治水 9 年，非但没有成功，反而使人民遭受了更大的损失，就革去了鲧的职务，流放鲧于羽山，并命鲧的儿子禹接替其父继续治理洪水。

禹聪明能干，吃苦耐劳，他受命后，为了治理水患，从 20 岁开始，历时 13 年，三过家门而不入，十分敬业。禹联合了共工氏和伯益、后稷等许多部落，总结了父亲治水失败的教训，放弃了筑堤堵水的办法，改用疏导的办法。他根据地形的高低疏通河道，排除积水，让洪水顺着河道宣泄，流向大海。经过 13 年的努力，终于制服了洪水。人们纷纷从高地上下来，回到平原上。接着，禹又带领人们开凿沟渠，引水灌溉，化水害为水利，在黄河两岸的平原上开出了许多良田和桑土，成为人民安居乐业的地方。

禹治水劳苦功高，舜让禹继位成为部落联盟首领。禹得到了各地区氏族部落的拥戴，被尊称为“大禹”，在这些氏族部落中享有很高的威信，不仅中原地区有更多的氏族部落加入华夏部落联盟，就是东方的东夷集团、南方的苗蛮集团和西北方的羌戎集团中的一些氏族部落，也先后加入华夏部落联盟，华夏部落的势力也随之壮大起来。

（2）大禹传子。禹继承舜位后制定了刑法，严格惩罚违令者，因而势力日益强大。时过多年，禹因年老力衰，按照传统的禅让制，禹也事先推荐一个人，即曾经帮他治理政事的东夷族首领皋陶作为自己的继承人。可是不久，皋陶死了，禹又推荐皋陶的儿子伯益作为继承人，因为皋陶父子都帮助过禹治理洪水。但禹死后，众多部落联盟的首领却反对伯益继位而归顺禹的儿子启。启便联合各部落首领的势力，杀掉伯益，自立为王。这就是历史上的所谓“大禹传子”。氏族公社时期部落联盟的选举制度被废除，变为王位世袭的制度。我国历史上第一个奴隶制王朝——夏朝出现了。

（3）少康中兴。启登上夏王宝座以后，首先遭到了一个姒姓部落有扈氏的反抗。有扈氏是族居在夏族中心地区西边的一个大部落，他们的活动中心在今陕西户县一带。启率领军队亲自讨伐有扈氏，最后把有扈氏灭了。其他部落看到有扈氏的下场，就没有人再反抗了，夏启因此稳定了自己的统治。

夏启死后，他的儿子太康即位。太康是个昏庸的君主，他专爱打猎，不管政事。有一次，太康带着随从到洛水南岸去打猎，他越打越起劲，去了一百天还没有回家。

当时黄河下游的夷族之中有个部落首领名叫后羿，他野心勃勃，想夺取夏王的权力。他看到太康出去打猎未归，觉得这是个机会，就亲自带兵守住洛水北岸，等到太康带着一大批猎得的野兽，兴高采烈地回来时，走到洛水边，发现对岸全是后羿的军队，拦住了他的归路。太康毫无办法，只好待在洛水南面，过着流亡生活。后羿不敢自立为王，就另立太康的兄弟仲康当夏王，把实权掌控在自己手里。

后羿是一个著名的神箭手，民间有后羿射日的传说。一开始后羿还只是做仲康的助手，可等到仲康死后，后羿干脆把仲康的儿子相赶走，自己夺了夏朝的王位。他仗着射箭的本领，和太康一样，四处打猎，以显示自己的精妙箭法，威吓天下。看到众人诚惶诚恐的样子，后羿十分满足。于是，后羿干脆把国家政事都交给他的亲信寒浞处理。可寒浞却瞒着后羿，不断收买人心。直到有一次，后羿打猎回来，寒浞终于派人把后羿杀了。

寒浞杀了后羿以后便迫不及待地夺取了王位，并霸占了后羿的妻妾，后羿的妻妾为他生下两个儿子，一个叫浇，一个叫殪。寒浞怕夏族以后再跟他争夺王权，决意要杀死被后羿赶走的相，便派儿子浇将相杀死。

那时候，相的妻子后缗已怀孕在身，见相被杀，就急忙从城墙的一个破洞中逃出。后缗是夏王朝诸侯有仍氏之女，所以她逃出后就直奔有仍（今山东济宁）。后缗回到娘家不久便生了个儿子，这个相的遗腹子就是少康。有仍氏因少康是夏后氏之遗孤，对他特别爱护。少康长大后，有仍氏便命他做了牧正，也就是主管畜牧的官。少康长大以后，知道了自己的身世，对寒浞和浇满怀仇恨，发誓要报仇雪恨，夺回王权。

少康在有仍那里做牧正的事，没过多久就被浇知道了。浇急忙派亲信椒前往有仍寻找少康。但是椒还没到有仍，少康便得到了消息。少康赶紧就从有仍逃奔到了有虞（今河南虞城）。

有虞的诸侯叫虞思，是有虞氏之后，世代与夏后氏亲善，得知少康是夏相之子，就热情接纳，并命少康做了有虞国的庖正，也就是掌管膳食的官，而且还将两个女儿都嫁给他，并把纶（今河南虞城东）这个地方分给他住。在纶这个地方，少康有着十里见方的土地，还有五百人供其使用。于是，少康便以纶为基础，积蓄力量，并派人暗中四处收集夏王朝的故人，准备复国大业。

就在少康准备恢复夏朝的同时，有个逃居在有鬲（今山东德州）叫作伯靡的夏王朝遗臣，也在积极地准备复国行动。少康得知后，便与他约定联合进攻寒浞。少康派亲信女艾前去刺探浇的情报，同时派自己的儿子季杼去引诱殪来进攻自己。然后，少康亲自率军消灭了浇，季杼的军队也灭了殪，伯靡也率领斟灌、斟寻之师攻击寒浞，三军合力攻下了夏邑。

于是，对夏王朝忠心耿耿的伯靡和夏后氏的贵族们拥立着少康继位为夏王，又重新夺回政权，恢复了夏后氏统治，这段历史，史称“少康中兴”。此后，各地的诸侯、方伯得知少康回到了夏邑，恢复了夏禹的业绩，奉祀夏的祖先和天帝，维护了夏朝原有的统治，便纷纷带着贡物前来朝贺，并依附在夏王朝的周围。

夏王少康继位以后，做了一些什么事情、采取了一些什么措施稳固统治、壮大实力呢？

因为夏王少康从小就经历过一段时间颠沛流离的生活，因此，他深知民间疾苦，上任伊始，便恢复管理生产的稷官和管理水利工程的水正，并挑选得力的人选担任这些与百姓生产生活密切相关的官职。这样，社会生产很快就有了较大的发展，王朝的统治也得以了巩固。

除此之外，为了加强集权统治，少康分封族人到各地治理。

## 二、鄫国建立

少康封庶子无余于越地，封国在今浙江会稽。姒姓，子爵。因此，越国均系夏代少康之后裔。春秋战国时期的吴越争霸，越王勾践便是无余的后裔。

少康把长子季杼选定为继承人，因为季杼善于带兵理政。少康去世以后，长子继位为夏王。

少康封次子曲烈于鄫地，封国在今河南方城县北。姒姓，子爵。这是鄫国立国的开端。

据传说，曲烈天生神异，勤于思考，善于制做和改进工具。看到父亲少康的王朝日益壮大，曲烈也很想在自己的封地施展抱负，他试图把自己的感受、情怀、才能通过自己的创造表现出来。以不负父亲的期望。于是，他制作了木工用来求直角的矩尺；制造了用竹竿木棒做支架的方形鱼网——罾；制作了射鸟用的拴着丝绳的箭——矰；烧制了蒸饭盛菜用的陶器——甑；教族人纺织出各种各样图案的丝织品——缯。缯绸为苏、沪、湘绸之母，是古丝绸之国品。曲烈创造了一大批以“曾”字为核心的具有本地特色的形声字，鄫地的农业、畜牧业、饮食业也因此得到了快速的发展，鄫地被治理得有声有色。

少康封给曲烈的鄫地，在今河南方城县北。《国语・郑语》韦昭注：“缯，姒姓，申之与国也。”缯作为申国的与国，当在其附近。申国在今河南南阳市北，而北面方城县有缯关。因此曲烈的封地应该是在方城县北。据现代考古发现，其地夏商文化层遍布，所出土的象征王权的石钺、陶爵、陶鼎等夏代文物，文化特征与二里头夏代文化相同。其地南襟湘汉，北引河洛，东挟江淮，西胁武关，是中原的战略要地。其东北有天然隘口，名缯关，其北山有天书岩画，据考证为夏人所作。邦畿之内，名为缯丘，正是鄫人的居住地。

历史是不断向前发展的。夏的最后一个国王桀是历史上有名的暴君。桀虽然有智有勇，但很残暴凶残，杀人成性，加上酗酒好色，劳民伤财，残害百姓，东边的商国便趁机起兵伐桀，灭掉了夏朝。夏自禹至桀，历 14 世 17 王，存在了 500 余年时间。

夏被商灭掉之后，其同姓亲族，或被俘虏做了商的臣仆，或被强迫着向四方迁徙，唯独鄫人却留居中原。从这里可以看出，当时的鄫国创造的物质文明和精神文明成绩是巨大的，影响也十分深远。

到了周武王灭商后，再次封鄫为子爵。周朝诸侯分为五等，即公、侯、伯、子、男，子爵为第四等级，封地方圆不到 200 里，可见鄫国在周朝初期已经成为较小的诸侯国。

到了周宣王时，周宣王将王舅申伯从西北部徙封于谢（今河南南阳市），让他镇守南邦，从此鄫国便受申国节制。西周末年，周幽王任用奸臣，喜好美色，朝政腐败。他废掉了申侯的女儿王后申氏和太子宜臼，立宠妃褒姒为王后，立褒姒之子伯服为太子。宜臼逃奔申国，周幽王便穷追不舍，起兵讨伐申侯，欲杀宜臼。申侯大怒，起兵反抗。鄫国跟随申侯联合西方犬戎进攻周幽王，幽王战败，被杀于骊山脚下。在鲁侯和许文公的支持下，申侯在申地立原太子宜臼为周王，这就是周平王。周平王在申国，想要扩大疆土，于是徙封鄫国到中原，在今河南柘城县北、睢县东南的地方建立鄫城。《春秋・襄公元年》记载“仲孙篾会齐崔杼、曹人、邾人、杞人次于鄫”，这个鄫就是此地。

周平王没有能力驱逐犬戎，因而于公元前770年被迫放弃镐京，迁都洛邑（今河南洛阳），历史因此进入东周时期。

东周时期，诸侯势大，申侯虽因引犬戎入侵遭人诟病，但他是周平王的外祖父，又因为拥立周平王有功，封地又有所扩大。反观鄫国，虽然在引犬戎入侵这一事件上只是随从身份，完全听从申侯安排，但申侯并不能在这件事情上为他争辩，所以在迁入新都以后，便受到了郑国的打压。郑国因为击退犬戎入侵有功，建都新郑，先后灭掉虢、郐等国，又侵占了迁徙不久的鄫国。

这样一来，鄫国只好忍气吞声，迁往了东夷之地，建鄫城于今山东苍山县向城镇，原柘城县北、睢县东南建立的鄫城便归郑国所有，但仍然称为鄫城，并且仍有鄫人一支留下来定居。但无疑鄫国的中心地已经移到了山东，鄫国将在山东这块方圆不足100里的封地里艰难生存，因为它面对的是比自己强大得多的四邻。

# 第三章　鄫国兴衰

## 一、鄫国的生存状况

前面说过，在山东这块地方，有着许多的封国，这些封国各显神通，为扩大地盘而战，为争夺资源而战，为生死存亡而战。大多数的封国正是在这种残酷的争斗中被吞并最终走向了灭亡。这是一种不以人的意志为转移的历史进程，这种进程也间接地促成了中国的最终统一。

那么，同在山东的鄫国，它的生存状况如何？整个中国的大局和山东本地特别是鄫国的周边是怎样的一种态势呢？

公元前770年周平王东迁洛邑，史称东周。共主衰微，王命不行，诸侯称霸。西周结束，春秋时期开始。

春秋是一个很有趣的时代，作为两千年封建社会的前奏，春秋时期有其特有的历史魅力和存在价值。当时的全国形势是：

一是宗法分封制度的原则遭到破坏，周王室逐渐失去了天下共主的地位。进入春秋时期，周王室衰微，诸侯势力逐渐强大起来。东迁后周王室的直接管辖范围不断缩小，因而收入也在减少。这都要归咎于宗法分封制。你封了我地盘，那么我的地盘我做主。各个封国已经不再那么老老实实地进贡了。这就造成周王室已不能维持社会的正常运转，周王室对诸侯也是无可奈何了。此外，宗法分封制下的世卿世禄制尤其不利于社会的发展和进步，反正官禄世袭，不做事也是高枕无忧，因而造就了一大批社会寄生虫。

二是铁器和牛耕的使用提高了生产力，改变了土地占有的格局。一方面是诸侯势力不断强大，一方面是生产力得到了不断提高，两方面作用的后果就是私田越来越多，以井田制为标志的土地国有制度逐渐遭到破坏。随着土地私有化程度的加深，出现了新兴的地主阶层，而新兴的地主阶层的日益壮大，使得他们要求拥有与自身地位相匹配的权力的呼声越来越高。他们要求废除旧贵族的世袭特权，发展地主经济。于是，改革成为社会的主要浪潮。

三是诸侯的争霸和改革步伐不可阻挡。全国100多个诸侯国是不可能共存的，一些强大的诸侯便开始了争霸战争。争霸也就是兼并，兼并战争使众多分散的小国逐渐被大国吞并。在王位衰落的同时，一些诸侯国强大起来。为了夺取更多的土地、财产和人口，争当左右天下、支配别国的霸主，几个大的诸侯国之间因此展开了长期的争霸战争。争霸战争加快了统一中国的步伐，大国在争霸和兼并战争中，开拓了疆土。如山东诸小国为齐所并，河北、山西诸小国为晋所并，江淮、汉水诸小国为楚所并，西北诸小国为秦所吞并等，使得春秋初年100多个国家，锐减成几个大国，实现了区域性的局部统一。这种集权趋势的加强，为全国的统一和中央集权制的建立，起了奠基的作用。争霸战争也打破了列国的分野，逐渐消失了各民族的界限，形成了南方以楚国，东方以齐国，北方以晋国、燕国，西方以秦国为首的几个融合中心。各个民族的社会经济获得了飞跃的发展，共同走上了封建制的道路。

四是各国的国君都想在残酷的争霸战争中求得生存，进而成为霸主。因此，以富国强兵为目的的改革变法运动在各国相继发生。比如，在齐国国内，管仲对井田制下的赋税制度进行了改革，实行“相地而衰征”，即无论公田、私田，一律按照土地的好坏和产量征实物税，即实行“级差地租”；还有鲁国实行了“初税亩”，即按亩征税，等等。这些改革实际上都承认了私田的合法性。

五是思想、文化领域诞生了诸子百家学说。这一时期的思想文化正是中国封建文化的发祥期，它奠定了两千多年封建社会的基础，对中华民族几千年灿烂文化有着极其深远的影响，为人类文化做出了极其巨大的贡献。因为王室衰微，诸侯争霸，学者们便周游列国，为诸侯出谋划策，于是形成了“百家争鸣”的局面。但由于春秋战国时期的分裂局面，各个学派在建立时大多有一定的地域性，如邹鲁（山东曲阜）是儒、墨的发祥地；三晋（山西翼城）是法家的温床；南方是道家的摇篮；而燕、齐（河北北部、山东临淄）是阴阳家的诞生地。

而鄫国的周边又是怎样的一种状况呢？当时的鄫国，封地方圆不足百里，是一个典型的诸侯小国。在它的周边，分别有着齐、鲁、邾、莒等国家。

（1）齐国。齐国是周代诸侯国，是中国历史上从西周到春秋战国时期的一个诸侯国，被周天子封为侯爵，其疆域主要位于今山东省大部、河北省东南部及河南省东北部，分为姜齐和田齐两个时代。第一代国君便是周武王的国师、军师姜尚，即姜太公。公元前386年，田和被周安王列为诸侯，姜姓齐国为田氏取代，仍沿用齐国名号，世称“田齐”，成为战国七雄之一，直到前221年被秦国所灭。齐国的国都是临淄，其他重要城市主要有即墨、莒城等。姜姓为吕氏，田姓为妫氏。重要人物有姜子牙、齐桓公、齐威王、齐宣王、管仲、孙膑、晏婴、田忌、鲍叔牙等。齐桓公实现了春秋首霸，齐桓公即前面所说的姜小白，正是他，将齐国的势力发展到了顶峰。

齐国在春秋战国时期一直是最为强大的国家之一，土地面积大，人才辈出，前面提到的有名人物都出自齐国，他们都做出了轰轰烈烈的大事，很多都影响了春秋战国时期的历史走向，也使得齐国一直雄踞在历史舞台上。虽然有燕国乐毅联合韩、赵、魏、秦等伐齐，但最终被田单的“火牛阵”击败，齐国收复了全部失地。当然，自此以后，齐国也逐渐走向了衰落。

（2）鲁国。西周初年周公辅佐天子周成王东征灭掉了伙同武庚叛乱的奄国，周公长子伯禽被分封于奄国故土，建立鲁国，国都为曲阜，地域位于泰山以南，今山东省南部。在周朝众多的封国中，鲁国是姬姓宗亲，是侯国，因此，鲁国成为周礼典型的保存者和实施者，世人都称“周礼尽在鲁矣”，鲁国也因此被称为“礼仪之邦”。

伯禽是鲁国的第一任国君，他在到达封国之后，把曲阜作为自己封国的都城，然后依照周朝的制度和习俗治理鲁国。为改变当地的旧习俗，伯禽用了三年时间，而鲁的邻国——齐国却只用了五个月时间就稳定了局面，因为齐国采取了和鲁国完全相反的政策。齐国的封君简化了周的制度，并依照当地风俗来治理封国，因此很快就稳定下来了。于是，周公认为鲁国将来会不如齐国，因为它的政策不如齐国那样让人民感到方便和亲近。事实上鲁国也的确比齐国小，是山东境内的第二大诸侯国，并且短于军事而长于外交。因为周礼在鲁国的存在，其他国家都到鲁国学习礼仪，使得鲁国对文化事业的重视程度远远超过了其他方面。许多历史文化名人都出自鲁国，如人们耳熟能详的孔子、墨子、左丘明、鲁班等，他们对后世的礼仪和文化产生了巨大而深刻的影响。公元前256年，鲁国被楚国所灭。

（3）邾国。邾国，为鲁国附庸国，曹姓，相传为黄帝之孙颛顼的后裔陆终娶鬼方氏妹生有6子，第5子名安，为曹姓之祖。周武王灭商之后，封安的后人侠于邾，史称“邾侠”，为邾国的开国始祖。封地在今山东省邹城市周围。

春秋时期，在今山东境内，邾国是仅次于齐、鲁的国家，与之相当的还有莒国。邾国的疆域大致相当于今邹城的全境和周边的济宁、滕州、兖州、费县的部分地区。其军事力量比较强大，是山东境内众多小国家中的佼佼者。邾国在北边与鲁国接壤，两国因为毗邻关系，使得与鲁国的关系成为邾国发展史的重要内容。

春秋后期，邾国的政治日益腐败，统治集团不作为，得过且过，最后被楚国轻易灭掉。

（4）莒国。莒国在商代就已经存在，但真正的建国君主是己兹舆期，己是姓氏。

莒国是山东东夷中最强的国家。莒国的北边与齐接壤，西边与鲁国紧靠。莒国在小国林立的春秋时期曾经崭露头角。在当时的东夷诸国中，以国土而论，莒国仅次于莱国；同春秋诸强相比，也仅次于齐、鲁、宋、郑等国。自西周后期开始，莒国趁周王室衰微、周朝动荡之机，四处出击小国，扩展疆域。它先后灭掉了向国和鄫国，并多次向当时的强国之一鲁国进攻，弄得鲁国焦头烂额，只好向另一个大诸侯国晋国求助。甚至《左传》还记载有莒国大胜齐国的战例。莒国的军事实力的确让人震撼。

正是由于莒国军事实力的强大，所以在春秋时代，许多外逃避难者都选择莒国，即便成为春秋首霸的齐桓公，在因内乱外逃期间，也是到莒国寻求庇护，并因此积聚了复国的力量，成语“勿忘在莒”指的就是这一事件。

到了战国时代，楚国的势力扩张到了淮河上游，在灭亡了蔡国以后继续向北挺进，进而灭了莒国。但是，因为楚国离莒国很远，所以当楚国撤军以后，莒国的全境便成了齐国的领土。

鄫国正是处在这些国家的包围之中，而且自身领土狭窄，军事力量弱小。处于这样一种态势之中的鄫国，鄫国是如何生存的呢？

## 二、鄫国的治理和迁徙

少康封次子曲烈于鄫，即今河南方城。曲烈并没有辜负父亲的期望，他精心治国，勤于劳作和政事，创造了鄫国独有的物质文明和精神文明，在当时影响极大，也使得鄫国不断发展和繁盛起来，吸引了周边许多人才和百姓，鄫国俨然强盛之国。曲烈为鄫国的发展创造了良好的条件。

随后，鄫国的几个国君都能遵循曲烈的既定方针，虽然没能一举成为巍巍大国，但都守业有成，没有让鄫国衰败下去，因而鄫国一直是河南地区比较有影响力和有实力的国家。

当周宣王将王舅申伯从西北部徙封于谢（今河南南阳市），让他镇守南邦以后，鄫国便受到了申国节制，从此鄫国的发展便遇到了阻碍。但直到西周末年，鄫国总体还是能够正常发展。

西周末年，周幽王残虐腐败，他废掉了申侯的女儿王后申氏，立宠妃褒姒为王后，并起兵讨伐申侯，申侯暴起反抗。鄫国因受申国牵制，只得跟随申侯联合西方犬戎进攻周幽王，幽王战败，被杀于骊山。

周平王在申国继位后，风云突变。为了扩大疆土，周平王将鄫国迁到了中原，令鄫人到今河南柘城县北、睢县东南的荒芜之地去建立鄫城。

迁徙对鄫国的发展无疑是一个巨大的打击，它使得鄫国丧失了原有的一切，并且打断了鄫国发展的趋势。鄫国等同于一个新的封国，净身出户，一切都必须从头来过。而此时，鄫国国君已经没有了曲烈的那种气场和才能，何况当时鄫国的新迁地还是一片荒凉。于是，鄫国的治理愈发艰难。鄫国从此由强盛治国沦为了偏居小国，封地方圆不足200里。

可鄫国的迁徙厄运还没有就此结束。当鄫国在新的地盘上好不容易安下身来，经济、政事、教化等事物逐步展开之时，又遭到了更大的打击。在迁入新都以后，鄫国便受到了郑国的打压。

郑国是春秋时期第一个强势而起的诸侯国。郑国的第三任国君是郑庄公。郑庄公雄才大略，是不可多得的一代枭雄，他于西周末年因为击退犬戎入侵有功，建都新郑，迁都河南的中心地带，奋力发展，使得当时的郑国很快便称霸了中原，当时有“天下诸侯，莫非郑党”的说法。而且当时的郑国名相子产，满腹韬略，把郑国治理得井井有条，使得郑国能够路不拾遗、夜不闭户。强大的郑国以商业发达、法制健全、民主政治和诗乐文化闻名于世，是中国法制和法家思想的重要起源地。郑国还号称千乘之国，军事实力相当强大，楚国和晋国都一直想要灭掉郑国，但一直未能如愿，由此可见郑国的强势地位。

这样一个超级大国不是鄫国所能对付的，当郑国先后灭掉虢、郐等国以后，便开始侵占迁徙不久的鄫国。

因此，刚迁到中原的鄫国束手无策，它既没有盟友，也没有靠山。要说盟友，就只有它原来依靠的申国。可这个时候的申国，还因为引犬戎入侵一事遭人痛恨，好不容易才安静下来，申国自然是不能帮鄫国说话，因为鄫国也是引犬戎入侵的国家。同时申国也没有对抗强大郑国的实力，即便申国有这个实力，在当时那个动荡的年代，申国也不会帮助鄫国，因为申国犯不着为了一个小小的鄫国开罪于别国。要说靠山，自然是周朝国君周平王。可是，正是周平王将它丢在了郑国的身旁，似乎有着为了惩罚鄫国而将鄫国置于虎口的味道。因为在引犬戎入侵这件事上，周平王没法惩罚申国，因为申侯是他的外祖父。那么，就不能排除周平王为了出这口气，而故意将鄫国放逐他乡的可能。更何况周平王已经自身难保，公元前770年，周平王就因为没有能力对抗犬戎，而被迫放弃镐京，迁都洛邑（今河南洛阳），历史就此进入春秋时期。

这样一来，鄫国国君就只有两个选择：一是被郑国吞并，国家灭亡；二是忍气吞声，再次迁都。

鄫国国君不是没有考虑将自己国家并入郑国，因为这已经是明显不过的事情。鄫国国君甚至当时还曲折联系过郑国当权者，郑国的当权者甚至同意鄫国国君留在郑国做官，好因此安定民心、彰显气度。但想到传承1500多年的国家就要毁灭在自己手上，鄫国国君不禁悲愤难忍、痛心疾首，终究难以就此罢休。痛彻心扉之后，鄫国国君将臣民一分为二，一少部分人继续留在了河南中原地带，成为郑国的子民，其余的较大部分则迁往山东。原柘城县北、睢县东南建立的鄫城便归郑国所有，但仍然称为鄫城。但无疑鄫国的中心转移到了山东。鄫国在山东的地带靠近东夷，他们建鄫城于今山东苍山县向城镇，整个国家方圆不足百里。

鄫国在山东的时间并不长，总共不到200年，但鄫国总算是延续了国家的命运。在这200年里，鄫国国君还是积极求变的，他们也希望有所改变，让鄫国恢复往日的荣光。但鄫国一入山东，就面临着难题：人心涣散，士气低迷；山东卧虎藏龙，群敌环伺。

怎么办？

## 三、鄫国的灭亡

其实，针对人心涣散、士气低迷的难题，还是比较容易解决的，无非是统治阶层以身作则、与民同苦，建立健全法制、政策，颁布积极向上的激励措施，予民以希望和实惠等就能够不断改变的。鄫国也采取了一些措施，实际上也有了一定的成效。

但是，根本的问题是第二个难题：山东藏龙卧虎，周围群敌环伺。鄫国只是一个小国，人口不多，面积狭小，要想平平安安地生存下去那是奢望。

基于此，鄫国只能寻求地方强国的保护，唯有如此，鄫国才能延续国运。鄫国正是在这种积极外交的活动中，获得了短暂的生存时间。但也正是在这种外交活动中，丧失了自主权，给国家招来了灭顶之灾。

当时，山东的形势是：齐鲁强势，莒邾崛起，南方的淮夷也蠢蠢欲动，原本与鄫国相安无事的邻国们一下子都对鄫国虎视眈眈起来。尤其是莒国和邾国经常挑衅弱小的鄫国，让鄫国统治者头疼不已，也让鄫国百姓恐惧不安。迫不得已，鄫国只能投靠强大的鲁国。

鄫国当时的国君鄫朴，年轻有为，英俊潇洒，彬彬有礼，出口成章，尚未婚配。他认为国与国之间最亲密的关系莫过于和亲，只要和亲就能够万事大吉。他听说当时的鲁国国君鲁僖公有个女儿，名叫季姬，尚未婚嫁。于是，他想抓住这个机会，与鲁国成为姻亲，稳固鄫国的国势。

《春秋》一书中的鲁僖公十四年、十五年、十六年（即周襄王六年、七年、八年）提到过鲁僖公的女儿季姬，但文字很短，可仔细琢磨，它串起来却是一个春秋时期女性争取幸福爱情的美妙故事。

原文如下：

（九年）（即鲁僖公九年——作者注，下同。）秋七月乙酉，伯姬卒。

（十四年）夏六月，季姬及鄫子遇于防。使鄫子来朝。

（十五年秋）季姬归于鄫。

季姬是鲁僖公的幼女，他的长女伯姬早些年就许配给了鄫国的邻居——杞国，季姬则是陪嫁的媵妾。可天有不测风云，没想到伯姬还未出嫁，就在鲁僖公九年夭折了。按照春秋时代的礼仪规矩，伯姬虽未出嫁就去世了，但作为媵妾的季姬仍然要嫁往杞国做媵妾。媵妾的地位是很低的，现在没有了大姐伯姬以夫人身份罩着她，季姬在杞国的悲惨命运就可想而知了。而季姬成年及笄的时候，便是出嫁杞国的日子。

日子一天天地过去。鲁僖公十四年（前646）的六月，季姬终于要以媵妾的身份前往杞国了。季姬经过防（鲁国的一个地名，在今山东费县东南）这个地方，遇到了路过的鄫朴（其实，鄫朴早就在这里等着了，这可是关系国家兴亡的大事啊）。

可以想见，鄫朴表现十分完美。他把季姬接到了鄫国，好生款待。在问清季姬的状况以后，深表同情，并表示自己有办法让季姬摆脱这种处境。季姬急于脱离苦海，请求鄫朴帮助。鄫朴犹豫着把自己尚未婚配的情况告诉了季姬，表示如果季姬愿意的话，就嫁给他做鄫国夫人，既可去除当媵妾的痛苦，还可成为让人尊敬的夫人。季姬当然万分高兴，表示同意，但需要鲁国和杞国的许可。鄫朴表态毫无问题，于是两情相悦。季姬便让鄫子赶紧去鲁国求婚。

于是鄫子借口去鲁国朝见，向鲁僖公提出了迎娶季姬为夫人的请求。鲁僖公自然明白其中的道理，让女儿当夫人肯定比做媵妾好了太多，谁不想自己的女儿幸福快乐呢？

可要取消和杞国的婚约是一件很失礼仪的事情，但鄫、杞两国都是夏王朝的后裔，初封时两国就是邻国，都在今河南中部，后来又先后迁到今山东地域，仍然是邻国。想来是杞国考虑到与鄫国上千年的交情，便卖了鄫国这个面子，而鲁国自然是乐见其成。于是，鲁僖公十五年（前645）秋，季姬终于以夫人身份嫁到了鄫国。

可惜好景不长，不知道是什么缘故，新婚没有多久，就在第二年（前644）的四月，季姬就去世了，但她替鄫国生下了太子。季姬以鄫为谥号，史称鄫季姬。令人十分不解的是，鄫朴在和季姬结婚以后不久，却又和莒国攀亲，娶莒女为妾，并且十分宠幸莒女。难道是为了多找几个依靠？或者是对季姬并不是很满意？史书没有解释，我们无从得知真相。但本来好好的一个局面却因为此事把鲁国和莒国都得罪了，使得鄫国因此处境艰难起来。

一年以后，莒女生了一个女儿，鄫朴非常高兴，可是鲁僖公却非常生气，可那是鄫国自家的事情，鲁僖公也毫无办法，只能是心里一直憋屈着，总想找个机会好好教训一下鄫国。

两年之后，报复的机会来了。这年冬天，南方的淮夷突然进犯鄫国，弱小的鄫国措手不及，连忙向鲁国求救。鲁僖公见此情景心中暗自高兴，他不是不救，而是要先让鄫国吃吃苦头。于是，鲁僖公拒绝发兵相救。

鄫朴这时才明白了是怎么一回事，可要纠错那也不是一时半会的事情呀。好在鄫国国君深谙不能在一棵树上吊死的道理，又抱着试试看的心态，转而向齐国求救。此时的齐桓公已经是中原霸主，一听淮夷竟然敢在自己管理的地区首先挑起战争，自然要出来制止。于是齐桓公便亮出“尊王攘夷”的旗号，以霸主身份把鲁、宋、陈、卫、郑、许、邢、曹八国的国君约到一起，策划救鄫大计。最终决定以防御为主，派军役加固鄫国城池，把习惯水战的淮夷人挡在鄫国国门之外。

随后，齐国让各个盟国派出大批奴隶和役人，在鄫国安营扎寨，掘土垒城。当时正赶上数九寒天，帮别人的国家修城本就心不甘情不愿，又吃不饱穿不暖。饱受压迫后，这些役人竟然奋起暴动，一夜间杀死监工修城的酷吏，纷纷逃遁山林，筑城计划不得已终止。但鄫国筑城之举也向淮夷人宣示，东方诸侯联盟不允许蛮夷部落向鄫国发起挑衅，最终促使淮夷放弃了进犯的意图。鄫国暂时得以保全。

帮助鄫国以后不久，齐桓公就去世了，齐国大乱。宋襄公趁机帮助齐国平定内乱，获得极高的声望。公元前640年，雄心勃勃的宋襄公邀请滕、曹、邾、鄫等国在曹国之南会盟，终于要将霸主梦付诸行动了。

大国有命令，小国不敢不从。可不知道是因为对路程估计不足，还是因为别的原因，鄫子在路上耽搁了，没能及时赶到，迟到了两三天。可鄫子到了以后，不是先去曹国之南向宋襄公请罪，说明原因，请求原谅，反而去了邾国，与邾国国君会见。鄫子的本意是想去邾国问一下会盟的事情，自己好准备一下如何向宋襄公赔罪，可在当时那种场合，鄫子不直接去赔罪，反而先跑去邾国，这是任何人都想不到、也无法理解的行为。

这一行为令作为霸主的宋襄公十分生气。鄫子不把自己当回事？不把会盟当回事？因鄫国与东夷人有世仇，宋大夫公子子荡建议宋襄公以鄫子祭东夷立威。暴怒之下的宋襄公便命令邾文公将鄫子扣留，绑架鄫子至东夷人的神社次睢之社（今临沂城东北，乡人称之为“食人社”），杀掉鄫子，以祭祀睢水之神，以此严酷的手段威胁东方小国向西方强国臣服。

鄫朴死后，鄫世美继位。

公元前591年秋，鄫国遭到邻国邾国的入侵，鄫君世美率部迎敌。由于敌强我弱，世美被邾军杀害。邾国趁机将鄫国洗劫一番，大胜而归。可是其他国家包括鲁国并没有为鄫国仗义执言。

鄫世美被杀以后，太子时泰即位鄫君，鄫国因国力太弱，无力复仇，便重新朝见鲁国，修复关系，并请求鲁国保护。于是，鲁国以保护弱小的鄫国为名，命令鲁国的军队开往鄫国的向邑（今向城）、莀（今车辋）、次室（今兰陵）等地驻扎，这样一来，鄫国事实上已经沦为鲁国的附属国。

此时的鄫国因国境北依沂蒙山区，南接黄淮平原，东西泇水环抱，水源充沛，土地肥沃，适宜桑麻生产，鄫人继承了世代相传的蚕养殖、黄麻种植技术，养殖的蚕种有桑蚕和柞蚕，而且擅长纺织，因此多产有丝麻织品“缯”，故而又名“缯国”。苍山地区由此成为后世著名“丝绸之路”东端的源头。

鲁国在鄫国驻扎，与其说是鲁国在帮助鄫国，还不如说鲁国是在帮自己。由于之前黄河改道，鄫国以南茫茫湿地和浩瀚湖泊露出大面积的滩涂，成为可耕作的肥田沃土，而且这些土地还是无主之地。鄫国国小民少，又遭遇连年战乱，当然没有能力去“淘金”。过去十年里，鲁国大批的奴隶纷纷南下谋生，到湖泊滩涂边开垦“王土”，给鲁国贡献了大量的税收。此时鲁国驻兵，既能给鄫国一个顺水人情，又能将这片“粮仓”牢牢控制在自己手中，何乐而不为？

可是，鲁国将鄫国变成自己的附庸还不甘心，到鲁襄公的时候，竟然想把整个鄫国都变成自己的合法地盘。当时的霸主是晋国，于是鲁襄公和鲁国大夫孟献子专程去晋国，请求将鄫国列为自己的附属国。

晋侯认为这件事情对自己没有好处，起初并不同意。但鲁国大夫孟献子是个聪明人，他耐心地给晋侯解释，说鲁国会一心一意跟着晋国的步伐，可是鲁国还是褊小，无法向晋国缴纳足够的贡赋，如果能让鄫国归附鲁国的话，鲁国就有足够的财物进贡给晋国，支持晋国的霸业了。见鲁国有如此想法，晋侯很是欣慰，就同意把鄫国作为鲁国的附属国。

公元前 568 年夏，鄫太子巫被迫和鲁国大夫叔孙豹一同出使晋国，商量鄫国归属鲁国的事情。在商量的过程中，太子巫是不同意的，他还是委婉地向晋国提出了独立但可以向鲁国和晋国提交贡赋的想法。但遭到鲁国的反驳，并威胁太子巫说，如果不能成为鲁国的附属国，将来再发生鄫国被别的国家进攻的事情，鲁国是不会帮忙的，那样鄫国就会有灭国的危险。太子巫无言以对。

经霸主晋悼公首肯，鄫、鲁双方达成鄫国归属鲁国的秘密协议。从此，鄫国正式沦为鲁国的附属国。同年 9 月，东方各诸侯国在戚地（今河南濮阳戚城）会盟，鲁国仍让鄫国大夫以独立身份参会，但一切言行必须听命于鲁国。同年冬天，鲁国主政 33 年的一代名臣季孙行父亲季文子去世，但并未运至曲阜安葬，而是葬于鄫城的“西丘”（即文峰山）。这一事件，无疑就是在向各个诸侯国宣告，鄫国已成为鲁国的一部分。

消息很快传开，对鄫国垂涎已久的莒国、邾国坐不住了，两国结盟，反对鄫国附属鲁国，并在齐国的支持下，同时从东西两面出兵进攻鄫国。为救援鄫国，鲁国派大夫臧孙纥率鲁国军队攻入邾国，想通过攻打邾国来缓解鄫国的压力。但在邾国的狐骀一战，鲁军大败于邾国军队，因为鲁国本就长于外交短于军事，鲁国的军事实力比不上邾国，这是事实。

晋国知道这件事是齐国默许的以后，碍于齐国的面子，便不想公然惩罚莒国和邾国，以免造成与齐国的决裂。结果倒霉的就是鄫国和鲁国。鄫国的世子巫是鲁国公主所生，鲁国还是想努力一下，让晋国主持一下公道，于是鲁国大夫叔孙豹带着世子巫朝见晋悼公。如果主持公道无望，鲁国就会提出另一件事，就是企图通过晋国的影响来固定世子巫的地位，希望晋国能够为他们说话。

原来世子巫有位竞争者，这位竞争者不是他的兄弟，也不是他的侄子——竟然是他的外甥！《鄫氏源流流传图》说，周简王时，莒子生有三个女儿，长女嫁给鲁成公，生了鲁襄公，鄫子（时泰）则娶其二女为夫人，生子巫。所以鄫子与鲁成公为连襟，而巫与襄公则为姨表。后来鄫子夫人死了，鄫时泰便接着娶了莒子的小女即先夫人之妹为后夫人。后夫人没能生下儿子，只生了一个女儿，这个女儿还嫁回了莒家，也就是与鄫家成了姑舅婚。所生子即鄫家外孙。后夫人性格彪悍，喜爱自己的女儿，太子巫只好投奔鲁国，成为鲁襄公的附庸。其实，这完全是莒国的计谋，莒国让鄫时泰继娶莒子的小女明显就是想通过这种手段兵不血刃地吞并鄫国。

可当鲁国大夫叔孙豹带着世子巫朝见晋悼公时，晋国不想与齐国决裂，只好好言安慰，却并不提保护鄫国的意见，也不想参与鄫国的继承人之争。鄫子眼见晋悼公放手不管，鲁宣公也爱莫能助（被打败了还能怎样），自己国小兵少，孤掌难鸣，只能回国坐等转机。

公元前 567 年，莒国抓住鲁国疏于扶助鄫国的时机，派军突然攻入鄫国。莒国很快就占领了鄫城，并秘密杀害了鄫国国君鄫时泰，扶持庶出的莒女之子为国君，又追杀嫡出的嗣君太子巫，一举灭掉了鄫国。于是莒人以鄫之外孙嗣位。莒国的意思就是要鄫子把君位传给外孙，可外孙非本族人，怎么能继承国位呢？不就等于鄫国被灭国了吗？

太子巫为了躲避追杀，只能率众投奔鲁国。至此，延续近 1500 年的鄫国退出了历史舞台。后来，莒国又被鲁国所灭，鄫国的土地又重新回到了鲁国手中。

关于鄫国灭亡，有以下几条记载：

（1）《春秋》："莒人灭鄫。"

（2）《穀梁传·襄公》："非灭也。中国日，卑国月，夷狄时。缯，中国也，而时，非灭也。家有既亡，国有既灭，灭而不自知，由别之而不别也。莒人灭缯，非灭也，非其立异姓以莅祭祀，灭亡之道也。"白话文的意思，即不是灭亡。中原诸侯国被灭是记载日期；小国被灭是记载月份；夷狄被灭则记载季节。缯国，属于中原诸侯国，记载季节，表明它不是灭亡。有的封地已经被灭，有的国已经被灭，被灭了自己却不知道，有区别也就无法区别了。说莒国灭了缯国，不是灭亡了，是指责立了异姓为嗣来接替祭祀，这也就是灭亡的途径。

（3）《左传·襄公》："莒人灭鄫，鄫恃赂也。"

白话文意思是：莒人（山东省日照市莒县）灭鄫（山东省苍山西北），这是由于鄫国依仗行过贿赂而疏于防备的缘故

（杜预注曰：鄫有贡赋之赂在鲁，恃之而慢莒，故灭之）。

## 四、鄫国灭亡的思考和鄫国历代国君表

鄫国从建国到灭亡，前后达1500年，有过强盛和辉煌，但最终淹没在春秋争霸战争之中。站在当今的视角，还是能够看出鄫国治理上的问题和缺陷。

第一，没有一支强大的军事力量。翻遍所有的资料，都没有找到有关鄫国军队方面的记载。可见鄫国的军事实力的确不行。在鄫国封国之初，曲烈雄才大略，把国家治理得有声有色，农业、手工业、畜牧业、饮食业都获得了大发展，文化方面也有繁荣的景象，只有军事力量方面没有涉及。没有强大的军队就没有强大的主权，正因为如此，鄫国一直没有真正强大起来。当申侯节制它时，它没有办法摆脱；当周平王因为犬戎之事惩罚它、流放它时，它无力反抗，只能放弃一切从头开始；当强大的郑国欺辱它时，它同样束手无策，只好远去山东；而山东的邾国、莒国出兵攻击它时，它却只能向虽然是山东的第二大强国，可军事力量还不如邾国、莒国的鲁国求救。如此一来，结局似乎已经注定了。

第二，鄫国的外交手段并不高明。曲烈被封河南、建立鄫国时，是一个强国，也有着不少的人才。可史书上只有鄫国繁荣的记载，没有鄫国名臣名人的记载。既然文化繁荣，为何没有人才辈出呢？根本的原因还是在于当权者、在于国家的政策和措施。外交方面，似乎鄫国自立国以来就没有盟国，这一点令人殊为不解。任何一个国家的统治者，只要有点眼光，都明白居安思危的道理，都会为国家找几个盟国、布几道防线，可

鄫国只知道有一个鄫城、一个鄫关，其他的就没有了。到被迫迁往山东以后，鄫国的外交表现得还是一塌糊涂。鄫国仅仅是通过和亲交好了两个国家：鲁国和莒国。其实和亲都是失败的，因为和亲导致了鲁国和莒国都对鄫国不满，最后还导致莒国干脆灭了鄫国。鄫国交好的鲁国虽然是大国，可军事力量并不强，只是礼仪、文化等方面首屈一指。所以，当别的国家进攻鄫国时，鲁国也毫无办法，不是鲁国不出兵，而是出了兵也没有用，打不过人家。所以，鲁国这个靠山实在只有那么多用。而莒国是较小的国家，虽然军事力量不错，可放到春秋时期那些真正的强国面前，比如齐国、郑国、楚国等，那就是小巫见大巫了。何况莒国是山东地区最不安分的国家，老想着扩大自己的地盘，四处挑衅。鄫国想通过与莒国和亲来获得国家安宁，实在是与虎谋皮、饮鸩止渴。直到最后，鄫国果然还是被莒国灭了。

鄫国在河南地区时期的最大失误就是没有建立自己强大的军队、没有坚强的盟友。而在山东地区的时期，鄫国能够依仗的只能是外交，可是其外交恰恰是最失败的。

鄫国在山东时期，经历了春秋五霸中的三霸，即齐桓公、宋襄公、晋文公。可是鄫国居然没有抓住一次机会，没有傍上一个霸主，这也是令人费解。

先说齐桓公。当时淮夷想要入侵鄫国，鄫国和鲁国找到了齐桓公。齐桓公为了山东的安定，找齐八国国君商议，让各个盟国派出大批奴隶和役人，在鄫国安营扎寨，掘土垒城，加固鄫国城池。虽然最后奴隶和役人一哄而散，可淮夷也因此退去，鄫国得以安稳。可鄫国并没有抓住这次机会，在各国国君面前露脸或者是表示感谢，哪怕是事后去拜访一下各国特别是去感谢一下齐国，那么，鄫国的日子也不会那么难过。这次机会就白白丢掉了。

再说宋襄公。公元前 640 年，雄心勃勃的宋襄公邀请滕、曹、邾、鄫等国在曹国之南会盟，可不知道是因为对路程估计不足，还是因为别的原因，鄫子在路上耽搁了，没能及时赶到，迟到了两三天。可鄫子到了以后，不是先去曹国之南向宋襄公请罪，说明原因，请求原谅，反而去了邾国，与邾国国君会见。这件事令人不解，也只能说是鄫国国君太自大了，是个愣头青。这样一来，非但没有巴结上霸主宋襄公，反而把霸主给得罪了，给自己惹来了杀身之祸，弄得个身死东夷的下场。如此一来，哪个国家还会和你来往？这已经为鄫国的灭亡埋下了祸因。

最后是晋国晋悼公。公元前 568 年夏，鄫太子巫被迫和鲁国大夫叔孙豹一同出使晋国，商量鄫国归属鲁国的事情。经当时的霸主晋悼公首肯，双方达成鄫国归属鲁国的秘密协议。因为史料的缺乏，现在已经无法知道这次商议的过程。但总体看来，鄫国太子巫应该是反感这次归属的。可作为小国，即使是反感，也应该是毫无办法的。何况当时鄫国的处境并不妙。太子巫当时应该做的就是设法直接成为晋国的附属国。考虑到鲁国的需求，鄫国也可以给予鲁国适当的补偿。只有这样，鄫国才能延续更久，而不至于当面对邾国和莒国的攻击时束手无策。难道鄫国不知道鲁国的军队打不过邾国或者莒国吗？那就只能说，鄫国统治者太糊涂了。如果当时太子巫能够直接提出成为晋国的附属国，让晋国直接保护自己。作为贪婪的晋国，肯定是会同意的，也会出兵驻扎鄫国的。因为与其间接地从鲁国谋求钱财，还不如直接把鄫国的财物拿过来就是了。这是鄫国最后的机会，可是不知道为什么被太子巫错过了。由此也可以看出太子巫还是缺少一点外交智慧和手段的，他的全部心思都是放在鲁国，因为他的母亲是鲁国人，它的灵魂深处已经容不下别的国家，他只会把鲁国作为自己国家重新崛起的唯一盟友、唯一希望。而且，正是这种想法，导致了鄫国灭亡以后，太子巫直接在鲁国定居、做官，并希望能够再次靠着鲁国复国，夺回被莒国占领了的鄫国。

**鄫国历代国君列表**（历夏、商、周三代，近两千年）

| 世系 | 名字 | 备注 |
|---|---|---|
| 一世 | 曲烈 | 始封鄫 |
| 二世 | 炫忠 | 夏王朝时期 |
| 三世 | 坤仁 | |
| 四世 | 禄 | |
| 五世 | 浩源 | |
| 六世 | 富材 | |
| 七世 | 焜 | |
| 八世 | 伯基 | 至此天下归汤 |
| 九世 | 锐 | 商王朝时期 |
| 十世 | 汪 | |
| 十一世 | 志梁 | |
| 十二世 | 煌 | |
| 十三世 | 相奎 | |

续表：

| 世系 | 名字 | 备注 |
|---|---|---|
| 十四世 | 世鉴 | |
| 十五世 | 政治 | |
| 十六世 | 模 | |
| 十七世 | 瑞焕 | |
| 十八世 | 垠 | |
| 十九世 | 锦容 | |
| 廿世 | 洪 | |
| 廿一世 | 桂茂 | |
| 廿二世 | 熙 | |
| 廿三世 | 培元 | |
| 廿四世 | 鉒 | |
| 廿五世 | 允漆 | |
| 廿六世 | 杞 | |
| 廿七世 | 烪熹 | |
| 廿八世 | 埙和 | |
| 廿九世 | 成锐 | |
| 卅世 | 一清 | |
| 卅一世 | 椿 | |
| 卅二世 | 炯 | |
| 卅三世 | 垣 | |
| 卅四世 | 销 | |
| 卅五世 | 福波 | |
| 卅六世 | 时荣 | |
| 卅七世 | 炳 | |

续表：

| 世系 | 名字 | 备注 |
| --- | --- | --- |
| 卅八世 | 均作 | |
| 卅九世 | 铃 | |
| 四十世 | 浤仁 | |
| 四十一世 | 一松 | |
| 四十二世 | 炤 | |
| 四十三世 | 墅 | |
| 四十四世 | 镇玉 | |
| 四十五世 | 浥 | |
| 四十六世 | 祥溥 | |
| 四十七世 | 炷 | |
| 四十八世 | 方埕 | |
| 四十九世 | 宇銮 | |
| 五十世 | 沛恩 | |
| 五十一世 | 朴 | ？—前640 |
| 五十二世 | 世美 | 前640—前591（在位49年） |
| 五十三世 | 时泰 | 前591—前567（在位24年） |
| 前567年被莒国所灭，太子巫逃往鲁国，鄫国亡 | | |

注：此世系供参考。

# 第四章　鄫国后裔和曾氏发源地

## 一、鄫国后裔

鄫国灭亡以后，怀着亡国之痛的太子巫出奔到邻近的鲁国，并在鲁国做了官。太子巫带出来一部分鄫国人，其他的鄫国人则留在故地，成为莒国的臣民。

鄫国灭亡以后，古籍上有几段有关鄫国的记载。

《春秋》："季孙宿如晋。"

《左传·襄公》："晋人以鄫故来讨，曰：'何故亡鄫？'季武子如晋见，且听命。"白话文的意思是季孙宿（季武子，季文子之子）到晋国。晋国人由于鄫国被灭亡的缘故前来讨伐，说："为什么把鄫国灭亡了（杜预注曰：鄫属鲁，恃赂而慢莒。鲁不致力辅助，无何以还晋，寻便见灭，故晋责鲁）？"季武子去到晋国，听候晋国处置（杜预注曰：始代父为卿见大国，且谢亡鄫，听命受罪）。

季武子（？—前535），即季孙宿。春秋时鲁国正卿，前568—前535年执政。姬姓，季氏，名宿（一作夙），谥武，史称"季武子"。季武子是我国古代的政治家、外交家。他巧妙地利用晋、齐、楚三大强国之间的矛盾关系，周旋其中，多次为鲁国化险为夷，是一个出色的外交家和阴谋家。他从谨小慎微的父亲那里继承季氏，依靠杰出的政治才华，稳固了季氏在三桓中的首脑地位，紧紧地团结三桓，为季氏的繁荣发展奠定了不可磨灭的强大基石。

《春秋》："冬，叔孙豹如邾。"

《左传·襄公》："冬，穆叔如邾，聘，且修平。"意思是冬季，穆叔（鲁国大夫叔孙豹）去到邾国聘问，同时重修友好关系（杜预注曰：平四年狐骀战）。

此时鄫已亡于莒，故鲁与邾重修旧好。

叔孙豹（？—前537年）：姬姓，叔孙氏，名豹，谥号曰"穆"，故史称叔孙穆子（亦称叔孙穆叔），春秋时期的鲁国大夫。

鄫国灭亡以后，晋国对鲁国兴师问罪，责问鲁国为什么没有好好保护鄫国。季武子只好去到晋国。季武子并没有过多地申辩，只是老老实实地听候晋国处置。可见鲁国对鄫国灭亡一事还是心有羞愧的。鄫国作为鲁国的附属国，竟然在鲁国的眼皮子底下被莒国灭了，实在是丢了鲁国的脸，还有什么好申辩的呢？可是晋国最后也什么都没有说，但是后来，晋国还是做了一些事情，打压了莒国和邾国，帮了鲁国一把，毕竟鲁国每年都对晋国提交了贡赋。

接下来，鲁国又赶紧去了邾国，这可是难得的事情。鲁国是大国，邾国是小国。鲁国居然去邾国，想要和邾国修复关系。双方因为狐骀之战和鄫国灭亡两件事情闹得有点僵了，关系一直不好。原本鄫国还存在的话，有鄫国作为过渡的桥梁，双方还不至于兵戎相见，现在鄫国没了，邾国说不定就会和鲁国冲突、争斗甚至开战。所以，军事力量并不强大的鲁国修复和邾国的关系是完全必要的，对鲁国的安危也很重要。

这两件事都是鄫国灭亡以后的外交策略。而针对鄫国土地的划分，山东诸强也各有想法，闹了一段时间。

鄫国灭亡之后，其富庶的土地完全被莒、邾两国瓜分了，鲁国自然很不甘心。据《左传》的记载，从周灵王六年（鄫侯时泰二十四年，莒犁比公十二年，鲁襄公七年，邾宣公七年，晋悼公七年，公元前566年）春季开始，也就是鄫国灭亡之后的第二年，鲁国与莒国、邾国之间便因此连续六年都发生较大规模的边界冲突，鄫国城池多达四次被鲁国夺取。一方面修复关系，但另一方面对土地、人口的争夺又毫不相让。每当鄫国土地被鲁国占据之后，莒国便会联合邾国向鲁国发起攻击。双方也因此弄得山东地区鸡犬不宁，使得众多国家都对此有怨言。因此，春秋霸主晋悼公便出面加以干涉，发起了“溴梁会盟”。

在“溴梁会盟”（今河南济源）上，晋悼公责令莒、邾两国将吞占的鄫国土地交给鲁国，因为毕竟鄫国曾经是鲁国的附属国。邾悼公当时迫于形势，只好同意了。

但事情并未结束。邾悼公阳奉阴违，于公元前556年冬，再次进攻鲁国南部边境，而且并未将所占鄫土交给鲁国。鲁国派使者向晋国报告。晋国准备再次举行会盟以讨伐邾国、莒国。可当年冬季，晋悼公去世了，会盟没能举行。

周灵王十八年（鲁襄公十九年，邾悼公二年，莒犁比公二十四年，公元前554年），晋平公又在督扬（今山东长清祝阿故城）举行会盟。

在“督扬会盟”上诸侯国拘捕了邾悼公曹华，诸侯的军队就驻扎在泗水边上，强行划定了鲁邾两国的边界，还将邾国漷水以西的土地也一并划归鲁国，随后迫使鲁、莒两国休战，并通过谈判方式解决两国争端。

在春秋霸主晋国的强势威逼下，周灵王十九年（鲁襄公二十年，莒犁比公二十四年，公元前 553 年），鲁国大夫孟庄子（孟孙速）和莒国使者在向地举行了“向城会盟”（今山东苍山向城镇），双方正式讲和。莒国承认鲁国对鄫国故土的兼并。随后，鲁国在今兰陵设立了对鄫国之地实行管理的官府。自此，鲁国正式吞并了鄫国土地。

到了周考王十年（楚简王元年，公元前 431 年），楚简王熊中率军北伐灭了莒国。到了楚宣王熊良夫执政时期，又于周烈王七年至周显王二十九年（前 369—前 340）间灭了邾、小邾二国。在楚国攻灭莒国、邾国、小邾国的时候，鄫国的后裔子孙们积极参战、勇猛冲锋，最为卖力。他们就是鄫国灭亡以后留在故地的鄫国人，他们痛恨莒国和邾国，他们的灭国之恨直到此时才能毫无保留、毫无顾忌地发泄出来。

在成功击灭邾、小邾二国后，楚国还强行掳走“二邾”的国君和百姓，强制押解着他们向西南方向迁移。经过几个月艰苦至极的长途跋涉，到达当时楚国的偏远荒芜地区（今湖北黄冈黄州乡禹王城），建了一座邾城，安置了邾国的亡国之君和百姓。而解押他们的楚军将领叫挩氏，是鄫国王室后裔，他在押解过程中，经常叫手下用长柄小铜锤敲击邾国国君和士兵们的脑袋，邾国国君和士兵们常常被敲得头破血流、痛苦不已。挩氏将军却经常一边敲打，一边嘴里还愤愤不平地说：“还记戕缯否？”（还记得你们当初灭亡鄫国的事情吗？）

可见，也有一部分鄫国人分散到了其他诸侯国，但大多数人还是留在了故地，他们都对鄫国怀有深厚的情感。

当时，在亡国的鄫国臣民之间流传着一首动人的歌谣：

鄫国鄫国，曲烈开代。
辛劳勤苦，巍巍千载。
礼教文华，万邦来拜。
五十三代，传至时泰。
莒邾谋我，社稷破败。
悠悠我思，何处不在。
悠悠我情，魂牵梦载。
悠悠我心，寄予瑶台。
思我鄫国，故土应在。
思我族人，永世康泰。

歌谣只是一种亲人间的安慰和寄托罢了，但却流露出对故国和故人永思的情怀。每当想起伤心的往事吟诵一番，倒也能够消除心中的郁闷和烦恼。

太子巫带领的那部分鄫国人则进入了鲁国，太子巫被鲁国聘为卿士，也就是被鲁国招聘为官，而且这个官还不小。在西周，卿士是三公、六卿的通称，为周王室的执政之官。杜预注："卿士，王卿之执政者。"春秋时期各诸侯国的官制与周王朝相似，辅佐国君的重臣也称为卿士，如楚国的卿士指执政的令尹、司马。也有一些国家称为卿。而卿就是君主的辅佐大臣。《左传》则称"国卿"为"君之贰也"。春秋时期，齐国的国、高二氏分掌左、右两军，和西周时周王设左右卿士十分类似，表明春秋时期各国之卿都是从西周卿士演化而来的。

太子巫这个卿士，很明显是没有决策权的，既不掌握军队，也不掌控实权，是一种闲职。就是让他先养着，提提建议、发发牢骚而已。而且太子巫这个卿士并不是世袭的，等他老去了以后，他的后代并没有享受到这种待遇，当然，鲁国也于公元前 256 年被楚考烈王所灭。

鲁国大夫叔孙豹与太子巫是表兄弟关系，因此也成了太子巫最好的、也是最后的依靠。叔孙豹在太子巫来到鲁国投奔他以后，把太子巫放到了鲁国的南武城（今山东省嘉祥县），让他们在这里定居下来。叔孙豹的考虑是：南武城距莒国比较远，有利于太子巫躲避莒人和邾人的追杀。

南武城是鲁襄公十九年在鲁国西部修筑的一个城市，为的是加强西部边境的战略防御，主要是防备齐国的进攻。为什么叫南武城？三国魏王肃《孔子家语注》解释为："鲁邑有两武城，故称南以别之。"唐司马贞注《史记》时对"南武城"注曰："武城属鲁，当时更有北武城，故言南。"自此，太子巫便在南武城定居下来。同时，太子巫把他带来的鄫国族人也安置在这里。这里便成为鄫国灭亡以后鄫国族人最多的地方。

## 二、曾氏定名

在鲁国为官和生活的过程中，太子巫始终不忘复国大业，他不愿意寄人篱下，总想带领剩下的族人恢复鄫国，恢复昔日的荣光。

首先，在南武城鄫国族人居地，太子巫大力发展生产，农业、畜牧业、纺织业都在继承前人的基础上有了新的发展。男耕女织，分工合作。奴隶主拥有大量土地和奴隶，奴隶辛勤地在土地上劳作。开设有学堂，奴隶主和各级官吏的子女在学堂学习汉字和各种礼仪。整个南武城鄫国族人居地一片兴盛景象。特别是他们的纺织品——缯，更是周边人们称赞和模仿的对象。经济实力的不断增长，也让太子巫有了复国的资本和基础。

其次，太子巫多次请求鲁国和晋国出兵帮助复国，但均未得到有力的支持。

其实，仔细分析一下当时的形势，是不难得出鄫国复国无望的结论的。

第一，鲁国和晋国是绝不可能帮助鄫国复国的，但鲁国和晋国还是以帮助鄫国复仇为口号，夺回了鄫国所有的土地并将之归入鲁国。

前面说过，在整个春秋时期，鄫国不但没有什么盟国，反而经常因外交处理不当而得罪别的国家。比如，因为引犬戎入侵得罪了周天子和众多诸侯国，因为娶夫人的事情得罪了鲁国和莒国，因为会盟迟到得罪了宋国等。在别的国家看来，鄫国的外交政策实在是失败至极了。因此，也没有哪一个国家会和鄫国有难同当。这就导致了鄫国没有盟友。只是后来因为鄫国娶了鲁国之女，鲁国觊觎鄫国的沃土，鲁国才把鄫国拴在自己的战车上，鄫国才得以和鲁国成为盟友。说是盟友，其实就是鲁国的附属国。因此，鄫国灭亡以后，太子巫唯一可以依靠的人就是鲁国大夫叔孙豹。因为他和叔孙豹最熟悉，一起去过晋国，叔孙豹还是他的表兄。

叔孙豹是鲁国著名的外交家，口若悬河，机智善辩。他第一步就是把太子巫安置到了新建的南武城，嘱咐他好好过日子，慢慢发展生产。

南武城距莒国的确比较远，有利于太子巫躲避莒人和邾人的追杀。但南武城也同样并不安全，因为它要面对山东第一强国——齐国的攻击，因为它建造的目的就是为了抵抗齐国。所以，不能排除叔孙豹有想让鄫国亡国臣民成为鲁国的一道防御线的想法。在鲁国的国家利益面前，亲戚关系是完全不会被叔孙豹放在眼里的。

当太子巫向叔孙豹提出希望能够帮助他复兴鄫国的想法时，叔孙豹表情痛苦，唏嘘不已，说要好好谋划这件事，还必须和鲁国国君商量。当太子巫向鲁国国君提出希望能够帮助他复兴鄫国的想法时，鲁国国君表情痛苦，唏嘘不已，说要好好谋划这件事，还必须和大夫叔孙豹商量。不管太子巫提出多少次，叔孙豹和鲁国国君的说法始终都会是这样的。这是一个循环，也是一个死结，太子巫无能为力。

事实是，鄫国灭亡的第二年，鲁国和莒国、邾国争夺鄫国土地的战争就开始了，连续多年，闹得山东地区鸡犬不宁。鲁国对外的借口是鄫国原本就是自己的附属国，不能把土地给别的国家。而对太子巫说的是，我鲁国誓死要帮你夺回失去的土地。

此后，通过“溴梁会盟”“督扬会盟”和“向城会盟”，晋国强行把鄫国土地全部划给了鲁国，鲁国也在原鄫国土地的兰陵建立了新的官府机构，对鄫国故土进行治理。

听到鲁国收复故土并建立了新的官府机构，太子巫非常兴奋，他跑去和鲁国国君及叔孙豹说，想要鲁国恢复鄫国。可鲁国国君及叔孙豹先是借口这事需要晋国同意，继而又说现在局势复杂，不能骤然分封新的国家，等形势明朗以后再作考虑。太子巫痛哭乞求，可鲁国国君及叔孙豹不能答应。如此迁延时日，鲁国国君及叔孙豹竟然双双去世了，再加上春秋霸主换位，楚国强势崛起，出兵山东，此事也就成了不了之局。

第二，想要重新恢复鄫国，是违背当时的历史潮流的，因此是不可能取得成功的。

春秋时期的诸侯国有一百多个，是中国历史上国家最多的时期，仅山东地区就有近 30 个，各诸侯国各霸一地，相互联盟，相互征战。因此，春秋时期也是中国历史上最为动荡不安的时期。同时，春秋时期也是各种人才、各种学说不断涌现的时期，诸子百家不断碰撞，造成了春秋思想和学术的大发展，对此后中国历史的发展产生了巨大的影响。

但是，春秋时期发展的总体趋势是国家的不断吞并、不断消亡，既有大国的破灭，也有小国的消亡，国家的总数是在不断减少的。像鄫国这样的小国，存在时间算是比较长久的。而一般说来，灭亡了的国家是没有办法重新出现的，因为别的诸侯国是不会允许这一做法的，他们恨不得其他的国家都尽快灭亡，只要留下自己就行了。每一个国家的臣民都有着同样的一个信念，那就是只有自己的国家是最棒的，别的国家并入自己的国家才是最好的结果。

鄫国的灭亡同样留给别的国家这样的结论：鄫国灭亡是正常不过了的，一个小国，一个外交相当失败、军事实力薄弱的小国，是肯定会灭亡的。因此，在鄫国灭亡以后，晋国也仅仅只是责问一下鲁国为什么没有尽到保护鄫国的义务而已。鲁国想的就是如何让鄫国这个肥沃的地方完全落入自己的手中。通过对莒国和邾国的战争，通过霸主晋国的压迫，通过多次的会盟协调，鄫国的土地终于被鲁国占有了。可以想见，鲁国和晋国之间是达有某种协定的，有相当的利益牵涉，不然晋国不会如此频繁地举行会盟为鲁国出力。也可以想见，鲁国在鄫国灭亡以后，是加强了自己的军事力量的。当初，鲁国军队在邾国的狐骀一战败给了邾国的军队，可见鲁国的军事实力并不比邾国强上多少。可是到了争夺鄫国土地的紧要关头，鲁国的军队竟然能够同时对付邾国和莒国军队的攻击了。很显然，鲁国军队变强了，同时鲁国对鄫国土地是势在必得。

当时，没有哪一个诸侯国为鄫国的灭亡惋惜。这就说明，鄫国的灭亡在大家看来太正常不过了。无论是谁都不会同意鄫国复国，即便是鲁国，也是不可能同意鄫国复国的。因为这是违背历史潮流的行为，是会遭到所有诸侯国，特别是山东各国的强烈反对和敌视的。即使鲁国想帮鄫国复国，就算鲁国后来把鄫国土地归入自己时，想让太子巫去管理，那也是不可能的，因为那一定会遭到山东地区所有国家的一致反对与讨伐。

从这一点看，鄫国当时不可能复国成功。

第三，太子巫和鄫国亡国臣民已经没有能力复国了，他们找不到复国的正确途径和办法。

前面已经说过，鄫国除了鲁国有姻亲以外，太子巫就只认识晋国霸主。鄫国也历来没有盟友，并且外交上相当失败。那么，要想复国，就已经没有了外部条件。一个没有别的国家支持，并且已经灭亡了的国家想要从头再来，可能吗？现实吗？谁会同意？大家都要在这块土地上立国，没有左邻右舍的捧场、没有霸主老大的强烈手段，立得起来吗？

当然，只要你有那个实力，你就立得起来。

所谓实力，最主要的就是两条：经济实力和军事实力。我有钱，我就有办法。我可以收买我想收买的人，哪怕是国君或者霸主，都是有可能的。我也可以跑到别的地方去，此处不留人，总有留人处。或者我干脆自己开一片土地单干，与谁都不冲突，安安静静生活，这也相当于一个独立王国。总之，只要有钱就有无数办法，有些还是你怎么也想不到的办法。另外，我有强大的军队，我也有很多办法。我打呀。无论是小国还是大国，谁不服就打谁、就消灭谁。只要我的拳头最大，我就是最大的老大。春秋五霸不都是这样子吗？他们都是因为拳头大，吓得各个诸侯国没有办法，才听从他们的领导和指挥的。这永远都是真理，哪怕历史发展到了今天，还是这个道理。

所以，鄫国要想复国，没有别的办法，不能依靠别的诸侯国，哪怕是鲁国，那也是靠不住的，说不定鲁国让你当了炮灰、做了棋子。只有自己的实力够强大，就能复国。一切都只能靠自己。

然而，当时的鄫国已经灭亡，鄫国的臣民在太子巫的带领下，避难到了鲁国。是的，就是避难。那么，他们又哪来的复国能力？有钱吗？有军队吗？都没有。太子巫的外交水平还并不高明，他只能依靠他的表兄叔孙豹。这还怎么复国？

一般地，灭国以后没有几十年甚至更长时间的卧薪尝胆，是不可能复国的，因为经济实力和军事力量跟不上。太子巫还需要叔孙豹安排，又哪来的实力让鄫国重建？毕竟在春秋时期，只有越王勾践经过卧薪尝胆才实现过复国的梦想。这也只是一个罕见的特例而已。

处于太子巫这样一个处境，想要复国唯有一个可能，那就是颠覆另一个国家的政权据为己有，而且事后还必须得到别的诸侯国的同意或者默认。这就是所谓的内部演变。而演变的对象自然是鲁国。太子巫既然在鲁国被聘为卿士，而卿士属于谋略层的高官，那么自然还是有一定的办法可想的。但他必须得到别人的配合和支持，还必须事后得到霸主国的默认。太子巫只认得叔孙豹，只能够攀得上晋国。可是，这二者都是靠不住的。叔孙豹是个国家利益高于一切的人，想要他配合颠覆鲁国无疑是痴人说梦。而晋国也不可能被太子巫打动，因为晋国不看好太子巫，认为他能力不够，何况晋国的霸主地位很快就要被楚国取代了。这第一步就走不通。而且太子巫性格平和、洁身自好，也实在不适合做这种奸诈阴暗的事情。太子巫也根本就没有朝这个方面想过。这都是站在如今的立场上才想出来的所谓计策而已。

不管怎么说，在当时的环境和条件下，太子巫都没有办法实现他的复国梦。

太子巫眼看复国无望，万念俱灰，愤然将佩剑弃之于地，“啪嗒”一声，剑柄碎裂。太子巫就此长叹一声道：“国之不存，留邑何用?”就像这宝剑一样，不要这剑柄也罢。于是便决定任何人都不许再提复国之事，并改“鄫”氏为“曾”姓。太子巫去掉了“鄫”字的邑旁，就像宝剑舍弃了剑柄。从此，所有南武城的鄫国亡国臣民都遵从太子巫的决定，改姓为“曾”，称曾氏。此为曾氏得姓之始。之所以去掉邑旁，是表示离开鄫国故城了，再也回不去了。

因此，太子巫便成为曾姓的受姓始祖。曾这一姓氏，也因此定名，再无变动。

此后，曾巫生曾夭，曾夭生曾阜，曾阜生曾点，曾点生曾参，曾姓族人便在南武城这里一代代生息繁衍开来。

**三、曾氏发源地**

曾氏发源地无疑就是南武城。

《孔子家语·卷三十八》中说："曾参，南武城人，字子舆。少孔子四十六岁。志存孝道，故孔子因之以作《孝经》。"

明隆庆年间（1567—1572）的《曾氏大成宗谱·历代迁徙考》记载："鲁襄公六年，莒人灭鄫，鄫太子巫仕鲁去邑为曾，是受姓之始。巫公生夭，夭公生阜，徙嘉祥。阜公生点，点公生参，参公生元、申，元公生西，皆无徙。"

清朝顾祖禹《读史方舆纪要》："鲁有东西二武城，嘉祥武城在县南五十里。"

王鎏《四书地理考》："嘉祥在东武城南，则宜为南武城。"

日本汉学家泷川资言《史记会注考证》："南武城，今嘉祥县。"

《中国古今地名大辞典》"武城"条注（其一）："春秋鲁地，筑以备齐。在今山东嘉祥县南四十五里南武山下。"

《山东通志·古迹》："嘉祥县南武城，在县南四十里。

《省直通考》："南武山，嘉祥县南武城地，曾子故里。"

明朝成化年间（1465—1487）《兖州府志》："嘉祥县城南四十里有南武山，山西有曾子墓，山东南三里许有南武城，即曾子故里。"又记："山东守臣上言：嘉祥县南武山西南，玄寨山之东麓，有渔者误入穴中，得悬棺。碣曰：'曾参之墓。'"

明朝吕兆祥《宗圣志》:“南武城在南武山之东南，春秋时子游为宰处。至今基址尚在。乡音呼阿城。”

清宣统年间（1909—1911）《武城曾氏重修族谱·（济宁堂支）叙》载:“至世子巫奔鲁（哀公六年为莒灭，奔鲁武城，今山东嘉祥县四十五里南武山)，易邑为曾氏之始也。”该谱《舆记古迹》载:“武城在今嘉祥县四十五里遂山社南武山东南。因北武城故号兹为南。春秋鲁下邑也，子游宰之，宗圣家此，基址尚存，乡音呼为阿城。”

从以上众多的史料记载可以看出，南武城是曾氏这一姓氏的最初发源地。

南武城还有较多的曾子（曾参）遗迹。

（1）曾子墓。曾子墓位于嘉祥县满硐乡南武山西南、曾庙西约1公里处。成化初年，山东守臣上言嘉祥县南武山西南、元寨山东麓，有渔者陷入穴中，发现了曾参之墓，经皇帝下诏修筑。曾子墓高3米，周长约15米，墓前立石碑“郕国宗圣曾子之墓”。墓前建飨堂三间，东配斋房三间，西配更衣所三间。曾子墓林院南北长117米，东西宽60米，占地10余亩。林门题“宗圣公之墓”。林前路旁有石人、石马、石猪、石羊。

（2）耘瓜台。位于嘉祥南武山之东。明于慎行《兖州府志·古迹志》载:“耘瓜台，在南武山之阳，相传即曾子耘瓜误断其根处。后人因名其地曰耘瓜台。”

（3）琴堂。位于今嘉祥县城东北隅，萌山南麓，相传为曾子鼓琴之处。始建年代不详，堂后篆文石刻:重建于金泰和七年（1207)。

（4）曾子书院。原位于嘉祥县南武山之阳、曾庙之东。明于慎行《兖州府志·学校志》记载："曾子书院，在县南武山下，相传曾子读书处。考元时吴氏墓碑有'东至曾子书院'之文，岁久遗址不存。"明万历二十六年（1598），曾子六十二代孙翰林院五经博士曾承业以距县城较远，瞻仰不便为由，议将曾子书院移建于嘉祥县城中。万历三十年（1602）十月落成，名曰大学书院。

南武城属于平原地区，土地肥沃，地势平缓，一望无际，是山东地区有名的粮食产区，而且自然风光也很优美。城外田野纵横交错成"井"字形，房屋稀稀落落点缀其中，远处一片青山绿水，清新怡人。城内街道四通八达，主干道两边店铺林立，游人如织，吆喝声此起彼伏，一片繁荣景象。太子巫和他的族人就居住在这里，休养生息，辛勤劳作，男耕女织，分工合作，倒也幸福快乐。

太子巫娶了一个鲁国官吏的女儿为妻。妻子漂亮端庄、温柔贤惠。虽是大家闺秀，却也和蔼可亲，没有颐指气使的毛病。无论是对太子巫还是对其他曾姓族人，都显得十分大度和包容，既客气又善解人意。除了操持家务外，还能为太子巫出谋划策。在太子巫的复国梦想破灭以后，她百般安慰，细心体贴。妻子为太子巫生下了曾夭。

太子巫自从放下了复国梦想以后，心中就像放下了一个沉重的包袱一样，那种每天都绷得紧紧的神经终于得以放松，整个人也仿佛年轻了十多岁。其实，当一个人没有思想负担时，他的快乐幸福的日子就欢快地到来了。太子巫因此多了很多乐趣，脸上也时刻挂满了笑容。见到他熟悉的朋友，总要主动打招呼，见到族人，总是笑呵呵地嘘寒问暖。他心里真心希望他们生活得更幸福更快乐。就算见到叔孙豹，太子巫也不再紧张，而是轻松地向他问好。有一次，太子巫竟然还开玩笑地问叔孙豹鲁国最近可好、表兄最近可快乐。叔孙豹用完全无法相信的眼光盯着太子巫，直到太子巫潇洒地转身离去，叔孙豹才怅然若失地喃喃自语道：“这还是我的那个表弟太子巫吗？他有什么喜事吗？”后来，当叔孙豹和鲁国国君得知太子巫已经没有了复国的想法时，他们都如释重负地说：“他终于放下了仇恨，终于能够一个人承担所有的痛苦了。”

太子巫终于在幸福中走完了属于他的一生。

太子巫的儿子曾夭成了季孙氏的家臣，而曾夭的儿子曾阜则成了叔孙氏的家臣。季孙氏和叔孙氏都是春秋战国时期鲁国的卿家贵族。孟孙氏、叔孙氏、季孙氏都是鲁桓公的后人，所以被称为“三桓”。具体地说分别是鲁桓公的三个儿子庆父、叔牙、季友的后裔。其中孟孙氏也叫仲孙氏，庆父为庶子之长，故仲孙后改称孟孙。作为三桓之首，季孙氏凌驾于公室之上，掌握鲁国实权。

曾夭和曾阜对能够成为鲁国“三桓”的家臣也没有什么不满意，因为这确实比担当一般的鲁国官职更有地位和前途。他们已经开始追求生活的质量，在南武城扎根，娶鲁国漂亮的女孩为妻，结婚生子，快乐生活。不过问政治，专心做好自己的本职工作，这才是最重要的事情。

公元前 541 年，鲁国司马叔孙穆叔出国参与诸侯盟会，司徒季武子趁他不在，发兵进攻莒国，占据了郓地。强势的楚国要求晋国在盟会上立即杀死叔孙穆叔以惩罚鲁国的偷袭行为。幸亏赵武（前 591—前 541 年，世人尊称其“赵孟”，史称赵文子，赵盾之孙，赵朔之子，晋文公外曾孙。春秋中期晋国六卿，赵氏宗主，赵氏复兴的奠基人，后升任正卿，执掌国政，力主和睦诸侯，终于促成晋楚弭兵之盟）的调解，叔孙穆叔才被赦免。

《左传》中记载，叔孙穆叔回国后，曾夭为季武子驾车去慰劳他。从早晨到中午，叔孙穆叔始终没有出来。曾夭对曾阜说："从早晨一直等到中午，我们已经知道罪过了。鲁国是用互相忍让来治理国家的。在国外忍让，在国内不忍让，那又何必呢?"曾阜说："叔孙穆叔几个月在外边，你们不过在这里等了一早上，有什么关系呢？商人想要赢利，还能讨厌喧闹吗?"不久，曾阜对叔孙穆叔说："可以出去了。"叔孙穆叔指着柱子说："我虽然讨厌这个柱子，难道能够去掉它吗?"于是就出去接见了季武子。

可见曾夭和曾阜在季孙氏和叔孙氏两个家族中能够接触到高层人物，还是比较受欢迎和重视的。

曾阜的儿子是曾点。

曾点，字皙，故又称曾皙，是儒家一代传人——"宗圣"曾参的父亲。

曾点比孔子小六岁，是孔子三十多岁第一批授徒时收下的弟子。后来，曾点的儿子曾参也来拜孔子为师，因为曾点认为孔子是当时最好的老师，也是最有学问的老师。他毫不犹豫地让曾参拜在孔子门下。

曾点痛恨当世礼教不行，立志改变现状，孔子认为他是个有进取心的狂放之士。儒家思想的精髓是主张"仁义"，曾点信奉儒家思想，喜欢唱歌弹琴，他非常崇拜孔子，父子二人都拜孔子为师，学习儒家学说并付诸实践。但父子二人都未能够与孔子周游列国。

儒家思想是以孔子和孟子的思想为核心构建起来的庞杂体系，孔子的思想以“仁”核心，以为“仁”即“爱人”，提出“己所不欲，勿施于人”的观念，孟子则把伦理和政治紧密结合起来，强调道德修养是搞好政治的根本。他说：“天下之本在国，国之本在家，家之本在身。”曾参《大学》提出的“修齐治平”思想，孟子就是根据这种思想发展而来的。

曾点曾经在孔子面前谈论志向，据《论语·子路、曾皙、冉有、公西华侍坐》记载，他和子路（仲由，字子路）、冉有（冉求，字子有）、公西华（姓公西，名赤，字子华）坐侍于孔子身边谈论各自的志趣。孔子和其他三位同学讨论的时候，曾点在旁边悠闲地鼓瑟。孔子听了子路他们三人的志向以后，转过头来问正在鼓瑟的曾点的志向是什么。曾点听到老师在问他，瑟音渐稀，接着，弹瑟的手指在弦上一拢，瑟弦发出铿然的响声，然后曾点离开了弹瑟的位置，站起来对孔子说，老师您问我啊！我和他们三个人刚才所讲的不同，我的思想和他们是两样的。孔子说：“说说你的志向有什么要紧的呢？也就是各人讲自己的志向而已。”曾皙说：“暮春三月，已经穿上了春天的衣服，我和五六位成年人、六七个少年，去沂河里洗洗澡，在舞雩台上吹吹风，一路唱着歌走回来。”孔子长叹一声说：“我是赞成曾皙的想法的。”

## 子路、曾皙、冉有、公西华侍坐

子路、曾皙、冉有、公西华侍坐。

子曰："以吾一日长乎尔，毋吾以也。居则曰：'不吾知也。'如或知尔，则何以哉？"

子路率尔而对曰："千乘之国，摄乎大国之间，加之以师旅，因之以饥馑；由也为之，比及三年，可使有勇，且知方也。"

夫子哂之。"求，尔何如？"

对曰："方六七十，如五六十，求也为之，比及三年，可使足民。如其礼乐，以俟君子。"

"赤，尔何如？"

对曰："非曰能之，愿学焉。宗庙之事，如会同，端章甫，愿为小相焉。"

"点，尔何如？"

鼓瑟希，铿尔，舍瑟而作，对曰："异乎三子者之撰。"

子曰："何伤乎？亦各言其志也！"

曰："莫春者，春服既成，冠者五六人，童子六七人，浴乎沂，风乎舞雩，咏而归。"

夫子喟然叹曰："吾与点也。"

三子者出，曾皙后。曾皙曰："夫三子者之言何如？"

子曰："亦各言其志也已矣！"

曰："夫子何哂由也？"

曰："为国以礼，其言不让，是故哂之。唯求则非邦也与？安见方六七十，如五六十而非邦也者？唯赤则非邦也与？宗庙会同，非诸侯而何？赤也为之小，孰能为之大？”

从这一段描写，我们看到了曾点的恬淡和宁静。大家都在专心地讨论问题，而他却沉醉在音乐之中，可是当孔子问到他的时候，他又能够说出自己的想法、做法和子路他们三个人的不同。

孔子听了曾点的话，态度也不同，他说这有什么关系，并不会矛盾、冲突的，只不过是关起门来，表达各人自己的思想而已，你尽管说好了。于是曾点说，我只是想，当春天来了，冬衣一换，穿上舒适的衣服，农忙也过去了，和成人五六个、十几岁的少年六七个，到沂水里去游泳，然后唱唱歌、跳跳舞，大家悠哉游哉高兴地玩，尽兴之后，快快活活唱着歌回家去。

这个境界看起来多渺小！虽然渺小，可是孔子听了以后，却感叹着说：“我就希望和你一样。”可见，孔子对曾点所描绘的意境也很喜欢，也希望能够快乐放松。

从这里可以看出，曾点是一个格调高雅、性格平和、内心平淡、爱好广泛的人，他对生活看得很透彻，他并不像其他人那样，追求高官厚禄、扬名天下，他只求内心平静、生活闲适，是个真正得道之人。因为所有外在的东西都不如内在的充实。所谓“宁为太平犬，莫作乱世人”。而曾点所描述的这个境界，就是社会安定、国家自主、经济稳定、天下太平，每个人都能够享受到真、善、美的人生，这也就是真正的自由民主，是我们向往的那个大同世界。每个人都能够做到真正享受生命和生活。是的，如果有一天，我们能够悠闲地回家种种菜、看看风景，那该是多么美好的事情！

这里孔子问四个学生的话，其中孔子与曾点的一段话，可以说进入了高潮，师生之间，说出了完美人生的憧憬。政治的目的，最终不过就是追求富强康乐，所以这一段可以说是大同世界中，安详、自得的生活素描。因此孔子才对曾点的想法大加赞赏。等子路、冉有、公西华走后，曾点向孔子请教这三个人志向的长短时，孔子指出了子路的不谦、冉有的不实和公西华的谦虚。而孔子自己也厌倦俗世之中的争斗，希望以“仁”来感化世民，让整个社会充满温馨和美好，让自己过得更从容舒适一些。所以当曾点说出自己的志向之时，孔子才感慨地说：“我就希望和你一样。”这是曾点的话语深深地触动了孔子的内心深处的缘故。

曾点向往闲适的生活，但他对后代的管教十分严苛。为了让曾参成才，曾点夫妇对曾参的教育十分严格认真，毫不放松。有一次曾点管教孩子，就连孔子也看不下去了。据《孔子家语》记载，有一次，曾点叫曾参去瓜地锄草，曾参不小心将一棵瓜苗锄掉了。曾点认为曾参用心不专，便用棍子责打曾参。由于出手太重，竟然将曾参打晕了。当曾参苏醒以后，曾参立即退到一边“鼓琴而歌”，以此告诉父亲，作为儿子的他并没有因为被误打而愤愤不平。后来孔子知道了这件此事，就责骂学生曾参说：“小杖则受，大杖则走，今参委身待暴怒，以陷父不义，安得孝乎！”曾参说：“参罪大矣！”孔子虽说是责骂曾参，实际上是爱护曾参，让他以后碰到父亲大棒管教的时候赶紧躲开，不要愚蠢地待在原地挨打。同时心里也觉得曾点对曾参的惩罚过头了，这么一点小事就打得死去活来的，太严苛了。另外，据《孟子·尽心》记载："曾皙嗜羊枣，而曾子不忍食羊枣。"羊枣即小柿子。曾参对父亲曾点是十分敬畏和孝顺的。

以上史实被后人总结出了"棍棒之下出孝子"之说，对后世产生了巨大影响，直至现今，这一说法还大有市场。

由于曾点夫妇教子有方，成效显著，因而被后人称为教子有方的典范。曾参正是由于这样的家庭教育，品格和修养都十分出色。

曾参学有成就和曾点夫妇的教育有着密切的关系。

曾点死后，以孝著称的曾参为其举行了简单的丧礼，被历代奉为厚养薄葬的典范。

曾点在后世也颇有影响，唐玄宗开元二十七年（739），曾皙被封为"宿伯"，宋真宗大中祥符二年（1009）改封曾点为"莱芜侯"，明世宗时尊称曾点为"先贤曾子"。宋高宗还专门为曾点写有《莱芜侯赞》：

惟时义方，有子诚孝。
怡怡圣域，俱膺是道。
暮春舞雩，歌咏至教。
师故与之，和悦宜召。

曾巫生曾夭，曾夭生曾阜，曾阜生曾点，曾点生曾参，曾姓族人便一直生活在南武城没有迁徙。南武城便是曾氏的根，是曾氏的发源地。

# 第二篇

# 曾氏受姓始祖<br>太子巫、开派始祖曾参

# 第一章　曾氏受姓始祖太子巫

太子巫带着鄫国亡国臣民来到了鲁国的南武城定居，决定任何人都不许再提复国之事，并改“鄫”氏为“曾”姓。太子巫去掉了“鄫”字的邑旁，就像宝剑舍弃了剑柄。从此，所有南武城的鄫国亡国臣民都遵从太子巫的决定，改姓“曾”，称曾氏。此为曾氏得姓之始。之所以去掉邑旁，是表示离开鄫国故城了，再也回不去了。因此，太子巫便成为曾姓的受姓始祖。曾这一姓氏，也因此定名，再无变动。

太子巫的主要事迹是两件：一是为鄫国复国而奔走，一是为曾氏后来的发展定下基调。

前面说过，太子巫没有能力复国，当时的春秋大势也不允许鄫国重建，太子巫的复国计划注定如水中捞月，太不现实。在太子巫的诸般努力之下，复国的梦想最终破灭了，太子巫也终于放下了心结。

心结解开，太子巫的心情开朗起来，心境也宽阔起来。其实，坐看云起云舒，也是一件令人心旷神怡的美妙事情。往昔和别的国家，和别的诸侯、大夫争得你死我活，虽然也是一种境界和态度，但如今上得岸来，隔岸观火，也是一种态度和境界。这种冷眼旁观的态度和境界竟然是如此的舒爽和惬意，竟然是原来从未有过的一种新的体验。虽然有些怅然若失，但至少能够随心所欲，没有任何纠结和患得患失。太子巫此刻居然有了一种豁然开朗的感觉。也许这正是崭新的开始，是另一种繁荣的起点。太子巫已经提醒族人，任何人都不许再提鄫国复国的事情，大家就本分地待在南武城，快乐生活，创造曾氏新的传奇吧。

对于曾氏的发展，太子巫也有自己的想法。

第一，发展曾氏、繁荣曾氏。太子巫鼓励生产，包括曾氏人口的生产。毕竟南武城的曾氏人口还是不够，要壮大起来，就既要发展经济，也要人丁兴旺。

为了凝聚人心，团结族人，太子巫一直思考着如何给予曾氏族人一个精神支柱。在与族中老者和夫人商量以后，太子巫决定在本族的中心地带修建一座曾氏宗庙。于是，太子巫专门请来了鲁国有名的阴阳师，让阴阳师在曾氏居地的中心选取地段建立宗庙。在确定好建造日期以后，曾氏宗庙终于开始动工兴建了。举全族人之力，三个月以后，一幢气势宏大、威武庄严的曾氏宗庙终于落成了。

远远望去，曾氏宗庙屹然独立，屋顶的“八”字张得很开，既有艺术性，又恰似两只粗犷的大手，把整个曾氏居地都揽在了怀里，充满了温馨和慈爱。它也像一位慈祥的老者，正默默注视着曾氏的发展和繁荣。宗庙整体呈褐红色，给人以舒适和温暖感。宗庙并不是很大，里面有祭祀台和灵位台。祭祀台有跪拜垫，前面树立的是鄫国开国始祖曲烈，近看栩栩如生、高大威严。灵位台香烟袅袅，上面陈列着自曲烈至时泰的历代先祖牌位，共有53个之多。宗庙第二层陈列有曾氏历代先祖使用过的珍贵器具，并刻有相当多的曾氏先祖事迹供人敬仰。

站在宗庙前，一望无际，视野开阔，山清水秀，风光无限。

宗庙修成以后，举行了盛大的仪式。此后，每天都有曾氏族人前来祭拜。每逢重大节庆，宗庙更是人头攒动，热闹非凡。宗庙很好地凝聚了曾氏族人的人心，成为曾氏族人的精神支柱，为曾氏的快速发展起到了积极作用。

第二，快乐生活，不参与政治。自从放下了复国想法以后，太子巫就一心追求生活的快乐和幸福。他把自己的想法传递给了族人，真诚希望族人快乐生活，不参与政治争斗。族人们遵循太子巫的意愿，在南武城扎根，发展生产，改善生活。在春秋战国乃至以后的秦汉时期，都不过问诸侯争斗、国家更替，不参与任何派别和国家之争，也因此避免了诸多苦难和烦恼，始终过着相对平静的生活。一直到西汉后期王莽乱政的年代，当曾氏族人面临着被灭族的危险之时，才被迫向未被开发的南方迁徙，去寻求新的机遇和发展。

太子巫的直系子孙后代也秉承太子巫的意愿，不参与政治争斗。太子巫的儿子曾夭成了季孙氏的家臣，而曾夭的儿子曾阜则成了叔孙氏的家臣。他们都只是忠诚于这两个家族，做好自己本分的事情，并不参与他们内部的夺利争权，以此明哲保身，求得太平。而当两个家族要询问他们的意见之时，他们也总是敷衍地说，自己只是一个家臣，不懂国事，没有什么见解，以低调的生活态度换取平静的生活环境和安宁的内心。

曾点更是很好地继承了先辈的生活态度。他格调高雅、性格平和、内心平淡、爱好广泛。他对生活看得很透彻，他并不像同时代的其他人那样，追求高官厚禄、扬名天下，他只求内心平静、生活闲适，是个真正得道之人。他特别喜好音乐，时刻不离琴瑟，是真正地淡然物外、超脱尘世。同辈人都十分羡慕和钦佩他，就连孔子都称赞他的为人处世态度。以至于在谈论志向之时，孔子都要感慨地说："我就希望和你一样。"

正是曾点的这种生活态度，曾点对曾参要求十分严格。他希望曾参成为一个有极高的道德修养、极好的学问素养、极强的处世能力的人。他最大的愿望就是希望曾参能够幸福生活、理智处世。也正因为如此，曾点不仅自己拜孔子为师，还让曾参也拜孔子为师。因为他对孔子儒学的"仁"和"爱人"的思想十分认同和信仰。曾点认为，人世间充满了太多的冷漠、暴力、变态、阴谋、犯罪、尔虞我诈以及悲伤与无奈，如果没有一颗强大的心、没有深远的见识和坚定的自我操守，你完全无法适应和生存下去。而孔子的儒家学说相对于其他诸子百家来说，更具有针对性和温暖感，能够修炼自己的内心或者说能够或多或少洗涤自己内心灵魂。

因此，曾点在让曾参拜孔子为师以后，还不断地督促和考验曾参，务求曾参能够全面领会孔子的思想，能够达到超脱同时代所有人的境界。而最终曾参也不负所望，终成一代大家，被后人称为"宗圣"。曾参被称为"宗圣"并非虚名，而是真正的实至名归。从这里也可以看出曾点对曾参教育的成功。而曾点对生活的态度也直接影响到了曾参。

作为受姓始祖，太子巫为他的曾氏后代们定下了快乐生活、快速发展的基调，而太子巫的后人们都严格地秉承了他的“快乐生活，不参与政治”的方针。

# 第二章　曾氏开派始祖曾参

开派，即开宗立派，是指一宗一派的鼻祖或者创始人。

曾氏的受姓始祖是太子巫，而开派始祖则是曾参。太子巫改“鄫”为“曾”，以此作为鄫国亡国臣民的姓氏，并定下了曾氏后续发展的主基调。所以说太子巫是曾氏的受姓始祖。

曾参被后世称为“宗圣”，是孔子儒家思想的继承者和发言者，是思孟学派的创始人，其言行都对后世影响巨大。曾参的嫡系后代在明朝嘉靖年间由江西永丰复还山东嘉祥守护宗圣坟庙，世袭翰林博士之后，称曾点为前派脉祖，尊曾参为开派始祖暨一世祖。

## 一、曾参的生平事迹和经典著述

曾参（前 505—前 435），字子舆，春秋末年鲁国南武城人，是儒家的主要代表人物之一。曾参 16 岁拜孔子为师，小孔子 46 岁，是孔子晚年所收的学生。曾参性格内向、处事谨慎、比较迟钝，孔子曾经评价他说：“参也鲁。”（《论语・先进》）意思是曾子禀性质朴、憨厚。曾参为学的最大特点，就是勤学好问，遇到任何事理，都要千方百计地弄个明白，因此而颇得孔子真传。

曾参积极推行儒家主张，传播儒家思想。孔子去世后，曾参聚徒讲学，收有不少弟子，相传他就是儒家子思、孟子一派的创始人。孔子的孙子孔伋（子思子）就师从曾参，得到真传以后，孔伋又传授给了孟子。而孟子和曾参一样，也字子舆，可见孟子是十分信仰曾参的。这样一来，曾参便成为上承孔子之道、下启思孟学派之人，对孔子的儒学学派思想既有继承，又有发展和建树。孔子曾问自己的弟子，他的思想怎样才能做到“一以贯之”，曾参答道：“忠恕而已矣。”孔子非常满意，认为曾参得到了自己的真传。

作为后入门的弟子，曾参的思想学说比孔门其他弟子的学说成熟得晚，但他沉稳的性情与不懈的坚持，又使得孔子的学说得到了丰富与发展，比如“孝”与“礼”等思想就是在曾参时期发扬光大的。

除了主张以孝为本、孝道为先的孝道观外，曾参还十分重视自身道德品质的修养。他认为个人的修养与学习是分不开的，提出了修、齐、治、平、省身、慎独的修养方法。

曾参性情沉静，举止稳重，为人谨慎，待人谦恭，以孝著称。齐国想聘他为卿，他因在家孝敬父母，不去做官。曾参提出了“慎终（慎重地办理父母的丧事）、追远（虔诚地追念祖先）、民德归厚（要注重人民的道德修养）”的主张。又提出“吾日三省吾身”（《论语·学而》）的修养方法，即：“为人谋而不忠乎？与朋友交而不信乎？传不习乎？”他说：“我每天都要对自己的言行反省很多次，是否竭尽心力去帮助别人了？是否对朋友真诚相待了？是否对待老师传授的知识认真温习了？”

曾参编《论语》、著《大学》、写《孝经》、著《曾子》。

同时，他也是《二十四孝》中“啮指痛心”的主角。据《二十四孝》记载：曾参少年时家里贫穷，经常去山里砍柴。有一天，家里来了一位客人，母亲没有什么东西招待他，不知所措，就用牙咬自己的手指。曾参正在砍柴，忽然觉得心痛，感觉母亲在呼唤自己，便背着柴迅速返回家中，问母亲是什么原因。母亲说：“有客人到来了，我咬手指是盼望你快点回来。”曾参于是出去接见客人。

曾参修齐治平的政治观，省身、慎独的修养观，以孝为本的孝道观影响了中国两千多年，至今仍具有极其宝贵的社会意义和实用价值。曾参是孔子学说的主要继承人和传播者，在儒家文化中居有承上启下的重要地位。曾参因此走进了大儒殿堂，与孟子、颜子（颜回）、子思子比肩。曾参死后葬于山东省嘉祥县满硐乡南武山脚下，嘉祥县南建有曾子庙、曾林（曾子墓）。

曾参在孔门弟子中的地位原本不太高，不入“孔门十哲”之列，直到颜渊配享孔子后才升为“十哲”之一。唐高宗总章元年（668），赠曾参为太子少保，此为对曾参赠官之始。唐睿宗太极元年（712），加赠曾参太子太保，配享孔子庙堂，此为曾参配享之始。唐玄宗开元八年（720），定曾参位次，诏曰：“曾子大孝，德冠群列，特为塑像，坐于十哲之次。”唐玄宗开元二十七年（739），赠曾参为郕伯，此为曾参赠爵之始。

五代以后，曾参不断受封。后唐明宗长兴三年（932），罢二十一先儒，改以曾参与七十一子图形四壁，世称七十二贤，合计共八十二人。曾参名列七十二弟子之位，实为“文宣王庙，四壁英贤”。

宋太祖建隆元年（960），命文臣时廷臣撰《曾参赞》。宋真宗大中祥符二年（1009），晋曾参为瑕丘侯。因犯孔子讳，宋徽宗于政和元年（1111）改瑕丘侯为武城侯。宋高宗绍兴十四年（1144），御制《曾子像赞》。宋度宗咸淳三年（1267），升曾参为郕国公，配先圣，居正位之西，面东。至此，颜、曾、思、孟四配始定。

元成宗大德十年（1306），颁降初献郕国公乐章。郕国公酌献、奏《成安之曲》。初献郕国公乐章内容是："心传忠恕，一以贯之；爰述大学，百世训彝；惠我光明，遵闻行知；继圣迪后，是享是宜。"元仁宗延祐三年（1316）降诏，春秋祭祀先圣，以颜子、曾子、子思子、孟子为配享。元明宗至顺元年（1330）加封曾参为郕国宗圣公，此为曾参封圣之始。至顺二年（1331）进封颜子为复圣公、曾子为宗圣公、子思子为述圣公、孟子为亚圣公。

明太祖洪武十五年（1382）颁《释奠仪节》。明孝宗弘治四年（1491）派官祭祀曾参并颁发祭文。正德元年（1506），山东巡抚赵璜、巡按李玑奏准，照弘治四年例，春秋次丁有司，永远致祭曾参专庙。嘉靖以后，嘉祥曾参专庙，每逢二月、八月，翰博主祭上丁，地方官主祭次丁。明清两代均遵循未改。嘉靖九年（1530），礼部召集诸大臣议事，一致认为：人以圣人为至圣，圣人以孔子为至。宋真宗称孔子为至圣，其意以备。今宜于孔子神位题"至圣先师孔子"，去其王号及"大成文宣"之称。其四配称"复圣颜子""宗圣曾子""述圣子思子""亚圣孟子"。明世宗嘉靖十四年（1535），改曾参为宗圣曾子，并敕封曾参之妻公羊氏为郕国一品夫人。

清圣祖康熙二十八年（1689），颁发御制《宗圣赞》。清世宗雍正三年（1725），书赠宗圣殿匾额“道传一贯”。清高宗乾隆十三年（1748），亲制《宗圣赞》（勒于碑石），并派官至嘉祥宗圣庙致祭曾参。乾隆十五年（1750），颁发元圣周公及复、宗、述、亚四圣祭器，以备陈设之用，当经山东巡抚专委东昌府同知陈琜赴江南制造。乾隆二十一年（1756）、三十六年（1771）、四十一年（1776），清高宗亦亲制祭文，并派官至嘉祥宗圣庙祭祀曾参。

曾参的经典著述主要有以下四种：

（1）《论语》。《论语》是我国春秋时期的一部语录体散文集，主要记录了孔子及其弟子的言行，它较为集中地反映了孔子的思想，全书共20篇、492章，由孔子的弟子和再传弟子编纂而成。其中曾参对《论语》的编写起了极大的作用，因为曾参上承孔子之道、下启思孟学派，亲自主持了《论语》的编写。南宋时，朱熹将《论语》和《孟子》《大学》《中庸》一起合称为“四书”。作为一部优秀的语录体散文集，它具有言简意赅、含蓄隽永的特点。

《论语》善于通过神情语态的描写，展示人物形象。孔子是《论语》描述的中心，书中不仅有关于他的仪态举止的静态描写，而且有关于他的个性气质的传神刻画。此外，围绕孔子这一中心，《论语》还成功地刻画了一些孔门弟子的形象。如子路的率直鲁莽、颜渊的温雅贤良、子贡的聪颖善辩、曾皙的潇洒脱俗等，都称得上个性鲜明，给人留下深刻印象。

《论语》作为孔子及门人的言行集，内容十分丰富，其中很多都涉及人类社会的生活、思想和心理，对中华民族的心理素质及道德行为起过重大影响。因此，直到五四新文化运动之前，在两千多年的历史中，《论语》一直是中国人初学的必读之书。

（2）《大学》。《大学》原是《小戴礼记》的第四十二篇，是一篇论述儒家修身、齐家、治国、平天下思想的散文，是体现曾参教育思想的经典作品，是一部中国古代讨论教育理论的重要著作。后经北宋程颢、程颐竭力尊崇，南宋朱熹又作《大学章句》，最终和《中庸》《论语》《孟子》并称“四书”。宋元以后，《大学》成为学校官定的教科书和科举考试的必读书，对中国古代教育产生了极大的影响。

曾参在《大学》里提出了“三纲领”（明明德、亲民、止于至善）和“八条目”（格物、致知、诚意、正心、修身、齐家、治国、平天下），强调修己是治人的前提，修己的目的是为了治国平天下，从而强调了治国平天下和个人道德修养的一致性。

《大学》全文短小精悍，内涵深刻，影响深远。它主要是概括性地总结了先秦儒家的道德修养理论，提出了关于道德修养的基本原则和方法，同时系统地论述了儒家的政治哲学思想，对做人处事和治理国家等都有深刻的启示，是儒家学说的经典之作。

（3）《孝经》。《孝经》是中国古代儒家的伦理学著作，它以孝为中心，集中地阐发了儒家的伦理思想。关于《孝经》的作者有着争议，有说是孔子亲自写的，但更多的人认为是曾参所作。

《孝经》肯定“孝”是上天确定的规范，认为百事以孝为中心，“夫孝，天之经也，地之义也，人之行也。”认为孝是诸德之本，“人之行，莫大于孝”。认为国君可以用孝治理国家，臣民能够用孝立身理家、保持爵禄。《孝经》对实行“孝”的要求和方法做了系统而烦琐的规定。主张“孝”要“始于事亲，中于事君，终于立身”，并按照父亲的生老病死等生命过程，提出了“孝”的具体要求：“居则致其敬，养则致其乐，病则致其忧，丧则致其哀，祭则致其严。”对社会各个阶层也提出了具体要求：天子之“孝”要求“爱敬尽于其事亲，而德教加于百姓，刑于四海”；卿大夫之“孝”则“在上不骄，高而不危，制节谨度，满而不溢”；卿大夫之“孝”要求一切按先王之道而行，“非法不言，非道不行，口无择言，身无择行”；士阶层的“孝”是忠顺事上，保禄位，守祭祀；庶人之“孝”应“用天之道，分地之利，谨身节用，以养父母”。

《孝经》在中国伦理思想中，首次将孝亲与忠君联系起来，认为“忠”是“孝”的发展和扩大，并把“孝”的社会作用绝对化、神秘化，认为“孝悌之至”就能够“通于神明，光于四海，无所不通”。

《孝经》还把道德规范与法律联系起来，提出要借用国家法律的权威维护社会的道德秩序。《孝经》在长期以来被看作中国道德伦理的经典著述，对传播和维护社会伦理道德起了很大作用。

（4）《曾子》。《曾子》为曾子及其弟子所作，《曾子》一书自秦代以来已亡佚，但《曾子》中的著作言论散见于《说苑》《列子传》《搜神论》《韩非子》《晏子》《史记》《颜氏家训》等书中，后人对它们加以整理、校刊，得到了《曾子十篇》。

《曾子》一书抓住儒家学说的中心思想，对早期儒家中关于政治伦理的内容加以深化和系统论证，是曾参政治伦理思想的具体体现。它适应了封建宗法社会的需要，对儒家学说的发展有着重要的作用。

在《曾子》十篇中，《立事》《疾病》谈修身，《本孝》《立孝》《大孝》《事父母》谈孝道，《制言上》《制言中》《制言下》分别谈礼、仁、义等行为准则，《天圆》谈自然社会观。《曾子》十篇比较系统地反映了曾子的思想。

## 二、曾参的品格和思想贡献

曾参有着不苟同于权贵的君子品格，是历代读书人的楷模，为历朝历代所景仰。

据《韩诗外传》记载，曾参为养活父母曾经去莒国当过“得粟三秉”的官职。但是曾参虽然有当官的经历，但综观其一生，仍然是一个孔子式的知识分子形象。其根源在于他那躬行孝道、遵守礼约、不苟同于权贵的思想品格。他曾声言：“士不可以不弘毅，任重而道远。仁以为己任，不亦重乎？死而后已，不亦远乎？”（《论语·泰伯》）“可以托六尺之孤，可以寄百里之命，临大节而不可夺也。君子人与？君子人也。”（《论语·泰伯》）

这种“仁以为己任”“临大节而不可夺”的大丈夫气概，便使人很难想象他会有那种做官发财、苟合政治权势的贪婪要求。与《庄子·让王》篇中所述见义忘利、安贫乐道的形象是一致的：“曾子居卫，缊袍无表，颜色肿哙，手足胼胝，三日不举火，十年不制衣。正冠而缨绝，捉衿而肘见，纳履而踵决。曳纵而歌《商颂》，声满天地，若出金石。天子不得臣，诸侯不得友，故养志者忘形，养形者忘利，致道者忘心矣。”

在“志”与“道”面前，形、利、心皆可忘记，政权官位又算得了什么呢？刘向的《说苑·立节》载：“曾子衣敝衣以耕。鲁君使人往致邑焉，曰：‘请以此修衣。’曾子不受。反，复往，又不受。使者曰：‘先生非求于人，人则献之，奚为不受？’曾子曰：‘臣闻之，受人者畏人，予人者骄人；纵君有赐，不我骄也，我能勿畏乎？’终不受。孔子闻之曰：‘参之善，足以全其节也。’”显然，曾参在与政治权势的交往中保持着无私无畏、议而不从的态度。《韩诗外传》也有同样的记载，说曾参五十岁时“齐聘以相，楚迎以令尹，晋迎以上卿，皆不应命”，甚至对现实政治进行无情的揭露与鞭挞。

关于对现实政治的批判，《论语》里面也有记载。孟氏使阳肤为士师（孟氏任命阳肤做典狱官），来征询曾子的意见。曾子曰：“上失其道，民散久矣。如得其情，则哀矜而勿喜。”（《论语·子张》）“上失其道”，可以说是曾参对现实政治形势的总体看法。在当时“礼崩乐坏”的形势面前，曾参的态度是：“天下有道，则君子欣然以交同；天下无道，则衡言不革；诸侯不听，则不干其士；听而不贤，则不践其朝”（《大戴礼记·解诂》）。不屈从、不苟合、刚直不阿、清醒处世的君子品格，这可以说是原始儒家对待政治权势的正面态度与做人的基本原则。不一定要卷入现实政治的旋涡，但一定要清醒地保留着对专制政权的深刻认识和果断批评。

曾参的思想贡献主要有：

（1）修、齐、治、平的政治观。被列为“四书”之首的《大学》，开宗明义提出了“三纲领”（明明德、亲民、止于至善）、“八条目”（格物、致知、诚意、正心、修身、齐家、治国、平天下）。“古之欲明明德于天下者，先治其国；欲治其国者，先齐其家；欲齐其家者，先修其身；欲修其身者，先正其心；欲正其心者，先诚其意；欲诚其意者，先致其知。致知在格物。格物而后知至，知至而后意诚，意诚而后心正，心正而后身修，身修而后家齐，家齐而后国治，国治而后天下平。”由此构成了一整套完整的属于封建伦理道德的政治哲学体系，形成了系统完整的修、齐、治、平政治观。

曾参所追求的“至善”既是道德修养的最高境界，也是政治上的最终理想。“诚意、正心、修身”是道德修养，“齐家，治国，平天下”是政治实践。通过道德修养实现政治抱负，道德与政治水乳交融，正是儒家思想以至中国传统文化的一个重要特征。曾参在描述“治国平天下”的过程中，强调应该得众、慎德、生财、举贤。“得众则得国，失众则失国”，故“治国平天下”者，应做“民之父母”，以“民之所好好之，民之所恶恶之”。曾参的这一思想明显地被后来者孟子所继承，是孟子“民本”思想的源泉。而要赢得民心，就必须“慎德”。“是故君子先慎乎德，有德此有人，有人此有土，有土此有财，有财此有用”。因为“德者本也，财者末也”。但与此同时，“生财”也很重要。生财之道能使“生之者众，食之者寡，为之者疾，用之者舒”。生财的目的在于富民、得民，“是故财聚则民散，财散则民聚”。因此又必须反对“聚敛之臣”。“百乘之家，不畜聚敛之臣。与其有聚敛之臣，宁有盗臣”。治国平天下者，不应“以利为利”，而应“以义为利也”。而“治国平天下”的关键点则在于“举贤”。“见贤而不能举，举而不能先，命也；见不善而不能退，退而不能远，过也”。要举贤，首先要知贤、好贤、容贤，而后才能用贤。应该做到“人之有技，若己有之；人之彦圣，其心好之，不啻若自其口出，寔能容之”。而不应“人之有技，媢疾以恶之；人之彦圣，而违之俾不通；寔不能容”。绝不能让妒贤嫉能的“小人”担当治国平天下的重任。“小人之使为国家，灾害并至；虽有善者，亦无如之何矣。此谓国不以利为利，以义为利也”。

（2）“以人为贵”的天人观。《曾子·天圆》中指出：“阳之精气曰神，阴之精气曰灵。神灵者，品物之本也，而礼乐仁义之祖也，而善否治乱所兴作也。阴阳之气各从其所，则静矣。偏则风，俱则雷，交则电，乱则雾，和则雨。阳气胜则散为雨露，阴气胜则凝为霜雪。阳之专气为雹，阴之专气为霰；霰、雹者，一气之化也。毛虫毛而后生，羽虫羽而后生，毛羽之虫，阳气之所生也。介虫介而后生，鳞虫鳞而后生，介鳞之虫，阴气之所生也。唯人为倮匈而后生也，阴阳之精也。毛虫之精者曰麟，羽虫之精者曰凤，介虫之精者曰龟，鳞虫之精者曰龙，倮虫之精者曰圣人。龙非风不举，龟非火不兆，此皆阴阳之际也。兹四者，所以圣人役之也。是故圣人为天地主，为山川主，为鬼神主，为宗庙主。圣人慎守日月之数，以察星辰之行，以序四时之顺逆，谓之历；截十二管，以宗八音之上下清浊，谓之律也。律居阴而治阳，历居阳而治阴，律历迭相治也，其间不容发。圣人立五礼以为民望，制五衰以别亲疏，和五声之乐以导民气，合五味之调以察民情，正五色之位，成五谷之名。”

《曾子·天圆》认为毛虫、羽虫是阳气化生的，介虫、鳞虫是阴气化生的。人是倮生的，无羽毛鳞甲蔽体，乃是禀阴阳精气而生。这就明显地突出了人在万物天地中的地位。同时，《曾子·大孝》之中也说：“天之所生，地之所养，人为大矣。”认为人是天地间最伟大的存在，正如《小戴礼记·礼运》中所说：“人者，五行之秀气也。”后来的荀子继承并发展了这一思想，认为人不是简单地顺应自然、屈从于自然，而是能够能动地改造自然，与自然作斗争，让自然为己用，所谓“从天而颂之，孰与制天命而用之”（《荀子·天论》），因此，发现并重视人的作用，这是儒家思想的精华，也是曾参“以人为贵”思想的继承和发扬。

（3）省身、慎独的修养观。曾参毕生以传播孔子的儒家思想为己任，并为此广收门徒，是一位道德学问卓然、事业思想大成的大家。从曾参留下的著作可以看到他精深的学识和高尚的品格。

曾参崇尚修身，把个人的道德学识修养当作为人处世的根本。他认为“身修而后家齐，家齐而后国治，国治而后天下平”。在他看来，修身不仅关系到自身的价值取向，也关系到家庭、社会、国家和天下的盛衰兴亡。他所说的修身，不单单是为了洁身自好，更主要的是为了实现自己、家庭和整个国家的美好理想。所谓“仁以为己任”，就是要把实现仁德于天下作为自己的理想和责任，“是故君子思仁义，昼则忘食，夜则忘寐，日旦就业，夕而自省，以殁其身”（《曾子·制言中》）。

《曾子》十篇的第一篇为《立事》。《立事》在魏征《群书治要》中为《修身》。篇名立事，取立身行事之意。修身才能立身，立身才能行事，两个篇名是相通的。在内容方面，通篇围绕自身修养这个中心，以义为准则，从正反两个方面论述了如何学习、如何思考问题、如何言谈、如何行动、如何对人、如何对事、如何治家理政等，循循善诱，语重心长。其中一些主张，如“君子爱日以学，及时以行”“行必先人，言必后人”“财色远之，流言灭之”“己善，亦乐人之善”“不绝人之欢”“言必有主，行必有法，亲人必有方”等，对后世社会生活、人们的行为规范产生了重大影响。

曾参的修身方法主要有两种：一是“吾日三省吾身”，一是“慎独”。“吾日三省吾身”即“为人谋而不忠乎？与朋友交而不信乎？传不习乎？”只有每天用忠、信、义三者反省自己，才是抓住了修身的根本。这里的“三省”一是修己，一是对人。对人要诚信，诚信是人格光明的表现，不欺人也不欺己。替人谋事要尽心，尽心才能不苟且、不敷衍，这是为人的基本德性。修己不能一时一事，修己要贯穿整个人生，要时时温习旧经验，求取新知识，不能停下来。时常反省自己的行为，就能早点发现自己的缺陷和犯下的错误，及时补救和改过，你以后的行为就会越来越好，将来得到的结果也就会相应地越来越好。一辈子都不反省，就一辈子没有改正的机会，一年反省一次，你一年才有一次改过的机会，一周反省一次，你一周才有一次反省的机会，一天反省一次，就每天有一次改过的机会，每天反省多次，就每天有多次的改过机会。

“吾日三省吾身”是曾参的经典名言，后世成为众多知名人士的座右铭，对后世的人生世界观的改造起了巨大的作用。

“慎独”，语出《中庸》：“莫见于隐，莫显于微，故君子慎其独也。”是指一个人在独处的时候，即使没有人监督，也能严格要求自己，自觉遵守道德准则，不做任何不道德的事。道无处不在，当然也包括独处的时候。实际上，正是因为人对自己的行为最清楚、最敏感，所以对自己而言，那些最隐秘的事情其实是最暴露的，最微小的事情也是最明显的。真正的君子在人们看不到的地方、听不到的时候，都戒惧警惕，不让不符合道德的意念在隐晦细微处表现出来。东汉名臣杨震的“天知、地知、你知、我知”，三国时期刘备的“勿以恶小而为之，勿以善小而不为”，清代林则徐的“海纳百川，有容乃大；壁立千仞，无欲则刚”等，无一不是慎独自律、道德完善的体现。

儒学学者曾参所谓的“慎独”，就是持守自我的道德本性和本心。从功夫论说，“慎独”就是面对自我的身心如何“以心治身”；面对外部世界，如何不被外物所左右而保持道德自觉。综观古代思想家的论述，虽然他们对“慎独”思想的表述各不相同，但思想内涵却基本一致，即都强调了“须臾不可离道”的精神。

（4）忠孝结合的伦理道德观。曾参以“孝”著称，认为要慎终（慎重地办理父母的丧事），追远（虔诚地追念祖先），民德归厚矣（要注重人民的道德修养）。司马迁《史记·仲尼弟子列传》中说：“孔子以为能通孝道，故授之业。”传世的《孝经》即是曾参所著。《孝经》在汉代和《论语》一起被升格为儒家经典。《汉书·艺文志》著录《曾子》十八篇，一般认为《大戴礼记》中有十篇是从《曾子》而来，亦多是阐发“孝道”的。

关于孝，《曾子·大孝》有着系统的论述。曾子曰：“孝有三：大孝尊亲，其次不辱，其下能养。”公明仪问于曾子曰：“夫子可谓孝乎？”曾子曰：“是何言与！是何言与！君子之所谓孝者，先意承志，谕父母以道。参直养者也，安能为孝乎！身者，亲之遗体也。行亲之遗体，敢不敬乎！故居处不庄，非孝也；事君不忠，非孝也；莅官不敬，非孝也；朋友不信，非孝也；战阵无勇，非孝也。五者不遂，灾及乎身，敢不敬乎！故烹熟鲜香，尝而进之，非孝也，养也。君子之所谓孝者，国人皆称愿焉，曰：‘幸哉！有子如此！’所谓孝也。民之本教曰孝，其行之曰养。养可能也，敬为难；敬可能也，安为难；安可能也，久为难；久可能也，卒为难。父母既殁，慎行其身，不遗父母恶名，可谓能终也。夫仁者，仁此者也；义者，宜此者也；忠者，中此者也；信者，信此者也；礼者，体此者也；行者，行此者也；强者，强此者也。乐自顺此生，刑自反此作。夫孝者，天下之大经也。夫孝，置之而塞于天地，衡之而衡于四海，施诸后世，而无朝夕。推而放诸东海而准，推而放诸西海而准，推而放诸南海而准，推而放诸北海而准。《诗》云‘自西自东，自南自北，无思不服’，此之谓也。孝有三：大孝不匮，中孝用劳，小孝用力。博施备物，可谓不匮矣；尊仁安义，可谓用劳矣；慈爱忘劳，可谓用力矣。父母爱之，喜而不忘；父母恶之，惧而无怨；父母有过，谏而不逆。父母既殁，以哀祀之，加之如此，谓礼终矣。”乐正子春下堂而伤其足，伤瘳，数月不出，犹有忧色。门弟子问曰：“夫子伤足瘳矣，数月不出，犹有忧色，何也？”乐正子春曰：“善如尔之问也。吾闻之曾子，曾子闻诸夫子曰：‘天之所生，地之所养，人为大矣，父母全而生之，子全而归之，可谓孝矣；不亏其体，可谓全矣。’故君子顷步之不敢忘也。今予忘夫孝之道矣，予是以有忧色。”故君子一举足不敢忘父母，一出言不敢忘父母。一举足不敢忘父母，故道而不径，舟而不游，不敢以先父母之遗体行殆也；一出言不敢忘父母，是故恶言不出于口，忿言不及于已；然后不辱其身，不忧其亲，则可谓孝矣。草木以时伐焉，禽兽以时杀焉。夫子曰：“伐一木，杀一兽，不以其时，非孝也。”

曾参的《孝经》在中国伦理思想中，首次将孝亲与忠君联系起来，认为“忠”是“孝”的发展和扩大。忠孝连在一起，表明个体在家的孝行程度也成为衡量对国家的忠诚程度，这样就时刻把个体与国家凝结成了一个有机整体。

## 三、曾参的故事

关于曾参的故事很多，比较有名的有以下一些：

（1）一贯心传。孔子临终前，曾参、子贡、有若等弟子守护在孔子身边，孔子要将最重要的一句话传给弟子，可是刚说出“吾道”二字，就再也发不出声音来了。这时，曾参伏在老师耳旁，恭敬地说道：“吾道一贯心传。”孔子听罢，欣慰地呼出最后一口气，合眼而逝。

（2）卧冰求鱼。曾参的母亲生病了，想喝鱼汤。此时正值隆冬时节，曾参顶风冒雪赶到集市，变卖了自己的棉袍，想给母亲换几条鱼吃，可是遍寻集市，都没有看到有卖鱼的。于是，曾参独自去到赵王河边，毫不迟疑地扒开积雪，脱去上衣，卧冰求鱼。当他以体温融开厚厚冰层后，所幸有一条重达一斤重的鲤鱼跃出冰窟。这时，曾参快要冻僵了。曾母吃了儿子做的鱼，病愈如初。人们都说，是曾参卧冰求鱼的诚心感动了上天，为此上天特命鲤鱼跃出为曾母治病。

（3）耘瓜受杖。一个大晴天，十来岁的曾参跟着父亲曾点荷锄走出了家门，他们要去自家瓜地里锄草。来到山坡下的瓜地里，那里的瓜苗一片葱绿，迎风摇摆着。曾点十分高兴地对曾参说："参儿，锄地下锄要稳，拉锄要匀，就像这样，切莫手忙脚乱哦。"曾点边说边示范。曾参没怎么干过庄稼活，学着父亲的样子，小心翼翼地下锄耘瓜。曾点看到曾参有些像模像样了，吩咐他慢慢来，就自顾自地干起活来。曾参初学乍练，手脚生硬，远远落在父亲的后面，但他不甘落后，奋力追赶。糟了，一棵肥壮的瓜秧苗被曾参锄掉了，曾参大叫一声，大惊失色，很是心疼。曾点回头一看，十分生气，厉声训斥，顺手捡起地上的一根木棍，劈头就打："这么简单的农活都做不好，你有何用，啊?"曾参无言以对，只好顺从地趴在地上，任凭父亲责打。

曾母听说儿了挨打，急忙跑到瓜地里，抱住儿子痛哭："参儿受苦了！参儿受苦了!"曾参忍住疼痛，劝说母亲："请母亲不要难过，爹爹是在教训我，是我惹爹爹生气了。"

回家之后，曾点渐渐息怒，他担心打伤了儿子，便悄悄到书房门窥视。曾参知道父亲走过来了，便忍住肉体的剧痛，抚琴而歌。曾点这才放下心来，缓步离开。

（4）伏案苦读。曾参聪明勤奋，十来岁起就在父亲曾点的培养下潜心向学。他留着长发，穿着掩衿短褂，系着腰带，少年老成。自从耘瓜受杖以后，他白天就下地努力干活，晚间则在油灯下翻阅竹简，攻读诗书，直到深夜。

在隔壁草房里，曾母正在织布，木梭来往穿梭，忙忙碌碌。夜深了，星斗满天，玉盘西斜，已是三更时分。曾母离开布机，走进书房，轻声喊道："参儿，天色不早了，还不赶快休息！"

曾参很有礼貌地站起身来说："母亲，儿就去睡觉。母亲织布太劳苦，请母亲早早安歇！"曾母答应一声，转身又回到织布机上继续织布。曾参则悄悄把门关上，往油灯里添了些豆油，又翻阅起书简来。

过了大半个时辰，曾母看到隔壁房间还有亮光，便赶紧起身，又去催促儿子休息，推门一看，曾参已经趴在书台上睡着了。于是曾母十分心疼地喊道："参儿，参儿，快去睡觉，明日爹爹还要带你下地耘瓜呢！"曾参猛醒，起身致歉："啊，母亲，让你挂心了，我这就去睡觉！"

（5）杀猪示信。一天，曾参的妻子要到集市上去，小儿子哭闹着要跟着去，不论曾妻怎样跟儿子说好话，儿子就是不听，一定要跟着妈妈去赶集。最后，曾妻只好哄着孩子说："乖儿子，去集市好累的啊，你别去了，妈妈回来的时候买肉给你吃好不好？"儿子听说有肉吃，就答应不跟母亲去了，在家等肉吃。可曾妻回来时并没有买肉，小儿看到没有肉吃，哇哇大哭起来，任凭曾妻怎样哄劝，儿子就是不依。

曾参回家问明情况后，见天色已晚，去集市上买肉已经来不及了，就去厨房拿了菜刀要杀自家的小猪。曾妻见状，就说："孩子小，不懂事，所以我就戏言哄他了。事一过也就算了，不用当真。”曾参正色地对妻子说：“孩子幼小的心灵是非常纯洁的，他的一言一行、一举一动都会向父母学习。做父母的如果欺骗孩子，说话不算数，孩子就会以为人是可以欺骗的，转而就会欺骗别人，这就等于父母在教孩子欺骗人啊。而且，做父母的欺骗了孩子，父母在孩子的心中就失去了信任和威严。以后，孩子就不会再相信父母，对父母的教诲也就听不进去了啊。这样，很难把孩子教育成有用之才。如果孩子对父母失去尊敬，后果是不堪设想的！”于是，夫妻一起动手磨刀杀猪，为孩子烧了一锅猪肉。

后来，有一天晚上，曾参的小儿子刚睡下又突然起来，从枕头下拿起一把竹简就向外跑。曾参问他干什么去，孩子说，这是我从小朋友那里借来的书简，说好了今天还，再晚也要还人家，不能言而无信。曾子哈哈大笑。

（6）贫而乐道。曾参的名声越来越大，他随孔子从楚国返回鲁国后，继续学习和研究儒学。他这时没有担任任何官职，仍是在家敝衣躬耕，生活很是窘迫。

鲁国的国君听说后，对他非常关心和同情，决定赠以“食邑”。但曾参认为“食邑”就是只拿俸禄不做实事，不能这样坦然接受，于是固辞不受。

这时，派来的使者好心地劝说曾参：“先生非求于人，为何不受？”

曾参诚恳地对使者地说：“我常听说，受人者畏惧于人，与人者骄傲于人。你们纵然对我不骄傲，可我自己能不畏惧吗？”经过再三推辞，曾参终于没有接受国君赠给的“食邑”。

不久，孔子听说了这件事情，便肯定了曾参的这种言行。

此后，曾参到了楚国被聘为宾师，教了一大批学生。但那里经常有战乱，曾参只好辞去宾师一职去到卫国。当时，他的同窗好友子路正在卫国任卫国大夫孔悝的采邑之宰——蒲邑大夫，有职有权，显赫一时。有人劝说曾参：你到子路那里走一趟，什么也不用说，就会得到高官厚禄的。曾参却摇摇头说："我从来不愿垂翼求人，宁愿在西河教学，过着安贫乐道的生活，不图小利，以仁为己任，直到鞠躬尽瘁，死而后已。"

曾参是这样说的，也是这样做的。曾参住在西河岸边，生活贫困到了难以维持的地步。他面带饥色，手足破裂，有时三日不动火，十年没做过新衣服，帽缨子都断了，鞋子破得都露出了脚趾。尽管如此，他仍然充满乐观，怡然自得，毫不以贫穷为苦。他经常散步于西河两岸，吹拂着清风，抒发着心怀，口中吟唱着《商颂》乐曲，就如同金鼓玉振，铮铮有声。

（7）曾子杀人。曾参是一个有名的孝子，对母亲嘘寒问暖，十分体贴。母亲也很爱护他，视他若掌上明珠。有一天，曾参要离开家乡到齐国去，他告别母亲说："我要到齐国去了，望母亲在家里多保重身体，我一办完公事就回来。"母亲对他说："我儿出去，各方面要多加小心，说话做事千万注意，不要违犯了齐国的规章制度。"曾参说："母亲放心，儿子知道的。"

曾参走后，母亲每日在窗前织布，常常抬头望着窗外，盼望儿子在齐国平安无事，早日回来。

曾参到齐国不久，齐国有个和他同名同姓的人，打架斗殴杀死了人，被官府抓了起来。曾参的一个同乡听到这个消息，没有问清楚，就跑去告诉曾参的母亲说曾参在齐国杀死人了！

曾参的母亲听了这个消息并不相信。过了一会儿，又有一位邻居跑来，说曾参闯下大祸了，他在齐国杀了人！曾参的母亲仍然不信，安心织布。这时，门外又来了一个人，他还没进门，就对着曾母大声地喊道：“曾子杀人了，您老人家赶紧出去躲一躲吧！”

曾参的母亲见一连三个人来报告曾参杀人的可怕消息，就有些沉不住气了。她想道：“三个人都这么说，恐怕城里的人都嚷开这件事了，要是人家都嚷嚷，那么，曾子一定是真的杀人了。”

她越想越怕，耳朵里好似已听到街上传来闹哄哄的声音：官府来抓杀人犯的母亲了。于是，曾母急忙扔下手中的梭子，离开织布机，在两位邻居的帮助下，从后院逃跑了。

（8）奉事争异。鲁哀公十六年曾参二十七岁时，孔子病故了。孔子死后，曾参、子夏、子张、子游、有若等弟子们沉痛守丧三年。在满三年时，共同对孔子灵位行了大礼，失声痛哭而归。此时，子夏、子张、子游三个人提出来：有若的长相酷似老师，想把有若当作孔子，以对老师的诚意和礼节来侍奉有若，以表示对尊师的敬意和怀念老师。

曾参听后，非常生气，立即起来反对，十分严肃地说：“这可不行！夫子的盛德好像纯洁的江水冲洗过，又像秋天的阳光照耀过，还像广阔无边的天地一样圣洁，这是任何人都无法比拟的。”

曾参的一番言语，让众人听后不禁叹服不已，深为曾参敬重老师的真诚所感动。众人惭愧不已，此事也就此作罢。

（9）思母吐鱼。春天来了，到处鸟语花香，树木青枝绿叶，曾参的庭院一片花团锦簇。曾妻从门外提回来了两条鲜鱼，因为曾参最爱吃生鱼片。妻子精心腌制好了以后，盛在大碗里，摆在饭桌正中，并且在生鱼四周都摆放好了佐料。曾参的大儿子曾元、二儿子曾申趴到桌旁，馋涎欲滴。曾妻斥责说："孩子们，你们可不能乱动、不许偷吃。等你爹爹回来一起吃哦。"于是曾元、曾申出门大叫："爹爹回来吃生鱼片啰，爹爹回来吃生鱼片啰！"

曾参教完学生，很快就回到了家里。曾元、曾申都迎上前去施礼。妻子高高兴兴地介绍说："夫君，今天我们吃生鱼片，这可是你最喜欢吃的啊。"

"太好了，有口福了！"曾参说着，便居中坐下，两个儿子坐在两边，曾妻端菜盛饭，一家人高高兴兴地吃起饭来。曾参首先用筷子夹了一块生鱼片，在热汤里一涮，又沾了沾佐料放进嘴里，美味可口。可很快他的脸上便从喜悦变成了悲伤，随后"噗"的一声吐到了地上。曾妻大为吃惊，惶恐不安地问道："夫君，生鱼片不好吃吗？"曾参眼眶含泪，悲伤地说："我的母亲生前没有尝过生鱼片的美味，今天生鱼片虽然味美，我却只能独自品尝，没有能力让母亲吃到，我曾参真是不孝啊！"从此以后，曾参终生不再吃生鱼片。

（10）尊官悲泣。曾参终生以孝奉父母为本分，从不贪图高官厚禄。晚年的时候，他的声誉愈来愈高了。由此，齐国聘他为相国，楚国请他为令尹，晋国聘他为上卿，但他都没有接受。因为他认为，父母健在的时候，能在父母跟前孝敬侍奉，做不做官跟孝敬父母相比已经不再重要。父母只有一生，而做官以后还有的是时间和机会。父母的寿命是有限制的，应在家好好侍奉父母。所以曾参宁愿就近当个小官吏，虽然俸禄微薄，却能侍奉父母。

曾参还说过，杀牛来祭祀先人，还不如父母在世时杀只鸡孝敬老人更好。后来，曾参的父母先后病故了，他便离开家乡，到楚国做了大官。住的是高堂九仞，出门是车马百乘，官禄有“三千钟”之多，甚是显贵。可是此时此刻他反而悲伤起来，面向正北涕泣，悲伤不已，时常仰天叹息。因为这时候没有双亲可以奉养了。

（11）曾参吊黔娄。黔娄是南武城人，与曾参是同窗好友。黔娄病故了，曾参急忙前去吊丧。到了黔娄家里，曾子见到鲁黔娄的尸体，陈放在窗户下面，头枕着未烧的土砖，铺的席子是破的。以乱麻为絮的袍子，遮不住身子。身上盖的被子，上面盖不住头，下面盖不住脚。这里还有一个问题，尸体停放的地点不对，应该停放在正寝的北墙下。曾参就提议说：“把布斜着盖，不是头脚都盖上了吗?”

黔娄的妻子说：“斜而有余，不如正而不足。先生生前不邪，死而邪之，这样会违背先生的生前意愿啊。”

曾参听了以后，觉得很有道理，不知道该怎样回答，于是哭得更加悲伤，并问黔娄的妻子：“先生终时，何以为谥?”

黔娄的妻子回答道：“以康乐为谥。”

曾参又说：“先生在时，食不充虚，衣不盖形。死则手足不敛，旁无酒肉。生不得其美，死不得其荣，何乐于此而谥为康乎?”

黔娄的妻子回答说：“先生生前，国君常常想授予他政事，任他为国相，但他辞而不受，这算是有余贵吧！国君曾经要赐予他米粟三千钟，先生还是辞而不受，这也算是有余富吧！先生愿与天地人间共甘苦，宁愿为平民百姓甘居卑位，不戚戚于贫贱，不忻忻于富贵，求仁而得仁，求义而得义。其谥为康，不是很合适吗？”

曾参听了大加赞赏：“有黔娄这样的先生，才能有黔娄妻这样的好妇人啊。”

（12）子夏丧子。曾参六十岁时，与子夏、段干木设教于西河。子夏的儿子不幸病死了，子夏老年丧子，非常悲伤，眼睛都哭瞎了。曾参听说后，赶忙前去看望。子夏哭，曾参也跟着哭。子夏哭着说：“老天哪，我有什么罪过，你要这样来惩罚我呢？”

曾参听后有些生气，他之所以哭，是和子夏的哭完全不同的。曾参非常直率地说：“子夏，你为何无罪？过去我和你共同跟着孔夫子学于洙、泗那个地方，老了又退居于西河之上，可是西河的人都知道你，而不知道孔夫子，这是你的第一个罪过吧！后来，当你的父母亲去世时，西河人都不知道，这是你的第二个罪过吧！现在你的儿子死了，你却哭瞎了眼，西河的人没有不知道的，这已经是你的第三个罪过了！”

子夏听了，甚为信服，随之丢下手中的拐杖，深深拜谢说：“我是有罪的，我是有罪的。”

（13）曾参更席。曾参在七十岁时得了重病，已经卧床不能起身了。于是，他把儿子曾元叫到跟前叮嘱他说：“人生的经验，不要花多实少、言多行少。比如飞鸟鱼鳖，为了追求食饵而身亡。君子不要以利辱身才是啊。”

有一天，曾参的学生孟敬子（孟敬子，姬姓，鲁国孟孙氏第十一代宗主，名捷，世称仲孙捷，谥号敬，是孟武伯的儿子。据说他是孟子的曾祖父）前来问候病情，曾参又语重心长地说：“鸟快要死的时候，它的叫声是悲哀的；人快要死的时候，他说的话是善意的。君子所应当重视的道有三个方面：使自己的容貌庄重严肃，这样可以避免粗暴、放肆；使自己的脸色一本正经，这样就接近于诚信；使自己说话的言辞和语气谨慎小心，这样就可以避免粗野和违背道理。至于祭祀和礼节仪式，自有主管这些事务的官吏来负责。”

又过了几天，曾参的弟子乐正子春也来看望老师。乐正子春坐在床前，大儿子曾元、二儿子曾申都坐在曾参的脚旁边，跟随乐正子春的书童坐在墙角的凳子上，手里端着一盏明亮的油灯。突然，书童用手指着曾参床上正铺着的席子说：“那张华美的竹席子是大夫的席子吧？”

曾参在朦胧中听到书童说话，忽然大声地说：“这张席子是季孙氏大夫送给我的，还未能更换下来啊。”于是曾参猛喊曾元：“元儿！快更换席子！”

曾元哭着回答说：“父亲，您的病已经很重了，不可以现在更换席子了！”

曾参说：“你爱我，不如君子爱人，君子是以德爱人。你这样姑息我，我还求什么呢？我只求合乎正礼的要求死去而已！”

曾元听了，无可奈何，知道父亲是不愿死在季孙氏大夫赠送的席子上，只好遵命更席。大家抬起曾参换了竹席，可还未能躺好，曾参便咽了气。

## 四、曾参年谱[①]

### （一）跟随父母，初显孝道

1 岁。公元前 505 年（周敬王十五年，鲁定公五年）

周历十月十二日，曾参出生于鲁国的南武城（今山东嘉祥县）。其父曾点是年 38 岁，当时正在曲阜孔子门下求学，得到儿子出世的消息，欣喜若狂，又唱又跳。这种近乎疯狂的举止惊扰了孔子，孔子正要训斥他一顿，但听说他是中年得子，立即眉开眼笑地说："大喜！大喜！"曾点向老师请假，孔子把自己珍藏多年的一棵人参送给他作为贺礼，给其妻补养身体。曾点捧着人参，一路唱着歌跑回家中。为了感激孔子赠参，他把儿子取名参（也有说是曾点大龄得子，把儿子看得非常珍贵，遂以天上二十八宿之一的"参"星命名）。星有星野，遂以"子舆"为字。《史记·天官书》记："参为白虎"，所以其家乡的南武山又叫白虎山。

六月，鲁国执政大夫季平子（季孙意如，鲁昭公在位期间，季平子执政专权）去世，曾点不仅不去吊丧，反而在自己家门口歌唱，表示出对季孙氏专权的不满。

此时，陪臣（大夫的家臣）的势力逐渐增大起来。季平子死后，其家臣阳虎（又称阳货）趁机囚禁其子季孙斯（季桓子），掌握鲁国大权。阳虎劝孔子出仕，孔子口头答应，但不去做官。退而研究《诗》《书》《礼》《乐》，用来教导学生。孔子说："不道义的富贵，对我好像浮云一样。"充分体现了他的"无道则隐"的主张，这一主张对曾参的影响很大。

---

① 本年谱参考中国文化出版社 2007 年版《曾氏古今》。

2 岁。公元前 504 年（周敬王十六年，鲁定公六年）

曾参在南武城。曾点在鲁城跟随孔子学习，虽然经常回家劳动，但曾参主要靠母亲照料，母子俩过着清贫的生活。

3 岁。公元前 503 年（周敬王十七年，鲁定公七年）

曾参随母亲在南武城，曾点在鲁城跟随孔子学习。

4 岁。公元前 502 年（周敬王十八年，鲁定公八年）

这年冬季，阳虎想除掉“三桓”，谋杀季孙氏未遂，遂逃往讙（今山东宁阳县西北）、阳关（今山东泰安市东南），发动叛乱。

孔子自认为“五十而知天命”，即掌握了客观事物的发展规律。占据费邑的季孙氏家臣公山不狃派人召请孔子前去辅助，孔子想去，因为子路反对而没有去成。

5 岁。公元前 501 年（周敬王十九年，鲁定公九年）

曾参随母亲在南武城。

六月，鲁国出兵讨伐阳虎，攻打阳关。阳虎突围奔逃齐国，遭到齐景公的排斥后，阳虎绕道宋国，辗转至晋国。遇到了晋国时任中军佐的赵简子赵鞅，赵鞅看他是个奸雄，就委任阳虎为赵氏首辅。

这时候，正在鲁国从政的孔子听说赵鞅收纳了阳虎这样的乱臣贼子，诅咒道：“赵氏其世有乱乎！”赵鞅的左右也劝诫说：“阳虎这个人啊，很善于窃取他人的国政，怎么能让这样的人物来当赵氏的二把手呢？”赵简子微微一笑：“阳虎所善于窃取的是可以被窃取的政权，既然阳虎要窃取我的政权，我就一定会固守我的政权。”结果赵氏因阳虎而得到大治，赵简子最终成为晋国最强大的世卿。

鲁定公以孔子为中都（今山东汶上县西）宰，行教化，劝农耕，百姓安居乐业，达到了夜不闭户、路不拾遗的安定局面。其间，孔子制定了《孔子家语》："制为养生送死之节，长幼异食，强弱异任，男女别涂，路无拾遗，器不雕伪。为四寸之棺，五寸之椁，因丘陵为坟，不封不树，行之一年，而四方之诸侯则焉。"孔子的施政管理措施得到各地诸侯的充分肯定和纷纷效仿。在中都形成的教化方法和施政理念奠定了儒家文化的思想基础。因孔子治理有方，政绩卓著，随之先后升任鲁国小司空和大司寇。《淮南子·泰族训》记载："孔子为鲁司寇，道不拾遗，市贾不豫贾，田渔皆让长，而斑白不戴负，非法之所能致也。"孔子的儒家思想得到进一步的传承和发展。因此，中都成为孔子儒家思想的发源地和实践地。

6 岁。公元前 500 年（周敬王二十年，鲁定公十年）

曾参随母亲在南武城。

孔子由中都宰升任司空。

夏季，齐国与鲁国讲和，鲁定公与齐景公在夹谷（今山东莱芜市南）会盟。那时诸侯会盟，得有个得力的大臣当助手，称作"相礼"，鲁定公决定让鲁国的司寇孔子担当此任，因为孔子对周礼很有体会。在夹谷会盟上，由于孔子的智慧，使鲁国在外交上取得了胜利。会后又促使齐景公归还了以前侵占的鲁国土地郓地、汶阳和龟阴。

7 岁。公元前 499 年（周敬王二十一年，鲁定公十一年）

曾参随母亲在南武城。

为了生计，曾点除了帮助孔子理政外，还经常回家从事农业生产，闲暇时间就教曾参读书识字。

孔子由司空升任鲁国大司寇，国家得到大治，国人都称颂他。

8 岁。公元前 498 年（周敬王二十二年，鲁定公十二年）

曾参随母亲在南武城。

孔子为鲁国大司寇，子路为季氏宰（季孙氏家总管）。孔子为了削弱私家、加强君权，向鲁定公建议“堕三都”，即拆毁越制的“三桓”私邑的城垣。先后拆毁了叔孙氏的郈邑（今山东东平县南）和季孙氏的费邑（今山东费县），再去拆毁孟孙氏的郕邑（今山东宁阳县北）时，遭到抵制没有成功。“堕三都”行动就此半途而废，同时也使得孔子和“三桓”成为敌人。

9 岁。公元前 497 年（周敬王二十三年，鲁定公十三年）

曾参随母亲在南武城。

孔子做鲁国的大司寇，鲁国得治。齐国害怕鲁国的强大，为了对付鲁国，齐国决定用美女、良马瓦解鲁国君臣的斗志。他们赠给鲁定公“女子好者八十”“文马三十驷”。鲁定公和鲁国的执政官季桓子，在关键时刻经受不住女色和金钱的诱惑。季桓子“受齐女乐，三日不听政”，举行祭祀之后又没有按照规定送给高级官员祭肉。于是，孔子对鲁国的政治感到失望，毅然辞职，离开鲁国，从此开始了长达十四年的周游列国的旅程。

曾点因为家庭负担重，脱不开身，没有跟随孔子出国，留在了家乡南武城。

10 岁。公元前 496 年（周敬王二十四年，鲁定公十四年）

曾参跟随父母在南武城。

曾点开始把从孔子那里学来的“六艺”（礼、乐、射、御、书、数）知识传授给儿子。

孔子在卫国，卫灵公给了孔子和鲁国一样高的俸禄，但并不参与国政，最让孔子难以忍受的是卫大夫以陪护之名进行监视。于是，孔子决定前往陈国。但是经卫国蒲邑（长垣县）再到匡地（张寨乡）时，被匡人误认为是阳虎一行（早年阳虎曾率兵在此暴虐匡人），以致被匡人拘困五日。陈国去不成了，孔子只好折回卫国。卫灵公深知孔子出走之由，故让国夫人南子召见，还跟夫人一道带着孔子前后乘车招摇过市，昭示礼遇孔子。孔子以此为丑，离卫回鲁。

11 岁。公元前 495 年（周敬王二十五年，鲁定公十五年）

曾参跟随父母在南武城。

春天，邾隐公来鲁国朝见，子贡观礼。

五月鲁定公死，其子被立为国君，是为鲁哀公。

孔子居鲁一年多，历定公卒、哀公立，没被鲁国执政的“三桓”聘用，下决心出国周游。

12 岁。公元前 494 年（周敬王二十六年，鲁哀公元年）

曾参跟随父母在南武城。曾参每天除完成父亲安排的学业外，总是尽量多读书，常常学习到深夜，有“伏案苦读”之说。曾点对曾参要求也很严格，有时为了让儿子背诵一篇文章，就陪伴到深夜，直到曾参会背为止。曾母疼爱儿子但不溺爱，每晚都纺纱织布默默陪伴着读书学习的曾参。曾参在这样的环境中学习提高很快，为以后打下了坚实的基础。

这一年，孔子原定去晋国。此前（前 502）季氏家臣阳虎结党欲取代“三桓”，兵败后逃亡，最后在晋国为赵氏臣。孔子一行到黄河边时，听说赵鞅杀贤，马上改道去卫国。

13 岁。公元前 493 年（周敬王二十七年，鲁哀公二年）

曾参随父母在南武城。

孔子离开卫国，前往陈国。这次没走西线，而走东线。首站是曹国，无人接待。第二站是宋国，路途中看到宋司马桓魋造石椁墓穴历时三年未完，发议论说靡费。司马桓魋欲杀孔子，孔子匆匆离宋。第三站西行折向郑国，大概是因为前两次因匡、蒲之厄未能成行，而弥补遗憾。孔子在郑国未被接待，又与弟子走散，独候于城东门，被郑人奚落为“丧家之犬”。

14 岁。公元前 492 年（周敬王二十八年，鲁哀公三年）

曾参随父母在南武城。

冬季，曾参随人外出，“躬耕于泰山之下，遇大雨雪旬日不得归，因思父母，而作梁山之歌。”（《淮南子》）曾参想念父母，便作《梁山操》，一边弹琴一边歌唱，表达对父母的思念之情。

《梁山操》又叫《梁山吟》，具体内容已不可考，但蔡邕《琴操》河间杂歌之《梁山操》记述了曾参这一故事，并改编为古曲，可见《梁山操》必定朗朗上口、辞藻动人，也可见曾参的学识和品格到了较高的水准。

孔子在陈国。这年秋季，鲁国季桓子病重，临死前嘱咐儿子季康子要召回孔子任国相，后来由于公之鱼的阻拦，季康子改变了主意，派使者改召孔子弟子冉求。

15 岁。公元前 491 年（周敬王二十九年，鲁哀公四年）

曾参与父母一起在南武城。

曾点为了锻炼曾参，经常让曾参外出，曾子出门在外，时刻不忘父母，他说：“外出使命没有完结前，要常为父母担忧，艰险的道路和狭窄的街巷，不要冒险前去，这样爱护自己的身体，是因为时刻不敢忘记自己的双亲。”有一次，曾参出发到郑国去，日夜兼程来到一个地方，一打听这里的地名叫“胜母里”，曾子觉得这个地名起得古怪，何谓胜母？哪有在父母面前逞强的道理！曾参认为是对母亲不敬，便转过车去，绕道而行。曾参还说：“君子出行在外，他的父亲对他的情况是可以了解的。”又一次，曾点派曾参外出办事，过了时间还没有回来，人们都担心地对曾点说：“会不会死在外边呢？”曾点回答：“不会的，有我在，他哪里敢死呢？”意思是说，有父母在家等着，曾参会保护好自己，想方设法按时回家。

时年孔子在陈国。

16 岁。公元前 490 年（周敬王三十年，鲁哀公五年）

曾参与父母在南武城。

孔子在陈国。

（二）师从孔子，勤恳求学

17 岁。公元前 489 年（周敬王三十一年，鲁哀公六年）

孔子在陈国，思念在鲁国的弟子，叹道：“回去吧，回去吧。老家的孩子们狂放简率，就像手里有一块美丽的锦缎，却不知道该如何裁剪。”据《孟子·尽心下》记载，孔子在陈时，想念起在鲁国的“狂士”学生来，孟子指出，孔子所说的狂放的弟子，就是指琴张、曾皙、牧皮等人。

消息传到鲁国，曾点为没能跟随孔子而感到惋惜，也感到曾参需要进一步深造，便决定让儿子求师于孔子，以弥补自己的遗憾。于是，曾参奉父命从鲁国南武城出发，经陈国到楚国追上孔子，拜孔子为师。孔子对曾参的第一印象是“参也鲁”，也就是说曾参比较质朴、憨厚。曾参特别注重自身修养，严格要求自己，努力提高自己。他说：“我每天多次自我反省，替别人办事是不是尽心竭力了？和朋友交往是不是做到诚实了？老师传授的学业是不是复习了？”

这年，五十九岁的孔子在陈国，吴国攻打陈国，楚国前来救援，孔子离开陈国经过蔡国地域去楚国，陈国派服劳役的人将孔子师徒围困在半道，前不靠村，后不着店，所带的粮食全部吃完了，绝粮七日，最后还是子贡找到楚人，楚国派兵来迎孔子，孔子师徒才免于一死。

孔子到了楚国的负函（今河南信阳），与叶公见面，叶公向孔子请教怎样处理政事。楚昭王想重用孔子，将以书社之地七百里封孔子，由于楚国令尹子西的阻拦，此议遂止。秋季，楚昭王死，孔子的一些弟子在卫国做官，要求孔子返回卫国，于是孔子由负函返回卫国。

曾参在楚国的时候，忽然感到心脏一阵剧烈跳动，预感到家中可能出了什么事，连忙赶回家问他的母亲，曾母说：“想念你，无意间猛咬了一下手指。”孔子听到此事后说：“曾之至诚也，精感万里。”

18 岁。公元前 488 年（周敬王三十二年，鲁哀公七年）

曾参跟随孔子在卫国，孔子在卫国无意出仕，仍然过着教书生涯，曾参学习非常用功，他说：君子要珍惜时间用于学习，有适宜的时间就要学习，要把学到的知识及时地用于实践。对有难度的问题不回避，容易的问题不放过，为了提高自身修养，白天认真学习和做事，晚上则要反思自己的行为是否端正、合度。一直坚持到死，才可以说守住学业了。

曾参对遇到的事理总要千方百计弄想明白，他说："不会的就要学，有疑难就要问，想有所作为就要向贤达人看齐。"他每次在孔子身边都要提出问题，凡是吉凶和军国的礼仪、常规和权变的方法，没有不问个究竟的，他向老师请教时，还特别注意"问"的学问，他说："君子学习必须符合他的正业，请教问题要讲究轻重缓急的顺序。对于请教的问题没有弄明白，趁着老师有空察言观色再进行请教，如果先生不解答也不要强求。"

孔子对卫出公和他的父亲蒯聩争夺君位看不惯，不安心在卫国。曾参说：来到这个国家，国君说话对群臣诚信，就可以留下；群臣做事对国君尽忠，就可以在这里做官；恩泽能够给予百姓。就可以在这里安家。孔子说：曾参说的这些话，可以说是善于安身啊！孔子看到卫出公治理的国家还算安定，于是就安心地住了下来。

这年夏季，吴国北上会诸侯欲称霸，鲁哀公在鄫地与吴国大夫会见，吴国向鲁国索取牛、羊、猪各一百头作为祭品，吴太宰嚭见季康子，季康子派子贡（此时已为鲁大夫）去辞谢，子贡以周礼说服嚭，维护了鲁国和季康子的尊严。

19 岁。公元前 487 年（周敬王三十三年，鲁哀公八年）

曾参随孔子离楚去卫。

曾参不仅认真学习老师传授的知识，还善于学习别人的长处。有一天曾参侍坐在孔子旁边，孔子夸赞颜回在行义、受谏、待禄、治身四个方面符合君子的道德，史鳍在敬上、尊祖、正己三个方面符合男子的道德。曾参说："以前我就听说过关于老师您的三句话，可我还没有做到。老师见别人做了一件好事就忘了他一百个过错，这是你容易侍奉；老师见别人有了善行就好像自己有了一样，这是您不与人争；老师听到善事必定亲自去做，然后引导人们去做，这是您善于操劳。学习您老人家这三句话我还没有做到，所以我知道自己终究不如他们两个人。”（《孔子家语·六本》）

曾参非常注重结交朋友，他把交友作为提高自身素养的一条重要途径。在谈到结交朋友的方法和目的时，他说君子用文章学识来结交朋友，凭借朋友辅助自己培养仁德。

这年三月，吴国攻打鲁国，吴国失败，孔子的弟子有若参战有功。

20 岁。公元前 486 年（周敬王三十四年，鲁哀公九年）

曾参跟随孔子在卫国。曾参不仅善于向老师请教，还善于向师兄们学习，一旦发现自己的看法或者做法不妥，就立即认错改正。《礼记·檀弓上》记载，有一次，曾参在卫国的负夏吊丧。主人已行过了祖奠礼，撤了奠，见曾参来吊丧，又把灵柩推回到祖奠的位置上，让妇人降到阶下，然后行礼。同来的人问：“这合乎礼吗?”曾参说：“祖奠是暂且的礼仪，既然是暂且的，为什么不能将灵柩推回原先停放的地方呢?”同来的人又去问子游：“这样做合乎礼吗?”子游说：“饭含在窗下，小殓在室门内，大殓在东阶，停柩在西阶，祖奠在庙前，下葬在墓地，这一切是用来表示逐渐远去的，所以办丧事只能进不能退。”曾参听到这番话后说：“子游说出的道理胜过我啊!”《礼记·檀弓上》还记载，曾参穿着全套衣服去吊丧，子游脱去外套露着裼衣去吊丧。曾参指着子游说：“这个人还是研习礼仪的，怎么可以露出裼衣去吊丧呢？”主人在小殓后，脱去衣袖露出臂膀，用麻布束住头发。子游快步走出，穿好全套衣服，头上腰里系上麻布带再走进去。曾参见到这种情形说：“我错了，我错了！那个人是对的。”

21岁。公元前485年（周敬王三十五年，鲁哀公十年）

曾参随孔子在卫国。孔子去齐国，曾参相随。齐景公用对待下卿的礼节招待曾参，曾参坚决地推辞了。曾参听说晏子是位贤相，就向他请教，问：“古时候曾经有过对上不劝谏国君，对下不顾及百姓，退居深山之中，而成为施行道义的人吗？”晏子回答说：“审视这些人并没有什么才能，却托言于不想劝谏国君，我说这是荒诞的想法。国君昏庸，德政不能实行，奸佞相互勾结，贤能的人得不到任用，那些普通做官的人又不去改变他们的行为，而是跟随奸佞以求进身，所以有的人隐居，有的人不隐居。那些能够按礼法行事的人，就是施行道义的人。只是评论君主是非的做法，是不可取的。对上不劝谏国君，对下不顾及百姓，退身隐居深山，我晏婴不知道他怎样成为施行道义的人。”（《晏子春秋·内篇问下》）曾参回国的时候，晏子给他送行，说：“君子用华丽的车子赠人，不如用言语赠人。请问允许我赠送您言语还是车子呢？”曾参说：“请赠以言语。”晏子说：“就像这车轮，本是山中的直树，优秀的木匠烘烤使它弯曲，它的圆度完全符合圆规，即使再烘烤曝晒也不会变直了。所以君子要小心看不见的烘烤揉曲。我听说，违背伦理常规会改变人的本质，习惯风俗会改变人的性情，不可不谨慎啊！”（《晏子春秋·内篇杂上》）。

这年，孔子的夫人亓官氏去世。亓官氏为孔子生有一子，叫孔鲤，字伯鱼。

孔子的弟子冉求、子贡、有若先后回到鲁国为官，才能逐渐显露出来，孔子弟子的名望大增。费国（鲁的附庸国，在今山东鱼台西，距南武城较近）也聘请曾点为官，曾点一家移往费国。

（三）孝事父母，尽心尽力

22 岁。公元前 484 年（周敬王三十六年，鲁哀公十一年）

曾参随孔子从卫国返回鲁国。

春季，齐国攻打鲁国，孔子的弟子冉求为季氏率领左军，与齐国军队在鲁城郊区作战，取得胜利。季康子问冉求是怎样学会作战的，冉求说是跟孔子学的，遂向季氏推荐孔子。于是，季康子派公华、公宾、公林带着重礼，迎接孔子回到鲁国。孔子离开鲁国周游访问列国，颠沛流离了十四年，至此终于结束。

曾参到费国与父母团聚。曾参对父母非常孝顺，晚间铺好床铺，晨起探望慰问，在饮食、睡眠上尽最大努力使父母满意。

曾参在费国的时候，费国有一个与曾参同名同姓的人杀了人。有人告诉曾子的母亲说："曾参杀人了。"曾母说："我儿不杀人。"仍像原来一样织自己的布。过了一会，又有人说："曾参杀人了。"曾母还像原来一样织自己的布。不一会，又有一个人告诉曾母说："曾参杀人了。"曾母害怕了，丢下织布梭越墙逃走了。

经过这件事情以后，曾母不愿再待在费国，一家人返回了南武城。

23 岁。公元前 483 年（周敬王三十七年，鲁哀公十二年）

曾参一家从费国回到南武城，没有了经济来源，只好靠耕种土地生活。曾参常常穿着破旧的衣服在田地里劳动，“敝衣而耕，常日不举火”。鲁哀公听说此事以后，便派人去赠送给他采邑，对他说：“请用采邑的收入置办一下衣服吧。”曾参不接受，再次前往，还是不接受，哀公派去的人说：“不是您向人乞求的，而是人家奉送给您的，为什么不接受呢?”曾参说：“我听说，接受别人馈赠的人往往害怕赠送自己礼物的人，赠送礼物的人往往对接受者骄纵，即使国君赠送我采邑而对我不骄纵，我怎能不害怕呢?”最终也没有接受。齐国听说后聘请曾参到齐国去做官，他不去就职，说：“我的父母年老了，接受人家的俸禄就要负担人家的事情，我不忍心远离父母去为人做事。”

大约在此前后，曾参娶公羊氏为妻。

曾母自从在费国受惊后，身体一直不够健康，曾参时刻挂在心上。传说一次曾参外出打柴，曾参的弟子乐正子春到曾家找曾参。曾母想起曾参在楚国时自己咬手指儿子有感应的事，就又咬了一下自己的手指，曾参随即跑回家来。见到乐正子春顾不得说话，进前跪着问母亲：“您老人家是否又得病了?”曾母说：“没有病。”曾参说：“我背着柴草，忽然心口疼痛，柴草掉在地上，您没病，这是怎么回事呢?”曾母说：“刚才有客人来，没有人可派去叫你，所以咬手指呼你回来。”曾参于是赶紧去招待客人。

这年冬季，曾母去世了，曾参极其悲痛。

孔子在鲁城，不再出仕，专心从事文献整理和教育事业，删《诗》《书》，订《礼》《乐》，并且继续聚徒授业。

孔子的儿子伯鱼去世，其孙孔伋约生于这一年。

24 岁。公元前 482 年（周敬王三十八年，鲁哀公十三年）

曾参在南武城为母亲守孝。

曾参非常怀念母亲，有一次他吃生鱼片，感觉味道很鲜美，却把它吐了出来。妻子问他什么原因，他说："我母亲活着的时候不知道生鱼片的味道，想到母亲没吃上这样的美味，心里难过，所以就把它吐出来了。"

母亲的去世，使曾参体会到：父母死后是不会活转过来的，寿命到了尽头是不能再增添的，孝顺父母要及时。因此，他对父亲更加孝敬了，他奉养父亲曾点，每餐必定有酒肉。将要撤席的时候，必定请示剩下的给谁。如果问有剩余吗？一定回答有。即便是这样，曾参还是感到自己没有做好。他的弟子公明仪问他："老师您可以算是孝子了吧？"曾参回答："这是什么话呀，这是什么话呀！君子所说的孝，是在父母的意思还没有表示出来前就能做到，并顺从父母的志向去行事，以正道谏劝父母。我不过只能做到供养，哪能算得上孝呢？"

孔子在鲁城，晚年喜欢上了《易》，反复研究，翻书太勤，把编连竹简的牛皮绳都磨断了三次。

25 岁。公元前 481 年（周敬王三十九年，鲁哀公十四年）

曾参在南武城为母亲守孝。

孔子在鲁城，编写《春秋》。春季，在西部大野（今山东巨野境内）打猎。叔孙氏的驾车人鉏商获得一怪兽，认为不吉祥，把它赏赐给了虞人（管山林的人）。孔子看到了，说："这是麒麟啊！"（《左传 · 哀公十四年》）据说，麒麟是祥瑞的象征，只有圣君当道才会出现，现在没有圣君，麒麟却出现了，孔子预感到是不是自己的主张行不通了。叹道："我的道已穷途末路了啊!"于是绝笔，停止了编写《春秋》。六月，齐国的田成子杀死齐简公；孔子劝鲁哀公及"三桓"去讨伐他，哀公不听。在这次政变中，孔子的弟子宰我（亦称宰予，春秋末鲁国人，孔子著名弟子，为孔子门下"十哲"之一）死于国难。

颜回死，享年四十一岁，孔子哭得很伤心，说："哎呀!老天真要我的命啊，老天真要我的命啊!"曾参对颜回非常怀念，说："有才能的人却向没有才能的人请教，知识多的人却向知识少的人请教；有学问像没有学问一样，知识充实却像空无所有一样；别人侵犯他，他从不计较。从前我的一位朋友曾经这样做了。"这个朋友就是指颜回。

颜回死后，曾参就成了孔子学说的主要继承人。

26 岁。公元前 480 年（周敬王四十年，鲁哀公十五年）

年初，曾参在南武城为母亲守孝并仍在设教讲学。

公明宣跟着曾参上学，三年不曾读书。曾参说："你当我的弟子，三年不学习，为什么呢?"公明宣说："哪里敢不学习呢?我见先生在房内，父母在，呼喊的声音不曾让狗、马听到，我喜欢这一点，学习了但还没有做到。我见先生接待宾客，恭敬节俭却不松懈怠慢，我也喜欢这一点，学习了但还没有做到。我见先生在庭院，严格对待下人却不诋毁伤害他们，我喜欢这一点，学习了但还没有做到。我喜欢这三点，向你学习了但还没有做到，我怎敢做你的学生而不学习呢?"曾参离开坐席道歉说："我不如你，你是在学习啊!"（《说苑·反质》）

曾参为母亲守孝三年期满，劝父亲再娶。曾点续娶后妻。曾参对后母像对生母一样孝敬。随后一家人移居鲁城（今曲阜）高门外，《水经注》记："曾参居住在曲阜的时候，枭鸟（一种食母的鸟）不敢飞进曲阜的城郭。"

孔子很喜欢曾参，说："孝敬父母是道德的基础，敬爱兄长是道德的延续，信用是道德的深化，忠诚是道德的本质，曾参是符合这四种道德要求的人啊！"因此常常单独给他传授学业。一次，孔子坐着，曾参陪着他。孔子说："先王有一种至关重要的道德，用来治理天下。你知道吗？"接着对他进行了系统地讲授。传授的内容记录在《孝经》上。又有一次，孔子闲坐着，曾参陪着他。孔子说："现在很难听到治理国家的大道理了。你能说出做英明君主的方法吗？来，我对你说……"接着孔子对曾参讲了治国的主张。传授的内容记录在《大戴礼记·主言》上。还有一次，曾参趁孔子清闲，一口气向孔子问了几十个关于丧礼的问题，孔子逐个进行了论述。论述的内容记录在《礼记·曾子问》上。

经过孔子的细心传授和曾参的刻苦学习，曾参对孔子思想的实质有了深刻的理解。有一次孔子对子贡说："端木赐，你认为我是学习广博而有知识的人吗？"子贡回答说："是这样的，难道错了吗？"孔子说："是错了，我的学说贯穿着一个基本思想。"子贡没有说什么。而当孔子对曾参说"我的学说贯穿着一个基本思想"时，曾参坚定地回答："是。"孔子出去以后别的弟子便问曾参："老师说的是什么意思呢？"曾参说："老师的学说，只是忠恕罢了。"孔子亲以《大学》授曾参。

曾参对学业的精通，还有一件事可以体现出来。一次，孔子弹瑟，曾参、子贡在门边旁听，一曲弹完，曾参说：“哎呀！老师的瑟声接近有贪婪如狼的心意、邪恶不端的举动，没有仁爱，追逐私利怎么那么严重呢?”子贡认为对，没有回答曾参的话进入室内。子贡把曾参的话告诉孔子。孔子说：“哎呀！曾参真是天下贤能的人。刚才我弹瑟，有老鼠出来走动，有只野猫出现在屋里，它沿着房梁偷偷地爬行，捕捉老鼠而不得，我用瑟音表现了它的邪恶。曾参认为我的瑟音贪婪如狼、邪恶不端不是很合适吗?”（《韩诗外传·卷七》）

曾子家生活窘迫，经同学介绍，曾参一度到齐国的莒邑做官。虽然俸禄很少，但可以用来孝敬父母，所以曾参很高兴。

曾参的长子曾元大约出生在这一年。

冬季，鲁国和齐国媾和，齐国执政的陈成子为了表示友好，把郕地送还给鲁国。卫国发生政变，蒯聩赶走儿子卫出公自立为国君，他就是卫庄公。孔子的弟子子路此时是卫国大夫孔悝的邑宰，死于难，孔子很难过。

27 岁。公元前 479 年（周敬王四十一年，鲁哀公十六年）

曾参在鲁城。

春季，孔子在连丧亲人和弟子的打击下病倒了。

孔子病重期间，曾参侍奉在身边。孔子说：“我死之后，卜商会一天天地上进，端木赐会一天天地退步。”曾参问：“为什么呢?”孔子说：“卜商喜欢与比自己贤能的人相处，端木赐喜欢取悦不如自己的人。如果不了解他的儿子去观察一下他的父亲就了解了，如果不了解这个人去观察一下他的朋友就了解了，如果不了解这块地的土质去观察一下它上面生长的草木就了解了。所以说，与好人在一起居住，就像进入放置芝兰等香草的房间，时间长了就闻不到它的香味，这是与它同化了啊；与不好的人居住在一起，就像进入存放鲍鱼的店铺，时间长了就闻不到它的腥臭，也是与它同化了啊。存放朱砂的地方是红的，存放漆的地方是黑的，因此，君子必须谨慎地选择他所共处的人。”

孔子临终前，把曾参叫到身前，将自己年仅四岁的孙子孔伋托付给曾参。

曾参追思颜回：“朋友的墓上有了隔年生的草，就不再哭了。”

周历四月十一日即夏历二月十一日孔子在病倒七天后去世，终年七十三岁。

孔子葬于鲁城北泗上，曾参与同学们一起为孔子守墓。

28 岁。公元前 478 年（周敬王四十二年，鲁哀公十七年）

曾参在鲁城与同学们继续守孔子墓。曾参与同学们经常在一起回顾孔子的教导和切磋学问。有一次，有若问曾参：“你从老师哪里听说过关于丧失官位后应该怎么办吗?”曾参说：“听说过，丧失了官位要赶快贫困，死了要赶快腐烂。”有子说：“这不是君子说的话。”曾参说：“我是从老师那里听来的。”有子还是说：“这不是君子说的话。”曾参说：“我和子游一起听到的。”有子说：“那一定是针对什么事说的。”曾参把这番话告诉了子游。子游说：“有子的话太像孔子了！从前孔子住在宋国，看到恒司马为自己设计石椁，三年没有做成。孔子说：‘像这样奢侈，还不如死了快点腐烂的好。’死了赶快腐烂，是针对恒司马说的。南宫敬叔失去官位再回鲁国时，必定载着宝物朝见国君。孔子说：‘像这样用贿赂求取官位，还不如快点贫困的好。’丧失官位快点贫困，是针对南宫敬叔说的。”曾参把子游的话告诉有子。有子说：“我本来说这不是老师的话。”曾参问：“你根据什么知道老师不会说出这样的话呢?”有子说：“孔子在中都制定过规则，棺厚四寸，椁厚五寸，凭这一点就知道他不主张人死后快点腐烂。从前孔子丧失了鲁国司寇的官位，将要到楚国去，就先使子夏前去表明自己的意思，又再令冉有前去，凭这一点就知道他不主张失去官位快点贫穷。”

一次提到晏子，曾参说：“晏子可以说是一个知礼的人了，礼的关键不过是恭敬，而这一点晏子并不缺乏。”有若说：“晏子一件狐皮袍子穿了三十年，办理其父丧事时，只用一辆遣车，随葬器物也少，所以很快就葬毕返回。按规矩来说，国君遣奠所取牲体是七包，遣车也就应是七辆；大夫是五包，遣车应是五辆。晏子全不照规矩来办，怎么能说他是一个知礼的人?”曾子说：“在国家尚未治理好的时候，君子以照搬礼数的规定为耻。在国人奢侈成风时，君子就应做个节俭的表率；在国人节俭成风时，君子就应做出按照礼仪办事的表率。”

卫国动乱，卫庄公被杀。

29 岁。公元前 477 年（周敬王四十三年，鲁哀公十八年）

曾参在鲁城与同学们继续守孔子墓。

曾参注意把同学们谈到孔子的话记录下来，经常回味，不断提高自己，为以后教授弟子打下了好的基础。

季康子的母亲死了，鲁哀公去吊丧，曾参和子贡也去吊丧。看门的人因为国君在里边，不让他们进去。曾参和子贡就到马圈里修饰了一番仪容。子贡先走过去，看门人说：“刚才已经通报了。”曾参随后走过去，看门人让开了路。他们走到内房前，卿大夫都让开位置，哀公走下一级台阶向他们拱手行礼。君子评论这件事说：“尽心修饰仪容的方法，是永远通行的方法。”

30岁。公元前476年（周敬王四十四年，周元王元年，鲁哀公十九年）

曾参与同学们一起为孔子守墓三年结束。大家思慕孔子，子夏、子张、子游认为有若的相貌像孔子，便想用服侍孔子的礼节来服侍他，曾参不同意这种做法：“这可不行！夫子的盛德好像纯洁的江水冲洗过，又像秋天的阳光照耀过，还像广阔无边的天地一样圣洁，这是任何人都无法比拟的。”分别时，大家都抱头痛哭，有的走了又回来。大家走后，子贡又守墓三年。曾参也想留下继续守墓，但考虑到父母双亲年老体衰，供养也不够充裕，于是拿过琴来弹奏，创作琴曲《曾子归耕》以表达心情。曾参唱道：“逝去了不会再返回的，是岁月；一生中不可能再次侍奉的，是父母。嘘唏感叹，还是回去耕种吧，来日安于陇亩，历山曲折而又高耸！”（蔡邕《琴操》河间杂歌之《曾子归耕》）

曾参回到南武城后，一边农耕，一边设教讲学。

曾参办学后，对教学内容做了重大改进，除传授六艺知识外，还特别重视用孔子的思想教育弟子，常常原原本本地传授孔子的教导。如在讲孝时说：“我听孔子说过，人没有充分显示自己感情的时候，如果有的话，一定是在父母死亡的时候吧！”又说：“我听孔子说过，孟庄子的孝行，其他方面别人可以做到，他不改换父亲的旧臣和父亲的施政主张，是别人难以做到的。”又如，一次曾参对他的弟子子襄讲什么是勇敢时说：“你喜欢勇敢吗？我曾听孔子说过什么是最大的勇敢：自我反省，正义不在自己一方，即使对方是普通百姓，我也不恐吓他们；自我反省，正义在自己一方，即使对方有千军万马，我也勇往直前。”以致他的弟子乐正子春在授徒时也像曾参一样：乐正子春下台时伤了脚，伤好以后，仍然几个月不出门。他的弟子问他：“老师脚上的伤好了，几个月不出门，还有忧愁，为什么呢？”乐正子春说：“你这个问题问得好，我从曾子那里听到孔子说的一番话：‘上天所化生的，大地所养育的，人是最伟大的。父母完整地生下儿女，儿女死时也要把身体完整地归还给父母，这才算是孝；不伤害自己的身体，才能算完整啊。’所以君子即使走上半步也不敢忘记孝道。如今我忘记了孝道，因此忧愁。”（《曾子·大孝》）

冬季，周敬王去世。

31岁。公元前475年（周元王二年，鲁哀公二十年）

曾参在南武城。

父亲曾点年老，曾参时刻把他放在心上，尽量守在父亲身边，就连一个晚上也不轻易离开他。真有特殊情况，他也安排好家人，告诉自己的去向。这一年，曾点去世。

曾参为父亲治丧，七天没喝一点汤水。“泪如涌泉，水浆不入口者七日”，以后“每读丧礼则泣下沾襟”（《礼记》）。出丧时，曾参攀着丧车痛哭，拉丧车的人不忍心只得停了下来。曾参葬父亲于南武山下。有人问曾参说：“出葬是既已遣奠（出葬前在殡宫里的祭奠），还要把遣奠剩余的食物包起来送葬，这不就像吃喝完了还要把剩余的食物带走吗？”曾参说：

“先生没见过国君举行的宴会吗？这种宴会，吃喝完后还要把俎（盛放牲体的礼器）上剩余的三牲包卷起来送到宾客住的馆舍里。出葬时把遣奠剩余的食物包起来送葬，是把父母当作宾客来对待，因为父母是永远不再回来的宾客了，所以这是非常悲哀的。您大概是没有见过国君举行的宴会吧！”出葬时，宣读人家赠送助丧的车马等物的清单，曾参说：“这不是古代就有的习俗，这又是重复宣读。”

32 岁。公元前 474 年（周元王三年，鲁哀公二十一年）

曾参在南武城为父亲曾点守孝。

曾点生前非常喜欢吃羊枣（嘉祥山区常见的一种小柿子）。曾点去世后，曾参见到羊枣便想起父亲，遂不忍心再食羊枣。曾参每次观看丧礼，都会想起死去的父母，经常泪水浸湿衣襟。有一次，曾参吃鱼剩下了几条。曾参说：“用米汁浸渍起来吧。”他的一位弟子说：“用米汁浸渍的鱼吃后容易伤人，不如腌制的好。”曾参流着泪说：“是我不专心啊！”他伤心自己听到得太晚了。在父亲生前，自己常给他吃用米汁浸渍的鱼，那不是伤害了父亲吗？想到这里，曾参更加伤心。

曾参怀念父母，对别人失去父母也非常同情。有一天，曾参和客人站在门旁，他的一位弟子快步走出门去。曾参问：“你要到哪里去？”那位弟子回答说：“我父亲死了，要到里巷里去哭。”曾参说：“你回来，就在你住的地方哭吧。”曾参又脸朝北，向那位弟子的父亲吊丧。按常礼要求，自己的父母死了，是不能在别人家哭的，当时曾参办学是在自己家中，让弟子在自己家中哭父亲，这充分显示了曾参对学生的怜爱和同情。（《礼记·檀弓上》）

33岁。公元前473年（周元王四年，鲁哀公二十二年）

曾参在南武城继续为父亲守孝。

曾参常对弟子进行孝道教育。他说："君子立志行孝，就要把内心的孝敬感情化为具体的行动，使合乎孝义的种种规范得到尊重。所以做儿子的不能孝顺他的父亲，不敢说父亲不能疼爱教养他的儿子；做弟弟的不能侍奉他的兄长，不敢说兄长不能教诲他的弟弟；做臣子的不能服侍他的君子，不敢说君主不能领导他的臣下。因此，与做父亲的谈话，谈如何疼爱教养儿子；与做儿子的谈话，谈如何孝顺父母；与做兄长的谈话，谈如何教诲弟弟；与弟弟谈话，谈如何侍奉兄长；与君主谈话，谈如何领导群臣；与做臣子的谈话，谈如何服侍君主。"

曾子又说："君子行孝，应是发自内心的爱并恭敬地侍奉父母，不如此就不合乎纲纪。竭尽全力而讲礼仪，庄重恭敬而温和，委婉地劝谏而不嫌劳累，父母听从劝谏后也不懈怠，做到这些灾祸和事故就不会发生，这就称得上孝了。尽力而不讲礼仪，就是无品德修养的人；做到了恭敬而不是发自内心，就是不合乎敬的要求。所以礼仪要尽到自己的力量，恭敬要发自内心，饮食要经常变换口味，居住的地方要温和舒心，这样表明孝养的心迹，就是成全发自内心的孝和合乎孝义规范的德行了。"

（四）推行仁德，志向高大

34岁。公元前472年（周元王五年，鲁哀公二十三年）

曾参在南武城。

曾参和孔子一样是主张积极参与政治的。孔子过世后，曾参勇敢地负担起推行仁德的重任。他说："读书人不可以不坚强而毅力，因为他责任重大而路途遥远。把实现仁德作为自己的责任，不是很重大吗？奋斗到死才罢休不是很遥远吗？”

他还说：“可以把幼小的君主托付给他，可以把一个国家的命运委托给他，面临生死存亡的关头却不动摇屈服。这样的人是君子吗？是君子啊！”

曾参推行仁德，首先选择的途径是入仕为官。曾参为父亲守孝三年期满，便离开鲁国，到达齐国，宣传自己的政治主张。但曾子不满田成子独专齐政的做法，又回到了鲁国。

35 岁。公元前 471 年（周元王六年，鲁哀公二十四年）

曾参在楚国。

曾参带领他的弟子到达楚国。楚惠王热情款待，让曾参做了客卿。曾参决心大干一番，实现自己的抱负。但不久便发现自己与楚惠王及其他大臣意见往往不合，自己的抱负难以实现，不久便辞职专门从事教学。后来，曾参回顾这段经历时说：“父母去世以后，我曾出游到南方的楚国，做了大官。住的是高堂九仞，出门是车马百乘，仕禄三千钟，甚为显贵。可反而非常悲伤，面向正北涕泣，时常仰天叹息，因为这时候没有双亲奉养了。”当然，曾参所伤心的，不全是思念父母，大概也与做官不如意有关吧。

在楚国，叶公沈诸梁（成语“叶公好龙”的主角）很看重曾参，让曾参在他府上办学，并让曾孙沈犹行拜曾参为师，跟曾参上学。在叶公的影响下，很多达官贵人都把孩子送到曾参处求学，曾参的弟子很快发展到六七十人。在叶公家设教讲学的时候，发生了负刍作乱之祸。当时曾参正在向弟子授课，他坚持“君子考虑问题不超出自己的职权范围”的信条，没有过问这件事，也没让弟子参与这件事。

这年，鲁哀公到越国，和越太子适郢关系融洽，太子适郢准备把女儿嫁给哀公，并且多给他们土地。鲁大夫公孙有山派人告诉季孙氏。季孙氏怕哀公依靠越国讨伐自己，派人打通太宰嚭的关节并且送上财礼，事情才算平息下来。

36 岁。公元前 470 年（周元王七年，鲁哀公二十五年）

曾参在楚国，通过办学宣传自己的政治主张。他说："君主一家仁爱，一国也会兴起仁爱；君主一家礼让，一国也会兴起礼让；君主一家贪婪暴虐，一国就会兴起动乱。国君的作用如此的关键。这就叫作一句话可以败坏事业，一个人可以使国家安定。尧舜用仁爱领导天下，百姓就跟着仁爱；桀纣用凶暴统治天下，百姓就跟着凶暴。帝王的政令如果与他喜欢做的事相违背，百姓就不会服从。因此，君子必须自己有德行才能要求别人有德行，必须自己没有过失才能去责备他人。自己不怀有推己及人的恕道却劝别人去实行恕道，那是不可能达到目的的。""在上位的人尊敬老人，百姓就会孝顺自己的父母；在上位的人尊敬长辈，百姓就会尊重自己的兄长；在上位的人怜爱孤儿，百姓也会跟着去做。"

曾参又说："得到民众的就得到国家，失去民众的就失去国家。所以君子首先要慎重地修养德行，有了德行才会赢得民众，有了民众才会有国土，有了国土才会有财富，有了财富才能供给使用，德行是根本，财富是末梢，如果把根本当成外在的东西，而把枝末当成内在根本，那就会与民争利向民劫夺。因此，君主聚敛财富，民众就会离散；君主散财于民，民众就会归聚。所以对人说出违背情理的话，别人也会用违背情理的话来回敬；用违背道义的手段得来的财富，也会被人用违背道义的手段掠夺去。”

曾参还讲到举贤的问题，他说：“只有仁德的人才能爱人，也才能恨人。发现贤人不能举荐或虽举荐了却不能让他处在自己前面，这是怠慢；发现恶人不能斥退，或虽斥退了却不把他放逐到边远的地方去，这就是过错。喜爱人们所厌恶的，厌恶人们所喜爱的，这是违背人的本性，灾祸必定要降落到自己身上。因此，做国君有个大原则：忠厚诚实的人一定要得到他，骄横放纵的人一定要丢弃他。”

曾参也讲到理财的问题，他说：“发财致富有这样一条原则：生产财富的人要多，消耗财富的人要少；干得要快，用得要慢，这样就可以永远保持富足了。有德行的人会舍财修身，没有德行的人会舍身求财。”但是，“国家不要把财利当作利益，而应把仁义当作利益”。

六月，鲁哀公从越国回国，季康子、孟武伯在五梧迎接，君臣发生不快，从此在许多事上总是不协调。

37 岁。公元前 469 年（周元王八年，周贞定王元年，鲁哀公二十六年）

曾参在费国。

曾参接受费国国君的聘请来到费国，帮助国君治理国家。当时费国逐渐强大起来，鲁国害怕失去对它的控制，于是派兵攻打费国。曾参知道后决定帮助费国，去找鲁国主帅辩理。曾参是个先做后说的人，因为没有把握取胜，所以没有明说，只是向费国国君告辞说：“请让我离开，进攻结束后我再回来。请暂且不要让猪狗进入我的馆舍。”费国国君误解了曾参，认为曾参要逃离开，因而说："尊敬的先生，人们没有不知道您的。现在鲁国军队攻打我国，先生却要离开我，我为什么要为先生守护馆舍呢?"鲁国军队果然攻打费国，列举费国十条罪状，而曾参驳倒了其中九条。鲁国军队结束攻打后，费国国君重新修葺了曾参的馆舍，然后迎接曾参回来。后来曾参发现费国也不是理想之地，便回归故里，再也不去做官。

卫出公叔父黔被立为国君，他就是卫悼公。

38 岁。公元前 468 年（周贞定王二年，鲁哀公二十七年）

曾参在南武城。

受南武城大夫所聘，曾参设教于南武城。曾参在此城讲学时，有越国军队侵犯南武城。有人问："侵犯的军队来了，离开吗?"曾参说："好吧！不要让人在我房里借住，毁坏了那些树木。"越军一退，便说："修理一下我的墙屋，我将要回去。"越军退走了，曾参也回来了。他身边的人说："南武城的官员对待先生是这样的忠诚和尊敬，越军来了就首先离去，已经受到百姓的责备；越军退走了就马上返回，这恐怕不合适吧。"他的弟子沈犹行说："这是你们所不知道的，过去我们家有负刍作乱，跟随先生的七十人，没有一个参与的。"

鲁哀公死在有山氏那里，鲁国国都的人迎接哀公回国。鲁哀公的儿子宁被立为国君，就是鲁悼公。悼公势弱，低于"三桓"。

孔子的弟子子贡从鲁国回到卫国，任卫相。

39 岁。公元前 467 年（周贞定王三年，鲁悼公元年）

曾参在南武城。

曾参在南武城讲学时，还带领弟子到南武城以东的地方进行了考察。曾参说：“谨慎地办理父母的丧事（即慎终），虔诚地祭祀追念祖先（即追远），这样百姓的道德风尚就归于淳朴厚道了。”曾子首先到鄫国故地，追念先祖，凭吊故国，实践了自己“慎终追远”的主张。接着进入越国的郯地，现郯城县西北六十里有磨山，相传曾参曾在那里授徒。随后曾参又到了自己曾担任过官吏的齐国莒地，在那里设教讲学。莒地到战国后期还保留有曾参讲学的厅堂。（《孟子外书·性善辨》）

40岁。公元前466年（周贞定王四年，鲁悼公二年）

曾参在卫国。

曾参看到鲁国君臣不和，战乱频生，便离开鲁国到卫国讲学。曾参到了卫国，去拜见子贡。曾参说：“君子有三句话，是值得贯通并牢记的：一是不要疏远亲人而亲近外人，二是不要自身不好而埋怨别人，三是不要祸患已到而呼叫上天。”子贡问：“什么意思呢?”曾参说：“疏远亲人而亲近外人，不是相反了吗？自己不好而埋怨别人，不是扯远了吗？祸患已到而呼叫上天，不是太晚了吗?”

子夏知道曾参到了卫国后，专程从西河去拜访曾参。曾参说：“请在这儿吃饭吧。”子夏说：“不是让你破费了吗?”曾参说：“君子有三种浪费，吃饭不包括在内，君子有三种快乐，钟磬琴瑟的乐音不包括在内。”子夏说：“冒昧地问，什么是三乐?”曾参说：“有父亲可以敬服，有明君可以侍奉，有儿子可以传代后世，这是第一种快乐。父母能接受劝谏，君主能任凭离去，儿子能听从谴责，这是第二种快乐。有君主能相互了解，有朋友能相互帮助，这是第三种快乐。”子夏说：“冒昧地问一下什么是三费呢?”曾参说：“少年学到的知识，长大后却忘掉了，这是第一种浪费。侍奉君主有功劳却轻易地背弃他，这是第二种浪费。长期交往的朋友却中途断绝了关系，这是第三种浪费。”子夏说：“说得好啊！谨慎自身奉行一句话，胜过一生背诵它；谨慎自身侍奉一位德才兼备的人，胜过治理万民的功业。相互交往的人不可以不了解。以诚实结交人，即使是疏远的人也一定能变得亲密。以虚假结交人，即使是亲属也必定会疏远。以诚实与诚实的人交往，就会如胶似漆那样亲密。以虚假与虚假的人交往，就会像薄冰见到太阳，很快就会瓦解，君子能不留意吗？”

41 岁。公元前 465 年（周贞定王五年，鲁悼公三年）

曾参在卫国。

曾参过着清贫的生活，但安贫乐道。《庄子·让王》说他在卫国的时候，穿着以乱麻为絮的袍子没有完整的表面，面色浮肿，手上和脚上都有老茧，常连续多天不生火做饭，十年不做一件衣服，戴正帽子却没有帽带，抓住衣衿就露出了胳膊，穿上鞋子就裂开了脚后跟。悠闲地漫步并唱着《商颂》，声音充塞天地之间，像敲响的钟磬。天子得不到他做臣下，诸侯得不到他做朋友。曾参说：“晋国和楚国的财富，没有人赶得上。不过，他有他的财富，我有我的仁；他有他的爵位，我有我的义。我有什么不如他的呢？”

卫国的将军文子是个颇有权势的人物，为了表示尊贤也去会见曾参。曾参看不起当时那些权势人物的作为，并不买他们的账。将军文子来时，曾参没有起身，而是在坐席上迎候他，端正着身子在室内西南隅的尊位上接见他。文子对曾参藐视权贵的行为不理解，出门后对驾车的人说：“曾子是个愚蠢的人啊！如果把我看作君子，君子怎么可以不尊敬呢？如果把我看作残暴的人，残暴的人怎么可以怠慢呢？曾子不被杀，是他的命运好。”

42 岁。公元前 464 年（周贞定王六年，鲁悼公四年）

曾参在卫国。

曾参教育弟子怎样修身，怎样提高素质。他说：“君子要祛除他不好的方面，查找自己的过失；增强自己的薄弱环节，去掉偏爱的欲望，见到义举就跟着去做，可称得上学习了。”（《曾子 · 立事》）

“君子既然学习了，就担心学的不够宽广；学的知识既然宽广了，就担心对这些知识不能够温习；就是对这些知识温习了，担心的是不能够理解；就是对这些知识理解了，担心的是不能把它们用于实践；就是能够用于实践了，可贵的是能够谦让。君子的学习能做到这五点就可以了。”（《曾子 · 立事）

“君子要广泛地学习知识并小心谨慎地去实践它，少说并坚定地去做，行动一定要在别人前面，说话要在别人后边。”

“大概少年时不读书学习，壮年不研究学问，老年时不能对人有所教诲，就可以说是懒散闲游的人了。”

卫悼公去世，他的儿子弗被立为国君，就是卫敬公。

43 岁。公元前 463 年（周贞定王七年，鲁悼公五年）

曾参在卫国。

曾参强调“行”，即强调实践。他教育弟子：“君子不因为小的、不明显的善事而不去做，自己做不明显的善事不一定要求别人也去做，别人知道这样做是我的愿望，假如别人不知道，就自己知道算了。”（《曾子 · 立事》）

“君子谋划事情要克服感情用事，考虑好再行动，论证后才去做。行动必须考虑符合计划，符合计划后必须考虑经得起检验，考虑经得起检验必须考虑到不会出现后悔，就可以说谨慎了。”（《曾子·立事》）

“为人说话诚实，按着要求体现在行动上，做到了行动诚实，接着还要进行考求，考求是否符合行为法则，符合法则了还要长期坚持下去，就可以说是表里如一了。”（《曾子·立事》）

“说话一定要有根据，行动一定要有准则，亲近人一定要有道理。”（《曾子·立事》）

“首先不做坏事，其次能及早与坏事断绝，再次做了坏事能够改正。”（《曾子·立事》）

他还说：“人喜欢做好事，幸福即使没有来临，灾祸却已经离远了。人不喜欢做好事，灾祸即使没有来临，幸福却离他而去了。”（《中论·修本》）

44 岁。公元前 462 年（周贞定王八年，鲁悼公六年）

曾参在卫国。

曾参主张要善待人，这是社会和谐的关键。他说：“君子不仅要自己好，也喜欢别人好；不仅自己有才能，也喜欢别人有才能；即使有的事自己没有做好，也不要牵连别人。”（《曾子·立事》）

“君子喜欢别人做好事，却不催促；厌恶别人做不好的事，而不急忙制止。憎恶他的过错而不替他弥补，等他自己改过；表彰他的优点而不为他夸耀，怕他自足。夸耀没有好处，弥补就不会改过。”（《曾子·立事》）

“君子不事先认为人家不好，不用不信任的眼光猜忌人，不宣扬别人的过去，并成全人家的好事，体恤以往的过错，察看以后的行动，早晨有了过失晚上改正就要赞许，晚上有了过错早晨改正同样也应该赞许。”（《曾子·立事》）

“君子做事适宜就能保持纲常，和善就有人亲近，见到别人做了一件好事还希望他做第二件，见到别人行了小善还希望他再行大善。假如看到别人有了德行，也不要求他各方面超过别人。”（《曾子·立事》）

“君子不断绝别人的欢乐，不要求人家完全按礼节行事，有人来投奔也不过分高兴，有人离去也不过分忧愁，离去也不诋毁原来的主人，投奔新的主人也不去赠送礼物，就可说是心境适中了。”（《曾子·立事》）

曾参的弟子有人将要到晋国去，对曾参说：“晋国没有我熟悉的人。”曾参说：“为什么要有熟悉的人呢！去吧。有熟悉的人称他为朋友，没有熟悉的人就去做他的客人，君子坚持仁爱，成就德行，先做后说，千里之外都是兄弟。假如你不加强学习修养，那么即使是你的亲人，哪里又有谁肯亲近你呢?”（《曾子·制言上》）曾参交代：“君子到别的国家去，不说那个国家忌讳的话，不做那个国家禁止的事，不穿过于鲜艳华美的服装，不宣扬骇人听闻的言论。所以说，与其奢华，不如节俭；与其待人傲慢，不如委屈行事。”（《曾子·立事》）

45 岁。公元前 461 年（周贞定王九年，鲁悼公七年）

曾参在卫国。

怎样做事和对待事情呢？曾参对子弟们说：“君子把灾祸作为担忧的事情，把耻辱作为可怕的事情，见到好事唯恐不能

参加，见到坏事唯恐涉及自己。因此君子应终生采取警惕的态度。”（《曾子·立事》）

“君子见到利益就要想到由此而可能引起对名声的损害，见到不好的事就要想到由此而可能带来的指责，贪婪情欲就要想到由此而可能产生的耻辱，生气恼怒就要想到控制不住而由此发生的祸患。”（《曾子·立事》）

如何对待言论呢？曾子说：“君子在是非没有辨明前不要发表意见，没有研究清楚也不要发言，同时有两个问题需要解决，要先易后难。”（《曾子·立事》）

“君子如果说离经叛道的话，那么他就没有长进；如果相信神怪之言，那么他就不会到达真理的境界。因为真理的宗旨深远，需要天天探讨研究，不断有所增益。”（《曾子·立事》）

“君子不倡导无根据的言论，不反驳别人的批评，不宣扬自己的才能。”（《曾子·立事》）

“众人都相信的话也不可作为依据，对说到做不到的话不要理会，别人的话不真实就不要应和。”（《曾子·立事》）

“别人说了不好的话而听之任之，就近似喜欢不好的话；喜欢不好的话，就接近于自己说了不好的话；接近于自己说了不好的话，就接近于自己做了不好的事。别人说了好话而脸上露出畏难的神色，就近似于不喜欢好话；不喜欢好话，就接近于自己反对了好话；接近于反对好话，就接近于做了不好的事。”（《曾子·立事》）

46 岁。公元前 460 年（周贞定王十年，鲁悼公八年）

曾参在卫国。

曾参已看到事物都是相互联系的。他对弟子说：“宰杀家畜不适当，会涉及父母，我相信；役使臣民不合时令，会失去国家，我也相信；蓬草生长在麻地里，不用扶自直，白沙放在黑泥中，与泥一起都是黑的。因此，人们相互共事，就像行船驾车那样，相互帮助才能通达。自己在前就拉，别人在前就推。所以人没有别人的帮助就不能成功，马离开马群就不奔驰，土堆不增添新土就不再增高，水不增加水就不会流动。”（《曾子·制言上》）

子夏拜见曾参，曾参说：“你怎么胖了?”子夏回答说：“战胜了，所以胖了。”曾参说：“你说的是什么意思呢?”子夏说：“我在家中读书，看到先王的美德就感到敬仰，出外听到人家讲富贵和安乐又感到羡慕。二者在胸中交战，不知道谁胜谁负，所以就瘦了下来，现在先王的美德胜利了，所以就胖了起来。”（《韩非子·喻老》）

47 岁。公元前 459 年（周贞定王十一年，鲁悼公九年）

曾参在卫国。

曾参自己注重修身，也注意教育弟子修身。修身的主要方法是自省。曾子教育弟子说：“以正义为行为准则，白天从事事业，晚上自我反思，以这种态度坚持终身，就可称得上守护基业了。”（《曾子·立事》）

又进一步说：“君子思慕仁德和正义，白天从事事业忘记吃饭，晚上自我反省忘记睡眠，以此锻炼自身，就可说守住基业了。”（《曾子·制言中》）

又说：“君子做小事如同做大事一样，理家如同做官一样，做事没有十全十美的，能不反思自省吗!”（《曾子·立事》）“君子应怀着担忧害怕的心情去修养自己，远离财色，不说没

根据的话。”（《曾子·立事》）

修身在于严于律己，曾参说：“自己说的话，要能够得到后人的宣扬；自己做的事，要能够成为后人的榜样。”（《曾子·立事》）“君子谨守其职却不嫌劳苦，环境安适却不懈怠，待人谦逊却不献媚，宽厚却不放纵，给人好处并不吝啬，正直而不求捷径，就可说是无私了。”（《曾子·立事》）

出了问题要先从自己身上找原因：“一起交友却不被人喜爱，那肯定是自己缺乏仁爱；与人交往而不受到尊敬，那必然是自己没有敬重别人；接近财物而得不到信任，那一定是自己没有信用。这三者的原因都在自己身上，怎么能怪怨别人？怪怨别人就会陷入困厄，怪怨上天就是没有见识。过失在于自己却反而去责备别人，岂不是太不切合实际了吗？”（《荀子·法行》）

发现过错就要改正。曾参说：“有错不能改，是懈怠的表现；做事半途而废，应感到羞愧；羡慕好人而不去结交，是甘愿辱没自己；不知道还不问，是固执行为；解说事理不能服人，是自己知识贫乏；喜怒无常，那是迷乱；说到不做，那是欺骗；不是自己做的事情而据为己有，那是狡诈；拿道听途说的话来文饰自己的言论，那是内心空虚；对人没有益处而领取丰厚的待遇，如同盗窃；好说烦琐的话，是制造混乱；对杀人也不忧伤，那是太狠毒了。”（《曾子·立事》）

48 岁。公元前 458 年（周贞定王十二年，鲁悼公十年）

曾参在卫国。

曾参教育弟子修身要做到慎独，即一个人独处的时候也一定要谨慎。他说：“学生们不要说‘没有人会知道我’，鄙陋浅薄的男女相会于墙背面的隐蔽处，可说得上隐秘了，明天就有人宣扬他们说的话。所以读书人要坚持仁爱和正义明着做事，不坚实的事情，为什么别人会不知道呢?”（《大戴礼记・曾子制言上》）

“眼神是内心的浮现，言论是行动的表示，内心有活动，在外就有表现。”（《曾子・立事》）

“以其显现的，就能看到其隐蔽的。”（《曾子・立事》）

“内心的真实情况一定会表现在外表上，所以君子在一个人独处的时候也一定要谨慎。”（《大学》）

“就像十只眼睛注视着自己，十只手指点着自己，难道还不严厉吗?”（《大学》）

49 岁。公元前 457 年（周贞定王十三年，鲁悼公十一年）

曾参在卫国。

讲到结交朋友，曾参说：“应该与能帮助自己成就才能的人交朋友，疏远对自己没有帮助的人。”（《曾子・立事》）

“面对没有仁爱之心的人，即使没有朋友，我也不亲近他。”（《曾子・制言中》）

曾参特别指出有几种人不能交往：“交往的人很多但没有亲近的，学习的范围很广但没有重点，喜欢的事很多但没有办成的，君子不与这样的人交往。”（《曾子・立事》）

“广泛地学习却不去实行，进取成功却不能礼让，爱好正直却又太急躁，行为有节制而对下又太严厉，君子不与这样的人交往。”（《曾子・立事》）“没有骨气又不知道耻辱，强暴又不知道害怕，有勇力而对人又残忍，君子不与这样的人交往。”（《曾子・立事》）

“急于达到目的而不坚持操守，喜欢好名声而又办事不得体，一愤怒就做坏事，卑躬屈膝、花言巧语又不知礼，君子不与这样的人交往。”（《曾子·立事》）

齐国田成子聘请曾参去齐国辅政，被曾参拒绝。

50 岁。公元前 456 年（周贞定王十四年，鲁悼公十二年）

曾参在卫国。

楚惠王认为曾参是个人才，为强化楚国的力量，便决定聘请曾参去做楚国的令尹；晋国知伯专政，为了巩固自己的力量，也聘请曾参去做上卿，都被曾参推辞了。

曾参说：“国家有德政，那么君子就高高兴兴地上下交往而志同；天下没有德政，那么平常的主张也不要改变。诸侯不听从自己的主张，就不贸然进入他的疆土；虽然听取自己的主张但没有好德行，就不登上他的朝堂。”（《曾子·制言下》）

“凡是行为不符合道义的人，自己就不去服侍；凡是没有仁德的人，自己就不把他当作长官。”（《曾子·制言下》）

“国家有德政就像大鸟疾飞那样奔去，国家没有德政就像大鸟疾飞那样离开，这样就叫作义。”（《曾子·制言下》）

这一年，曾参应家乡父老的要求，从卫国回到家乡南武城，继续设教讲学。

（五）倾心传道，宣扬仁孝

51 岁。公元前 455 年（周贞定王十五年，鲁悼公十三年）

曾参在南武城。

时齐聘以相，楚迎以令尹，晋迎以上卿，曾参皆不应命。

曾参继续设教讲学，宣扬以仁为本。他说：“君子认为仁德最为尊贵。富有天下四海之内，叫作富有吗？只有拥有仁德才叫富有；贵为帝王天子，叫作尊贵吗？只有拥有仁德才叫尊贵。从前，舜只是一个普通的平民，广阔的国土却归他所有，众多的百姓都来归顺，舜只是靠仁德才得到这些。所以君子想要得到富贵，必须在仁德上下功夫。过去，伯夷、叔齐死在田野沟畔，他们的仁德却闻名天下。他们两个居住在黄河、济水之间的首阳山，没有广阔的国土，也没有丰富的财物粮食，但他们所说的话，人们却作为法令章程，他们的所作所为成为天下人的榜样。”（《曾子·制言中》）

“所以君子不因为贫穷而愁闷，不因为地位低下而不安，不因为不被人了解而忧虑，虽然粗布衣服不完整，粗茶淡饭不得饱，住处是草门土室陋窗，但每天仍孜孜不倦地推崇仁德，别人了解自己不欣喜，别人不了解自己也不烦恼。”（《曾子·制言中》）

52 岁。公元前 454 年（周贞定王十六年，鲁悼公十四年）

曾参在南武城。

曾参不仅孝敬自己的亲生父母，对后母也极尽孝道。后母对待曾参虽没有恩情，但曾参对她的供养却从不减少。有一次，他的妻子为后母蒸梨吃而没有蒸熟，曾参就把妻子给休了。有人说：“这不属于休妻的七种理由啊！”曾参说：“蒸梨是小事，我让他蒸熟，她却不听从我的差遣，何况是大事呢？”后由于后母的讲情，才由儿子曾元把他的母亲接了回来。

53 岁。公元前 453 年（周贞定王十七年，鲁悼公十五年）

曾参在南武城。

曾参强调孝的重要地位，他说：“孝是天下最主要、最根本的法则。把它竖立便顶天立地，把它横放便覆盖四海，把它延续到后世便没有一朝一夕不存在。推行到东海能够成为准则，推行到西海能够成为准则，推行到南海能够成为准则，推行到北海能够成为准则。”（《曾子·大孝）

曾参说：“身体是父母给予的，用父母给予的身体去做事，能不恭敬吗！所以平时起居不端正，不是孝；替国君做事不忠心，不是孝；担任官职不敬业，不是孝；对待朋友不诚实，不是孝；参加战斗不勇敢，不是孝。这五个方面做不到，伤害到自身，怎能不恭敬呢！因此，烹调鲜美的食物，品尝后奉献给父母，这不是孝，是供养。君子所说的孝，是要让一国的人都称赞羡慕，说：‘真幸运啊！有这样的好儿子！’这才是所说的孝。人类根本的教化是孝道，能够给予父母衣食财物叫作供养。供养父母是可以做到的，但尊敬父母就难做到了；尊敬父母是可以做到的，但使父母安乐就难做到了；使父母一时安乐可以做到，但长时间使父母安乐就难做到了；长时间使父母安乐也是能够做到的，但父母去世后终身行孝就难做到了。父母即使已经去世，自己也要慎重行事，不给父母留下坏名声，这才可以说是终生行孝了。所谓仁，就是要仁爱这样的孝；所谓义，就是要适合这样的孝；所谓忠，就是内心时刻想着这样的孝；所谓信，就是要诚实于这样的孝；所谓礼，就是要履行好这样的孝；所谓做事，就是要先做到这样的孝；所谓尽力，就是要尽力于这样的孝。欢乐是顺着这样的孝而产生的，刑罚是违反这样的孝而兴起的。”（《曾子·大孝》）

54 岁。公元前 452 年（周贞定王十八年，鲁悼公十六年）

曾参在南武城。

曾参教育弟子行孝就要守身，守身才能守志。他说：“孝子不攀登高的地方，不走危险的地方，深的地方也不要靠近，不随便说笑，不随便指责别人。在幽暗的地方不答应为人做事，从高处向下看不指指画画，这样做就不会出现差错了。孝子要远离坏话，不说没有根据的话，多说赞美的话，所以想说坏话的开不了口，气愤不满的话涉及不到自己。”

“君子每一抬脚都不敢忘记父母，每一说话都不敢忘记父母。一抬脚不敢忘记父母，所以走大路而不走小路，渡河乘船而不游水，不敢拿父母给留下的身体去冒险。一说话不敢忘记父母，所以不好的话不能说，愤怒的话不能涉及自己。这样不辱没自己，才不会让父母担忧，就可以算得上是孝了。”（《曾子·大孝》）

55 岁。公元前 451 年（周贞定王十九年，鲁悼公十七年）

曾参在南武城。

曾参说：“孝子奉养父母，要使他们心里快乐，不违背他们的心意，使他们耳目愉悦，寝处安适舒服，在他们的饮食上尽心地调养。孝子要这样做到身体的终结。”（《礼记·内则》）

这里所说的“身体的终结”，并不是指父母的身体终结，而是指孝子自身的一生。因此，父母所喜爱的，自己也要喜爱；父母所敬重的，自己也要敬重；就是他们喜爱的狗马都一样。

曾参说：“奉养父母有五种方法。使住室美好，床铺安适，饮食干净，是奉养身体的方法；置办各种颜色，涂染各种色彩，布置各色花纹，这是奉养眼睛的方法；校正六律，和谐五声，聚集八类乐器，这是奉养耳朵的方法；烧制各类饭食，烹煮各种畜肉，调和蒸炒配制，这是奉养嘴巴的方法；面色温和，说话愉悦，进退恭敬，这是顺应父母意志的方法。这五种方法交替奉上并且忠厚地奉行，可以说是善于奉养父母了。”（《吕氏春秋·孝行》）

56 岁。公元前 450 年（周贞定王二十年，鲁悼公十八年）

曾参在南武城。

曾参教育弟子要顺应父母的意志，继承父母的遗志。他说：“孝子侍奉父母，心情平静地等待使唤”，“孝子使唤人，不敢过分，行动不敢自己做主”；“孝子没有自己单独的快乐，父母的忧愁就是自己的忧愁，父母的快乐就是自己的快乐”，“父母喜爱的自己也喜爱，父母敬重的自己也敬重”；“父母喜爱自己，高兴而不忘记；父母讨厌自己，戒惧而不怨恨；父母有过错，劝谏而不违抗”；“父亲去世三年之内，不敢改变父亲的主张，还要能服侍父亲的朋友”；“父母让生存的，儿子就不敢杀掉；父母设置的，儿子就不敢废除；父母保全的，儿子就不敢损害”。

曾子的后母去世，曾子在家守丧。子张死了，曾子就穿着齐衰丧服去哭子张。有人说：“有齐衰丧服的人不可以再去吊丧。”曾子说：“我是去慰问死者的亲属吗？我是去哭子张的，不是去慰问活着的人。”

57 岁。公元前 449 年（周贞定王二十一年，鲁悼公十九年）

曾参在南武城为后母守丧。

曾参的弟子子思到卫国去做官。曾参说：“君子做官就能得到显贵，引退就能静养。难道看重的是他的显贵吗？看重的是他对国家有功；难道看重的是他的静养吗？看重的是他能够坚持操守。”“君子做官就要能增加国君的声誉，并能减少百姓的忧愁；如果自己的意志得不到国君的理解，就不要安居高位，不去讨取丰厚的俸禄，就是干农活当普通百姓也要推行自己的政治主张，挨冻受饿也要坚持仁爱，这就是君子的义。”（《曾子·制言中》）

58 岁。公元前 448 年（周贞定王二十二年，鲁悼公二十年）

曾参继续在南武城为后母守丧。

父母有了过错或不合义理的行为应该怎样办？曾参说：“卿大夫行孝，用美好的德行纠正父母的过错；士行孝，预先理解父母的意图，规劝他们不犯过错而后听从他们的使唤；普通百姓行孝，力所能及地准备好饭菜奉养父母。对父母行孝，在世的时候，用道义辅助他们不犯过错；去世以后，以悲痛的心情为他们治丧，以恭敬的态度亲自祭祀他们，做到这些就是一个完全的孝子了。”（《曾子·本孝》）

曾参的儿子曾申问曾参：“为父母去世痛哭，有一定的声音吗？”曾参说：“就像小孩半路上找不到母亲，哪里有什么一定的哭声！”

59 岁。公元前 447 年（周贞定王二十三年，鲁悼公二十一年）

曾参在南武城。

曾参的弟子单居离问曾参，说：“服侍父母有一定的原则吗？”

曾参回答说：“有。热爱并且尊敬。父母的行为，如果合乎道义就顺从，如果不合乎道义就劝谏，劝谏而不采纳，父母的过错应当看作是自己的过错。父母的过错顺从而不劝谏，不是孝；劝谏不听就不再顺从，也不是孝。孝子的劝谏，只表达正确的意见而不可与父母争辩。与父母争辩，不安定就会因此而引起。孝子因为善于应变，所以父母才乐意。至于坐着如祭祀时的尸祝那样庄严，站着像斋戒时那样恭敬，不经询问不说话，说话时必定容色庄严，这是成年人的好处，不能作为儿子侍奉父母的方法。”（《曾子·事父母》）

单居离又问：“服侍兄长有一定的原则吗？”

曾参回答：“有。以尊敬的态度对待他并把他作为自己的榜样，像对待长者那样听从他的教导。兄长的行为合乎道义就以长者对待，如果不合乎道义就为他忧心。内心为他忧虑而不表露于外，就是轻易地放过他的过错；外表显露出忧心的样子而内心不忧虑，就是疏远了他。因此，君子为兄长的过错既要忧虑于内心，也要把忧虑显露于外表。”（《曾子·事父母》）

单居离继续问：“使唤弟弟有一定的原则吗？”

曾参回答：“有。为弟弟加冠和婚娶这类好事不错过时机，弟弟行为如果合乎道义，就以正常对弟弟的原则对待他；弟弟的行为如果不合乎道义，就拿对待兄长的态度对待他，对他尽到对待兄长的道义他仍不可教化，这样就暂且不去管他。”（《曾子·事父母》）

曾参说：“礼是用于大人的，不可过早地用于小孩。小孩的礼仪：吃饭让年长者先吃，出力的事不可退让，受了屈辱也不往外说，参加酒场不要喝醉，和谐地跟着年长者唱歌不要露出哀伤的声音。作为弟弟，在敬爱兄长方面，不横坐，不轻率地越过兄长，不干使兄长脸色不快的事，快步如飞地跟着哥哥转，俯首敬慕地听从兄长的使唤而不露出疲倦的脸色，未成年的孩子，在敬爱兄长方面能够做到这些就可以了。”（《曾子·事父母》）

曾参的妻子公羊氏在这一年去世了。

60 岁。公元前 446 年（周贞定王二十四年，鲁悼公二十二年）

曾参在南武城。

61 岁。公元前 445 年（周贞定王二十五年，鲁悼公二十三年）

曾参在南武城。

曾参与子夏、段干木等设教于西河一带。

鲁国名士黔娄去世了，曾子和他的弟子前去吊丧。

62 岁。公元前 444 年（周贞定王二十六年，鲁悼公二十四年）

曾参在南武城。

曾参把孝与从政联系起来，他说：“能够侍奉好父母就可以侍奉好君主，能够服侍好兄长就可以侍奉好老师和长辈；使唤儿子如同使唤臣下，使唤弟弟如同使唤嫡长子；能获得朋友的人，也能获得一同从政的同事。赏赐自己的妻妾，就如同国家给人庆赏；忿恨自己的奴仆，就如同惩罚民众。所以学好治事本领必须从自己的家里开始。自己家里人怨恨你，那么你也没有能力把国民治理好。”（《曾子·立事》）

曾参又说：“君子能孝亲，必具爱敬之诚；以爱敬之诚移作侍君，必能忠于事君。他能敬兄，必具和悦态度；以和悦态度移于事长，必能顺于长官。处家过日子，都能处理得有条有理，他的治事本能一定很有办法；如移作处理公务，必能办得头头是道。所以说：一个人的行为，能成功于家庭之内，这样由内到外，替国家办事，不但做官的声誉显耀于一时，而且忠孝之名，将永远留传后世。”（《孝经》）

他还说：“孝子的言论是能够得到传播的，孝子的行为是能够看得见的。言论能够传播，所以远处的人喜欢；孝行能够看见，所以近处的人喜爱。近处的人喜爱就亲近，远处的人喜欢就来归附。使近处的亲近、远处的归附，是孝子的宗旨。”（《荀子·大略》）

怎样把孝道原则用于治国呢？曾参说：“先王之所以能够治理天下的原因有五个方面：尊重有道德的人，尊重地位高的人，尊重年老的人，敬爱长辈，慈爱幼小。这五个方面就是先王用来安定天下的做法。所以尊重有道德的人，是因为他们接近于圣贤；所以尊重地位高的人，是因为他们接近于国君；所以尊重年老的人，是因为他们近似于父母；所以尊重长辈，是因为他们近似于兄长；所以慈爱幼小，是因为他们近似于弟妹。”（《吕氏春秋·孝行》）

曾参用处理好家庭关系的方法来治理国家，把尊重人、爱护人放在特别重要的位置上。

曾参的孙子曾西约出生于这一年。

63 岁。公元前 443 年（周贞定王二十七年，鲁悼公二十五年）

曾参在鲁城。

曾参妻子公羊氏去世已过三年，曾元请求曾参再娶。曾参对儿子曾元说：“殷王武丁因为后妻杀害了儿子孝己，名相尹吉甫因为后妻而流放了儿子伯奇。我比上不如武丁，比中不如尹吉甫，哪能知道不会出现差错呢?”于是终身没有再娶。(《孔子家语》卷九)

曾参迁居鲁城继续设教讲学，曾元入鲁为官。

64 岁。公元前 442 年（周贞定王二十八年，鲁悼公二十六年）

曾参在鲁城。

曾参教导学生行孝要落脚在立身上，即通过成就事业使父母永远受到尊敬。他说：“孝有三个等级，最高的孝是能使父母受到尊敬，其次是不辱没父母的名声，最下等的是能够供养父母。”(《曾子 · 大孝》)

又说：“孝有三个等级，大孝是永无止境地孝敬父母，中孝是用功劳孝敬父母，小孝是用力气孝敬父母。广泛地教化百姓并使百姓富足，就能使父母永远受到尊敬，可以说是永无止境地孝敬父母了；尊崇仁爱并乐于行礼，就能够建功立业使父母受到尊敬，可以说是用功劳孝敬父母了；对父母孝敬奉养不顾耕作的劳累，可以说是尽力气孝敬父母了。”(《曾子 · 大孝》)

65 岁。公元前 441 年（周贞定王二十九年，鲁悼公二十七年）

曾参在鲁城。

曾参注重礼，但已把维护等级名分的礼制演化为待人恭敬礼貌之“礼”。他说：“德行是按礼仪行事的意思。礼是尊敬地位高的人，孝顺老人，慈爱年幼的人，友爱比自己年龄小的人，施恩惠于贫贱的人。这样的礼做到它就是有德行，树立于天下就是正义。当今所谓能行的人，冒犯尊长，危害百姓，横行霸道，这样的人在天下混乱的时候能够随心所欲，如果天下太平，那他就是法官缉拿惩治的对象。因此君子不崇尚不走正道的人，而崇尚有羞愧心的人。”（《曾子·制言上》）

周贞定王去世，其长子去疾被立为王，这就是哀王。哀王立三个月，其弟叔杀哀王自立，称思王。思王立五个月，其少弟嵬攻杀思王而自立，这就是周考王。

66 岁。公元前 440 年（周考王元年，鲁悼公二十八年）

曾参在鲁城。

曾参教育弟子立身重在讲气节。他说：“以曲意奉迎得到的高贵不如贫穷有个好名声，屈辱地活着不如光荣地死去。耻辱可以避开，就避开它算了，到了不可避开的时候，君子就要视死如归。”“君子说话和做事都要正直，不靠花言巧语求取财富，不靠卑躬屈膝求取禄位。”“君子不靠向地位高的人乞求而得到宠爱，不靠亲近好名声的人而求取俸禄，要靠走正道而获得礼遇，要从相互喜爱的人中寻求朋友。即使敬服的人被驱逐，理智的人被杀掉，本来也没什么可怕；假如卑躬屈膝去做不理智的事，那就不是君子的行为。”“国家没有德政，遵循道义行事而横死在道路上，手足四肢得不到掩盖……那么这不是君子的过错，而是君主的耻辱。”“君主不靠向富贵的人谄媚来谋求自己的欢乐，不靠欺凌贫贱的人来提高自己的地位。”

有人问：“有避开现实社会而坚守道义的君子吗？”曾子回答说：“有仁德的人被怀疑，行为端正的人不被接纳，谨慎的人不被任用，正直的人处在受罚的危险之中，不离开就必然被治罪。因此君子就置身于高山之上、深泽之洼，采集野果野菜作为食物，或靠耕种庄稼谋生，就这样老死在有十户人家居住的地方。正因为这样，从前大禹坐车行路，见到耕田的人就低头抚车表示敬意，经过有十户人家居住的地方就下车步行，这是对有道德的人表示问候。”

67 岁。公元前 439 年（周考王二年，鲁悼公二十九年）

曾参在鲁城。

孟孙氏任命曾参的弟子阳肤做法官，阳肤向曾参请教。曾参说：“在上位的人不按正道行事，民心离散已经很久了。如果了解了罪犯的真实情况，就应该怜悯他而不应该居功自喜。”

子思从卫国返回鲁国看望曾参。曾参对子思说：“从前，我跟随老师周游于各诸侯国，老师不曾丢掉做臣下的礼节，而先王的礼法还不能推行。如今我看你有傲慢国君的意思，岂不是不合乎礼法吗?”子思说：“时代改变了，世事不同了，各个时代有各个时代相适应的做法。在我祖父的时候，周朝的制度虽然已遭到破坏，但君臣还各在原来的位置上，仍保持着上下的关系，像一个整体。想推行先王之道，不按礼节去寻求，就不能被接纳。当今天下的诸侯，正欲用实力相竞争，竞相召请英雄，用来做自己的助手。这是得到贤能的人就昌盛、失去贤能的人就灭亡的年代。到这个时候，不抬高我自己，别人就会贬低我；不尊贵我自己，别人就会轻视我。舜和禹以礼相禅让，商汤王和周武王用兵相夺，不是他们故意相违背，而是时代不同了。”

68 岁。公元前 438 年（周考王三年，鲁悼公三十年）

曾参在鲁城。

曾参形成了自己的自然天道观。有一次曾参的弟子单居离问曾子："有人说天是圆的，地是方的，是这样吗?"曾子说："上天所化生的事物先从上边开始，大地所化生的事物先从下边开始。从上边开始的叫作圆，从下边开始的叫作方。如果真的上天是圆的而大地是方的，那么大地的四个角就得不到覆盖了。你过来，我告诉你。我曾听孔子说过：天的事理叫作圆，地的事理叫作方，方幽暗，圆明亮。明亮的是发出形成万物的原始物质——气的，因此它的光在外；幽暗的是容纳气的，因此它的光在内。所以火和太阳的光在外，金和水的光在内。发出气的给予，容纳气的化生，这就是阳性的给予而阴性的化生。阳性原始物质的精华是神，阴性原始物质的精华是灵。神、灵是人类和万物的根本，是礼乐仁义的初祖，人性的善与不善、社会的安定与动乱也由此产生。阴气和阳气平静地在各自的位置上就平静，一方偏强就会刮风，双方都强就会打雷，二者交会过急就有闪电，阴阳职能发生错落就会起雾，双方和谐相会就会下雨。阳气胜过阴气就会散布为雨露，阴气胜过阳气就凝结成霜雪。阳气单独在，雨就会转为冰雹，阴气单独在，雨就会转为雪丸，雪丸和冰雹是单独一气所化生的。"(《曾子·天圆》)

曾参又说："兽类动物长毛以后才能生存，鸟类动物长全羽毛以后才能生存，兽类和鸟类动物是阳气所化生的。龟科动物长有甲壳以后才能生存，鱼龙一类动物长满鳞片以后才能生存，龟、鱼、龙一类动物是阴气所化生的。只有人没有毛、羽、鳞、甲就能生存，人是阴阳两气的精华。兽类的精华是麒麟，鸟类的精华是凤凰，龟科动物的精华是龟，鱼龙类动物的精华是龙，人类的精华是圣人。龙不借助风力就不能腾空，龟甲不用火烧灼就显示不出卜兆，这都需要阴气和阳气交合。鳞、凤、龟、龙这四种动物，之所以都被圣人所役使，是因为圣人是天地的主管人，是山川的主管人，是四方百物的主管人，是祭祀祖先的主管人。圣人谨慎地遵循着不同时节气候变化的规律，以便考察日月星辰运行的轨道，用来排列春夏秋冬四时季节时令的顺逆次序，称之为历法；截取十二根竹管，用来标定八种乐器声音的高低清浊，称之为音律。音律属于阴性却用来治理阳性的事物，历法属于阳性却用来治理阴性事物，音律和历法交相治理，它们之间严密得容不下一根头发。圣人设立吉、凶、军、宾、嘉五种礼制作为老百姓的准则，制定斩衰、齐衰、大功、小功、缌麻五种丧服来区别血缘远近，和谐乐器的宫、商、角、徵、羽五音用来启迪民间的风气，配制酸、甜、苦、辣、咸五味调料以口味的异同来辨察民情，考定青、红、白、黑、黄五种颜色的方位，确定黍、稷、麻、麦、菽五种农作物的名称，按贵贱排列使用牛、羊、猪、狗、鸡五牲进行祭祀的先后次序……这就是所说的阴阳是人类和万物的根本，是礼乐的初祖，是人类的善与恶、社会的安定与动乱产生的根源。”（《曾子·天圆》）

（六）德高望重，得以正终

69 岁。公元前 437 年（周考王四年，鲁悼公三十一年）

曾参在鲁城。

70 岁。公元前 436 年（周考王五年，鲁悼公三十二年）

曾参感到自己年老了，将不久于人世，不能再讲学传授孔子的思想了。那么靠什么把老师的学说传授下去呢？他想到了著书立说，于是他组织弟子在他的指导下开始编写书籍。他们首先把孔子及其弟子的言行辑录起来，最后以子思为主编辑成《论语》。同时曾参认为自己也应该有自己的书，于是在乐正子春等学生的协助下开始编写《曾子》一书，最后由乐正子春定稿。他们还一起编写了《孝经》《大学》等书和篇章。由于曾子的去世，这些书大多由他的弟子完成。

《论语》是记载孔子及其弟子言行的一部书，成书于春秋战国之际。据专家考证，《论语》是由曾参首先倡导并主持编辑，他的弟子子思、乐正子春等最后定稿成书的。它涉及哲学、政治、经济、教育、文艺等诸多方面，内容丰富，集中反映了孔子的思想，是儒家最主要的经典。

《曾子》是记载曾参言行的书，《汉书·艺文志》记有“《曾子》十八篇”，并注明“名参，孔子弟子”，隋、唐、宋诸《志》均记有“《曾子》二卷”，可惜都已失传。《大戴礼记》有“曾子十篇”，据考证为原《曾子》一书的佚篇。在“曾子十篇”中，《曾子立事》《曾子疾病》谈修身，《曾子本孝》《曾子立孝》《曾子大孝》《曾子事父母》谈孝道，《曾子制言上》《曾子制言中》《曾子制言下》分别谈礼、仁、义等行为准则，《曾子·天圆》谈天道观，比较系统地反映了曾参的思想。

《孝经》是阐发孝治思想的书，以孔子与曾参问答的方式写成。《孝经》分今文《孝经》和古文《孝经》。今文《孝经》据称出自汉初，古文《孝经》出孔氏壁中。《史记·仲尼弟子列传》说：“孔子以为（曾参）能通孝道，故授之业。作《孝经》。”《孝经》在中国思想史上有着不容忽视的地位，特别是西汉统治者宣扬“以孝治天下”之后，在漫长的封建社会里，它成为人们修身的必读书目之一。

《大学》本为《礼记》第四十二篇。朱熹把它重新编排整理，分为“经”一章，“传”十章。认为“经一章盖孔子之言，而曾子之述；其传十章，则曾子之意而门人记之也。”（关于《大学》的作者说法不一，还有的说是子思作，也有的说是汉代《诗》《书》博士杂集的。）朱熹把它与《中庸》《论语》《孟子》合编为《四书》，从此《大学》成为儒家经典。“大学”一词相对于学习基础知识和技能的小学而言，是大人之学。

71 岁。公元前 435 年（周考王六年，鲁悼公三十三年）

曾参在鲁城。

曾参在讲学、著书的操劳中病倒了。在重病中，他仍念念不忘教育弟子。

有一天，曾参召集弟子们到身边，对他们说：“看看我的脚，看看我的手！《诗经》说‘战战兢兢，如临深渊、如履薄冰。’小心谨慎，以保其身。从今以后，我知道我的身体不会再受到损伤了！弟子们。”曾参认为，身体是父母留下的，保护好身体就是孝敬父母。曾参临终时让弟子们看看自己的手脚都保护得很好，是教育学生终生慎行、恪守孝道。

曾参临终时对自己的儿子更是谆谆教导。曾参的病情越来越重了，曾元抚摩着他的头，曾华握着他的脚。曾参说：“没有什么可说的啊！我没有颜渊的那些见解，告诉你们什么呢？然而，君子对于紧要的事情，临终都要有个交代啊！开花多而结果少，这是大自然中常有的现象，说得多做得少，这在人类中也是常有的现象。鹰隼认为高山低矮，加高后在上面筑巢居住，鱼鳖鼋鼍认为深潭太浅，深挖后在里面做穴居住，之所以终了还是被捕获，是因为贪食诱饵。因此，君子如果不为了谋求私利而去损害正义，那么有什么原因会遭到羞辱呢！父母不喜欢，不敢与外人交朋友；亲近的人不友爱，不敢寻求疏远的人相友爱；小事情没弄明白，不敢谈论大事情。人的一生当中，有生病的时候，有小的时候，也有老的时候，所以君子要想到那些不能重来的事情而先去做。父母去世以后，你虽然想行孝，还有父母让你孝顺吗？自己年纪大了，虽然想对兄长敬爱，还有兄长让你敬爱吗？所以孝顺父母和敬爱兄长都有来不及的时候，大概就是说的这个吧！言论不离开实行，是言论有根本；行动不离开亲自去体验，是行动有根本。言论和行动都有根本，就能使自己的知识见闻得到丰富。君子尊重知识，就能够使德行高超明达；把知识运用于实践，就能够使事业宽广宏伟。德行的高超明达，事业的宽广宏伟，不取决于别的，取决于意志的坚强罢了。与君子交往，芳香就好像进入了存放兰芷的房间，时间长了就闻不到它的香味了，这是与它同化了啊；与没有德行的人交往，腥臭就像走进存放鲍鱼的地方，时间长了就闻不到它的臭味了，这同样是与它同化了啊。因此，君子要慎重地选择成就事业的地方。”（《曾子·疾病》）

曾参终生按礼制去做，直到生命的最后一刻。前面所说的曾参更席的故事证明了这一点。

曾参去世后葬南武城，即今山东省嘉祥县南18千米的南武山下。弟子们为其守墓三年。弟子沈犹行定居南武城。

曾参一生从事的主要事业是讲学。由于他教育得法，弟子中有成就者不乏其人。最著名的有子思、乐正子春、公明仪等人。

子思是孔鲤的儿子，孔子的孙子，名伋。子思跟随曾参学习，颇得曾参真传，成为战国初期著名的思想家、哲学家，是思孟学派的创始人。他先在鲁国收徒授业，中年一度居住卫国，后又到宋国。晚年返鲁，受到鲁穆公礼遇。著有《子思子》二十三篇，多亡佚。被后世尊为“述圣”。

子思在儒家学派的发展史上占有重要的地位，他上承孔子的中庸之学，下启孟子的心性之论，并由此对宋代理学产生了重要而积极的影响。因此，北宋徽宗年间，子思被追封为“沂水侯”；元明宗至顺元年（1330），又被追封为“述圣公”。

乐正子春与曾参一样以孝闻名，他完全继承了曾参的孝礼学说，其母死，五天没有吃饭。

乐正子春还以守信闻名。齐国攻打鲁国，讨要“馋鼎”，鲁国送去一个假的。齐国人说这是假的，鲁国人说是真的。齐国人说：“让乐正子春来，我们相信他。”鲁国国君把乐正子春请来，乐正子春说：“为什么不把真的送去呢?”鲁国国君说：“我爱惜它。”乐正子春说：“我也爱惜自己的名声。”（《韩非子·说林下》）

乐正子春也像曾参一样设教讲学。孔子之后，儒家分为八个支派，乐正氏之儒就是儒家八派之一。

公明仪，自幼有音乐天赋，平日拿筷子敲碗，音调铿锵高妙。然而家境贫寒，买不起乐器，后有宫廷乐师在弥留之际，以为孺子可教，将毕生钟爱之琴馈赠于他。典故“对牛弹琴”就是出自公明仪。

公明仪具有鲜明的民本思想。他说："厨房里有肥美的肉食，马厩里有膘肥的马匹，（可是）百姓却面有饥色，城外甚至还有饿死的尸骨，这应该叫作率领野兽来吃人。"（《孟子·梁惠王上》）

孟子对公明仪非常敬重，曾把孔子的做法与公明仪的话一块引用。一次孟子的弟子周霄问孟子："古代的君子做官吗?"孟子说："做官。《传》文说：'孔子如果三个月没有侍奉君主，就会心神不安，每次出国境必定带着拜见别国君主的礼物。'公明仪说：'古代人如果三个月不被君主任用，就要去安慰他。'"（《孟子·滕文公下》）

曾参其他比较有名的弟子还有单居离、公明高、公明宣、子襄、阳肤、沈犹行（沈犹是复姓）等人。

曾参上承孔子、下传子思，孟子又是学于子思之门人。孟子把儒学发扬光大，到西汉武帝时"罢黜百家，独尊儒术"，儒学成为国学。时至今日，儒学文化仍是中国传统文化的代表，以致在全世界都有重大影响。

曾参在儒学的形成和发展上有着极为重要的地位。

曾参一直受到后人的尊重，在他死后不久，公元前426年，就由子夏督工兴建了曾子专祠"忠孝祠"祭祀曾参。

自战国中期起，曾参就以孝子、贤人的典型形象受到人们的赞扬，不仅《孟子》《荀子》等儒家著作有其厚重的记载，而且《庄子》《韩非子》《吕氏春秋》等道家、法家、杂家的著作也一再提到曾参其人。《孟子》一书中树立了两个孝的典型人物，一个是舜，另一个就是曾参，称赞："侍奉父母如果能做到像曾子那样，就可以了。"《庄子》讲仁义、道德的典型，把曾参与史鳝并称，说：“改变本性去从事于仁义，虽然精通得像曾参、史鳝那样，也不是我认为的完美”；“下有桀、跖，上有曾、史”。《庄子》讲孝的典型，把曾参与孝已并称，说：“做父亲的没有不希望自己的儿子孝顺的，而孝顺的儿子不一定得到爱怜，所以孝已担忧而曾参悲哀。”《荀子》列举孝的典型时增加了闵子骞，其《性恶》篇说：“上天并没有偏爱曾参、闵子骞、孝已，而看不起其他人，但是唯独曾参、闵子骞、孝已注重了孝道的实行，而且成全了孝子的美名，这是什么原因呢？这是他们尽力实行礼义的缘故。”《韩非子》中也以曾、史并称，如《守道》篇中的“盗跖与曾、史俱廉”“立法非所以避曾、史也”等。《吕氏春秋·劝学》又把曾参事父与颜回事师并列，说：“颜回对待孔子，就像曾参侍奉父亲一样。”此后各种著作，引孝行榜样，有的曾参、孝已并称，有的曾参、闵子骞并称；举德行典型，则曾参、史鳝并称。战国后期的政坛人物，也常常提到曾参，苏秦等人曾以“孝如曾参”为例游说国王。所有这些，都把曾参突出到孔子的其他弟子之上。

西汉武帝“罢黜百家，独尊儒术”以后，对曾参的封典和祭祀更是不断推高，在孔子的弟子之中，达到了仅次于颜子的地步。

**曾参简略年表**

前 505 年（鲁定公五年）十月十二日生。

前 497 年孔子周游列国，先至卫。

前 489 年奉父命离家至楚，从孔子。

前488年随孔子在楚。

前486年、前485年随孔子到卫。

前484年返鲁，娶妻。

前481年颜子卒。

前479年孔子卒。

前476年回南武城，或到莒做小官三年。同年开始讲学授徒。

前475年曾点卒。

前473年讲学授徒。

前468年越人攻武城。

前466年至卫讲学授徒。

前457年在卫贫苦。

前456年自卫返鲁，讲学授徒。

前450年，后母去世。

前446年慰问子夏。

前445年回南武城讲学授徒。

前435年去世。殁之前与弟子整理其言论。

# 第三篇

# 曾氏历代的迁徙和发展

# 第一章　曾氏定居与南迁

## 一、曾氏定居山东

自从鄫国灭亡，太子巫定居南武城并将族人改为曾姓以后，曾姓人就在南武城繁衍生息并定居下来。

从太子巫到曾参共四代，曾巫生曾夭，曾夭生曾阜，曾阜生曾点，曾点生曾参，曾姓族人便一直生活在南武城没有迁徙。

南武城风光秀美，北宋著名文学家、苏门四学士之一的晁补之在《金乡张氏重修园亭记》中描述道：“北望南武、七日诸山，或断或续，屏列远陆如画。其南数百凫雁飞集，鸣嗟声声。回望白水明灭，桑野间意甚乐也。顺途而咏，吾居不可以易此也。”

南武山、七日山都是南武城附近的山，南武山便是因为南武城而得名。

南武城西北是大野泽，水域宽阔，西边有济水（《尔雅》中提到的四渎：江、河、淮、济，就是古代四条独流入海的河流，“济”指的就是济水），南有菏水（吴王夫差在商鲁之间所掘的沟，连接泗水和济水之间的人工水道，淮、泗两水通过菏水和济水相连，由济水再通到黄河)，周边有大小山峰一百多座，南武城就处在山水环抱之中。加之南武城基本上属于平原地区，所以这里很适宜于农耕。曾参很多时候就是在南武城跟着父亲曾点“敝衣以耕”，并还因为锄断瓜根挨了重打。

南武城适宜于养蚕。西汉刘向的《列女传》中记载有“秋胡戏妻”的故事。其中的主人公秋胡，就是春秋时期的南武城人。故事的主要内容是：秋胡新婚才三天，即被征召入伍，妻子罗梅英在家含辛茹苦，靠植桑养蚕奉养婆婆。本地财主李大户倚势想要谋娶罗梅英，遭罗梅英坚决拒绝。几年后，秋胡得官荣归，衣锦还乡，在离家不远的一处桑园里看到一位青年女子，竟出言调戏，遭到女子的严厉斥责。回家后，秋胡见自己的妻子就是那位采桑女，内心十分羞愧。而罗梅英发现调戏自己的竟是盼望多年的丈夫，顿感羞辱，要求离异。后迫于婆母之命，勉强相从（也有剧本说是投河而死)。此后许多地方就建起了一座座“秋胡庙”。名字虽然叫“秋胡庙”，却不是纪念秋胡的，而是纪念秋胡的妻子。故事就是起源于南武城，但是后来却流传得极广，据考证，现代全国有不少地方都有“秋胡庙”。

这个故事也说明了南武城的蚕桑业比较有名。

南武城还有其他的资源，比如水产、林果、狩猎等。这里在春秋时期为鲁国城邑，在战国时期属于齐国，汉朝以后属于南武城县，西晋时属于泰山郡南城县。

发达的农业和纺织业，丰富的资源，良好的自然生态环境，为曾氏族人的发展提供了良好的条件。

春秋时期，曾氏世家有着良好的家教，子孙成才，均有出息，开始发迹，到战国时期已显于中原。有的做官，有的从事社会活动。

曾参有儿子曾元、曾申、曾华，孙子曾西，都以贤达闻名。《说苑·杂言》中说：“孔子家的孩子不懂得骂人，曾子家的孩子不懂得追求权位，之所以会这样，是因为父母善于教养。”

曾元是曾参的大儿子，仕于鲁。《孟子·离娄上》有一段饶有趣味的记载。孟子说：“侍奉之事，什么为最大？侍奉父母为最大。操守之事，什么为最大？守住自身为最大。没有丧失操守又能很好地侍奉父母亲的，我听说过。丧失了自身操守又能很好地侍奉父母亲的，我没有听说过。谁不做侍奉人的事呢？侍奉亲人，是侍奉之事的最根本；守住自身，是操守之事的最根本。曾子奉养他的父亲曾皙，每餐必定有酒和肉，饭后把饭菜撤走时，一定请示：‘把剩下的饭菜送给谁？’如果问：‘还有没有剩余？’必然回答说：‘有。’曾皙去世以后，曾元奉养曾子，每餐也必定有酒和肉，但饭后把饭菜撤走时，不请示：‘把剩下的饭菜送给谁？’如果问：‘还有没有剩余？’必然回答说‘没有了’。准备拿吃剩的下顿再进奉给父亲。这就是人们所说的仅仅是供养父母的身体，提供食物。像曾子那样，才可称为奉养父母的意愿。侍奉双亲像曾子那样的人，才算可以。”

这是两种完全不同的侍奉方式，曾参是想总有剩余，而曾元是想每餐都吃完就好，就算有剩的，也会剩下不多，到第二餐随便就吃完了。可是孟子却把它上升到了奉养意志和奉养身体的层面加以区别，认为曾参对其父不仅“养口体”，而且是“养志”。他孝而顺、孝而敬，考虑周全，一切询问清楚，按照父亲的意思去办。然而下一代曾元对其父曾参则只是“养口体”，没有“养志”了。有些事情只是按自己的意图去办，而不管其父的意愿了，那么虽养而不顺不敬了。所谓“养口体”，就是侍养亲人的口腹、身体；“养志”则养亲人的心志、精神了，即除了“口体”之养，还让他们愉悦。

关于曾元的资料较少，但通过曾参的言传身教，曾元后来也成为贤达之人。

曾申是曾参的次子，他完全继承了孔子和父亲曾参的儒家学说，也继承了父亲大孝的品德，对孝道极为看重，对不孝之徒宁可断绝师生关系。

据《史记·孙子吴起列传》记载：吴起，战国时期卫国左氏中人，出生于家有千金的富足家庭，早年在外求官不成，耗尽全部家产。同乡邻里的人笑话他，他就杀掉三十多个讥笑自己的人，从东门逃出卫国。吴起和母亲诀别时，咬着自己的胳膊狠狠地说：“我吴起如果做不了卿相，就绝不再回卫国。”后来吴起拜曾参之子曾申为师，学习儒术。后来，吴起的母亲病逝，他没有回家奔丧，曾申恼怒吴起不孝，和他断绝了师生关系，吴起于是弃儒学兵，侍奉于鲁国季孙氏门下，后又投奔魏、楚。

前文所说的“曾参故事”中，杀猪示信说的就是曾参为了向儿子曾申表示诚信而杀了家中的猪。

父亲曾参的教诲，使成年后的曾申最终也成为一代儒学大师，培养了包括战国著名政治家、军事家吴起在内的众多弟子。据《经典释文叙录》记载，曾申从子夏受《毛诗》，传李克（战国初期魏国著名政治家）；从左丘明受《左传》，传吴起。

曾华是曾参的三子，仕齐为大夫。

从曾参开始到西汉末年曾氏第十五代曾据，曾氏族人一直在山东南武城定居。

（一）春秋战国时期

从太子巫到曾参为四代，曾参之后又四代，都生活在这一时期。

这一时期曾氏族人约有几百人，有不少人读书做官，仕于各诸侯国。到战国末期，曾氏族人已分别在各诸侯国显露头角。当然，其中最有影响的自然是曾参。

（二）秦、西汉时期

曾氏从第八代到第十五代，都生活在这一时期，大部分曾姓族人仍旧定居在山东南武城。

这一时期，曾氏历代仍然有不少人做官，曾氏也是典型的官宦家族，太守、刺史、尚书令、侍郎不乏其人。曾氏人口也不断增长，到曾据南迁之前，定居在南武城的曾姓人口已经接近两千人，曾氏已经成为大族。

## 二、曾据南迁庐陵

曾据，字恒仁，宗圣曾参十五派孙，山东省嘉祥县南武城人。生于西汉元帝永光元年（前 43）正月初七日。官至都乡侯，因治朝有功，西汉永始年间加封关内侯。殁于东汉光武帝建武十一年（35）八月二十四日。

所谓“治朝有功”，因为史料缺乏，今天已经无法弄清真相。有说是因为“征战有功”，有说是处理朝政有功，还有人说曾据是西汉王朝的驸马爷。总之，曾据封侯是确定的，曾据在西汉朝廷是有着相当的影响和发言权。

汉朝自西汉武帝以后，朝政为外戚王氏一门所把持，王莽借助其叔伯之余荫及王太后的信任，得以独揽大权，王氏子弟更是骄奢淫逸。汉哀帝死后，王莽官居大司马，以太后名义执掌军政大权。公元 8 年，王莽正式篡汉称帝。

王莽称帝后，采取了一系列措施，史称“王莽改制”。

王莽在始建国元年宣布的政策是：将天下田改名“王田”，以王田制为名恢复井田制；奴婢改称“私属”，与王田均不得买卖。其后屡次改变币制，更改官制与官名，把盐、铁、酒、铸钱及山林川泽收归国有。这些政策很多都是与实际情况相违背的，而且在推行时手段和方法不正确，在遭到激烈反对后，又企图通过严刑峻法强制推行，使诸侯、公卿直到平民因违反法令而受重罪处罚者不计其数，加剧了社会的动荡。人们未蒙其利，先受其害。加之各项政策朝令夕改，使百姓、官吏不知所从，因此导致天下各豪强和平民的不满。

王莽改制并没有解决西汉末年以来的土地兼并以及流民问题。相反，由于他兴师动众讨伐匈奴和周边少数民族，大兴土木，还大大加重了老百姓的赋税、徭役负担，甚至造成成千上万的百姓死于非命。人祸加上天灾，使土地荒芜，物价昂贵，米价由汉文帝时的每石数十钱涨至二千钱。到王莽末年，更达到了每斛价值黄金一斤。天灾人祸迫使百姓流落他乡，人相食的惨状史不绝书。饥民大批横尸于野引发了可怕的瘟疫。当时疫病蔓延到了都城长安，尤其是民夫集中居住的地方环境恶劣，粮食也供应不足，传染病传染得最为厉害。据记载，为王莽修宫殿、庙宇的民夫死亡大半，因一时难以全部掩埋，长安城内也是尸臭味扑鼻。王莽的统治到了这个地步，全国百姓起来造反也是理所当然。

王莽的新朝建立后不过十余年，国内就发生了历史上前所未有的大混乱、大瘟疫，据史书说已是“户口减半”。在民怨沸腾的情况下，饥饿的农民和刘氏皇族等豪强组织的武装到处蜂起，王莽的新朝军队又一味实行武力镇压，国内多数地区都变为战场。王莽篡汉后的战乱，可谓中国历史上有记载的第一次最惨重的人口大损失，也使西汉二百年时间积蓄起来的财富大多毁灭。在王莽灭亡、东汉政权建立的二十多年后进行户口统计，全国人口才2100万，仅相当于西汉时期人口最高峰时的三分之一强。

于是，全国各地纷纷起义造反。曾氏族人居住的山东一片混乱，甚至整个北方都陷入动荡之中。

曾据是节义之人，他遵循曾参“爱民忠君，驱邪匡正”之训，认为王莽的举动是大逆不孝，耻于与王莽为伍，于是不仕新朝，称病不出。王莽大怒，决定惩治曾据。在得知消息之后，曾据为保存曾氏，只好决定举族迁徙。但当时的北方已无一块净土，许多家族都纷纷南迁，驱远避祸。

曾据也只有南迁一途，为此，他写有《南迁记》一文。此文写得气势磅礴，记述了南迁缘由，彰显了浩然正气：

余奉先王简任，秉爵兴朝。静夜思维，每以不克鞠躬尽瘁、勤劳王事是憾。臆谓：推心置腹，披肝沥胆，庶可挽回天心，奠安社稷。俾高皇帝玉叶永传，国祚无疆，是予之厚愿也。奈朝臣怀二，莽贼兴变。虔刘我边陲，荼毒我社稷。顿使光华之天下，倏成混沌之山河。嗟！予孤臣独力，其奚支耶！顾予不能一死以谢罪，而复甘脆肥脓我而哺之，组缨章甫我而佩之。清白自矢之谓何？其何以报先帝于地下也？去兮，去兮，不复还兮！目不睹艰辛，耳不听黄口。登东皋以抒怀，赴幽壑而棲栖。引壶觞以自酌，对松竹而盘桓。优哉游哉，聊以卒岁。几不知人世间更有何事可乐也！然寻流而南，凝眸转目，望山河而如故，千万之风物既非矣。吁！嗟！去兮，去兮，不复还兮！衰髦之躯可远遁，故主之恩实难忘。可哀可怜！若与宋微子之兴悲，同数行泣下也。子孟不作，倾危奚持？孤臣有怀，共事无侣。黾焉哉！试看今日之域中，竟是谁家之天下！

曾据南迁的第一选择就是庐陵。

庐陵（今江西吉安）远离黄河、长江，远离全国的经济文化中心，处于偏僻的山陵地区。庐陵位于今江西省中西部，赣江的中游。从地势上看，属罗霄山脉中段，扼湖南、江西两省咽喉孔道，地势极为险要。庐陵气候温和，日照充足，雨量充沛，属亚热带季风湿润性气候。春寒冬冷、夏热秋爽，初夏多雨、伏秋干燥，具有四季分明、雨热同季、无霜期长等气候特点，对农作物和植被的生长十分有利。那里的土地多是红壤，红壤也是今江西省最重要的土壤资源，是分布最广、面积最大的地带性土壤。庐陵还有丰富的地表水资源，千里赣江，舟楫如织。庐陵以丘陵山地为主，平原水面为次，号称“七山半水两分田，半分道路和庄园”。“庐陵……骈山贯江，扼岭之冲……土沃多稼”，唐时皇甫湜在《吉州庐陵县令厅壁记》中曾这样描述过这块以红壤为主的土地。苏东坡曾有诗云：“巍巍城郭阔，庐陵半苏州。”可见庐陵是十分适合住家耕作的。

在秦王朝建立以前的三皇五帝、春秋战国时期，庐陵这块土地属于有主无名的荒蛮地域，它一会儿属夏商古九州之一的扬州领牧，一会儿是周王朝子孙的分封领地，吴、越、楚这江南三大强国都曾先后将庐陵据为己有。春秋时期，庐陵属“吴”；战国时期，庐陵属“楚”，故有“吴头楚尾”之称。据《明一统志》载：“始皇二十四年，王翦灭楚，虏负刍，明年置庐陵、安平、新淦三县，属九江郡。”秦始皇废分封诸侯，立郡县制将天下分为36郡。公元前222年，王翦踏平楚国后，九江郡（郡治在今安徽寿县）管辖着新设立的庐陵县（今天吉安市部分地域）、安平县（今天安福地域）和新淦县（今天樟树地域）。“秦郡县天下，厥有庐陵”，“庐陵”由此浮出历史的水面。西汉高祖元年（前206），秦亡，楚、汉争霸时，英布为九江王，庐陵县属九江王国。汉高祖五年（前202），颍阴侯灌婴渡江平定楚地后，析九江郡地，设立豫章郡（郡治在今南昌），郡领18县，庐陵县属豫章郡（赣江原称豫章江）。西汉武帝时期，划全国为13个监察区，称13部州，江西属扬州刺史部。

另据《汉书·地理志》记载，豫章郡所属县的人口平均为2万人左右，而公元2年（西汉元始二年），庐陵人口总数为35.2万人，大大超过平均数。造成这一状况的原因是，秦始皇统一全国后，出于政治和经济上的需要，组织了征服“百越”

的大规模军事行动，派大军开往闽越，主要在江西境内集结运动。其中的一支沿赣江而上往岭南，“一军守南野之界”，修建军事要塞。当时，南野属庐陵范围。战争结束后，除少数将领回北方外，大部分士兵留在赣、粤安家成亲，庐陵县的地盘内必定有不少的落户定居者。几年后，秦始皇在中原又征召50万人谪戍岭南，主要从赣、湘两地经过，其中有不少是有罪的人和秦军的俘虏。从中原千里迢迢走向南方，有的还携老扶幼，一家几口相随，一定有不少流落者和逃亡者无法回家。为了生存，只有选择条件较好的地方垦荒种地，与当地人杂居。庐陵的丘陵山间，似乎是比较好的选择。因此才有了西汉末期庐陵这么多的人口。也正是因为庐陵人口比较庞大，东汉末年，庐陵才升格为辖县的郡。据陶元珍的《西汉之际北部汉族南迁考》记载：“曾子十五代嫡孙曾据，官都乡侯，有功加关内侯，生于汉元帝永光元年，耻事新莽，于始建国二年（10），集合全家族二千余人渡江，家庐陵吉阳乡，卒葬吉水仁寿乡。”仅曾氏一族就在西汉末期迁入二千余人，可见北民南迁人数之众，使庐陵人口大增。

据陶元珍的《西汉之际北部汉族南迁考》记载，西汉末年的赤眉起义和铜马战争（西汉末年刘秀战胜铜马军的全国统一战争）引起了汉人的大迁移。从西汉平帝的元始二年（2）到东汉顺帝的永和五年（140）的一百三十多年的历史中，北方人口大量南迁到会稽、零陵、豫章、长沙、桂阳、苍梧、南海等郡和江淮一带。自发移民的对象基本上都是无地的贫民、抵刑期或者流亡的罪犯以及逃荒的灾民，一般都是由人口稠密地区流向稀疏地区，由经济发达地区流向落后地区，由北方流向南方，由中原流向周边地区，由汉族地区流向非汉族地区。因此，这一时期是一次较大规模的北方汉人的南迁，曾据族人的南迁只是其中之一而已。

关于曾据南迁庐陵的时间，一般都认为是在始建国二年(10)。这年的十一月十一日，曾据引家挈族，共约二千余人，尽徙江南，行往豫章郡庐陵吉阳乡（今江西吉水县与永丰县相邻处）。至此山东南武城几乎再无曾氏族人居住。

曾氏族人在曾据的带领下，餐风露宿，跨长江，经金陵，过九江，渡赣江，转南昌，进庐陵，逃避王莽的侵害，历尽千辛万苦，终于到达了理想的栖身之地——庐陵。

可以说，曾据率全族南迁是曾氏历史上一次伟大的战略转移。不同于以往曾姓的被迫迁徙，此次是曾氏族人的主动南迁，是为了让曾氏族民躲过灾难，是为了保存曾氏繁衍传递的根脉，这是开派始祖曾参孝道的忠实践行和最好诠释。

从这个意义上说，应该高度赞扬曾据此次的伟大之举。所以，后人对此次南迁写有诸多赞语，下面这篇是其中最为脍炙人口之作。

> 赞曰：吾族曾氏，血统轩辕。光耀东鲁，源于武城。开派参公，师事孔子，道传一贯，独得其宗。帝王黎庶，无不崇封！裔传十五，据公恒仁。永光元年，生于嘉祥。以贤佐圣，恩承都乡。功封关内，皆爵侯相。公元十年，移孝作忠。驱邪匡正，耻仕新莽。举族南迁，桑梓吉阳。励精图治，子孙兴旺。忠义之节，日月经天，浩气永昶！建武乙未，七十八寿，卒葬吉水，仁寿古乡。永平六年，汉帝明皇，诰封赞赏：吉阳郡公，秉性端方，志忠义诚，

独节孤忠。从此吾族，播衍四方，望出庐陵，天下盛昌！泱泱华夏，历经沧桑，岁月蹉跎，地老天荒。而今盛世，人文褒扬。故里宗亲，孝诚名芳，千年祖墓，得以重光。省身念祖，祀以文章，吾族斯人，永志不忘！

正是因为曾据的南迁，曾据后裔在江南繁衍昌盛，使得山东一时之间几无曾姓，直到明代，曾氏后裔奉旨回山东原籍，世袭“翰林院五经博士”之职，曾氏在山东才重新兴旺。

于是，曾氏后人称山东嘉祥南武城为第一发脉地，江西庐陵为第二发脉地。曾据因此被称为曾氏南迁之祖。

# 第二章　曾氏东宗和南宗

曾氏原本没有东宗和南宗两宗之说，之所以出现东宗和南宗，是因为曾氏在庐陵（江西吉安）发展到了明朝的时候，明王朝为了体现朝廷对儒学的重视，加强对读书人和思想领域的控制，决定封赏曾参的后代，从而使得山东南武城原曾氏故地重新被开发，曾氏因此出现了两支，即东宗和南宗。其中的关键人物便是曾质粹。

曾质粹，字好古（一说南武），翰林院五经博士，吉安永丰（今属江西）人，宗圣曾参第五十九代孙。生于明弘治五年（1492）二月初一日，卒于明嘉靖三十九年（1560）二月十六日。

事情的缘起是这样的。明朝成化年初，山东守臣上言："嘉祥县南武山西南，元寨山之东麓，有渔者陷入穴中，得悬棺，碣曰曾参之墓。"历代王朝曾先后规定，孔子、颜回、孟子的后裔都世袭了"翰林院五经博士"，专掌祀典祀产，而曾子后裔却无这一礼遇，显然有失公平，也对儒学的地位和发展不利。1539 年，明嘉靖皇帝鉴于"四贤一体，皆有大功于吾道，而曾氏独无世袭，非缺典欤"，便令官员寻找曾子的后裔，并经山东巡抚金洪奏请，在曾参墓地修建享堂、石坊，并建墓林。早在明武宗正德（1506—1521）年间，山东佥事钱鋐曾经访得曾子之后一人于嘉祥山中，但没有多久就死了。嘉靖十二年（1533），朝廷以学士顾鼎臣之言，诏求嫡嗣。于是江西抚臣在永丰县找到了曾子的第五十九代孙曾质粹，于是朝廷命曾质粹回山东嘉祥曾氏故地，以衣巾奉祀曾子庙、曾子墓。嘉靖十八年（1539），授曾质粹"翰林院五经博士"之职，并子孙世袭。鉴于曾质粹是曾氏第三十七代曾庆的次子曾骈的后代（也就是说，曾质粹不是长子长孙，是以小宗祧大宗，是被皇帝任命的宗子），而明初江西永丰县富溪乡龙潭村人、曾氏五十六世曾芝任沅州知州，退居湖南宁乡县麻田，"麻田房"的曾氏后裔，是长房嫡裔曾庆的长子曾伟的后代。所以长子世系称为南宗；曾质粹在山东的后裔称为大宗房，称为东宗。这就是东宗和南宗的来源。

曾质粹于1560年去世之后，其子已先殁，其孙幼病目，"双目俱瞽，不堪承袭"。1564年，江西巡抚御史成守节查呈，江西永丰县龙潭房状元曾棨（1372—1432）为长房嫡孙，但无后人。曾嵩、曾衮兄弟为长房嫡裔，曾嵩致仕在家，以暮年皓首，年渐衰迈，难以远徙告辞让弟；曾衮"俎豆丹衷，独懋承先之孝，且昌明理学，不愧前修，表式乡闾，有功后学，尤宜承祀，无忝冠裳"。嘉靖四十五年（丙寅，1566）朝廷准奏，曾衮袭翰林院五经博士。曾质粹曾孙曾承业，生于嘉靖辛酉（1561）年。万历二年（甲戌，1574）奉敕入"四氏学"习学五年，万历五年（丁丑，1577）十六岁袭翰林院五经博士。曾承业殁后，其子曾宏毅继袭翰博，时有浙江会稽生员曾益争袭，崇祯八年（1635）奉圣旨"曾宏毅既系宗圣嫡派，曾益何得纷争冒陈。姑不究”。曾宏毅后之子孙承袭翰博至民国（民国改称“圣裔奉祀官”）。而宁乡房曾朝瑶的后裔则成为曾氏南宗。到清嘉庆年间，曾芝的后裔曾衍泳禀报朝廷，请准建家庙于湖南宁乡县，由长房后裔增袭翰林院五经博士一名，在南方分承宗祀。朝廷未批准。从此，曾氏在山东的翰林院五经博士一房称“东宗”，在南方请朝廷批准奉祀曾点的一房称“南宗”。

自此开始，曾氏家族的事务由东、南两大宗共同管理。由于当时朝廷对圣裔有特殊的优免，凡想要得到朝廷认可的各地曾氏族人，其所持谱牒必须由翰林院五经博士确认圣裔身份。于是，东、南两宗共议成立族谱总局，以便于管理流散各地的宗圣后裔子孙。

族谱总局自明末崇祯年间南宗曾洁盘开始，与当时世袭翰林院五经博士、东宗宗子曾泰东合作完善曾氏族谱管理体系。商定由南宗设曾氏族谱总局，负责编修、印装；东宗负责核查。

曾氏南宗通谱总局成立于宁乡，负责人称“总理”，第一任总理即曾洁盘。到了清代康熙、雍正年间，总理为曾吉庵；嘉庆、道光年间总理为曾雩台；同治、光绪年间总理为曾毓郯；民国初由曾传进任谱局总理。以上均为有记载的南宗曾氏总局总理，之后曾纪锐、曾纪镳在民国后期代理修谱事宜。至1950年，总局解散。

曾据是曾氏南迁之祖，湖南、湖北、安徽、广东、广西、四川、重庆、福建等地的曾氏后裔，大部分是由庐陵迁徙出去的。其中，迁入湖南的曾氏始祖为曾参的第四十二代孙曾孟鲁，当时是由江西庐陵迁到湖南茶陵，湖南的曾氏子孙大多数都是曾孟鲁的后裔。

按照中国思想的传统，所有的传承都是奉长房嫡裔为尊，不仅是家族的家主，即便是皇位的继承也是如此。曾质粹因回北方奉祀曾子庙、曾子墓，嘉靖十八年（1539），被授“翰林院五经博士”之职，并子孙世袭，这是曾质粹应得的，因为他的一家十余口回了山东曾氏故地，朝廷为了提高孔子和曾参的地位，理所应当给予了其后代子孙以相应的官职和荣誉。可曾质粹去世之后，这个“翰林院五经博士”之职的世袭问题就出来了。朝廷所谓的世袭并不会说只有曾质粹的后人能够世袭，而其他的曾氏族人就不能世袭。那也就是说，无论是曾质粹的后人还是其他的曾氏后人，都可以世袭“翰林院五经博士”一职，因为这是给予整个曾氏的世职，朝廷一般是不会干涉这一世袭的过程的。曾氏谱牒追溯至北宋前期、曾氏三十七世曾庆生二子，长子曾伟、次子曾骈，曾质粹是曾骈后裔。曾伟生曾辉，曾辉后传十五代曾棨为状元；“曾辉之后见有永丰廪生曾嵩、曾衮，各文行修饰，若应勘合之求，则合立嫡之法。但曾嵩兄弟面称，生长南方，不乐北徙。惟曾质粹素念远祖，追求不已，仍肯前行”。那么，现在一方是曾质粹的后人，一方是曾伟的长房嫡裔。按理说，长房嫡裔继承更合乎中国的宗法继承传统。

直到清朝嘉庆（1796—1820）年间，曾伟的后裔曾衍泳禀报朝廷，请准建家庙于湖南宁乡县，由长房后裔增袭翰林院五经博士一名，以曾点宗子名义在南方分承宗祀，“曾氏之后房分长次，均沾圣德优崇，地别东南，允沐特典优奖”；“次房骈后既祀宗圣，长房伟后应祀先贤”。曾衍咏奏请朝廷、仿照孔子后裔有北宗（山东曲阜）和南宗（浙江衢州）分荫“衍圣公”“世袭翰林院五经博士”之例，但未得到朝廷批准。从这个时候开始，才能说曾氏有了东宗和南宗。原来的所谓东宗、南宗的说法，只能算是非官方的、非正式的，因为南方并没有曾子的祭祀家庙，也就没有和北方曾子故地平等的资质。而曾氏南宗之祖，正是明永乐间由江西吉安的永丰迁宁乡做官的曾参第五十六代孙曾芝。

也正是从这个时候开始，在湖南的南宗才开始了和在山东的东宗的合作，对曾氏族人严格把关，想要得到朝廷认可的圣裔优惠待遇的各地的曾氏族人，其所持谱牒必须由翰林院五经博士确认圣裔身份。南宗设曾氏族谱总局，负责编修、印装；东宗负责核查。曾国藩、国荃兄弟为南宗通谱总局催修曾氏总谱，撰有《启》《续启》，“俾贤圣后裔，一脉相传而不紊，合族毕举而罔遗。既无忘祖，又无忘族，则笃亲追远之义于是乎在，光前裕后之功亦于是乎基矣。”“即恳各房宗台，共兴敦村睦族之思，同具笃亲追远之念；未修入者，固宜踊跃争先；已合修者，亦应照章再续。”整个曾氏呈现出勃勃生机，出现了良好的发展态势。

从曾氏人口数量上看，因为东宗是曾质粹从江西永丰迁过去繁衍的一房一支，而南方则是整个曾氏族人的居住地，所以北方的曾氏总人口很少，而南方的曾氏总人口则比北方多得多。于是就造成了延续至今的曾氏人口分别格局：曾姓人口在全国的分布主要集中在四川、湖南、广东和江西 4 省，这 4 省的曾姓人口约占全国曾姓人口的 65%。此外，福建、江苏、湖北、贵州 4 省的曾姓人口也比较多，约占全国曾姓人口的 17%。

# 第三章　曾氏的发展

## 一、曾氏历代的迁徙

### （一）春秋时期以前

曾姓为禹的后裔，姒姓。

少康封次子曲烈于鄫地，封国在今河南方城县北。姒姓，子爵。这是鄫国立国的开端。

周平王将鄫国迁到了中原，令鄫人到今河南柘城县北、睢县东南的荒芜之地去建立鄫城。

### （二）春秋战国时期

鄫国遭到郑国的欺压，只好迁往东夷之地，建鄫城于今山东苍山县向城镇。

公元前567年，莒国抓住鲁国疏于扶助鄫国的时机，派军突然攻入鄫国。太子巫逃奔鲁国。至此，延续近1500年的鄫国退出了历史舞台。

太子巫复国希望破灭以后，定居山东南武城，改“鄫”为“曾”，曾姓因此确立。曾氏后代在鲁为官，并且就此繁衍生息下来。

到了春秋末年，曾氏家族中出了曾点、曾参父子，都拜孔子为师。曾姓族谱中称曾点为前派脉祖，称宗圣曾子为开派始祖暨一世祖。

曾姓人一直以“孝”著称，并且曾参完全继承了孔子学说并将儒学发扬光大，被封建统治者尊为“宗圣”，从而声名显赫、家族昌盛。

（三）两汉时期

曾姓源于山东，汉代之前未出山东，自西汉开始以山东为中心向周围发散。

曾参生有三子，长子曾元，次子曾申，三子曾华。曾申的长子名叫曾耕，当时任滕城大夫。从曾耕的儿子开始，曾氏就陆续有人迁出南武城了。

曾耕长子曾轩，从滕城迁居陕西，生有五子，均衍居西安。

曾耕次子曾连则迁居甘肃，裔衍西河。

曾耕的三子曾舆，担任楚国令尹，死后葬在当地的方城山。而曾舆的儿子曾道袭父职令尹，安家湖北（荆州），并生子曾和、曾秋。曾和、曾秋均衍荆州。

到了曾参的五代孙曾芬，因在茶州（今湖南茶陵）做官，安居于当地，其子孙便衍于茶州。

曾参长子曾元的第八世孙曾乐，曾为西汉山阴县都乡侯，曾乐之子曾浼生有二子：曾旃、曾光。

曾光徙居长沙（今属湖南），是为长沙房。

曾光的第四世孙，即曾参的第十三世孙曾项，家于扶风（今陕西省兴平东南），是为扶风房，其二子曾玉、曾渭分别徙于冀州（治今河北省冀县）、青州（治所在今山东省淄博市东北）。

曾参的第十四世（第十五代）孙曾据因耻事王莽，于始建国二年（10）十一月十一日，集合全族两千人自山东南下渡过长江，避难迁居江西庐陵县吉阳乡（今吉安市吉水县），此后复迁至迁莺乡（今吉安市永丰县），卒葬于吉水仁寿乡。曾据是曾氏南迁之祖。曾氏在江西庐陵安居以后，又以庐陵为中心，向四面八方迁移和繁衍，尤其是南方的湖南、福建和广东诸地，更是他们向外发展的主要目标，遂使曾姓发展成为南方各地的大族。

至此，曾氏后裔已经迁徙到了全国十多个郡县，但除了曾据一派举族迁徙，人口较多以外，其他各地的曾氏都只是零星分布，不成规模。

（四）魏晋南北朝时期

魏晋南北朝时期是中国历史上的一个大乱世时代，各大势力、各个政权争斗不休，整个国家连年战乱频仍，社会始终处于动荡之中，更有西晋末年的永嘉之乱，使得中原和北方的士族纷纷大举南迁。而在江西庐陵的曾氏在此期间也大量进入南方诸省。除曾参第二十三世孙曾曜在此时期徙居蜀郡（治今四川成都）外，尚有几支分别迁居会稽（今浙江绍兴）、豫章（今江西南昌）、吴郡（治今江苏苏州）、河内（今河南沁阳）、南阳（今属河南省）、江夏（今湖北鄂城）、襄阳（今属湖北省）等地，他们分别成为当地的曾氏始迁之祖。从而在唐朝之前就已形成曾姓遍布中国、名人不断涌现、家族势力日渐壮大的局面，逐渐成为中国著名的大姓之一。

（五）隋唐五代时期

盛唐时期，社会安定，宗族发展速度加快，扩张、播迁亦为时尚。曾氏不断发展和扩张。到唐朝末年，因为黄巢起义，江西境内的百姓深受战乱之苦，被迫东向溯章水进入福建的汀州，沿韩江以下而分布于潮州各县。有南丰曾氏经江西广昌、石城，到达福建的宁化、长汀、上杭等地，最后还有曾氏族人到达广东平远、兴宁、五华以及香港等地。

河南人曾延世于22岁时娶王潮之妹（王审知之姐）王婉贞（封郡主）为妻。唐末僖宗光启年间（885—888），曾延世与其妻王婉贞率家族辅助其内弟王潮、王审知等组织义军，继而攻打福建，剪除地方割据势力，转战福、漳、泉诸州郡。后定居于泉州城西的龙头山一带，其后代称为“龙山衍派”“龙山曾氏”。

（六）宋元时期

宋元间，曾参五十三世孙曾裕振自福建汀州府宁化县石壁村迁居广东潮州府程乡县徐溪乡。

据香港新界《曾氏历代宗亲谱》记载：“纡淳，官封鲁国公，宋政和壬辰年，徙福建宁化县石壁下居焉。生子仲辉，辉子桢孙、佑孙，因宋元兵扰，不能安居，由宁化徙广东长乐县家焉。”

宋末，已有曾姓先民到金门居住了。靖康之乱时，金门可谓乱世中的桃花源，当时梁、傅、曾姓等豪门大族都率众来到岛上，开发山海之利，做长居久住的打算。

宋代曾氏迁江阴。《江阴曾氏续修宗谱》：“始迁祖孝宽，北宋宰相曾公亮子，自晋江迁江阴。”

江阴《武城曾氏重修族谱》：“珪之子、第三十五世隐自吉阳移家泉州，第四十八世德于明初自晋江移家江阴之南乡，至其孙享禄、良禄之后析为东分、西分，散居于曾村、戈巷、金巷等处。”

宋代曾氏迁常熟。《海虞曾氏家谱》：“始迁祖怀，世为晋江人，宋室南渡，自京城迁居常熟。后官至右丞相，赐第县治西衮绣坊。本族一世祖懈，明代自县城迁居东乡二十九都曾家湾。”

江西南丰曾氏迁至润州，《润城西门外曾氏重修族谱》：“一世祖为北宋曾布，崇宁年间出守润州，子孙遂世居之。”

元代曾氏迁湘潭。湘潭《淦田曾氏六修族谱》：“始迁祖纹政、如湖、京益，元至顺间自江西永丰县龙潭徙至湘潭淦田。”

（七）明清时期

嘉靖十二年（1533），曾质粹应诏回山东嘉祥曾氏故地，以衣巾奉祀曾子庙、曾子墓。嘉靖十八年，被授“翰林院五经博士”之职，并子孙世袭。

明代曾氏迁汉寿。汉寿《武城曾氏重修族谱》：“始迁祖宣杰，明永乐二年自吉水迁至湖南龙阳邑南小塘。”

明代曾氏迁宁乡。宁乡《武城曾氏重修族谱》：“第五十六世芝，明永乐至弘治间人，自永丰迁来宁乡，居于麻田。”

明代曾氏迁湘乡。湘乡《武城曾氏槲山族谱》：“始迁祖定四郎，明初由江西万载迁湘乡，卜居女句水七里塘曾家边。”

湘乡《武城曾氏槲山族头江房谱》：“圣三郎元季由赣迁湘乡，是为本族始祖。其子镇抚明初徙居邑南黄花韶岭间，卒葬槲山；其子纹禄自槲之神山徙居龙潭头江。”

清代曾氏入四川。康熙十年（1671），政府出台“各省贫民携带妻子入蜀中垦者准入籍”的政策，外省移民纷纷迁入四川。曾姓也在其中。

雍正五年（1727）歉收，由长江水路入川的“楚省饥民”“日以千计”，两湖百姓携家眷入川者，不下数十万，这就是著名的“湖广填四川”，曾姓族人也在这次西行之列。

四川富顺《西湖曾氏祠族谱》称：“始祖志诚，元时由赣入粤。始迁祖兰耀、集虞，清雍乾间由广东迁四川富顺。”

明清时期曾氏迁广东。《成都曾氏支谱》记载，仅广东兴宁曾氏就有成都、崇宁、新津、彭县、彭山、嘉定、犍为、华阳、金堂、仁寿等地迁入的人。

《武城曾氏重修族谱》说，广东长乐曾氏分别迁往简州、金堂、成都、华阳、新都、新繁、资阳。

曾氏的迁徙线路其实非常清晰，也很简单。其最重要的一次迁徙就是曾参的第十四世（第十五代）孙曾据于王莽始建国二年（10）十一月十一日举族迁居江西庐陵县（今吉安市永丰县）吉阳乡。此后，曾氏就以庐陵为中心向四面八方迁居，使曾氏散播各地甚至台湾地区和海外。即便是山东原曾氏故地南武城，也是由庐陵迁回去的，那是明朝嘉靖十二年的曾质粹一支。曾质粹一支便在曾氏故地奉祀曾子庙、曾子墓，称“东宗”。到了清嘉庆年间，曾伟的后裔曾衍泳禀报朝廷，请准建家庙于湖南宁乡县，由长房后裔增袭翰林院五经博士一名，在南方分承宗祀（以奉祀曾点，此事未获朝廷批准），于是宁乡的一支称“南宗”。曾氏的基本格局就是这样形成了。

在这里，有必要分析一下人口迁徙的原因和目的，以便得出人口迁徙的内在规律。

人类生存除了最基本的空气、阳光和水以外，最重要的就是温度。因为温度能够使得生命得以更好地生存和延续。

1959 年中国科学院自然区划工作委员会根据温度指标，把中国东部地区划分为赤道带、热带、亚热带、暖温带、温带、寒温带 6 个气候带。而我国的秦岭、淮河以南的大部分地区都属于热带、亚热带地区，非常适合各种作物的生长和人类的生存。因而我国人口多次迁徙的大方向也主要是由北至南，这也是人口迁徙的大体规律。

那么，为什么会发生人口的迁徙呢？

《汉书》有言："安土重迁，黎民之性；骨肉相附，人情所愿也。"对于那些背井离乡的人们来说，迁徙的目的其实很简单：为了更好地生存。而从大的历史和社会背景来看，人口大迁徙主要有以下三种原因：一是因为战乱、天灾被迫迁徙。二是因为政治原因及人口膨胀的压力，政府有意进行的移民。三是由于人们对美好生活的向往与追逐而主动搬迁。

纵观我国古代两千余年的历史，几乎在各朝各代，中国人都有过规模相当大的迁徙，而迁徙的大方向正是前面所说的由北至南。北人一次次南迁，造就了南方文化与经济的繁荣。

从因为战乱、天灾被迫迁徙看。

从秦汉到宋元，几乎每一次大的社会动荡，都会导致大规模的人口南迁。

西汉末年的战乱，让中原人口大量南迁至长江流域，中国的经济重心由此逐渐开始南移。东汉末年到魏晋南北朝时期，由于汉王朝的军事征服以及他们为弥补中原兵力和劳动力的不足而对少数民族的招抚，使得北方的游牧民族迁入内地，与汉族混杂而居。在这一过程中，内迁的民族主要包括匈奴、鲜卑、羯、氐、羌等，历史上泛称“五胡”。到西晋末年北方大乱，北方的汉族先后南下，迁移到长江中下游一带。大量人口迁移到南方，给南方地区带来了充足的劳动力和先进的生产技术，江南地区得到了极大的发展。这为我国经济重心的逐步南移奠定了基础。据史学家考证，当时迁居到南方的中原人有70多万。

发生在唐天宝十四年（755）的“安史之乱”造成了中国历史上又一次大规模的人口迁徙，并从根本上改变了中国人口分布的格局：长江流域首次取代黄河流域，成为全国人口分布的中心。这次战乱虽然仅仅持续了七年，但是，中原地区人民南迁并没有因为战乱的结束而终止。直至唐末和五代十国时期，南迁的中原地区人民仍相望于道。经过“安史之乱”后，中原人民的南迁，南、北方的人口比例首次出现均衡状况。人口的大量南移，使得南方得到更进一步开发，特别是江淮、太湖地区荒地被大量开垦，成为我国新的财富地区。到五代十国时期，南方经济开始逐渐超过北方。

中国古代历史上的另一次大规模的人口迁徙是从北宋末年的“靖康之难”至南宋末年。随着金国撕毁与宋的和约，大举南侵，淮河流域成为主要战场，迫使淮河流域的人民南迁到长江流域。大批原来北方的人口随着败退的宋朝统治者，迁居江南，主要迁移到浙江、江苏、湖南、江西等地。而随着北方的女真民族建立的金国灭亡北宋、占据中原北部地区，更是将战火引至长江中下游地区，南方人被迫向更南的珠江流域寻找安居的乐土。忽必烈继承汗位以后，出动大批蒙古兵南侵，后发动了消灭南宋的战争，主要战场在长江中下游地区。当地居民为躲避战乱，大量地向珠江流域迁徙，主要进入今天的广东、广西、福建等地。而随着北方人口的进一步南迁，南方经济在中国经济中的地位已经超过了北方，对朝廷的财政收入起着重要作用，也使得中国古代经济重心南移的进程最终完成。

从政府有组织的移民看。

政府有组织的移民对中国人口的分布有着深远的影响。

中国官方的强制性移民，在三国时期就已经出现。明朝初年，政府的强制性移民，曾使中国的人口分布更为均匀。在官方历史的记载中，明朝初年的这次移民之前，由于连年战乱，北方的人口从全国户数的四成降低到不足一成半，中国北方经济衰败，而江南则人满为患。比如扬州，这座位于长江以北、曾经最繁华的城市，在朱元璋的军队占领之时，只剩下 18 户人家。皇帝朱元璋不得不发动一次声势浩大的移民，命令他的百姓和士兵去人口稀少之地开垦、守卫。这次移民规模之大，空前绝后。经过明代初年的大移民，华北、华中地区的经济得到恢复。在后来的记载中，往往可以看到“国朝初，人稀少”的记载，而到明永乐年间，土地渐次开垦，北京、开封、河间等城市逐渐恢复了昔日的繁荣。

而在历代政策性移民中，最有代表性、影响最深远的，是元末明初以及清代进行的长期移民运动：“湖广填四川。”“天府之国”四川的复兴，便得益于此。四川在唐代位居全国经济文化的前列。宋朝时，人口占全国总人口 23% 左右的巴蜀地区，其财赋收入与供应的军粮却占了全国的 1/3，时人因此有“蜀亡则宋亡”之叹。然而，南宋末年与元明时期的战乱，让巴蜀人民遭遇了历史上最残酷的浩劫。据官方统计，1668 年成都只剩下 7 万人，整个四川省则仅余 60 万人左右，因此清代出现了移民四川的高潮。清朝康熙年间，当时的四川人口稀少，结果之一是四川境内老虎横行，顺治年间，南充县招来 500 多人开垦定居，可是却被老虎吃掉 228 人。鉴于四川的残破不堪，康熙皇帝颁布了《康熙三十三年招民填川诏》，下令从湖南、湖北、广东、江西等地大举向四川移民，政府还制订了诱人的奖励：入川移民可以入籍，可应科举；一对夫妇，给水田三十亩，或旱地五十亩，有可作为丁壮劳力的儿子，再加拨四亩；每户给银十二两，作为定居的置产费用。这次移民持续了 100 多年，100 多万人涌入四川。在成都及川西平原各县，外地移民占总人口的 90% 以上，而整个四川的移民人数则占总人口的 70% 左右。

从人们对美好生活的向往与追逐而主动搬迁看。

中国人口在清乾隆时期突破了 3 亿，于是出现了人多地少这一矛盾。随着这一矛盾的不断尖锐化，以及自然灾害、社会动乱的逼迫，大量人口开始向边远地区及海外迁移。康熙年间，东北实行封禁，不许汉民进入；到咸丰末年，长达 200 多年的封禁政策解除，鼓励移民垦荒，于是关内移民开始大批进入东北，俗称“闯关东”。山西北部的居民则困于频繁的旱灾和贫瘠的土地，被迫翻过长城，向今天的内蒙古进发，寻找活路，俗称“走西口”。而福建、广东一带的居民，则一批接一批地远渡重洋，到东南亚去谋生，俗称“闯南洋”。

回过头再来看曾氏历代的迁徙。

西汉末年曾据的举族南迁，正是因为战乱的原因被迫南迁，它是曾氏家族的战略大转移。魏晋南北朝、唐宋元时期的不断南迁和进入福建、广东、湖南、湖北等地也是顺应时代潮流大势而为的举动。而在政府的政策性移民——“湖广填四川”运动中，曾氏也是主力军之一，以致造成现今四川的曾氏人口是全国曾氏人口最多的省份。清朝的“闯关东”“走西口”和“闯南洋”，曾氏更多参与的是“闯南洋”，这是曾氏人对美好生活的向往与追逐而主动进行的迁居。如此一来，便形成了现今曾氏人口遍布全国，且南方曾氏人口大大多于北方的格局。

## 二、曾氏历代的发展

### （一）春秋战国时期

从太子巫到曾参的四代以及曾参之后又四代，都生活在这一时期。

这一时期曾氏族人经过七八代的繁衍，已经从最初的几十人发展到了约有几百人，其中有不少曾姓人在各诸侯国读书做官。到战国末期，曾氏族人已分别在各诸侯国崭露头角，而其中最有影响的是曾参以及曾参之子曾申，他们是当时的大儒，颇受时人的尊敬。曾氏也因此成为书香门第，许多读书人都进入曾氏学堂学习，使曾氏获得了良好的发展环境。

### （二）秦、西汉时期

曾氏从第八代到第十五代，都生活在这一时期，大部分曾姓族人都仍旧定居在山东南武城。这一时期，曾氏历代仍然有不少人做官，曾氏也是典型的官宦家族，太守、刺史、尚书令、侍郎不乏其人。虽然秦始皇焚书坑儒对读书人特别是曾氏这样的书香家族带来了巨大的消极影响，但曾氏人口仍在不断增长。

到汉武帝统治时期，由于汉武帝好大喜功，西汉初期主张清静无为的黄老思想已不能满足政治上的需要，而儒家的春秋大一统思想、仁义思想及君臣伦理观念，又恰恰与汉王朝当时所面临的形势和目标相适应。于是，在思想领域，儒家思想终于取代了道家的统治地位，“四书五经”大行其道。四书是指《大学》《中庸》《论语》和《孟子》，五经是指《诗经》《尚书》《礼记》《周易》《春秋》，此外还有一直广泛流传、影响至深的《孝经》，这些书籍成为读书人的必读书本。独尊儒术以后，官吏更是主要出自儒生，儒家逐步发展，成为此后两千年间统治人民的正统思想。而曾参作为孔子的杰出弟子，《大学》《孝经》的编著者，享有极高的地位，被封建统治者尊为“宗圣”，从而声名显赫。曾氏家族也因此繁荣昌盛，不断被封赏，不断有人进入仕途。

率领曾氏举族南迁的曾据官封都乡侯，后封关内侯。曾氏到了曾据这一代，人口总数已经接近两千，这还不包括之前已经迁出南武城的曾氏人口，曾氏已经成为大族。

（三）东汉时期

这一时期曾氏的中心是江西庐陵。自王莽始建国二年（10）曾氏合族迁居庐陵以后，一直在庐陵过着平静快乐、与世无争的生活。当时的江南，还落后于北方较远，人口稀少，文化落后，生产力低下，很多人还被世人称为“蛮族”尚未开化，很多地方都还是荒地没有被开发。曾氏族人迁居的庐陵，人口也不多，30 多万，比其他江南地区倒是多了不少，生产力比较落后，开发程度很低，但气候和土地资源相当不错。曾氏族人不怕艰苦，团结一心，勤奋创业，从无到有，让曾氏很好地在庐陵扎下了根，同时也使得庐陵得到了进一步开发，使得庐陵的经济和文化得到了发展。

曾氏在庐陵吉阳最初的发展大约经历了 50 余年。迁居之初，百废待举。平道路，建房舍，立宗室；开荒地，种庄稼，牧牛羊；议发展，交朋友，睦友邻；筚路蓝缕，历尽苦难，发愤图强。五十年从无到有，从弱到强。这次迁徙和以往的任何一次搬迁都不同。以往都是被迫迁居，而这次则是主动转移，各种准备和精神上的愉悦不可同日而语。曾氏在庐陵吉阳的头五十年，为以后的发展繁荣和散播各地打下了坚实的基础。

东汉明帝时期，曾氏终于迎来了政治上的复兴。永平六年(63)，汉明帝为了对已故的曾据“耻事新莽”的忠义行为和对宗圣曾参的后人进行褒奖，下旨特追封曾据为吉阳郡公，追封其妻为吉阳郡一品夫人，随后又从曾氏族人中选拔一批官员。自此开始，曾氏历代都有人为官，影响不断扩大，也不断有曾氏人走出庐陵，散播各地。

曾据为第十五代。

第十七代：曾永官御史大夫，曾常官鸿胪寺卿等。

第十八代：曾辑官广州刺史，曾杼官苍梧太守等。

第十九代：曾基官长沙令，曾生官安州刺史，曾箕官汉阳太守等。

第二十代：曾行为广汉太守，曾征为巨鹿太守，曾台官尚书，曾案官尚书仆射，曾冀官长沙令等。

### （四）三国魏晋南北朝时期

这一时期，战争不断，社会动荡不安，曾氏固守庐陵，相对比较安定。同时，江西庐陵的曾氏在此期间也大量进入南方诸省，如江苏、浙江、河南、湖北等地，成为当地的始迁之祖。也有部分曾氏人从政为官。

第二十一代：曾绚，曹魏时任中郎将；曾珍，仕魏为平原侯。

第二十二代：曾焕，西晋时为景阳侯。

第二十四代：曾勰（287—364），晋朝镇南将军司马，于广州击破前交州刺史张琏叛军。

第二十六代：曾铉，官至大司马；曾道始，官车骑将军，加封开国侯。

第二十七代：曾海，又名曾炅、曾昊，字海道，官黄门侍郎、襄州录事参军。

第二十八代：曾琦，官黄门侍郎。

（五）唐宋元时期

唐朝的社会稳定，经济发展，政治清明，曾氏族人从政的相对增加，曾氏人口也得到了较大发展，光江西庐陵的曾氏人口就已经超过两万人。

第三十一代：曾钧（597—650），字洪举，在唐朝官给事中。

第三十三代：曾丞，在唐朝官司徒、司空兼尚书令，生有三子：曾珪、曾旧、曾略，为曾氏三大房房祖。曾珪居江西永丰，为吉阳房祖；曾旧官至金紫光禄大夫、检校尚书左仆射、同中书门下平章事，赠上柱国、鲁郡开国公，居江西乐安，为云盖房祖；曾略官节度使、银青光禄大夫，居江西抚州，为南丰房祖。曾旧、曾略都是位高权重的朝廷和地方大员，对曾氏的快速发展影响极大。

第三十六代：曾庄，官吉州都押衙；曾延世，官团练副使；曾国俊，官兖州太守。

第三十七代：曾庆，官御史大夫，性格耿直，远近惮之；曾筠官检校大司空；曾教，官右卫大将军；曾运，官兵马都总管。

第三十八代：曾伟，曾庆长子，官检校御史大夫；曾骈，曾庆次子，官御史大夫；曾可徒，检校刑部尚书；曾洪立，初官南丰县令，旋升检校司空；曾宏立，官抚州军节度使；曾盈，官国子祭酒；曾衡，官黄门侍郎。

第三十九代：曾耀，官南唐宫检司，旋为真州刺史；曾辉，官镇南节度使、银青光禄大夫、检校国子祭酒、御史中丞、上柱国、散骑常侍；曾延构，官将仕郎富春丞；曾延福官金紫光禄大夫；曾延铎官银青光禄大夫、右卫大将军。

五代十国时期，曾氏也有不少的官员。

第四十代：曾崇范，官南唐太子洗马，家中富有，有名一时。

第四十一代：曾延膺，官荫授御史兼资库史，陛楯，直果州兵马都监。

唐朝曾氏的发展、人口数量的增长、人口素质的提高，为两宋时期曾氏进入发展的鼎盛期打下了坚实的基础。

进入两宋时期，曾氏真正地开始了繁荣昌盛。第一，人口剧增。不但江西吉阳曾氏人口大量增长，迁居的各大房系的人口也急速增长，特别是南丰房和龙山房。第二，曾氏继续向各地扩展。除江西本省外，曾氏也不断朝福建、广东、湖南、四川等地迁移，发展派系，扩大影响。第三，从政为官的曾氏族人达到了高潮，不但人数很多，而且官阶越来越大。而这三者又互为条件，相互促进，使得曾氏的发展速度急剧加快。

曾氏繁荣昌盛的代表就是位于江西的南丰曾氏和位于福建泉州的龙山曾氏。

南丰曾氏的人才极多。第三十八代曾洪立，一家四代为官者达三十人。第四十一代曾致尧，祖孙三代登进士第者七人。

在文学方面，有官至礼部郎中、以著述著称于世、追赠太师密国公的曾致尧；有官至中书舍人、被称为唐宋散文八大家之一的第四十三代曾巩；有学问渊博、善著文章的曾巩之弟曾宰；有官至大中大夫的词人、第四十四代曾纡；有官至永州知府的名词人、第四十五代曾协；有江西派诗派诗人曾纮。曾巩、曾肇、曾布、曾纡、曾纮、曾协、曾敦七人被称为“南丰七曾”，因为他们都是生于江西南丰的曾氏诗人，在当时影响巨大，是南丰曾氏的骄傲。

曾巩（1019—1083），宋代散文家，唐宋八大家之一，字子固，江西南丰人，后居临川（今江西抚州市西）。

曾肇（1047—1107），字子开，号曲阜先生，江西南丰人，曾易占之子，曾巩同父异母弟，北宋政治家、诗人，历任吏、户、刑、礼四部侍郎。自幼聪慧好学，师承其兄曾巩。重儒学，博览经传，为文温润有章法，容貌端庄，为人忠厚仁义，为官 40 年，历英、神、哲、徽四朝。著有《曲阜集》40 卷，《西掖集》12 卷，《内制》50 卷，《外制》30 卷，《宸章》25 卷，《奏议》10 卷，多不传。

曾布（1036—1107），北宋丞相。字子宣，江西南丰人。少年时随其兄曾巩学习，登进士第。绍圣元年（1094），宋哲宗亲政，任同知枢密院事。宋徽宗时，升任尚书右仆射兼中书侍郎。

曾纡（1073—1135），字公衮，晚号空青先生。江西南丰人，曾布第四子，曾巩之侄，北宋末、南宋初散文家、诗人、书法家。初以恩荫补为承务郎。宋哲宗绍圣年间中博学鸿词科。宋徽宗建中靖国元年（1101），曾布为二后山园陵使，辟为从事。崇宁二年（1103），入元佑党籍，连坐党籍被贬到永州零陵。后遇赦，调监南京、河南税，改签书宁（治今安徽宣城县）节度判官。历通判镇江府，知楚州、秀州，提举京畿常平，江南东路转运副使，迁直显谟阁。宋高宗建炎四年（1130），再任江南东路转运副使，移两浙路。绍兴二年（1132），知抚州。三年，出江南西路转运副使，司农少卿。四年，改福建路提典刑狱，直宝文阁。五年（1135），出知信州（今江西上饶），未至任而卒，年六十三。曾纡有志节，守忠义，能诗善文。为文固守家法，深得曾巩散文真谛；为诗句法精丽、感情真挚；亦工词，亦善书法，风格介于苏轼、米芾之间。有《空青遗文》10卷、《南游记旧》1卷，已佚。

曾纮，南宋江西南丰人，著名评论家。曾经首发异端，曰："余尝评陶公诗，语造平淡而寓意深远，外若枯槁而中实敷腴真诗人之冠冕也。"

曾协（？—1173）字同季，号云庄，江西南丰人，南宋诗人。著名宋朝官吏曾肇之孙，曾巩之侄孙，善诗文，作品由其子曾炎辑集为《云庄集》20卷，但久已不传。

曾敦，字禔父，江西南丰人，曾纡之子。南宋高宗绍兴三年（1133）官太府寺丞，绍兴十二年知黄州，绍兴十四年知台州，绍兴十八年知镇江府，绍兴二十六年知光州。

在政事方面，有宋神宗时官拜右仆射、独秉国政的曾巩之弟曾布；有官、文并显的吏部侍郎曾布之弟曾肇；有吏治清明、坚持抗金的礼部侍郎、曾氏第四十四代孙曾开、曾幾兄弟；还有官至吏部尚书的第四十四代孙曾懋、官至兵部侍郎的第五十代孙曾松龙等。更有忠义之士、名垂青史的曾肇之孙、第四十五代孙曾悟，宣和二年进士，靖康间为亳州士曹。在金兵破亳州时被俘不屈，严词谩骂，死于乱刀之下，从而尸骨无存；还有曾巩之孙曾怙，被俘不屈，怒骂金兵元帅，全家四十口人尽数被杀。

曾幾（1084—1166），字吉甫，号茶山居士，江西赣州人，南宋著名诗人。后徙居河南（治今河南洛阳）。历任广西转运判官，江西、浙江提刑，因主张抗金而为秦桧排斥。后官至敷文阁待制，以左通议大夫致仕。谥文清。其诗曾学江西诗派，多写个人日常生活，也有悲愤时事之作，风格清峻。陆游曾从他学诗。

龙山曾氏是曾氏的另一朵奇葩，在某些方面甚至超过南丰曾氏，在两宋时期大放异彩。这个房系自第三十九代以下，子孙昌盛，人口大增。他们以福建晋江为基地，迅速向外扩散。在晋江县内聚族而居的有三四十个村寨，分衍省内泉州、福州、漳州、同安、厦门、南安、惠安、莆田、龙岩、德化、仙游、连江、南平等一二十个市县，并开派安徽濠州（今凤翔），河南新郑，江苏徐州、镇江、池州、真州（仪征）、苏州（常熟)，江西临川，浙江温州，四川成都，广东潮州、海丰以及江苏南京等地。

龙山曾氏不仅人丁兴旺，而且涌现了大量人才，当时有“榜眼开先，状元继美”“一门四相”“九大辅臣”“封赠十一公”等美誉。

关于“榜眼开先，状元继美”和“一门四相”。龙山曾氏宗祠楹联称：“榜眼开先，状元继美，一门甲第世登科；太师启后，馆阁纶书，四代钧枢名相府。”

曾氏第四十三代孙曾会，于北宋太宗端拱二年（989）殿试时中得第二名榜眼，后累官至兵部尚书。第四十九代孙曾从龙，初名一龙，北宋名相曾公亮的第四世从孙，于南宋宁宗庆元五年（1199）状元及第。这就是“榜眼开先，状元继美”的来历。

“一门四相”是指龙山曾氏的曾公亮、曾孝宽、曾怀和曾从龙。他们都功勋卓著，官拜丞相。

“九大辅臣”是指龙山曾氏九位著名的朝廷元辅大臣，有曾会、曾公亮、曾孝宽、曾孝广、曾孝蕴、曾注、曾怙、曾怀、曾从龙等人。他们都身居高位，声名显赫。

“封赠十一公”是指龙山曾氏在宋朝先后有 11 人被朝廷封赠为公：

第四十一代：曾峤，因曾公亮而赠太师秦国公。

第四十二代：曾穆，任德化令，殿中丞致仕，赠太师中书令兼尚书令，因曾公亮而赠太师魏国公。

第四十三代：曾会（952—1033），北宋端拱二年（989）榜眼进士，累官刑部郎中、集贤殿修撰，赠太师中书令兼尚书令，封楚国公。曾会学识渊博，才华出众，在北宋当时是一个出类拔萃的人物。他在仕途上选择唯诚与恕，不务世求，不与贪官酷吏同流合污。张方平在《曾会神道碑》的石铭上非常感慨地说："唯诚与恕，不务世求，乃与时忤，往蹇来连，多踬少迁，郎潜一郡，四十五年，外虽不偶，中全所守，富贵在天，将复谁咎。"一个有抱负、有见地的人，他心中所系的并不是个人的得失与荣辱，而是国家社稷的兴衰与安危。

第四十四代：曾公亮（999—1078），赠太师鲁国公。

第四十五代：曾孝宽（1025—1090），字令绰，曾公亮之子。熙宁五年，迁枢密都承旨，擢拜枢密直学士、签书枢密院。赠太师秦国公。

第四十六代：曾诚，因其子曾怀而赠太师秦国公。

第四十六代：曾详，因其曾孙曾从龙而赠太师魏国公。

第四十七代：曾怀，赠少保鲁国公。

第四十七代：曾橙，因其孙曾从龙而赠太师魏国公。

第四十八代：曾应辰，因其子曾从龙而赠太师秦国公。

第四十九代：曾从龙，赠少师，追封清源郡公。

宋代晋江龙山曾氏家族自曾会开始以进士起家，"一门四相"的荣耀及代有高官的背景使得家族声震朝野，历两宋皆地位显赫。但曾氏家族获得这样的荣耀与当时的科举制度大有关系。众所周知，汉魏以来影响中国达数百年之久的门阀政治至隋唐科举制实施之后已经彻底终结，士家大族世代垄断政权的情形不复存在。而科举制到宋代时已经相当完善并成为定制，它为平民士子入仕提供了更为公平的途径。特别是宋代把读书、应试、职官紧密地联系起来，凡是在礼部考试合格者，无需经吏部考核，一律授给官职，真正实行了“学而优则仕”。在宋代，以科举出身的官员，较之以他途出身者更容易升至高位，“登上第者不数年，辄赫然显贵矣”。宋仁宗朝一共进行了13次科举考试，名列前三名的进士共39人，其中没能跨入公卿者仅5人而已，可见科举出身真正能够实现“鱼跃龙门”。曾氏家族正是以进士起家，牢牢抓住了科举这一关键环节，登科者不断涌现，为家族的兴盛打下了坚实的基础。优良的为官作风和高尚的道义人格则为他们赢得了良好的名声，从而使他们得到世人的尊重与仰慕。而秉持严谨的家风教养是曾氏家族的荣耀得以绵延的另一个重要原因。所谓“观此其积厚流光自有本也”，其“本”就在于曾氏族人具有高尚的品格。他们清廉正直的为官作风、重视文化教育与科举、秉持严谨的家风教养等，都是使得曾氏家族在宋代三百多年长久不衰的重要原因。

有宋一代，除了南丰曾氏和龙山曾氏以外，曾氏的其他房系也有很大发展，也出现了一些名人。只是因为南丰房系和龙山房系太过耀眼，其他房系的成果就相对显得不那么突出了。

终宋一代，整个曾氏家族簪缨盈壁，玉笏满床，荣显门第，威望布于全国，民间甚至有“曾半朝”的美誉，当时有诗句描述曾氏盛况曰：“琼林宴罢花半壁，御苑归来笏满床。”

进入元代，蒙古人入主中原，曾氏族人从感情上难以接受，便决心“宦不仕元”，因此曾氏族人隐姓埋名达百年之久。

（六）明清时期

进入明清时期，曾氏的发展和兴旺面比较大，但也比较分散，其中最耀眼的便是湘乡的大界曾氏，因为出了晚清第一名臣曾国藩等一批人物。

第五十五代：曾棨（1372—1432），号西墅，江西永丰人。明永乐二年（1404）状元，人称“江西才子”。曾棨文思敏捷，廷对两万言不打草稿，曾出任《永乐大典》编纂。曾棨工书法，草书雄放，有晋人风度，官至礼部左侍郎。

第五十九代：曾质粹（1492—1560），嘉靖十二年（1533）奉诏命回山东嘉祥曾氏故地，以衣巾奉祀曾子庙、曾子墓。嘉靖十八年，授曾质粹“翰林院五经博士”之职，并子孙世袭。

第六十二代：曾孟学，明清之际迁湘乡大界（今属双峰），为迁湘乡始祖。第六十五代曾贞桢，号元吉，曾国藩、曾国荃兄弟即曾贞桢房第七十代孙。

第六十三代：曾铣（？—1548），江苏江都（今扬州）人，字子重，号石塘。嘉靖年间进士。初巡抚辽东，后又以副都御史巡抚山东、山西，不久进为兵部侍郎，屡败鞑靼的进攻。嘉靖二十五年（1546），以原官总督陕西三边军务，力主收复河套，得到首辅夏言的支持。当时严嵩与夏言争权，严嵩知明世宗无意用兵，便诬陷曾铣，说他掩败不报并克扣军饷。曾铣因此被杀。

曾朝节，湖南临武人，探花，官吏部尚书。

第六十四代：曾钧，江西进贤人，为人端严廉正，官工部右侍郎，卒赠刑部尚书。

曾同亨（1535—1607），江西吉水人，明朝著名的文学家、诗人、书法家，与父亲曾存仁、弟弟曾乾亨三人被誉为“一门三进士”。累官工部尚书、吏部尚书，赠太子少保。

曾乾亨（1538—1594），江西吉水人，曾同亨胞弟，曾存仁第三子。明万历五年（1577）中进士，任安徽合肥知县、监察御史、光禄少卿、大理寺少卿等职，其著书颇丰。

曾楚卿，福建晋江人，万历进士，累官翰林学士。张鼎因为弹劾魏宗贤被罢免，曾楚卿出自张鼎门下，亦被连坐剥夺官职回到故里。崇祯初年起用为礼部侍郎，进升礼部尚书。

第六十五代：曾亨应，江西临川（今抚州）人，官吏部文选主事，抗击清兵，与弟弟曾和应、子曾筠皆殉国。

南明弘光元年（1645），江西各城大多被清兵攻占，曾亨应让弟弟曾和应带着父亲到福建避难。曾亨应与艾南英和抚州知府揭重熙谋守抚州城。有一天，曾亨应置酒宴客，清兵忽至，曾亨应急忙到石室躲避，但被从弟出卖，曾亨应和他的三子曾筠均被捕。曾亨应对曾筠说："勉之！一日千秋，毋自负。"曾筠说："好。"父子先后不屈而死，其弟曾和应跳井自尽。同年，清兵包围曾家村，抓获三百余人，全部处死。

曾鲸（1568—1650），字波臣，福建莆田人，居南京，明末著名画家，擅于画人物像。曾鲸吸取西方讲究明暗的绘画技法，烘染数十层，然后着色；但仍重墨骨，与全用粉彩渲染者不同，颇有宋人浑穆之意。陈衡恪认为，传神一派，至波臣乃出一新机轴。曾鲸的新奇画法于是风行一时。从曾鲸学画的弟子很多，比较著名的有谢彬、沈韶、徐易、张远等，统称为"波臣派"。

第七十代：曾国藩（1811—1872），官至太子太保、两江总督、直隶总督、武英殿大学士，封一等毅勇侯，权震朝野，谥号"文正"，后世称"曾文正"。

曾国荃（1824—1890），湘军主要将领之一，因善于挖壕围城，有"曾铁桶"之称。官至太子太保、两江总督，封一等威毅伯。

第七十一代：曾纪泽（1839—1890），曾国藩长子，袭一等毅勇侯，官至户部左侍郎，是晚清著名的外交家，卒赠太子少保。

曾纪鸿（1848—1881），曾国藩次子。同治三年（1864年）七月，他父亲刚刚受封侯爵，16岁的他正好去长沙参加乡试。当时，政治腐败，科举考试盛行递条子、开后门。曾国藩怕儿子误入歧途，在开考前的七月初七日写信给他："场前不可与州县来往，不可送条子，进身之始，务知自重。"考完发榜之前，曾国藩又于七月二十四日去信告诫儿子："断不可送条子，致腾物议。"这次乡试，纪鸿榜上无名，以后多次应试，仅得一个"胜录附贡生"。曾国藩去世后才荫赏举人，充兵部武选司郎官。但曾纪鸿并不热衷于仕途而酷爱数学，并精通天文、地理、舆图等学科。曾纪鸿是中国近代著名的数学家，在数学方面是自学成才，著有《对数评解》《圆率考真图解》《粟布演草》等数学专著传世。由于平时勤奋用心过度，曾纪鸿事业未竟就因病逝世了，年仅33岁。

清末，曾氏还有一位有名人物曾朴。

曾朴（1872—1935），著名小说家，笔名"东亚病夫"，江苏常熟人。光绪年间中举。清朝末年，曾朴积极参加以张謇等为首的预备立宪公会，宣传改良主义，不久成为两江总督端方的幕僚。辛亥革命后步入政界，任江苏省财政厅长、政务厅长等职。其突出的成果是著有小说《孽海花》，为近代小说的代表作品之一，还写有《鲁男子》《孟朴短篇小说集》等，并曾创办小说林书店和《小说林》月刊，对近现代小说影响深远。

# 第四篇

# 曾氏先贤

# 第一章　曾氏古代名人

曾氏历代名人辈出，既有名相栋梁，也有官宦精英，更有士族首领，还有各界贤达，他们都在自己所处的历史时期，为社会和国家的强盛、也为曾氏的繁荣昌盛做出了巨大贡献。本章所选取的仅仅是许许多多曾氏名人之中的佼佼者，不免挂一漏万。但光从这些选取的曾氏名人，就不难看出历史上曾氏的强大和曾氏族人对历史的杰出贡献。前面已经比较详细说明了的太子巫、曾点、曾参、曾据等人，本章不再赘述。

## 一、曾公亮

曾公亮（999—1078），字明仲，号乐正，泉州晋江（今福建泉州市）人。刑部郎中曾会（952—1033）次子，北宋著名的政治家、文学家、军事科学家。《宋史》有《曾公亮传》。

曾公亮仕仁宗、英宗、神宗三朝，为昭勋阁二十四功臣之一。历官知县、知州、知府、知制诰、翰林学士、端明殿学士、参知政事、枢密使和同中书门下平章事等。累封鲁国公，卒赠太师、中书令，配享英宗庙廷，赐谥“宣靖”。

曾公亮少时很有抱负，且气度不凡，为人“方厚庄重，沉深周密”。

乾兴元年（1022），曾公亮受父命，奉表进京祝贺宋仁宗登基。于是宋仁宗任命他为大理评事，但曾公亮立志从正途登官，没有接受这一官职。

此次回来以后，曾公亮发奋读书，天圣二年（1024），曾公亮参加科举考试，登进士第，被授官越州会稽知县。天圣六年（1028）他治理镜湖，立斗门，泄水入曹娥江，使湖边民田免受水涝之苦。

几年后，曾公亮被招进京，担任国子监直讲，后改任诸王府侍讲。不久，升任集贤殿校理、天章阁侍讲、知制诰兼史馆修撰。一年后，按照旧例参加馆职考试，曾公亮单独进献了自己所写的文章，被授集贤校理、天章阁侍讲、修起居注。接着被提升为天章阁待制，并赐予金紫衣。

在此之前，待制不能改变服装。宋仁宗当面赐给曾公亮金紫衣，说：“朕于讲席赏赐你，是由于尊重宠爱儒臣。”于是主管制诰兼史馆修撰，为翰林学士。

不久，曾公亮以端明殿学士身份知郑州。他在郑州的治理成效显著，充分显示了为官才能，因而声名在外。盗贼在郑州完全待不下去了，全部逃窜到了其他州县，郑州地区于是治安大好，以至于夜不闭户。曾经有过客丢失了口袋里的财物，发布文书诘查盗贼，曾公亮上报：“我的辖境不窝藏盗贼，恐怕是同行的人隐藏起来了吧。”进行搜查，果然如此。

皇祐三年（1051），曾公亮升翰林学士、知开封府。嘉祐六年（1061），升任吏部侍郎、同中书门下平章事、集贤殿大学士，与宰相韩琦共同主持朝中政事。

曾公亮熟习写文章的章法，任职以后，熟悉朝廷台阁的规章，首相韩琦经常咨询他。仁宗末年，韩琦请求立储，与曾公亮等共同商定大计。密州民田盛产银子，有人偷取银子，大理寺把他们当作强盗。曾公亮说："这是禁物，偷取银子虽然是强盗行为，与从百姓家中盗取财物有区别。"为此事坚持展开争论，于是皇帝就下达给有司议论，比照抢劫盗窃财物的法律，这个强盗得以不被判死刑。起初，东州人大多因此法被处死刑，从这以后就没有死刑了。

契丹指使人在界河捕鱼，又多次开通盐船，官吏不敢禁止，并且说：和他们较量，将要生事。曾公亮说："刚开始时不禁止，以后将怎么办呢？雄州赵滋勇敢有计谋，能够胜任。"皇上派使者告诉赵滋，边境祸害终于被平息了。

宋英宗即位，曾公亮任中书侍郎兼礼部尚书，不久兼任户部尚书。英宗身体不适，辽国使者到来不能接见，让曾公亮在馆中设宴，使者不愿赴宴。曾公亮质问使者说："赐宴不到场，这是对君主命令的不敬。君主有病，却一定要他亲临宴会，做这样的事能心安吗？"使者于是赴宴。

宋神宗熙宁二年（1069），曾公亮任昭文馆大学士，累封为鲁国公。

熙宁三年（1070），曾公亮被授职司空兼侍中、河阳三城节度使、集禧观使。第二年，被起用管理永兴军。任职一年，回到京师，曾公亮很快就由于年老请求离职，在太傅任上退休了。

曾公亮起初推荐王安石，可是到了和王安石一起辅政的时候，曾公亮才察知宋神宗正袒护王安石。曾公亮暗中替子孙谋划，大凡改变行事计划，都听从王安石的安排，使得表面上好像没有参与一样。曾公亮派遣他的儿子曾孝宽替自己谋划，到神宗面前陈述时与王安石的安排没有什么差别，这样神宗更加信任王安石。王安石为了感激他帮助自己，因而引见提拔曾孝宽到枢密院来报答曾公亮。苏轼曾私下里有根有据地责备曾公亮不能纠正王安石施政中的弊病，曾公亮说："陛下和介甫（王安石之字）就像一个人，这是天意。"世人则讥讽曾公亮用这种办法保持禄位和宠幸。

熙宁四年（1071），曾公亮起判永兴军。在此之前，庆州士兵叛乱被诛杀，但余党到处逃跑，于是朝廷从陕西以西起就全面戒备，检阅义勇，增加边境守兵，移内地租赋，弄得人心骚动。曾公亮却冷静对待，依次上奏罢免，专门裁减抑制多余的费用。长安豪强喜欢制造谣言，声称士兵埋怨削减费用，打算在元宵夜勾结其他军队发动叛乱，邦人十分恐慌。有人劝曾公亮不要出游，曾公亮不为所动，张灯尽情观赏，和宾客佐僚直到傍晚才回来。

元丰元年（1078），曾公亮去世，终年八十岁。神宗临丧哭泣，停止上朝三天。曾公亮端庄忠厚深沉，办事细致周密，平时谨守礼仪，遵守规矩，但性情吝啬，积累财富达巨万，神宗曾经将他比作张安世。

曾公亮逝世，被追赠太师、中书令，得以配享英宗庙廷，谥号"宣靖"。到下葬时，神宗亲自篆写碑首，名为"两朝顾命赞策勋德之碑"，后下诏改为"两朝顾命定策亚勋之碑"。后还是不能忘记曾公亮，为褒扬曾公亮卓越功勋，再赐匾额"宣靖”，又称“宣靖祠”。

曾公亮作为北宋政坛上的三朝元老，影响力极大。

仁宗天圣（1023—1032）年间，西夏叛宋，朝议兴兵讨伐，但仁宗拿不定主意。于是曾公亮上奏《征怀书》，奏书中说，治天下之根本，当采取先怀柔后征伐的策略，否则，师出无功，敌寇益炽而累军。仁宗采用了他的建议，采用怀柔政策，西夏率服。

仁宗庆历（1041—1048）年间，曾公亮提出“择将帅”以加强武备的主张。他认为：择将之道，唯审其才之可用，不以远而遗，不以贱而弃，不以诈而疏，不以罪而废。他认为造成将不称职的原因，并非世无将才，而是选之不得其要，或用人不能尽其才。他建议选将必先试其才，所试有效，方给显官厚禄以重其任，然后委其命而勿制约，用其策而无怀疑。同时他又提出裁减冗兵的方案，以减轻国家财政支出。

针对北宋吏治混乱之弊，他提出废除“磨勘法”，对各级官员的任用和升迁采取考课督察的办法，即“三考有善政者，则升其官资，两任有善政者，则升其任使，无成绩者则罢黜”。

到了和王安石一起辅政的时候，早年即有变革之心的曾公亮，在变法过程中给予了王安石相当程度的支持，这对变法起到了极大的促进作用。

曾公亮平生著作很多，除参加编撰《新唐书》250 卷外，又私撰《唐兵志》3 卷、《唐书直笔新例》1 卷。见于记载的还有《英宗实录》30 卷、《元日唱和诗》1 卷、《勋德集》3 卷、《演皇帝所传风后握奇阵图》和《武经总要》。《武经总要》是曾公亮和端明殿学士丁度于康定元年至庆历四年（1040—

1044）承旨主编的一部兵书，共40卷，分前后两集，是中国古代第一部官方编纂（承旨）的军事科学百科全书。

《宋史·曾公亮传》节选：

> 曾公亮，字明仲，泉州晋江人。举进士甲科，知会稽县。民田镜湖旁，每患湖溢。公亮立斗门，泄水入曹娥江，民受其利。以端明殿学士知郑州，为政有能声，盗悉窜他境，至夜户不闭。尝有使客亡囊中物，移书诘盗。公亮报："吾境不藏盗，殆从之者廋耳。"索之，果然。公亮明练文法，更践久，习知朝廷台阁典宪，首相韩琦每咨访焉。仁宗末年，琦请建储，与公亮等共定大议。密州民田产银，或盗取之，大理当以强。公亮曰："此禁物也，取之虽强，与盗物民家有间矣。"固争之，遂下有司议，比劫禁物法，盗得不死。契丹纵人渔界河，又数通盐舟，吏不敢禁，皆谓：与之校，且生事。公亮言："萌芽不禁，后将奈何？雄州赵滋勇而有谋，可任也。"使谕以指意，边害讫息。英宗即位，加中书侍郎兼礼部尚书，寻加户部尚书。帝不豫，辽使至，不能见，命公亮宴于馆，使者不肯赴。公亮质之曰："锡宴不赴，是不虔君命也，人主有疾，而必使亲临，处之安乎？"使者即就席。熙宁三年，拜司空兼侍中，河阳三城节度使。明年，起判永兴军。居一岁，还京师。旋以太傅致仕。元丰元年卒，年八十。帝临哭，辍朝三日。公亮方厚庄重，沉深周密，平居谨绳墨，蹈规矩；然性吝啬，殖货至巨万。初荐王安石，及同辅政，知上方向之，阴为子孙计，凡更张庶事，一切听顺，而外若不与之者。常遣子孝宽参其谋，至上前略无所

异，于是帝益信任安石。安石德其助己，故引擢孝宽至枢密以报之。苏轼尝从容责公亮不能救正，世讥其持禄固宠云。

**二、曾巩**

曾巩（1019—1083），字子固，江西南丰人，后居江西临川，是北宋著名的政治家、文学家和史学家。

曾巩出身儒学世家，祖父曾致尧（947—1012），字正臣，北宋散文家，南唐元宗保大五年生，宋太宗太平兴国八年（983）进士，官至礼部郎中，后改吏部郎中，父亲曾易占（989—1047），字不疑，曾致尧第五子，累官太常博士，赠光禄卿。宋仁宗天圣二年（1024）进士，历官太子中允、太常博士。知如皋、玉山、信州三县时，刚正不阿，政绩斐然。由于他儿子曾布而荫补太庙斋郎，封鲁国公。祖父与父亲皆为北宋名臣。曾巩天资聪慧，记忆力超群，幼时读诗书，脱口能吟诵。与兄长曾晔一道，勤学苦读，自幼就表现出良好的天赋。12 岁时，曾尝试写作《六论》，提笔立成，文辞很有气魄。1032—1034 年，曾巩之父曾易占任泰州府如皋县令（如皋文庙“名宦祠”有祀），因如皋学风纯正，胡瑗、王惟熙、王观、王觌、王俊乂等皆学有大成，故曾易占将 14 岁的曾巩带来如皋，寄读于中禅寺东厢房，曾巩在如皋度过了两个寒暑。

曾巩 18 岁时随父赴京，以文会友，与王安石相识并成为挚友。不久又认识了欧阳修，便向欧阳修推荐了王安石。20 岁入太学，上书欧阳修并献《时务策》。这段时间里面，他不但认识了欧阳修，结交了王安石，而且同杜衍、范仲淹等都有书信来往，畅谈文学，议论时政，陈述为人处世的态度。到了 20 岁，曾巩名声已传播到四方。但因其擅长策论，轻于应举时文，故屡试不第。

庆历七年（1047），父亲去世，曾巩只好辍学回家侍奉继母。曾巩孝顺父母，与兄弟友爱，他侍奉继母无微不至。因为家境衰败，他还要抚育四个弟弟、九个妹妹。同时坚持读书和应试。

直到嘉祐二年（1057）欧阳修主持会试，坚持以古文、策论为主，诗赋为辅命题，曾巩才与其弟曾牟、曾布及堂弟曾阜一起登进士。

进士及第后的嘉祐四年（1059），任太平州（今安徽当涂县）司法参军，以明习律令、量刑适当而闻名。

嘉祐五年，因欧阳修的举荐，曾巩到京师成为馆阁校勘、集贤校理，理校出《战国策》《说苑》《新序》《梁书》《陈书》《唐令》《李太白集》《鲍溶诗集》和《列女传》等大量古籍，对历代图书做了很多整理工作，并撰写了大量序文。

熙宁二年（1069），任《宋英宗实录》检讨，因在王安石与司马光关于变法的争执中把两边都得罪了，遂向宋神宗请求外调。宋神宗让曾巩出任越州（今浙江绍兴）通判。曾巩到任后，察民情、访贫苦。越州原本从酒坊征收赋税，供衙门使用，但因为酒坊钱有限，不够财政开支，不足部分就分摊到老百姓身上征收，确定了 7 年的期限。可期限已到，衙门却仍旧重税，没有按规定停征。曾巩了解情况后，马上停止了这笔赋税的征收。

不久越州发生了饥荒，灾情严重，民生凋敝。曾巩就张贴告示晓谕所属的各县，劝说富人如实申报自己储存的粮食数量。富户们申报上来粮食储量达到15万石后，他立刻发布政令，要求各地富户以比平常仓粮价略高一点的价格向百姓出售粮食。百姓得以不出家乡，就近方便地买到粮食。这一举措无异于雪中送炭。曾巩又让官府筹集资金，借给农户购买种子，让他们随秋季的赋税一起偿还，使得农事也没被耽误。

熙宁三年以后，曾巩历任齐州、襄州、洪州、福州、明州（浙江省宁波市）、亳州、沧州等知州。

1071年，曾巩调任齐州（今山东济南）知州。当地有一周姓富户，其子周高为富不仁，横行乡里，民愤极大，但周家“力能动权贵”，与地方官员沆瀣一气。曾巩初来乍到，搜集证据，将周高法办。章丘一带有一伙叫作“霸王社”的土豪，杀人越货，无恶不作。曾巩派兵将他们悉数抓获，将31名罪犯判刑，发配边疆。曾巩还在齐州开创了“保伍”之法，以5户为一保，监督出入，实行外来人口登记，有盗贼则鸣鼓相援。通过曾巩的治理，齐州盗、劫等犯罪明显下降，由治安案件多发之州变成了平安之州，风气为之一清。

曾巩既勤政，又务实，而且凡事能从实际出发。为治理黄河，朝廷从各地调集民工，要求齐州调丁2万。当曾巩听说一些地方的户口有漏登、瞒报现象后，马上决定开展人口普查工作，从下至上，层层上报，反复核实。最后发现，9丁抽1就能满足征丁之需。他的这一务实作风，使许多寻常百姓免去了徭役之苦，减轻了百姓的负担。

曾巩在齐州的政绩很多，比如他推行王安石的新法，刺激了农业生产；修建齐州北水门，解决了困扰齐州城多年的水患问题；疏浚了大明湖等。后人在千佛山建曾公祠、在大明湖畔建南丰祠（曾巩，世称“南丰先生”）纪念曾巩为齐州所做出的巨大贡献。

1076 年，曾巩调任洪州（今江西南昌）知州，兼江南西路兵马都钤辖（武职，主要负责防务）。

任职之初，恰逢江西瘟疫流行。曾巩赶紧调配救灾物资，迅速命令各县、各镇储备防疫药物，以备万一。他安排人腾出州衙门的官舍，作为临时收容所，给那些生病的士兵和染病无力自养的百姓居住，不但分派医生给他们治病，还给他们免费提供饮食和衣被。他派人随时记录疫情，把染病和没染病者均登记造册，及时汇总，然后从国库调拨资金，按轻重缓急，依次有序地分发救济款。

1077 年，曾巩由洪州转任福州（今福建福州）知州。

在福州任上，曾巩提出一个观点：当官不能与民争利。官府的蔬菜大量上市，扰乱了市场，导致菜价越来越低，以种菜为业的菜农卖不掉菜，收入大减。曾巩便立刻禁止了这一做法，保障了菜农的利益。

60 岁之后，曾巩还被朝廷安排到明州、亳州、沧州等地任过知州，所到之地，也均有政绩。在实际工作中，曾巩少议论、多实干，说得少、做得多。他一生辗转七八个州，在基层任职，及时处理了涉及百姓切身利益的问题，为百姓做了相当多的实事和好事。

元丰三年（1080），曾巩改任沧州（今河北）知州，途经京城开封时，被宋神宗召见。宋神宗对其“节约为理财之要”的建议大为赞赏，留任为三班院勾判。

元丰四年，朝廷认为曾巩的史学能比得上士大夫，适宜掌管五朝史事。于是曾巩被任命为史官修撰，管勾编修院，判太常寺兼礼仪事。

元丰五年，曾巩被擢拜中书舍人。曾巩述说年岁已老，望另选贤能，并写有《授中书舍人举刘攽自代状》表示谦退。同年九月，曾巩遭母丧停职回家。

元丰六年，曾巩卒于江宁府（今江苏南京），终年 65 岁，追谥为“文定”。

曾巩为政廉洁奉公，勤于政事，关心民生疾苦，他根据王安石的新法宗旨，结合实际情况加以实施。致力于平反冤狱、维护治安、打击豪强、救灾防疫、疏河架桥、设置驿馆、修缮城池、兴办学校、削减公文、整顿吏治、废除苛捐杂税，深受群众拥戴。

曾巩文学成就突出，位列唐宋八大家，世称“南丰先生”。曾巩与曾肇、曾布、曾纡、曾纮、曾协、曾敦并称“南丰七曾”。

曾巩是北宋诗文革新运动的积极参与者，宋代新古文运动的骨干。他接受了欧阳修在古文创作上的主张，在古文理论方面主张先道后文，文道结合，主张“文以明道”。他的散文大多是“明道”之作，文风以“古雅、平正、冲和”见称。其文风则源于六经又集司马迁、韩愈两家之长，古雅本正，温厚典雅，章法严谨，长于说理，为时人及后辈所师范。

曾巩文章的特色体现在以下几个方面：一是论事之文写得委婉曲折，《唐论》就是其中的代表作，而《战国策·目录序》论辩人理，气势磅礴，极为时人所推崇；二是文章质朴，但纵横开阖，很有气度。他的赠序之类的文章很有特点；三是善于记叙，条理分明，不多写景，意义精准。例如《醒心亭记》《道山亭记》《游山记》等。《寄欧阳舍人书》和《上福州执政书》则叙事委婉深沉，语言简洁凝练，结构十分严谨，历来被誉为书简范文。而《墨池记》《学舍记》和《越州赵公救灾记》则熔记事、议论、抒情于一炉，深刻有力，通情达理。他的书、序和铭也是很好的散文。

曾巩有《元丰类稿》和《隆平集》传世。从他传世的文集来看，他的兴趣主要在于史传、策论一类的应用文。尤其是他从事史书编纂工作多年，对史传碑志的写作较有研究。

作为唐宋八大家之一的曾巩，他的最突出的成就就是他的散文。当西昆体（宋初诗坛上声势最盛的一个诗歌流派，因《西昆酬唱集》得名。此书是以杨亿为首的17位宋初馆阁文臣互相唱和、点缀升平的诗歌总集。其诗人中成就较高的有杨亿、刘筠、钱惟演等。西昆体是晚唐五代诗风的延续，艺术上大多师法晚唐诗人李商隐，片面发展了李商隐追求形式美的倾向，其诗雕润密丽、音调铿锵、辞藻华丽、声律和谐、对仗工整，但是从总体上看，西昆体诗的思想内容脱离社会现实，缺乏真情实感）盛行时，他和欧阳修等人的散文，一扫雕琢堆砌之风，专趋平易自然。

曾巩的记体散文主要有三大类：人事杂记类、工程营造类、寺院记和学记类。

曾巩的人事杂记类散文所占篇数最多，也最能表现出他记体散文的特点。在人事杂记类中，记事类作品相对多一些，这些记事类作品大多有借记事发议论的特点，在内容上就表现为说理很多。曾巩希望通过详尽的说理达到“文以明道”的功效，希望通过对道德高尚的文人的赞颂让世人明白道德修养的重要。

在曾巩的记体散文中，记叙城池的兴废和水利工程的营造也是很重要的一个内容。曾巩强调经世致用的观点，认为文章应该为现实服务，反映并解决现实的问题。曾巩希望能够翔实地记载工程营造以达到“文以载道”的作用，他在《王子直文集序》中有言：“文章之得失，岂不系于治乱哉?”而曾巩的这部分作品正体现了他的这种思想。

曾巩历来被称为“醇儒”，他对儒道极其推崇和恪守，因而他常常在文中表达复兴儒道的思想。而恢复儒家思想正统地位的愿望与佛教兴盛的现实情况相违背，所以曾巩在多篇寺院记和学记类的文章中批评佛教，表达对佛教的不满。曾巩希望通过反佛和兴学实现他儒学复兴的理想。

曾巩记体散文的结构特色是严谨细致。曾巩为文非常注意构架，朱熹在《朱子语类》中云：“退之、南丰之文，却是布置。”如其《越州赵公救灾记》，文章一开始就先交代越公在饥荒到来之前所做的各种准备，怎么发放粮食，什么时间发放，在哪些地点发放，针对不同的人有不同的发放措施，对弃婴的收养等，这些曾巩都详细而有条理地记了下来。最后笔锋自然转到表现赵公其人的赈灾有方、敢于担当、勤政为民的高尚人格和光辉形象上。这么多纷繁复杂的内容，在曾巩的笔下却有条不紊，有头有尾，足见曾巩严谨条理的散文功力。

曾巩记体散文的语言特色是质朴尚议。北宋时期，浮靡文风的西昆体和险怪艰涩的太学体都曾一度成为文人们争相模仿的对象，就连文坛领袖欧阳修也曾花大力气学过骈文。但是随着政治革新的需要，这种文风越来越无法承担起社会变革的重任。宋仁宗嘉祐二年，欧阳修利用主贡的机会，大力痛斥太学体，在创作中身体力行地提倡简约自然的文风，曾巩作为师从于他的弟子，也积极参与到这样的创作中。曾巩赞叹上古的经典不仅用凝炼的语言准确记录了事情的始末，并且其中精微细致的深意和细节也传达得十分明白透彻。对这些精简语言的推崇，正体现出了曾巩对简约文风的追求。因而曾巩在自己的散文创作实践中，充分贯彻简约清新的文风。在语言色彩上，曾巩的语言客观朴实；在语言表达上，曾巩力求准确并多发议论。

曾巩记体散文的情感特色是冷静理性。曾巩总是被人称为“醇儒”，刘熙载《艺概》就这样评价道：“曾文穷尽事理，其气味尔雅深厚，令人想见硕人之宽。”曾巩的散文，很少有激烈的情感表达，这一点自然与他语言上多议论的特点有关，但在字里行间常让人感到是曾巩自己对情感的一种克制。古文运动将载道的重任加到散文的身上，这使得情感在散文中的表达空间变得有限，加之曾巩自身对儒道的推崇，更使得他的散文中正平和，在情感上表现出一种理性冷静的特征。

曾巩散文以上特色的形成主要取决于两个方面，一方面是曾巩对中正平和的文风的喜好，另一方面则是自身人生态度和人生经历的影响。曾巩在思想上推崇儒学，在文章的美感追求上则喜好学习刘向的文风。另外，曾巩坎坷的人生经历更是影响其风格形成的因素之一。曾巩 18 岁开始参加科举考试，但是直到 38 岁才中得举人，金榜题名。从 18 岁到 38 岁这 20 年时间里，仕途的不顺和生活的坎坷磨炼出了曾巩坚韧的性格，使得他在经历了人生的大悲大喜之后，反而能以一种淡泊的心态去面对人世的一切。反映到文学作品中，便自然地内化为一种沉稳淡定的风格。曾巩一生命途多舛，但他始终都是坚强冷静地面对。自身的性格和生活的磨砺煅就了曾巩从容踏实、客观冷静的心境，从而在他创作的诗文中也被深深地烙上了这样的印记。

曾巩的主要成就在文，但他也能写诗。曾巩存诗400余首，其诗作的主要特点是质朴雄浑、超逸深刻、语言清新，但也存在宋诗整体上的言文言理的通病。他不但善赋体，也长于比兴，形象鲜明，颇得唐人神韵。他的各体诗中以七绝的成就最高，精深工密，颇有风致，如《西楼》《城南》《咏柳》等都是写景抒情的佳作。但就“八大家”而论，他的诗不如韩愈、柳宗元、欧阳修、王安石与苏轼，却胜于苏洵、苏辙。

曾巩的纪实诗继承和发扬了唐代杜甫的现实主义诗歌文学传统，以反映社会现实、关注民间疾苦、揭弊政、评国事为主要内容，表现了他关注民生、济世兴邦的儒家思想。曾巩的诗歌真实描写了民生疾苦的状况，在《追租》这首诗中，一句“山下穷割剥”写出了饥荒之年农民还要被层层盘剥的悲惨境遇，由此抨击地方官吏“暴吏理宜除”，并提出“浮费义可削”的政策主张。这首诗没有中国古代诗歌传统的写景抒情，而是赤裸裸地针砭时弊，体现了曾巩关注民生疾苦的博大胸怀。与《追租》的主题思想类似的还有《边将》《胡使》《嗟叹》等。曾巩的纪实诗除了对民生疾苦毫无遮掩地写实之外，还对积贫积弱的北宋王朝政局建言献策，有力地增强了文学在中国古代政治发展中的地位与作用。

同中国古代文人雅士多偏好以咏史来借古讽今和抒发情怀一样，曾巩的咏史诗也经常以缅怀历史人物、评价历史事件来表达自己的情感。曾巩总能以惺惺相惜的姿态与心态去追思和感受前人中那些与他理想抱负相似的人的精神世界，从而缅怀先圣、宽慰自我、排解忧愁、坚定决心。例如在《扬颜》一诗中，曾巩敬慕扬雄的立言不朽和颜回的立德不朽，以两人执着求道的精神激励自己进业修德。再如《读五代史》，诗文以历史讽喻现实，以史谏言北宋统治者。还有借管仲与鲍叔牙之交推崇诚信道德的《论交》；表达渴望明主、隐含壮志难酬之情的《隆中》；谏言选贤举能、反对排斥贤臣的《垓下》等。曾巩的咏史诗或委婉言志，或直言改革，其托物喻人的文笔都源于现实又立意高远，凸显了他恩泽天下、救民济世的儒家仁义思想。

在《曾巩集》中有100余首诗歌蕴含离别之情。例如诗合集《奉和滁州九咏九首》，曾巩看望身在滁州的欧阳修返回时，离愁别绪顿生，对欧阳修的才学与人品大加赞赏。再如《上杜相公》，曾巩前去拜访仰慕已久、刚刚去职的宰相杜衍，临别时曾巩表达了对两人友情的珍重和对杜衍的敬仰之情。曾巩的此类诗歌还有：怀念好友王安石的《寄介甫诗》《江上怀介甫》；惜别友人的《送陈商学士》；感伤人才离去、叮嘱学生的《送钱生》；送别、劝慰失意者的《酬吴仲庶龙图暮春感怀》《送孙颖贤》等。离别诗可以说正是曾巩本人各个重要人生阶段与思想状态的真实记录。

曾巩的思想属儒学体系，他赞同孔孟的哲学观点，强调

“仁”和“致诚”，认为只要按照“中庸之道”虚心自省、正诚修身就能认识世界和主宰世界。在政治上他反对兼并政策，主张发展农业和广开言路。他在任地方官时，以“仁”为怀。

曾巩在王安石变法期间主张在不失先王意旨的前提下，对法制做必要的改革。在行动上，他能够维护新法，在齐州为官时，能力行保甲之法，使州人安居乐业。他师承司马迁、韩愈和欧阳修，主张“文以明道”，把欧阳修的“事信、言文”观点推广到史传文学和碑铭文字上。他强调只有加强道德修养，才足以发难显之情，写“明道”之文。

曾巩重视兴教劝学，培养人才。他培养了一批名儒，陈师道、王无咎、曾肇和曾布受业于他。曾巩治学严谨，每力学以求之、深思以索之，使知其要、识其微。他在抚州居所旁边建有“兴鲁书院”，并亲定学规、执教席，推动抚州学风的发展。

曾巩一生用功读书，极嗜藏书，从政之便，广览博收。家里藏古籍两万余卷，收集篆刻五百卷，名为《金石录》。著作有《元丰类稿》《续元丰类稿》《隆平集》和《外集》等。《列女传》《李太白集》和《陈书》等都曾经过他的校勘。任职于史馆时，埋头整理《战国策》《说苑》两书，他访求采录，才免于散失。他每校一书，必撰序文，并校订《南齐书》《梁书》《陈书》三史。在编校古书的同时还写有目录序，如《战国策·目录序》《烈女传·目录序》《新序·目录序》等。

曾巩著述颇丰，存世作品有《曾巩集》《元丰类稿》《隆平集》等。其中《元丰类稿》50 卷、《续元丰类稿》40 卷、《外集》10 卷流行于世。另外，他还著有《卫道录》《大学稽中传》《礼经类编》《杂职》《宋朝政要策》等。宋朝被迫南渡以后，《续元丰类稿》《外集》均散佚不传，仅存《元丰类稿》50卷，另有《隆平集》30卷传世。

曾巩的散文作品有《答李沿书》《与王向书》《回傅权书》《赠黎安二生序》《越州赵公救灾记》《醒心亭记》《游山记》《道山亭》《辞中书舍人状记》《战国策·目录序》《宜黄县学记》《墨池记》等。诗歌作品有《胡使》《追租》《东轩小饮呈坐中》《人情》等。曾巩的书法作品、传世孤本《局事帖》，是迄今发现的唯一一件“唐宋八大家之一”曾巩的传世墨迹，为曾巩62岁那年写给同乡故人的一封信，共124字，距今已有936年，曾被历史上多位名人收藏，并经徐邦达考证著录于《古书画过眼要录：津隋唐五代宋书法》。

历史上关于曾巩的评价很多：

《宋史·曾巩传》评论其文说：“立言于欧阳修、王安石间，纡徐而不烦，简奥而不晦，卓然自成一家，可谓难矣。”

欧阳修《送曾巩秀才序》：“况若曾生之业，其大者固已魁垒，其小者亦可以中尺度，而有司弃之，可怪也。”

欧阳修《送杨辟秀才》：“吾奇曾生者，始得之太学。初谓独轩然，百鸟而一鹗。”

王安石《赠曾子固》：“曾子文章众无有，水之江汉星之斗。挟才乘气不媚柔，群儿谤伤均一口。吾语群儿勿谤伤，岂有曾子终皇皇。借令不幸贱且死，后日犹为班与扬。”

王安石《答曾子固南丰道中所寄》：“爱子所守卓，忧予不能攀。”

苏轼《送曾子固倅越得燕字》：“醉翁门下士，杂遝难为贤。曾子独超轶，孤芳陋群妍。昔从南方来，与翁两联翩。翁今自憔悴，子去亦宜然。贾谊穷适楚，乐生老思燕。那因江鲙美，遽厌天庖膻。但苦世论隘，聒耳如蜩蝉。安得万顷池，养此横海鳣。”

苏辙《曾子固舍人挽词》：“少年漂泊马光禄，末路骞腾朱会稽。儒术远追齐稷下，文词近比汉京西。平生碑版无容继，此日铭诗谁为题。试数庐陵门下士，十年零落晓星低。”

朱熹：“予读曾氏书，未尝不掩卷废书而叹，何世之知公浅也”“爱其词严而理正，居尝诵习”。

刘埙《隐居通议》：“平生深于经术，得其理趣；而流连光景，吟风弄月，非其好也。往往宋人诗体多尚赋，而比与兴寡，先生之诗亦然。”

曾肇：“公生而警敏，不类童子，读书数百千言，一览辄诵。年十有二，日试六论，援笔而成，辞甚伟也。未冠，名闻四方。是时宋兴八十余年，海内无事，异材间出。欧阳文忠公赫然特起，为学者宗师。公稍后出，遂与文忠公齐名。自朝廷至闾巷海隅障塞，妇人孺子皆能道公姓字。其所为文，落纸辄为人传去，不旬月而周天下。学士大夫手抄口诵，唯恐得之晚也。盖自扬雄以后，士罕知经，至施于政事，亦皆卑近苟简，故道术浸微，先王之迹不复见于世。公生于末俗之中，绝学之后，其于剖析微言，阐明疑义，卓然自得，足以发六艺之蕴，正百家之缪，破数千载之惑。其言古今治乱得失是非成败，人贤不肖，以至弥纶当世之务，斟酌损益，必本于经，不少贬以就俗，非与前世列于儒林及以功名自见者比也。至其文章，上下驰骋，愈出而愈新，读者不必能知，知者不必能言。盖天材独至，若非人力所能，学者愈精覃思，莫能到也。世谓其辞于汉唐可方司马迁、韩愈，而要其归，必止于仁义，言近旨远，虽《诗》《书》之作者未能远过也。其为人洞筼狈剑取舍必度于礼义，不为矫伪姑息以阿世俗。弗在于义，虽势官大人不为之屈，非其好，虽举世从之，不辄与之比。以其故，世俗多忌嫉之，然不为之变也。”（《元丰类稿·附录》）

何良俊《何氏语林》：王安石是北宋散文大家，曾受邀为许子春撰写谱序，许子春收到谱序后又寄给欧阳修，请他审订，却没有标明作者的姓名。欧阳修一直没来得及看，后来晾晒书籍的时候，看到了，觉得写得很不错。最初怀疑是王安石所作，后来思来想去，觉得王安石不够水平，“曰：‘介甫安能为？必子固也。’”

韩维《宋大儒曾巩神道碑》：“自唐衰，天下之文变而不善者数百年。欧阳文忠公始大正其体，一复于雅。其后公与王荆公介甫相继而出，为学者所宗。于是大宋之文章，炳然与汉唐侔盛矣。”

《明史·王慎中传》载：“慎中为文，初主秦汉，谓东京之下无可取，已司欧、曾作文之法，乃尽焚旧作，一意师仿，尤得力于曾巩；顺之初不服，久亦变而从之。”

钱钟书：“在唐宋八大家中，曾巩的诗歌远比苏洵父子好，绝句的风致更比王安石有过之而无不及。”

### 三、曾布

曾布（1036—1107），字子宣，江西南丰人，太常博士曾易占之子，中书舍人曾巩之弟，北宋中期宰相，王安石变法的重要支持者，在北宋王安石变法时期发挥了重要作用，王安石变法期间曾同时担任集贤校理、判司农寺、检正中书五房（辅助宰相处理公务者）、起居注、知制诰、翰林学士、三司使等职。

13岁时，父亲曾易占去世，曾布跟随兄长曾巩学习。嘉祐二年（1057）欧阳修主持会试，曾布才与其兄曾巩、曾牟等一起进士及第。考中进士后曾布接连被任职为宣州司户参军、怀仁县县令。

熙宁二年（1069），曾布被迁往首都开封为官，因为王安石和韩维的推荐，曾布得以上书言政。曾布上书说，为政的根本有二：曰厉风俗、择人才；其要点有八：曰劝农桑、理财赋、兴学校、审选举、责吏课、叙宗室、修武备、制远人，这些政治主张基本上都是王安石所提倡的。

曾布的上书得到了宋神宗的重视，因为他的建议符合宋神宗的施政理念，于是曾布被授予太子中允、崇政殿说书的职位，不久又授予集贤校理、判司农寺、检正中书五房的职位，在三日之内就接连收到了皇帝的五份任职文书。

曾布的才能受到了王安石的器重，曾布因此得以和吕惠卿等一同主持开创青苗、助役、保甲、农田水利等新法，当时的老臣和朝臣大多反对王安石的变法主张，曾布因此上书说："陛下您凭借自己的雄才大略，延请博学而有远见卓识的大臣，想在天下有所作为。但一些大臣玩弄法令，在朝堂上率先反对，小臣在下议论纷纷，人人都窥伺间隙，巧言毁谤，以舆论来愚弄君上。这种情况的原因是因为陛下赏罚之术不明，如果能够明赏罚、用威刑，使天下都知道帝命不可违抗，法令不可轻慢，那还有什么命令不能贯彻，什么想法不能成功呢？"曾布劝神宗坚定变法决心，专任王安石以推进新法，消除不利于新法的舆论。于是新法大兴，曾布因此而得到重用，担任起居注、知制诰、翰林学士兼三司使等职。

不久，重臣韩琦上书激烈地指责新法的危害，宋神宗因此而有所动摇，曾布便替王安石逐条分析批驳韩琦的观点，使得新法更加稳固。

熙宁七年（1074），天下大旱，宋神宗下诏征求直言，曾布上书奏称市易务的判官吕嘉问在执行市易法时用重税来剥削人民，曾布说："国家财用匮乏是因为货物不流通；货物不流通则是因为商贾不流动；商贾不流动，是因为兼并之家想方设法阻碍他们。所以在京城设市易务买卖各地的货物来不时调控物价，使价钱或高或低以保护普通商贩和平民的利益，官府也不失得到二分息钱，那么商贾自然就流动了。如今吕嘉问竟派官吏到各地买货物，严禁商人先交易，以收息多少作为赏罚高下和政绩等级的标准，所以官吏、牙人唯恐货物不被搜罗光和息钱不多，这是官府自己成为兼并势力，不是市易法的本意。"

曾布此奏实质上是叛变了变法派，宋神宗把这事交给两制议论，吕惠卿认为曾布阻挠新法的施行，王安石很气愤，曾布因此被罢官而贬谪出外，在饶、潭、广、桂、秦、陈、蔡等地奔波为官。

同年，吕惠卿被任命为参知政事，设置诉案，发动弹劾之事，曾布被进一步贬为饶州知州，又转到潭州。后来又恢复曾布集贤院学士之衔，为广州知州。

元丰元年（1078），曾布以龙图阁待制的身份出知桂州，又进为直学士，知秦州。后来又历任陈州、蔡州和庆州的知州。

元丰八年（1085），宋神宗驾崩后，其幼子宋哲宗继位，反对变法的高太后垂帘听政，旧党因此被启用。因为曾经攻击市易法，曾布复官为翰林学士，又升为户部尚书。司马光执政后，要求他废除新法，尤其是雇役法。曾布是个坚持为政原则的人："雇役一事，法令纤悉皆出吾手，若令自作改易，义不能为！"曾布因此再被外放。

元祐元年（1086），曾布以龙图阁学士的身份出为太原知府，又历任真定、河阳知府和青、瀛知州。

绍圣元年（1094），宋哲宗亲政，曾布调任江宁，路过京城时，被留在京城任翰林学士，后来又升为承旨兼侍读，拜同知枢密院，又进官为知枢密院事，重新进入权力中心。

宋哲宗执政期间，章惇为宰相，曾布为枢密使。章惇为获得士大夫的支持，推荐名士彭汝砺、陈瓘、张庭坚等人，又请求恢复被削夺的司马光、吕公著的赠谥，并保护二人的坟墓和墓碑，曾布却加以反对，并认为这是无益之事。曾布又上奏说："皇帝操持权柄不可倒持，如今从宰辅到言官都只知道怕宰相而不畏陛下，如果我不揭发此事又有谁敢言呢?"曾布是想排挤章惇，但没有成功。

元符三年（1100），宋哲宗驾崩，皇太后招来宰辅询问谁可立为皇帝，章惇厉声说："按礼法而言，同母胞弟简王当立。"皇太后说："我无子嗣，诸王都是神宗的庶子。"章惇复言："既然都是庶子，按长幼应立申王。"皇太后说："申王有疾病，不能立为帝。"章惇还想说话，曾布斥责说："章惇，听太后处置。"于是太后决定立端王，端王即是宋徽宗。

端王赵佶继位后，章惇因当初反对其继位而被贬谪，曾布得以拜相，被徽宗任命为右仆射，韩忠彦为左仆射。韩忠彦虽然在曾布之上，但因为他的性格柔懦，事情多由曾布决定，但曾布仍不能容他为相。当时政治气氛认为宋哲宗时期的政事有过失，想用大公至正解除朋党，第二年，就改元建中靖国，新党和旧党的人并用，韩忠彦被罢职，曾布独自掌权。

崇宁元年（1102），宋徽宗任用蔡京为左仆射，蔡京和曾布并不和睦。恰逢曾布想提拔他的亲家陈佑甫为户部侍郎，蔡京上奏说："爵禄是陛下之赏，怎么能让宰相私自授予亲信呢?"曾布愤然争辩，声色俱厉。温益呵斥曾布说："曾布你怎能在皇上面前失礼?"徽宗不悦而退，御史领会了上意去攻击曾布。曾布便被罢为观文殿大学士、润州知州。

蔡京依然对曾布存有积怨，给曾布加以贪污的罪名，又命开封府吕嘉问逮捕曾布诸子，又罗织罪名进行审讯，加罪于曾布诸子。曾布被降职，为提举太清宫，在太平州居住，后又降为分管南京的司农卿。又因为曾经推荐过的学官赵谂反叛，曾布被降为散官，衡州安置。又因为曾布在建中靖国元年执政时放弃湟州，被降为贺州别驾，又降为廉州司户。崇宁四年以后，被转到舒州，恢复太中大夫的官职，提举崇福宫。

大观元年（1107），曾布在润州去世，终年七十二岁。死后被追赠为观文殿大学士，谥号"文肃"。

曾布虽然不乏才干，但在宋史中却被列入《奸臣传》，政治生命被卷入北宋后期白热化的党争，政治立场较为中立。

曾布作为王安石变法过程中的重要助手，王安石对其的评价为："自议新法，始终言可行者，曾布也；言不可行者，司马光也；余皆前附后叛，或出或入。”在变法期间，曾布一人身兼起居注、知制诰、翰林学士、三司使等数职，在同为王安石的重要助手吕惠卿服丧期间发挥了重要的作用，和吕惠卿一同主持开创了青苗、助役、保甲、农田水利等新法，并对反对变法的旧党进行了辩驳。

梁启超在《王安石评传》中如此评价曾布：“曾子宣者，千古骨鲠之士”“其才其学，皆足以辅之，南丰可云有弟，而荆公之得士，亦一夔而足者也。”并为其辩白：“荆公之冤，数百年来为之昭雪者，尚有数十人。而子宣之冤，乃万古如长夜，吾安得不表而出之。”

曾布的诗词作品主要有：《江南好·忆江南》《水调歌头·魏豪有冯燕》《水调歌头·袖笼鞭敲镫》《水调歌头·说良人滑将张婴》《水调歌头·一夕还家醉》《水调歌头·凤凰钗》《水调歌头·向红尘里》《水调歌头·义城元靖贤相国》《二月》等。

### 四、曾怀

曾怀（1100—1172），字钦道，福建晋江人，南宋隆兴年间任浙西提举，后又任度支员外郎，管理能力突出。因为曾怀的治理有方，使得南宋国库丰裕，曾怀也因此晋升为户部尚书。在任期间，曾怀对各州郡钱粮的库存与收支情况都了如指掌，并一一记载清楚。曾怀颇为朝廷所倚重，宋孝宗将他比作萧何、刘晏。曾怀因之累迁至右丞相兼枢密使，后封鲁国公。

曾怀家世显赫，其祖父曾孝宽为资政殿大学士，赠右光禄大夫太师秦国公；曾祖父曾公亮为丞相、太师、太傅、太保、侍中、鲁国公。宋徽宗宣和元年（1119），父亲曾诚被授参议郎、奉直大夫、秘书少监，赠太师秦国公。曾怀自少受到良好的教育，家世的熏陶使他养成以“清约自持”的品德。

曾怀以父恩授金坛（今江苏常州）主簿。宋室南渡后，授乌江令，寻改浙西帅司干官。绍兴三十二年（1162），提举西浙市舶，有《四明鲁国曾宣靖公祠堂记》，文中除记叙曾公亮之外，还提及蔡襄守钱塘事迹。不久，晋知江州。孝宗继位（1163）后，改知真州。后除度支员外郎。孝宗乾道二年（1166），由度支员外郎擢为户部侍郎，不久升为户部尚书。紧接着便参知政事，与梁克家同为右丞相。未几，右丞相梁克家与同知枢密院张说议使事不合，请求离职，孝宗于是罢梁克家右丞相位，以观文殿大学士知建宁府。此时，便独由曾怀辅政了。乾道六年（1170），曾怀以观文殿大学士、提举太平兴国宫、迁光禄大夫，复拜右丞相兼枢密使，以疾免朝参，只令入堂治事，遇大政则宣引曾怀。

曾怀因长期劳碌，身体瘦弱，几乎已经不能行动，可是朝中无人，还是要带病上朝。皇帝看到他如此，特于后宫制紫金鱼袋赐给他。

曾怀为官最大的特点还是在于他善理财政。当他担任户部侍郎的时候，采取均役、限田、抑游手、定赏罚、劝课农桑等发展生产的积极办法。诸如对江淮一带，“劝课农桑，令、丞植桑三万株至六万株，守、倅部内植二十万株以上，并论赏有差”。还向孝宗皇帝奏说：江西路营田四千余顷，已佃一千九百余顷，租钱五万五百余贯，若出卖，可得六万五千余贯；及两浙转运司所托，已佃九十万亩。合而言之，为数浩瀚。今欲遵元诏，见佃愿买者减价二分。民间会子破损，别造五百万换给；而对于损会贯百钱数可验者，并作上供钱入输，巨室以低价收者坐之。曾怀还受诏同共措置，铸提领措置会子库印。此中，凡五年，未尝以钱谷语人；凡钱欲之数、州郡所积与夫出纳之多寡，纤悉必记。一时间，褒言不断。可是曾怀在他的奏折措辞上，却很谦虚地说：臣不敢进生财之说，亦不敢进苦节之说，但量入为出，使天下之财足天下之用。

曾怀虽然没法挽救大厦将倾、奄奄待毙的赵宋王朝，但能做到勤政为公、真心爱民、不害民而用度足，实在难能可贵。孝宗皇帝即位之后，虽然有志进取，诸如用虞允文、陈俊卿、王十朋、梁克家、朱熹等一班文臣武将，堪称智勇兼优，作为振兴赵宋王朝，诚亦俱足深恃。可是朝廷内部忠奸正邪始终对垒，阉宦恣横，致使奸人有隙可作其乱，忠臣无机可展其才。曾怀为官，秉公处事，尽忠效力，推贤扬善。每当建言的同僚受贬谪，不无婉言向孝宗建言：“勿以一人嘉之而用，亦勿以一人谤之而去。”可是不久，连他自己也受台官詹元宗、李棠言事所论劾。曾怀对此，感触沉重，立即求退。后来，经查三司言无实迹，孝宗皇帝才顿然大悟，责元宗、李棠等之罪，恢复曾怀官职。但这时曾怀已经老病交加，已经不能入堂治事了，于是请罢。翌年，乾道八年（1172）三月，曾怀卒，著有《曾怀文集》3卷，遗著有《少保文集》30卷。

### 五、曾从龙

曾从龙（1175—1236），福建晋江人，字君赐，初名一龙，号云帽居士，南宋孝宗淳熙二年（1175）生，南宋理宗端平三年（1236）卒，享年62岁。遗作有《曾少师诗文集》。

曾从龙，北宋名相曾公亮四世从孙，南宋庆元五年（1199）状元及第。由于廷对时其词采飞扬，旁征博引，宁宗十分欢喜，亲口拔擢为第一，并赐名从龙。中状元后，先任签书奉国军节度判官厅公事，接着升迁为兵部员外郎、左司郎中、起居舍人兼太子右谕德，后累官至刑部尚书、礼部尚书、知枢密院事兼参知政事。

曾从龙在朝为官时，曾两次奉诏出使金国，不辱使命而返，他从不趋炎附势，敢于伸张正义，忠心谋国，悉心辅政；出任地方官时，又能关心百姓疾苦，体恤民瘼，除暴安良，是南宋后期一位有所作为的贤相。出使金国后，针对州郡长官缺守、副职以事付胥吏管理之弊，提出多设二三位大臣以备补缺的建议，被朝廷采纳。

宁宗开禧年间，曾从龙自请外任，先任信州（今属江西）知州，刚一到任，就依法捕杀扰民的戍卒，平息了民愤。回京后，升为礼部侍郎兼中书舍人。因驳回张镃复官之议，官职累迁至刑部尚书。嘉定六年（1213），阴雨连绵不绝，曾从龙上疏言："修德政，蓄人材，饰边备。"并乞放囚徒，又被采纳。七年，知贡举时，对考生文风不正，根底不实，竞相抄袭、仿模之风，提出考试目的是为国求才，以治国安邦。不久，曾从龙进端明殿学士，签书枢密院，改任参知政事。因弹劾胡榘，贬建宁府。不久母亲去世，曾从龙解官还乡。服丧期满，起为湖南安抚使，在任整顿吏治，严明法纪，兴学养士，政绩被当地百姓刻于石碑之上。

南宋理宗端平元年（1234），拜资政殿大学士兼知枢密院事。在三京之役中，曾从龙极论元兵轻进易退，未几应验，进为参知政事，以枢密使身份督视江淮、荆襄军马。上疏言："边面辽远，声援不接，请并建二阃。"理宗诏许。曾从龙于是专务江淮，魏了翁经营荆襄，两人并领督府。蒙古军队开始窥伺江淮、荆襄地区，他以枢密使督视这一地区军马，并积极筹措防务。

宋端平二年（1235）冬，蒙古军队窥伺南宋的襄淮地区，警报纷至沓来，曾从龙严阵以待。正当曾从龙致力于江淮防务之际，因朝中主和派官员极力反对，借口"边费不给"，宋理宗只得招曾从龙回京。抗元复国之志不能实现，曾从龙忧郁成疾，于宋端平三年正月十五逝世。理宗极为哀痛，为之"震悼辍朝"，并遣使临奠，追赠少师，封为清源郡公，祀泉州乡贤祠。

这里摘录几则关于曾从龙的逸闻趣事。

（1）相传曾从龙之母临产时，在井边洗衣服，于是便在井旁边诞下了曾从龙。曾从龙状元及第后，为了纪念此井，后人便在井边的墙壁上刻石，名为"状元井"。故宅已废，但状元井尚在，后人称此里巷为曾井巷（现位于泉州培元中学边）。

（2）民间至今仍流传着不少曾从龙早时求学的趣事。大冬天，他身穿薄衣，出入书馆苦读，惹得乡人讥笑。但他对别人的冷言冷语不屑一顾，题诗于壁以明志："腊月抄单衣又单，十人行过九人看。人人笑我单衣冷，我是龙身不怕寒。"正是由于埋首苦读，他才有了日后的科场扬名。

（3）传说曾从龙要上京应试之前，梦见自己到庙里烧香拜佛，神佛拿出一张黄牌给他，只见上面写着："两爵并耀在今秋，一荐独行于天下。”上京赴试是春天，但因路远，曾从龙秋天就得出发，这两句诗分明是说他今年秋天去应试一定会中。第二年春天应试，曾从龙果然金榜题名，高中状元。

## 六、曾棨

曾棨（1372—1432）字子棨，号西墅，江西永丰人。明永乐二年（1404）状元。曾棨才思敏捷、文如泉涌，廷对时两万言不打草稿，人称“江西才子”。曾出任《永乐大典》编纂，工书法，草书雄放，有晋人风度。

曾棨早年家贫，以砍柴、帮工维持生计。小时候被其父厌弃，于是一边放猪，一边苦读。他天性聪明又博闻强记，工文辞，善草书。廷对时，明成祖爱其才，在他的考卷上御批：“贯通经史，识达天人，有讲习之学，有忠爱之诚，擢魁天下，昭我文明，尚资启沃，惟良显哉!”（焦竑《玉堂丛语》卷六《科试》）还在卷首朱书“第一甲第一名”。

高中状元后，曾棨授翰林修撰。因为此科为明成祖登基后的首次开科，所以成祖令解缙从进士中挑选优秀俊敏者28人为庶吉士，进文渊阁深造。曾棨被列为第一人。此后，成祖每每召问典故，曾棨都应对如流。有一次，成祖以《天马海青歌》为题，亲试文渊阁28人。曾棨挥笔立就，且词气豪宕，于是成祖奖励他玛瑙带和名马。成祖又将古籍经典中读到的偏僻隐语，摘记在册，招其面询出处，曾棨皆对答如流，被成祖视为有真才实学的楷模。成祖每与诸臣论文士，总要问：“得如曾翰林否?”

不久，明成祖诏令修《永乐大典》，曾棨任副总裁。书成，升侍讲学士。永乐七年、十一年，两次扈从成祖巡幸北京，其间应制诗赋，备受称赞。永乐十二年，主考北京乡试，次年充廷试读卷官。永乐十六年主考礼部会试，升侍读学士，授奉训大夫。后诏修天下郡县志，任副总裁。

明宣宗宣德元年（1426），曾棨升右春坊大学士，进讲文华殿。二年，任詹事府少詹事，掌管太子宫内事务，仍值文渊阁。馆阁中，自解缙、胡广后，重大文告、条例，多出自曾棨手笔。宣德五年充廷试读卷官，参与修撰太祖、仁宗两朝实录。

宣德七年，曾棨病逝，赠礼部左侍郎，谥“襄敏”。

曾棨所作诗文甚多，万历（1573—1620）年间，永丰知县吴期照加以选录，整理为《西墅集》10卷，存目《四库全书》集部别集类。另有《巢睫集》5卷传世。杨士奇称其诗文如“园林得春，群芳奋发。锦绣灿然，可玩可悦。赋咏之体，必律唐人。兴之所至，笔不停挥。状写之工，极其天趣”。但行文过速，缺乏琢磨，因而《四库提要》说曾棨：“集中一题百首，往往才气用事，而按切肌理，不耐推敲，是亦速成之过也。”这也许与他洒脱、豪爽的性格有关。曾棨中状元时所作的《百梅诗》及其在廷试时写的“策论”，为曾氏家谱收藏（宋体木刻孤本）。新版《永丰县志》将《百梅诗》及“策论”辑录于文存编，盛传于家乡。

关于曾棨的故事：

（1）曾棨得中状元的真相。据传，明成祖永乐二年会试过后，主考官解缙特别欣赏同乡乡试解元刘子钦的才学，曾对他说：“状元属子矣。”刘子钦自恃才高、目中无人，对解缙的关照不以为然，并出言不逊。解缙见状，便偷偷地以题意示与另一同乡曾棨，致使曾棨殿试之策最为详尽，下笔万言。成祖认为曾棨才学超群，而刘子钦只排在前十名之外。

到了考试的最后一关——殿试，在京城举行。试卷一发，数百名考生感到有些意外。以前的殿试题，大多从四书五经中抽出一段，要考生议论治国平天下的对策。可这次的试题别出心裁，题目是礼乐制度方面的经文。大约朱棣夺了侄儿的皇位，有些心虚，想明尊卑、定礼仪，让举子们明白皇帝应有的尊严。考生们虽然学过礼乐知识，但要阐述有何意义和作用、如何实施，却心中没底。只见有的抓首挠耳，有的冥思苦想，迟迟难以下笔。而在东南方向试馆里的吉安永丰考生曾棨，却成竹在胸。他略加思考后，便文思泉涌，两万多字的对策，一气呵成。评卷官读了他的文章，感到眼睛一亮。只见字体遒劲有力，论述清晰鲜明，一致同意排为第一。

主考官解缙率评卷官将排好名次的试卷呈给明成祖审定。明成祖看完前三篇便说：“众卿眼力不错，曾棨通贯经史，识达天人，状元就是他吧!”解缙说：“皇上圣明。不过，这曾棨是吉安府人，而读卷、定名次的七位内阁大学士中，我们三个也是吉安府人。为免有人说闲话，要请皇上为我等撑腰。”永乐帝说：“是有大臣向我提醒，要防偏心。但真金不怕火炼，让江西乡试第一名、本科排在三名之外的刘子钦和曾棨明天过来，由我出题殿试一次，比比高低也好。”

第二天一早，曾棨便来到了宫里。永乐帝见他身材魁梧，英气逼人，心中有几分满意。不一会，刘子钦也来了。永乐帝说：“你俩都是江西才子，我想见识一下你们的才学。联以

‘梅花’为题，你们写出百首七律来，天黑前交卷。”曾棨自幼刻苦攻读诗文，博闻强记，写梅花的古诗他能背出不少。他尤其喜欢吉水诗人杨万里写的“一枝笑看万花摧”“雪后精神添一半”“也无野气也无尘”等梅花诗句。他想到了家乡山上的梅花树，傲霜凌雪，一枝独秀。又联想到自己从小家境贫寒，十几岁便给人家做长工，经受了不少磨难；更有家乡先贤欧阳修，宦海沉浮但志存高远，为国家建立了不朽功勋。这样想着，仪态万千、品性高洁的梅花形象便在脑中渐渐生动起来。于是，他从不同场景、不同季节的梅花写起，如庭梅、江梅、腊梅、寒梅等，再写梅花的姿态和品种，如矮梅、瘦梅、盆梅、红梅、粉梅、青梅、黄梅等，又写对梅花寄予的情怀，如问梅、评梅、别梅、思梅……

时间一点点过去，解缙等监考官开始暗暗着急，担心曾棨写不出百首梅花诗来。岂料过了一会，便见他手不停笔，一路写了下去，这才松了一口气。永乐帝晚饭后来到试场，曾棨呈上了百首诗稿。刘子钦也不错，但只写了 80 多首。永乐帝将曾棨的诗作逐一读去，首首格律规范、构思精巧、诗句流畅、寓意深刻。更难能可贵的是，整整 800 句，没有一句是重复的；诗意全在梅花，仅在第 40 首出现一个“梅”字。尽写梅花之鲜丽，抒发梅花之神韵，形象生动，寓意深远，文采喷发，一如梅花斗雪怒放。明成祖当即击节诵吟，音律铿锵，口齿留香，怡情悦性，拍案称绝。永乐帝赞叹不已：“难得天下有如此奇才，真乃我朝大幸！状元曾棨名副其实也！”

（2）三步对联。曾棨被誉为“江西才子”，不仅学问渊博，而且才思敏捷。明成祖朱棣在审阅其状元试卷时，就极其赏识，御笔亲批："第一甲第一名"。但是，有时兴起，他也要难一难曾棨。

有一次，明成祖吟出一上联："红袖手提鹦鹉盏，来迎状元"，限曾棨三步对出下联。曾棨跨出第三步时，果真对出了下联："白衣身到凤凰池，进朝天子。"

又有一次，正值元宵佳节，皇帝领群臣观赏彩灯，华灯灿烂，明成祖大喜，即兴口吟一上联："灯明，月明，大明一统"，令群臣对下联。群臣无人能对，哑口无言。即刻，只听曾棨大声吟对："君乐，民乐，永乐万年。"皇帝大为赞赏。

（3）"酒状元"的风采。曾棨相貌堂堂，身材魁伟，善饮酒，且酒量惊人。

一天，来了一位外国使臣，号称善饮，朝中无人能陪，明成祖命廷臣推举，却只有一个下级武士敢于应战。成祖十分不高兴地说："堂堂天朝，难道就没有一个善于饮酒的大臣？让一个武士作陪，成何体统？"于是曾棨请往，成祖问："卿量几何？"曾棨答："无论量。"成祖大喜，命他去陪使臣，让那武士帮忙跑堂。三人一连喝了几天，来使终于大醉，武士也东倒西歪，然而曾棨清醒如没喝过酒一样，使臣只得甘拜下风。成祖闻之大喜道："且不以才学，只这酒量，亦堪做我朝状元。"

又有一次，英国公张辅想试探一下曾棨到底有多大酒量。他两手合拢量了一下曾棨的腹部，再根据腹部的大小做了一只木桶，置于厅堂后面，于是便邀请曾棨到他家中赴宴。他喝多少，同时便往桶中注入多少，喝了一天，桶里的酒已溢了出来，便注入另一瓮中，又溢了出来。曾棨神色自若，夜半回到家中，又摆酒犒劳送他的张府仆人，直到仆人都醉了，他才休息。第二天，张辅惊呼："子棨真海量也。"

还有一次，明朝永乐年间有一个"虏使"到京，欲侦探朝廷的虚实。他自认饮酒有海量才能表现出一个民族的豪强剽悍，而自己便以豪饮著称。因此，他便以酒探路，步步紧逼，以期得胜而归。朝廷也深察其用意，自然就派曾棨前往陪饮，"虏使"欣然奉陪。席间宾主频频举杯，觥筹交错，饮至酒酣耳热之际，外使自况本民族的豪饮海量、剽悍强劲。曾棨则极尽主人之谊，多多敬酒，待至客人自觉难以为继，有了几分醉意，这才奉劝起来：大明朝廷一贯主张睦邻友好，和平相处，双方互助，边陲百姓都能安居乐业，岂不妙哉！客人听了深深点头称是。又过数巡，客人已不堪酒力，而曾棨则谈笑风生，怡然自乐，酒意未阑，潇洒豪放。客人至此则深为感服，并恳切表示：回去一定如实禀报，感激大明朝廷的宽宏大量，以使双方能够和睦共处，造福百姓。

## 七、曾鹤龄

曾鹤龄（1383—1441），字延年，一字延之，号松臞、一号臞叟，江西泰和人，北宋农学家曾安止后裔。曾安止，1048—1098，字移忠，号屠龙翁。北宋熙宁进士，初任丰城县主簿，后改为彭泽县令。在任期间，体察民情，为政清廉。曾安止后半生对泰和周边各地农业生产进行广泛深入的调查，潜心研究水稻栽培，搜集大量有关水稻品种及栽培技术的资料，去世前完成《禾谱》5卷。此书详细介绍了北宋江南地区50多种水稻品种的名称、特征、栽培技术和管理方法，是继南朝时期贾思勰《齐民要术》后又一部农业科学著作。今全卷不存，但残存部分仍是研究江西乃至全国水稻栽培的珍贵资料。苏东坡曾与曾安止进行学术交流并写下流传千古的《秧马歌》。

曾鹤龄自幼聪敏异常，小时候在家中接受启蒙教育时，便不用大人督促，自觉刻苦钻研，后来与其兄曾椿龄一起主攻《尚书》。22 岁时，他就与曾椿龄一起参加明永乐三年（1405）乡试，兄弟同科考中举人。次年本拟趁热打铁，同兄长一道进京会试，但考虑到父母年迈，身体欠佳，放心不下，便主动留下来侍候父母，放弃赴京应试的机会，让其兄曾椿龄去参加会试。其兄曾椿龄会试时，考中进士，被选为庶吉士。

本来曾鹤龄打算参加下一届科考，不料曾椿龄得病不起，英年早逝。因此，曾鹤龄上要赡养父母，下要供养兄长的遗孀、幼子和自己的妻子，一家人的重担全部落在曾鹤龄一个人身上。他不得不再次放弃应试的机会。紧接着，父亲又去世了，曾鹤龄又得守孝三年，里里外外都得由他一人操持，更分身不得。待到侄儿长大成人时，他已年近不惑之年，但他还是辞别老母，赴京参加永乐十九年（1421）的会试，此时离他中举已经过去 16 年了。

在曾鹤龄去参加会试的时候，他和几个浙江的举子一同前往，在互相议论的时候，这些举子们一个个口若悬河，而曾鹤龄为人沉默寡言，被人鄙视，认为他通过会试资格的考试不过是一种偶然，于是就称呼他为“曾偶然”。

主持会试的考官是本县的杨士奇，他赏识朴实之作，看了曾鹤龄的应试卷后十分高兴，就取在前列，而后通过殿试而夺魁。而称呼曾鹤龄为“曾偶然”的举子们居然全部落榜，曾鹤龄立即给那些讽刺自己的举子们寄去了一首诗：“捧领乡书谒九天，偶然趁得浙江船。世间固有偶然事，岂意偶然又偶然？”看了这首诗，那些讽刺他的举子们这才后悔，原来曾鹤龄只不过不愿意与他们一般计较罢了。

曾鹤龄状元及第后，历官翰林院修撰、侍讲、侍读学士、奉训大夫。参与编修《成祖实录》《仁宗实录》《宣宗实录》，实心任事，屡受嘉奖。

明英宗正统三年（1438）戊午科乡试，他以翰林侍读学士的资格出任顺天府考场正主考。不料初试之夕贡院失火，部分考卷已被烧得残缺不全。怎么办？有关部门怕说失火烧毁考卷而受处罚，主张悄悄收拾一下，录取时对被烧试卷酌情处理。曾鹤龄则力排众议，坚持道：“必更试，然后百弊涤，至公着。不然，虽无所私，亦招怨谤。朝廷何惜一日之费以成此盛举哉！”（焦竑《玉堂丛语》卷六《科试》）最后将他的意见上报朝廷，结果朝廷采纳了曾鹤龄的意见，英宗下诏“更试”。大家都佩服曾鹤龄为考生负责的精神。

曾鹤龄是明代的文学家，供职翰林院达20年之久，在文学上颇有成就，“文章之美，中外称之”。他的诗歌蕴藉旷达，如《罗知洲之交趾分韵得北字》：

> 惆怅杯酒间，踟蹰衢路侧。迩别情所难，况君远行客。
>
> 行客适何许，南交已绝域。山川阻且修，匹马独登陟。
>
> 丈夫四海志，万里犹咫尺。苦辛谅不辞，所思在明德。
>
> 俯视川从东，仰睇星拱北。还朝会有期，侧伫听

消息。

这首诗虽是迎送应酬之作，却感情真挚，热情洋溢。尤其是后半首，一转惜别之情而为热情鼓励，使人满怀信心。

在诗、文二体中，曾鹤龄以文见长。《四库全书总目》评价曾鹤龄的文章说："诗多牵率之作，命意不深，而措词结局，往往为韵所窘，殆非所擅长。文则说理明畅，次序有法，大抵规模欧阳，颇近王直《抑庵集》，而沉着则不及也。"（《四库全书总目》卷一七五）曾鹤龄死后，杨士奇撰《故翰林侍讲学士奉训大夫曾君墓碑铭》，首称其学问，次称其文章："形诸著作，和平简洁，明理为务，不事工巧。"（杨士奇《东里集》续集卷二七，文渊阁四库全书本）

曾鹤龄为人坦荡直率，事亲至孝，持身甚谨。正统六年（1441）三月二十日得病去世，终年 59 岁，英宗朱祁镇命时任礼部侍郎的王直往祭，归葬于泰和水南象山。著有《松臞集》28 卷，存目于《四库全书》集部别集类。

### 八、曾彦

曾彦（1425—1503），名雅彦，字士美，号南洲，江西泰和人。明宪宗成化三年（1467）举人，成化十四年（1478）状元及第。

曾彦才思敏捷，答辩应对，随口而出。曾因星变向皇帝进言，请亲大臣、重科道、开言论，语言激切。在左春坊任职时，曾三次上疏：一是请免假称皇亲的李祖旺父子死罪及请行久任之法；一是请御朝之暇宣内阁及各衙门大臣论时政利弊；一是请宽御史李兴、彭程、谢莹等三人重罪。都被采纳。

泰和之首位状元陈循（1385—1464），字德遵，江西泰和人。永乐十三年（1415）进士第一，授翰林修撰。正统（1436—1449）期间，累进户部右侍郎。景泰（1450—1457）期间，进华盖殿大学士。尝集古帝王行事，名《勤政要典》，上之。英宗复辟，谪戍铁岭。石亨败后，陈循上疏自讼，释为民。陈循是明代著名的文学家和诗人，在文学上颇有成就。陈循的著作有《芳洲集》十卷、《东行百韵集句》九卷、《芳洲年谱》一卷，此外有与人合撰的《寰宇通志》一百一十九卷。1449—1457年任内阁首辅，卒于明英宗天顺末年。杨士奇曾赋诗云：“龙洲过县千年谶，黄甲初登第一名，从此累累题榜首，东城迎喜过西城。”后十余年间，西城曾鹤龄、典史曹鼐果然相继状元及第。成化十四年（1478），廷试赐进士及第三人，二出泰和，第三名探花为曾鹤龄之孙曾追，第一名状元则是曾鹤龄之从侄曾彦。国子祭酒罗璟旌送状元归第时说：“江右贤科十回虎榜魁天下，西昌文运三应龙洲过县前，都人荣之。”（黄瑜《双槐岁钞下》之《龙洲魁谶》：泰和，古名西昌，芳洲陈阁老德遵循家于东城。永乐甲午，乡试第一，明年礼部会试第二、廷试第一。先是尝有谶云：“龙洲过县前，泰和出状元。”至是，杨文贞公士奇为谕德，在南京，寄二绝，其一云：“龙洲过县千年谶，黄甲初登第一名。从此累累题榜首，东城迎喜过西城。”其后，六年辛丑科，城西曾鹤龄举进士第一。后十八年，为宣德癸丑，真定曹鼐为泰和典史，亦进士第一。文贞以为诗谶，而其初则为芳洲发也。至成化十四年戊戌科，曾彦复为进士第一，丘文庄公濬时为祭酒，以其门下士也，为彩联以迎之，云：“江右贤科十回虎榜魁天下，西昌文运三应龙洲过县前。”盖不数曹者，以曹乃宦游人故耳。龙洲在县治南，三人登魁时，亦未尝见其过县前也。民之讹言，遂成谶耳。）

曾彦早年即入县学，虽然发奋苦读，但却屡试不第，直到成化三年（1467）才中举人，时年已 43 岁，而状元及第却在成化十四年，曾彦年已 54 岁，为明代状元中年龄最大者之一，被称为“状元老成”。

状元高中以后，曾彦被授翰林院修撰，九年考满，本当升迁，被人谗言毁誉，只好出为南京翰林院侍读。明孝宗弘治元年（1488），修《成化实录》，弘治四年八月，进为左春坊左谕德，弘治六年十月改任南京翰林院侍读学士。弘治十年（1497）十月 73 岁时乞归致仕，弘治十六年（1503）六月十四日卒，享年 79 岁。

曾彦为文不事削刻，而思致绵邈，著有《中晚集记》。曾彦告老回乡后，居南董楼，安处养性。楼门上亲笔书写对联：“尚诗书琴瑟之清素，远钟鼓纨绔之哗喧。”表明他甘于淡泊的心迹。

曾彦故事：

（1）曾彦休妻。曾彦是明朝人，他看到明朝缺少一部完备的法律，许多事情处理起来非常难办，于是他就想编著一部完备的法典。

为了尽快编出一部法律，曾彦在荒郊野外搭起了一座茅屋，整天在那里书写，连家也不回，无论冬夏，一日三餐都由妻子送来。

一天，妻子又给他送来午餐。他望着日渐消瘦的妻子，心疼地说："为了让我写好这本书，你受了不少苦！现在好了，我的书就要写完了，很快就可以回家了。"

妻子一听很高兴，温柔地说："那太好了，你一定饿了，还是先吃完饭再说吧！"

曾彦掀开盖着饭篮子的布，看见三个水灵灵的大桃子放在篮子里，问："我们家这么穷，你怎么还有钱买桃子给我吃？"

妻子笑着说："不是买的，刚才我给你送饭正好路过李家的桃园，就顺手摘了几个，想让你尝个鲜，也好补补身子。"

曾彦愣了一下，问："李家的人在吗？"

妻子说："不在，可能是回家吃饭去了。"

曾彦突然大声说："你偷人家的桃子！"

妻子不以为然地说："你说话怎么这么难听，都是熟人，摘几个桃子怎么能叫偷呢？"

曾彦说："不经别人允许拿别人的东西就是偷。按照我编的法律，女人偷东西应该被休。"

曾彦拿起笔就写了一封休书，两眼含着泪水说："虽然我也舍不得赶你走，可是法律是我编的，我必须诚实地遵守。你就回到娘家，另嫁一个好人家吧！"于是把休书交给他妻子。

妻子原以为曾彦是和他开玩笑，也没抬头看，只顾着给曾彦补衣服。后来发现曾彦的声音不对，抬头一看，曾彦已经流下两行眼泪，这才知道丈夫是认真的。妻子知道曾彦向来很讲诚信，没有特殊情况，说出去的话是不会更改的。

于是妻子就拿着休书找到婆婆，哭着向婆婆讲了事情的经过。婆婆听了很生气，当时就领着儿媳妇去找儿子，见到曾彦就破口大骂："你这个没心肝的畜生，你整天躲在这里又写又画的，哪一件事情不得你媳妇操心？可是她却从无怨言。这么勤快贤惠的媳妇，你打着灯笼也难找，竟然还要休她！”

曾彦红着眼睛说：“我也知道她好。可是做人一定要讲诚信，孩儿制定的法律，孩儿自己首先应该遵守。”

曾母生气地说：“你以为你是皇帝，可以颁布法律，真是不知道天高地厚。”

聪明的儿媳妇受到了婆婆的启发，说：“只有皇帝才有权颁布法律，你写的法典在没有被皇帝批准之前，只是废纸一堆，你根本没有权力休我。”

曾彦被说得哑口无言，再说他自己也不想休掉跟随他多年的妻子，休妻的事就此作罢。但是他让妻子必须向桃园的主人道歉，他不想让妻子做一个不诚实的人。

后来曾彦中了状元，把自己编的法典呈给皇上，皇上很高兴，还专门让他带领一批人重新修订法律。

（2）“状元老成”。曾彦早年在县学发奋苦读，却屡试不第，成了老童生。但他并未灰心，仍刻苦求学，在43岁时中了个举人。又过了11年，终于会试过关参加殿试。主考是四川眉山人、内阁首辅万安。他在阅读曾彦的对策时，被其文采所折服，禁不住击节赞叹，其他评卷官也有同感。万安回忆起前一天考试前点名时有个叫曾彦的，颀长伟岸，一表人才。拆封一看，此文正是吉安府的曾彦，便排在第一，交皇帝定夺。

到了传所中进士进殿见面时，万安仔细审视这定为榜首者，却发觉曾彦身材矮小，又老又瘦，惘然若失，怀疑以前可能是看错了人。退朝后，万安再取曾彦的殿试策阅读，觉得很是平淡。可已成定局，只好作罢。这种以貌取人的心态险些使吉安少了一个状元。此时，曾彦已 54 岁，成化、弘治年间以前称“状元老成”的就以他为首。

（3）曾彦妙对。曾彦十六七岁时，一天，年老的父亲对他说：“彦儿，你也不小了，应该成家立业、挣钱谋生了。穷人家孩子能读上三四年书就算不错。过了年，你就不要去书馆了。”曾彦听了，久久没有说话，心里有点难过。老师说过，教了几十年书，没有见到过像曾彦这样聪明的学生，今后一定前途无量。可家里太穷，父亲又年老，供养不起自己读书，是该自食其力了。他深深地叹口气，点头同意。可家里只有几亩薄田，收入不多，要多挣钱，只有去富裕人家做帮工。于是，他在乡里圩镇上一家经营土产的站铺当挑夫，帮店主去收购乡村的花生、黄麻、芝麻等土产，挑到泰和街上去卖，再从街上挑回布匹、食盐等交给店主经营。生意忙时，店主要雇用好多个挑夫。

一天，曾彦挑着食盐、布匹等和挑夫们回店，走累了，便在一栋祠堂的廊下歇肩，谈天说地。曾彦突然听见祠堂后厅传来琅琅读书声，连忙走进祠堂前厅，坐在天井的条石上听着。不一会，书声停了，又听先生抑扬顿挫解经讲古，曾彦更加聚精会神地聆听。歇了片刻，伙伴们叫他动身，他说，你们先走，我等一会赶回来。不知过了多久，天下起了大雨，曾彦只好离开天井，靠近后厅板壁继续听讲。下课了，雨也停了，曾彦这才回到前廊去挑东西。低头一看，不好！斜飘的雨水淋湿了箩筐里的货物。食盐溶化了不少，布匹也湿漉漉的。他硬着头皮将货物挑回店里。在店主的责问下，曾彦如实相告，同伴们也为他作证。店主本是个读书人，多次应试名落孙山，便做起了生意。听说曾彦是因听讲入迷而损坏了货物，有了几分理解和同情。他对曾彦说：“既然你如此好学。那我们来对对子吧。对得出，不用赔偿，工钱照付；对不上，要赔偿损失。”曾彦说：“在下只读了几年书，恐难使先生满意。请示上句吧。”店主见食盐淋湿，溶化了一些，便说：“盐客之人檐下宿，檐水滴盐。”曾彦听了，心中一惊，这店主好厉害，把同音字巧妙地组合转换，有景有形有情节。他思索片刻，对道：“渔翁之徒雨中立，雨中求鱼。”店主听了，连连赞道：“好！好！有才学。”从此以后，店主不再让曾彦当挑夫，就留他在店里打点生意。茶余饭后，两人谈古论今，成为忘年之交。店主饱读诗书，对曾彦悉心指点，曾彦庆幸自己遇上了这位良师益友，劳作之余更加苦读勤思。

乡村小店的生意时旺时淡。淡时，老板便去做点泥水活，曾彦也跟着他学做。一年，店里扩建了几间店面，想请有名望的人士题匾额。邻乡有位姓尹的朝廷内阁大臣，其时退休在家。店主带曾彦登门请尹阁老题字。尹阁老听说他开了家小店，又是泥水匠，心想，我堂堂内阁大臣为你这等小店草民题词，岂不有损我的名声？想攀龙附凤，没那么容易！他铺开纸，画了一把泥水刀，配上一首顺口溜：“铁打泥水刀，砌墙层层高。要想登龙门，除非天将老。”写完扔给店主说：“拿去吧！我的字在京城可是一字一两黄金呢！”曾彦对店主说：“真是欺人太甚！”回到店中，曾彦挥笔依韵回一首诗给阁老：“手持泥水刀，登楼步步高。他日登龙门，气死尹阁老。”

## 九、曾国藩

曾国藩（1811—1872），初名子城，字伯涵，号涤生，宗圣曾参的第七十世孙，派名传豫，清湖南省长沙府湘乡县荷叶塘（今双峰荷叶乡）人。曾国藩是晚清重臣，中国近代政治家、军事家、战略家、理学家、书法家、文学家，晚清散文“湘乡派”的创始人。他是近代中国历史上最有影响的人物之一，是湘军的创立者和统帅。曾国藩官至两江总督、直隶总督、武英殿大学士，封一等毅勇侯。谥号“文正”，后世又称“曾文正”。

清嘉庆十六年（1811），曾国藩出生于湖南长沙府湘乡荷叶塘白杨坪（今湖南省娄底市双峰县荷叶镇）的一个普通耕读家庭。兄妹九人，曾国藩为长子。祖辈以务农为主，生活较为宽裕。祖父曾玉屏虽少文化，但阅历丰富；父亲曾麟书身为塾师秀才。

曾国藩自幼勤奋好学，5 岁启蒙，6 岁入家塾“利见斋”读书。8 岁能读四书、诵五经，14 岁能读《周礼》《史记》。道光十八年（1838）中进士，入翰林院，为军机大臣穆彰阿门生。累迁内阁学士，礼部侍郎，署兵、工、刑、吏部侍郎。与大学士倭仁、徽宁道何桂珍等为密友，以实学相砥砺。太平天国运动时，曾国藩组建湘军，力挽狂澜，经过多年鏖战后攻灭太平天国。

曾国藩一生奉行“为政以耐烦为第一要义”，主张凡事要勤俭廉劳，不可为官自傲。他修身律己，以德求官，礼治为先，以忠谋政，在官场上获得了巨大的成功。

曾国藩的崛起，对清王朝的政治、军事、文化、经济等方面都产生了深远的影响。在曾国藩的倡议下，建造了中国第一艘轮船，建立了第一所兵工学堂，印刷翻译了第一批西方书籍，安排了第一批赴美留学生。从这个意义上来说，曾国藩又是中国近代化建设的开拓者。

曾国藩与胡林翼并称“曾胡”，与李鸿章、左宗棠、张之洞并称“晚清中兴四大名臣”。

同治十一年（1872）三月，曾国藩时发脚麻之症，舌蹇不能语，医治无效，十余天后午后散步署西花圃，突发脚麻，其子曾纪泽扶回书房，旋即逝世，享年 62 岁。是月，清廷闻讣，辍朝三日。追赠太傅，谥“文正”。先葬于长沙南门外之金盆岭，次年改葬于善化县（今望城县）湘西平塘伏龙山，与夫人欧阳氏合葬。

曾国藩倡导洋务运动，创立湘军，在政治、军事、治家、教育等方面都有重大建树。

曾国藩所拥有的官职、封号等如下：

历充：国史馆纂修、武英殿协修、文渊阁校理、文渊阁直阁事、日讲起居注官。道光癸卯科四川乡试正考官、甲辰科教习庶吉士、乙巳恩科会试同考官、丁未考试汉教习阅卷大臣、武会试总裁、己酉科顺天乡试复试阅卷大臣、朝考阅卷大臣、拔贡朝考阅卷大臣、考试国子监学正、学录阅卷大臣、咸丰辛亥恩科顺天武乡试乡试校射大臣、稽查中书科事务、钦命督办湖南团练。江南、安徽、江西、闽浙、湖北、四川军务节制。江苏、安徽、江西、浙江、直隶、河南、山东七省军务。钦差阅兵大臣。

历署：钦差三口通商大臣、湖北巡抚。吏部、兵部、刑部、工部左侍郎。

历任：翰林院检讨，翰林院侍讲、侍读，右春坊右庶子、左春坊左庶子、翰林院侍讲、学士、内阁学士兼礼部侍郎。

衔：礼部右侍郎、兵部右侍郎、太子少保、钦差大臣、直隶总督兼理长、芦盐政协办大学士、体仁阁大学士。

历蒙皇恩：赏赐寿物、赏赐花翎、赏戴双眼花翎、加赏云骑尉、世职紫禁城骑马、钦差南洋通商大臣、两江总督兼理两淮盐政。兵部尚书、都察院右都御史。

赐封：一等毅勇侯，世袭罔替。武英殿大学士、太子太保。

赏赐三千两治丧，照大学士例赐恤，赐祭一坛。敕建专祠，入祀京师昭忠祠、贤良祠。

特旨予谥“文正”，追赠太傅，诰授光禄大夫。

所著书百数十卷，曰《曾文正公全集》。

道光十三年（1833）婚，配业师衡阳廪生欧阳凝祉（1786—1869）之女。欧阳氏，嘉庆丙子（1816）二月三十日戌时生，同治十三年（1874）八月十三日戌时卒，封一品夫人、一品侯夫人、一品侯太夫人。与夫合葬善化湘西平塘伏龙山之阳。生子：纪桢（三岁痘殇）、纪泽、纪鸿，生女：纪静、纪耀、纪琛、纪纯、（五女痘殇）、纪芬。

把曾国藩的一生分为以下几个阶段，可以更好地理解曾国藩。

（一）30岁以前：基本上是个平庸的人。

曾国藩的一生做过很多大事，而且手段都非常高明，但他的智商其实并不是特别高。关于曾国藩的天资，时人就有很多议论。他的朋友左宗棠经常在和一些亲友的通信中评论曾国藩，说曾国藩“欠才略”“才太短”“才艺太缺”“兵机每苦钝智”。他的学生李鸿章当他的面说他“儒缓”，说他做事反应太慢。而从家庭遗传的角度来看，曾国藩的父亲曾麟书在读书的时候脑子就不太灵活，从十几岁开始考秀才，一直考到43岁，前后足足考了17次，最后头发已经花白了，才中了一个秀才。曾国藩自己的科举道路，一开始和他的父亲竟然惊人地相似：前6次考秀才都失败了，一直到第7次才勉强中了一个秀才，因为他的名次是倒数第二，相当具有危险性和偶然性。

曾国藩在30岁以前，性格方面有很多平常人一样的缺点和毛病。在他到北京做官之后，他每天用于社交的时间特别多，到处去喝酒、聊天、听戏、下棋，用于读书的时间特别少，读书也往往坐不住。道光二十年六月，曾国藩在日记中说，四月份“留馆”之后，他“本要用功”，但“日日玩憩，不觉过了四十余天”。他总结自己四十多天内，除了给家里写过几封信，给人作了一首寿文之外，“余皆怠忽，因循过日，故日日无可记录”。

曾国藩还为人傲慢、修养不好、脾气比较暴躁，曾经和别人发生过几次比较严重的冲突。其中一次是与同乡、刑部主事郑小珊因一言不合，恶言相向，“肆口谩骂，忿戾不顾，几于忘身及亲”。什么脏话都骂了出来。曾国藩过后感到非常后悔，说自己这种举动太有辱斯文了。

所以30岁以前的曾国藩，在很多方面都是一个很平庸的人，和我们后来印象中人格完美无缺的圣人有非常大的差距。

30 岁以前大事记：

道光六年（1826）春，曾国藩应长沙府试（童子试），名列第七。

道光十年（1830）就读于衡阳唐氏宗祠，师从汪觉庵。一年后，转入湘乡涟滨书院，改号涤生。至道光十二年（1832），他参加湘乡县试，考取了秀才，并与欧阳沧溟之女成婚。

道光十四年（1834）春，24 岁的曾国藩进入长沙的岳麓书院。同年秋，参加湖南乡试，中第三十六名举人。冬，动身去北京准备第二年的会试，途径长沙，与刘蓉相交。

道光十五年（1835）春，会试落第，留京寓长沙会馆读书。

道光十六年（1836）春，恩科会试，曾国藩仍然未中，于是返回长沙。至长沙，与刘蓉、郭嵩焘在湘乡会馆相聚两个多月。

道光十八年（1838），曾国藩再次参加会试，中第三十八名贡士。试后改名国藩。殿试位列三甲第四十二名，赐同进士出身，并成为军机大臣穆彰阿的得意门生。参加朝考，列第一等第三名，道光帝拔置第二名，授翰林院庶吉士。年底乞假返家。

道光十九年（1839）夏，出衡阳，谒杜工部祠、石鼓书院。秋，出邵阳，察访武冈、新化、兰田、永丰。12 月，子纪泽生，离家起程赴京。本年起开始写日记，并持之以恒，至终不辍。

（二）40 岁以前：痛改前非，发奋立志，十年七迁，连跳十级。

刚过而立之年的曾国藩和每个普通人一样，有着大大小小许多缺点和毛病。

一是心性浮躁，坐不住。曾国藩天生乐于交往、喜欢热闹，诙谐幽默。在北京头两年，他用于社交时间太多，每天都要走东串西，酒食宴饮，穷侃雄谈，下棋听戏。虽然他给自己订了自修课程表，但执行得并不好，认真读书时间太少，有时间读书心也静不下来。

道光二十一年七月十日曾国藩日记记载，早饭后，张书斋、曾心斋两位朋友先后到他家来聊天。送走他们后，他写了十行字，又出门“拜客数家”。然后又赴宴，与七个朋友一起饮酒吃饭。饭后又去小珊家，一直聊到深更半夜才回家。这一天所有的“成绩”就是十行字。

翻开日记，责备自己“宴起”“无恒”“太爱出门”的记载到处都是。

二是为人傲慢，修养不佳。虽然资质并不特别优异，但曾国藩在湖南乡下朋友圈里总算出类拔萃，所以一度顾盼自雄。在离家到京服官之际，他那位识字不多却深有识人之明的老祖父送给他这样的临别赠言：“尔的才是好的，尔的官是做不尽的，尔若不傲，更好全了。”

在京城的最初几年，“高己卑人”“凡事见得自己是而他人不是”这种最常见的人性缺陷在他身上体现得很明显，他待人接物，不周到之处甚多。他的几个至交都曾直言不讳地指出他的“傲慢”。他的好朋友陈源兖就告诉他：“第一要戒‘慢’字，谓我无处不著怠慢之气。”“又言我处事患不精明，患太刻薄，须步步留心。”第二个是“自是”，听不进不同意见，“谓看诗文多执己见也”。

因为修养不佳，脾气火爆，曾国藩到北京头几年与朋友打过两次大架。其中一次是与同乡、刑部主事郑小珊。另一次是与同年兼同乡金藻，因小事口角，“大发忿不可遏……虽经友人理喻，犹复肆口谩骂，比时绝无忌惮”。这几句描写形象地描绘了曾国藩性格中暴烈冲动的一面。

第三个缺点就是“伪”，邵懿辰说曾国藩“对人能作几副面孔也”。

在曾国藩日记中，他多次反省自己的这个缺点。比如道光二十二年十月初四，朋友黎吉云来拜访，“示以近作诗。赞叹有不由衷语，谈诗妄作深语”。赞叹之辞并非发自内心。而且聊着聊着，自己就故意显摆高深，夸夸其谈起来。这样的记载数不胜数。

此外，曾国藩认为自己还有一大缺点，必须改过，那就是“好色”。血气方刚、刚过而立的曾国藩，见到美女自然会多看几眼，这是再正常不过的本能反应。然而用圣人标准一衡量，问题就严重了。曾国藩日记中多次记载自己犯这样的错误：在朋友家看到主妇，“注视数次，大无礼”。在另一家见到了几个漂亮姬妾，“目屡邪视”，并且批评自己：“直不是人，耻心丧尽，更问其他？”

那么，曾国藩是如何改变的呢？那就是深刻反省，学做圣人。

曾国藩在做了官之后，没有了应试的压力，他就开始有时间从容地研究学问。那时候的读书人，必不可少的事情就是要研究理学，而理学的一个基本理论，就是每个人通过自我磨炼都可以成为圣人，每个人都怀有圣人之志。再加上曾国藩在北京见到了很多大儒、大学者，很受触动，所以在30岁的时候，曾国藩觉得自己不能再像以前那样混下去了，要脱胎换骨，重新做人，学做圣人。

曾国藩学做圣人就是从写日记开始的。他用工整的蝇头小楷，把自己每天的所作所为，每天早晨一睁眼到晚上睡觉所做的事情，特别是把不符合圣人标准的都摘出来，痛自反省。在日记当中，他还给自己定下每天要做的功课的下限，即每日读史十页，每日记茶余饭后偶谈一则，每日读一点经书，隔三差五地练习写文章。

自此之后，曾国藩完全变了一个人一样，每天都坚持做到了自己规定的必须做的事情，真正地以圣人的标准严格要求自己，使得他的言行完全合乎了规范，使得他在别人心目中的形象高大起来，也使得他为官做事越来越顺利，以至于曾国藩在京做官，十年七迁，连升十级。曾国藩就是沿着这条仕途之道，步步升迁到了二品的高位。

30岁到40岁大事记：

道光二十年（1840）五月，庶吉士散馆，列二等十九名，授翰林院检讨。七月，得病，经欧阳兆熊、吴廷栋治疗、护理，两月始愈，三人遂成好友。

道光二十一年（1841）八月，偕倭仁往谒理学大师唐鉴，请教治学之方，检身之要。“考德问业”，“为义理所熏蒸”。十一月，任国史馆协修，遍鉴前史，辨具得失。是年，喜读胡林翼赠送的《陶文毅公文集》。写作《里胥》，直道民间疾苦，鞭笞腐败吏治。

道光二十二年（1842），曾国藩 32 岁，致力于程朱之学，每日必做日课：早起、主敬、静坐、读书、读史、谨言、养气、保身，日知所亡、月无忘所能、作字、夜不出门。

道光二十三年（1843）四月，升任翰林院侍讲。七月，钦命曾国藩为四川乡试正考官。八月，补授翰林院侍讲。十二月，充文渊阁校理。

道光二十四年（1844）八月，郭嵩焘引江忠源来见，结为师生。同年派充翰林院教习庶吉士。

道光二十五年（1845）三月，任会试同考官。五月，升詹事府右春坊右庶子。九月，转左庶子，不久升侍讲学士。十月，升翰林院侍讲学士。李鸿章入京会试，投其门下受业。十二月，充日讲起居注官。

道光二十六年（1846）一月，充文渊阁直阁事。自书其书舍曰“求阙斋”。夏秋间，养病城南报国寺，与同寓刘传莹就汉学、宋学深入研讨。

道光二十七年（1847）六月，升授内阁学士加礼部侍郎衔。十一月，钦派武会试正总裁，殿试读卷大臣。

道光二十八年（1848）三月，子纪鸿生。不久，充任稽察中书科事务。十月，辑录古今名臣大儒言论，按修身、齐家、治国三门分三十二目辑成《曾氏家训》。

道光二十九年（1849）二月，升授礼部右侍郎。八月，署兵部左侍郎。九月，署兵部右侍郎。

道光三十年（1850）四月，上《应诏陈言疏》，直揭官场“委靡因循”、官吏“畏葸”“柔靡”。“今日所当讲者，惟在用人一端耳”。六月，兼署工部左侍郎。

在京十余年间，曾国藩先后任翰林院庶吉士，累迁侍读、侍讲学士、文渊阁值阁事、内阁学士、稽察中书科事务、礼部侍郎及署兵部、工部、刑部、吏部侍郎等职。曾国藩就是这样坚韧不拔地沿着这条仕途之道，一步步升迁到二品官位。十年七迁，连跃十级。

（三）40 岁到 54 岁：攻灭太平军，闯出不世名。

官运亨通的曾国藩在北京已经待了 11 年。可到了他 41 岁这一年，一切都改变了。太平天国起义席卷中国，曾国藩被任命为团练大臣，镇压太平天国运动。他所创立的“湘军”，也很快成为影响深远的军队。近代的所谓“私军”“军阀割据”等，似乎也可以从这里找到它们的影子。曾国藩正是凭借湘军、凭借镇压太平天国起义这个契机，一鸣惊人，创下了不世功名，从而成为“晚清中兴四大名臣”之一。

在湘军倾巢而出，全面对战太平军之时，曾国藩发表了《讨粤匪檄》。在这篇檄文里，曾国藩声称太平天国运动是“荼毒生灵”，“举中国数千年礼义人伦诗书典则，一旦扫地荡尽。此岂独我大清之奇变，乃开辟以来名教之奇变，我孔子、孟子之所痛哭于九泉”，于是曾国藩号召“凡读书识字者，又乌可袖手安坐，不思一为之所也”。曾国藩站在了道德的制高点，动员当时广大的知识分子参与到对太平军的斗争当中，为日后的胜利打下了坚实的基础。

曾国藩是一个非常重视传统道德观念、信奉儒家学说的书生。太平天国破坏传统的所作所为是他完全没有办法理解和接受的。而事实上，太平天国曾经宣传的男女平等、“普天之下皆兄弟”等之类是经不起考验和推敲的。同时，他们所宣传的拜上帝教和基督教差之千里，是比较荒诞，也非常残忍的。同时，这个宗教是有排他性的，孔子也好，观音、关帝爷也好，都是“阎罗妖”，都必须铲除。

太平天国的诸多做法完全失去了大众的支持，就连马克思，最初也曾为太平天国欢呼，但后来越来越多关于太平天国的消息传到了欧洲，马克思渐渐地对太平天国失去了信心。1862 年，马克思在《中国纪事》一文中深刻地指出：“（太平天国）除了改朝换代外，他们没有抱定任何任务。他们没有提出什么口号。他们所给予民众的惊惶比给予旧有当权者的惊惶还更厉害。他们的全部使命，似乎就在于用丑恶万状的破坏来与停滞腐朽对立，用全无建设工作萌芽的破坏来和保守派的腐化相对立。”

哲学家冯友兰在《中国哲学史新编》一书中说：“我之所以否定太平天国，是因为太平天国要推行神权政治。假如太平天国统一了中国，太平天国的历史将倒退黑暗时期——中世纪。”

曾国藩无法想象自己和自己的子孙要生活在一个放弃儒家经典、放弃传统道德和文化，除了“颂扬天父”的书，什么圣贤书都不能读的世界里。对他来说，坚决镇压太平天国，不仅仅是忠君，更是在维护自己的信仰，维护全天下人的信仰。

有了这一坚定的想法，曾国藩才能在对太平天国的战争中不遗余力，誓死争斗，从而最终达到了自己消灭太平天国的目的。

40 岁到 54 岁大事记：

咸丰元年（1851）一月，洪秀全在广西桂平金田村组织起事。咸丰帝诏群臣言得失，曾国藩进言“今日急务，首在用人”，又推荐李棠阶、吴廷栋、王庆云、严正基、江忠源五人，再上书《敬陈圣德三端预防流弊疏》，批评新皇帝咸丰，对咸丰的政绩、作风大加指责，咸丰帝“怒掷其折于地”，曾国藩可能性命不保。然而谁都没想到曾国藩反而因祸得福，这都是因为当时的大学士祁寯藻（1793—1866），字叔颖，一字淳甫，避讳改实甫，山西寿阳人。清朝大臣，三代帝师。嘉庆十九年（1814）进士，由庶吉士授编修，累官至体仁阁大学士、太子太保。谥号“文端”。他对皇帝说了四个字——“主圣臣直”。数日后，咸丰帝复阅此疏，才心服而纳谏，并对其加以褒答。五月，署刑部右侍郎。十月，充顺天武乡试正考官。

咸丰二年（1852）正月，署吏部左侍郎。一月，上《备陈民间疾苦疏》。六月，充江西乡试正考官，行抵安徽太湖县小池驿，得母讣闻，回籍奔丧。十月初抵家。这时太平天国运动已席卷半个中国，出广西、入湖南，九月攻长沙，十月取岳州。尽管清政府从全国各地调集大量八旗军、绿营官兵来对付太平军，可是这支腐朽的武装已不堪一战。因此，清政府屡次颁发奖励团练的命令，力图利用各地的地主武装来遏制太平军势力的发展，这就为曾国藩的湘军的出现，提供了一个机会。十一月，清政府命令曾国藩和湖南巡抚张亮基办理团练。

咸丰三年（1853）一月二十一日，接帮办湖南团练旨。经郭嵩焘力劝出保桑梓。三十日，抵长沙与湖南巡抚张亮基商办团练，借着清政府急于寻求力量镇压太平天国的时机，他因势在其家乡湖南一带，依靠师徒、亲戚、好友等复杂的人际关系，建立了一支地方团练，称为湘勇，并上书清廷征用了还只是都司的塔齐布。三月十九日，太平军攻占江宁，定都为天京。八月，曾国藩获准在衡州练兵，“凡枪炮刀锚之模式，帆樯桨橹之位置，无不躬自演试，殚竭思力”（《薛福成选集》）。十一月，建衡州船厂赶造战船。派人赴广东购买洋炮，筹建水师。

在团练湘勇期间，他严肃军纪，先后将5000人的湘勇分为塔、罗、王、李等十营，并将团练地点由长沙迁至湘潭，避免与长沙的绿营发生矛盾。

咸丰四年（1854）二月，奉命率师出征太平军，湘军倾巢出动，曾国藩发表了《讨粤匪檄》。洪秀全的太平军摧毁了江南书院，焚烧中国的历史典籍，四处鼓吹拜上帝教。毕生追求理学的曾国藩发布《讨粤匪檄》，誓师出战。

曾国藩命褚汝航为水军统领，塔齐布为陆军先锋，率大小船舰240艘，水陆大军17000人，挥师北下。三月，岳州战事不利。四月，在靖港水战中又被太平军石祥贞部击败，曾国藩愤而投水自尽，幸被幕僚章寿麟所救。此时，塔齐布与守备杨载福、知县彭玉麟带领陆军攻克湘潭。

七月二十五日，曾国藩重整水陆各军后，出师攻陷岳州，击杀太平军曾天养，并攻克城陵矶，因功赏三品顶戴。十月十四日取武昌、汉阳，因功赏二品顶戴，署湖北巡抚，赏戴花翎。7天后咸丰帝收回成命，改赏兵部侍郎衔。因曾国藩努力推辞，而赏兵部侍郎衔。十二月二日，曾国藩攻陷田家镇，杀敌数万，焚舟五千，进围九江。曾国藩因调度有方，赏穿黄马褂。

咸丰五年（1855）二月十二日夜，石达开总攻湘军水营于湖口，烧毁湘军战船100余艘。曾国藩跳船得免，座船被俘，“文卷册牍俱失”。“公愤极，欲策马赴敌以死”，罗泽南、刘蓉力劝乃止（《清史稿》）。

曾国藩派李孟群、彭玉麟、胡林翼支援武昌，而自己亲自到江西招兵造船。七月，塔齐布死于军营，曾国藩赶往九江，统率他的部队。八月，收复湖口。九月，补授兵部右侍郎。

咸丰六年（1856）七月，石达开进攻江西，曾国藩坐困南昌，这时罗泽南卒于军营中，彭玉麟走千里杀入重围至南昌助守。九月二日，洪秀全与杨秀清内讧（史称“天京事变”），太平军元气因此大伤，南昌之围遂解（李秀成是太平天国后期的中流砥柱，骁勇善战，控制了太平天国的大部分兵力，被曾国藩俘虏后有投降的意愿，并表示可以帮助湘军招俘其他太平军，但是在与曾国藩长谈后，第二天却被曾国藩处死）。十月，曾国藩在长沙募勇组建吉字营入援江西。

咸丰七年（1857）二月，曾国藩父亲去世，曾国藩偕弟曾国华回籍奔丧。七月，两次上疏，请求在家终制，获咸丰帝准许。当年在家乡建“思云馆”（古代以“望云思亲”表示怀念父母。出自《新唐书·狄仁杰传》：“仁杰登太行山，反顾，见白云孤飞，谓左右曰：‘吾亲舍其下，瞻怅久之，云移，乃得去。’”）。

咸丰八年（1858）五月十九日，李续宾、杨岳斌率水陆两军攻陷九江。弟曾国华入李续宾幕。七月十三日，曾国藩接咸丰谕出办浙江军务，救援福建。十七日起程。八月五日，抵武昌。与胡林翼会商进兵、筹饷之策。十一月十五日，李续宾、曾国华死于三河之役。十二月，作《爱民歌》以训湘军。

咸丰九年（1859）一月，李鸿章来建昌进谒，留营襄办军务。是月，曾国葆改名贞干入湘军，为其兄曾国华报仇。二月，曾国藩作《圣哲画像记》。十一月，曾国藩拟四路进兵之策：曾国藩攻取安庆，多隆阿、鲍超攻取桐城，胡林翼攻取舒城，李续宜攻取庐州。

咸丰十年（1860）二月，曾国藩破陈玉成于太湖。由于两江总督何桂清放弃常州而奔上海，导致苏州、常州失陷。四月，清廷命曾国藩马上赶赴江苏，并先行赏加兵部尚书衔，署两江总督。五月，辑录《经史百家杂钞》26卷。六月，左宗棠来营，留住两旬，商讨东南大局；以兵部尚书衔实授两江总督，以钦差大臣身份督办江南军务。七月，命皖南军务归曾国藩督办。十月十八日，与胡林翼等筹商北援之策，上疏请求带兵北上扫夷勤王，以“雪敷天之愤”。十二月，祁门大营两度被困，太平军距大营仅20里，“危险万状”。

咸丰十一年（1861）八月二十三日，上《复陈购买外洋船炮折》：“购买外洋船炮，则为今日救时之第一要务。”九月五日，湘军攻陷安庆。九月二十五日，曾国藩移住安庆。十二月二十日，加太子太保衔，奉旨督办四省（苏、皖、浙、赣）军务，其巡抚、提镇以下悉归节制。同月，在安庆创办内军械所。年底，定三路军进军之策：“以围攻金陵属之国荃，而以浙事属左宗棠，苏事属李鸿章，于是东南肃清之局定矣。”

同治元年（1862）一月三十一日，曾国藩奉旨任两江总督协办大学士，曾国荃补授浙江按察使。二月十四日，左宗棠率军由江西入浙江。四月，李鸿章率军抵上海。五月，曾国荃率军进驻雨花台，会同彭玉麟的水师围攻天京。六月，洪秀全命令各地太平军回援天京，太平军集结20万兵力，十月起与湘军大战40多天，未能取胜。九月，曾国藩为死于战乱而未及安葬的桐城儒生方东树、戴钧衡6人立石修墓，妥为安葬。十二月，曾国藩弟弟曾国葆病死于雨花台湘军大营。年底，华衡芳与徐寿父子试制成中国第一台蒸汽机，曾国藩见后，于当天日记中写道："窃喜洋人之智巧中国亦能为之，彼不能傲我以其所不知矣！"

同治二年（1863）一月二十八日，安庆内军械所造出中国第一条木壳小火轮，曾国藩登船试航后，十分高兴，命名为"黄鹄号"。五月七日，曾国藩致函总理各国事务衙门，谓"洋人本有欺凌之心，而更授以可凌之势；华人本有畏怯之素，而逼处可怯之地"，反对购买要由海军上校指挥控制的船舰。六月十三日，石达开兵败大渡河。九月，曾国藩与容闳见面，商筹建立一个机器造枪厂。十二月三日，交容闳六万八千两银赴美购买机器。

同治三年（1864）初，曾国藩等攻克钟山，合围天京。五月，江浙藏书遭兵劫多有毁损，曾国藩定刊书章程，即于安庆设书局，刊刻各种经史。六月三日，洪秀全病逝天京，其长子继位。七月，湘军攻陷天京，太平军宣告失败。湘军攻破天京后，对无辜平民展开屠杀与抢掠。当时的南京城被烧毁，平民死伤无数。南京文士李圭道："至官军一面，则溃败后之掳掠，或战胜后之焚杀，尤耳不忍闻，目不忍睹，其惨毒实较'贼'又有过之无不及，余不欲言，余亦不敢言也。"（李圭《思痛记》）曾国藩的幕僚赵烈文在《能静居日记》详细记载了南京城破后的情况："……沿街死尸十之九皆老者。其幼孩未满二三岁者亦斫戮以为戏，匍匐道上。妇女四十岁以下者一人俱无，老者无不负伤，或十余刀，数十刀……”

同月，朝廷加曾国藩太子太保、一等侯爵，世袭罔替，并赏戴双眼花翎。曾国荃赏太子少保、一等伯爵。八月，奏准裁撤湘军25000人。十月，行辕移驻安庆。十一月，奏准停征厘舍、亩捐。十二月，主持修复江南贡院，补行江南乡试，会考江南优贡。

（四）55岁以后：谨慎做官，力图廉洁，推行洋务，如履薄冰。

曾国藩在攻克天京、消灭太平军以后，权势极大，大有功高震主的嫌疑，因此清朝廷对他极不放心。咸丰帝曾在湘军克复武汉时叹道：“去了半个洪秀全，来了一个曾国藩。”可见咸丰皇帝对曾国藩还是十分忌惮的。曾国藩有着丰富的政治经验和历史知识，熟悉历朝历代的掌故，深知朝廷对自己的不放心，因而在击败太平天国后一方面自裁湘军，一方面把家书刊行问世，借以表明自己忠心为清廷效命的决心，以此塞住那些弄臣之口。

灭了太平天国以后，曾国藩已经是身居高位，所谓“高处不胜寒”，曾国藩明白这个道理，所以自此以后，总是圆滑处世，谨慎做官，力求廉洁。

曾国藩的清廉一是因为他自己注重修养，一是因为清朝的俸禄较低。

《湘乡曾氏文献》当中有一本曾国藩道光二十一年（1841）前后的账本（因为曾国藩心思很细，做京官期间，经济很紧张，每天的生活都要记账），账本上面记载，道光二十年，曾国藩中了进士，被皇帝授予从七品的翰林院检讨的官职后，经常要见各部的长官，有时候还要见皇上，经常起草一些文章。但他的经济状况很糟糕。另外，道光二十二年，曾国藩的一个仆人叫陈升的，跟曾国藩吵了一架。主人跟仆人吵架这也是经常的事情，但是陈升吵完架之后卷起铺盖走人了，到另外一个官员家里去做事去了，因为曾国藩家生活水平太低了，经常拖延他的工资，吃得也不好。曾国藩为此还写了一首《傲奴》诗："君不见，萧郎老仆如家鸡，十年苔楚心不携。君不见，卓氏雄资冠西蜀，颐使于人百人伏。今我何为独不然？胸中无学手无钱。平生意气自许颇，谁知傲奴乃过我。昨者一语天地睽，公然对面相勃奚。傲奴诽我未贤圣，我坐傲奴小不敬。拂夜一去何翩翩，可怜傲骨撑青天！噫嘻呼，傲奴！安得好风吹汝朱门权要地，看汝仓皇换骨生百媚。"

道光二十一年曾国藩全年花了458两1钱9分白银，抵扣他的俸禄以后，竟然亏空333两5钱4分。

咸丰十年（1860），曾国藩当上了两江总督。此时曾国藩的收入是155两，比他做京官时多了一点。

此时曾国藩的生活水平确实和做京官时有天翻地覆的变化，但不是提高了，而是降低了。首先在穿衣方面，曾国藩在总督时期，不仅是穿衣朴素，而且到了不修边幅的程度。这一印象得到了外国人的印证。洋枪队的首领戈登，在同治二年到安庆和曾国藩有一次见面，戈登的随员写了一本回忆录，提到了这次会面。这些外国人惊讶地发现，堂堂两江总督，衣服陈旧、打皱，还有斑斑的油渍。为什么曾国藩当总督的时候穿衣反而不讲究了呢？原因很简单，因为在两江这个地盘上，曾国藩就是最大的官员，他没有上级可以觐见，来见他的都是下属，他可以随便一些。

在曾国藩的资料中有一件有意思的功课表，这是他给总督府的女眷定的。因为曾国藩不允许在总督府内雇佣太多的仆人，人手不够用，曾国藩要求自己的女眷自力更生，自己动手做家务活。同治七年，曾国藩给女儿、儿媳妇定了一个工作日程表。每天早饭之后要做小菜、做点心、做酒浆，叫食事。上午纺花或织麻，叫衣事。中饭之后做刺绣之类的细工。晚上还要做鞋，这是粗工。所以总督府的女眷从早上睁开眼到晚上休息，几乎都在做事。当时每天晚上，在南京的总督府里，曾国藩在秉烛批阅公事，他的女眷则在点灯织布，这是曾国藩的清廉表现。

当然曾国藩也会大吃大喝，在同治十年（1871），曾国藩有一次到苏州去检查工作，他每天大部分的日程都是请客吃饭。到临走前，他也摆了两桌请苏州的官员。这种做派和晚清的任何一个官员的做派都是一样。同时曾国藩晚年也要给在京的京官送冰敬、炭敬，总数达几千两白银。

曾国藩在官场上最大的一笔应酬发生在同治七年（1868），因为这一年他从两江总督调任到直隶总督，他到北京去陛见慈禧太后和皇帝。出京的时候，按照当时官场的惯例，要给在京的官员送“别敬”。曾国藩花了一万四千两白银，他觉得还不是很丰厚，和别人相比，钱数还不是很多。

因此看来，曾国藩一生是清廉的，并没有把一分钱纳入自己的私囊。但另一方面，他的“清”和中国传统历史上的清官做法不一样，他不像海瑞这些清官，清可见底，严格遵守国家的规定，国家规定不能拿一分钱，一分钱都不拿；国家规定不能办的事儿，一点也不办。

55岁以后的大事记：

同治四年（1865）一月，选汉唐以来各臣奏疏17首，编《鸣原堂论文》。三月，主持修葺种山、尊经两书院。收养八百孤寒子弟，并从自己养廉银中捐款课奖。五月二十六日，曾国藩接上谕，率军赴山东剿捻。六月，主持整理《王船山遗书》完稿，共320卷，交金陵书局出版。六月十八日，北上剿捻之策：重镇设防，划河圈围，清野查圩，马队追踪。九月，经扬州（江都）、清江浦抵徐州。一路调兵布防堵围，沿途又张榜招员。十月，将金陵制造局上迁海虹口，和李鸿章原设的炮局及购自美国人的铁厂合并，再加上容闳购回的百多部机器建成江南制造总局。十二月，核定长江水师永远章程及营制营规。

同治五年（1866）三月，由徐州赴济宁，沿途谒孟子、孔子、曾子诸圣墓。曾国藩奉旨进驻周家口，以钦差大臣的身份督师剿捻。曾国藩根据捻军行踪不定、流动作战的特点，采用了“重点防务、坚壁清野和画河圈围”的对策，但最终全部失败。九月二十四日，捻军突破防线，进入山东。后来，他在周口西至漯河建立起“沙河百里防线”，希望借此天堑消灭捻军。十月，曾国藩奏陈：剿捻无效，病难速痊，请开协办大学士、两江总督之缺。十二月，回任两江总督。

同治六年（1867）三月，在江南制造总局下设造船所试制船舰。同时拟设译书馆。五月，会同李鸿章将江南制造总局由虹口迁高昌庙，征地扩迁，规制大增。六月，补授体仁阁大学士。

同治七年（1868）四月，奉上谕改授为武英殿大学士。五月三十一日，至上海视察江南制造成总局。八月，奉命调任直隶总督，奉命前往天津，办理天津教案，考量当时局势，没有与法国开战，“但冀和局之速成，不问情罪之一当否”。在法国的要求下，商议决定最后处死为首杀人的 8 人，充军流放 25 人，并将天津知府张光藻、知县刘杰交部治罪，后被革职充军发配到黑龙江，赔偿外国人的损失 46 万两白银，并由崇厚派使团至法国道歉。这个交涉结果，朝廷人士及民众舆论均甚为不满，省馆所书楹帖被毁，曾国藩背负骂名。九月，江南造船厂试制的第一艘轮船驶至江宁，曾登船试航，取名“恬吉”。十二月，曾国藩抵达北京，拜见慈禧太后与同治皇帝。

同治八年（1869）二月二十七日，奏陈直隶应办事宜，以练兵、饬吏、治河为至要。六月，奏请按湘军制改造直隶练军。八月，作《劝学篇示直隶士子》，提出儒学有义理、考据、经济、辞章四科，唯义理为治学根本。十二月，奏陈：“直隶清理积狱……计审结并注销之案四万一千余起，多作尘牍，为之一清。”

同治九年（1870），四月，肝病日重，右目完全失明。奏准病假一月。五月续假一月。九月，两江总督马新贻被平民张汶祥刺杀后，朝廷命曾国藩再任两江总督，前往南京审理该案。李鸿章调补直隶总督。十月十七日，起程南下。十一月三日，六十大寿，御赐“勋高柱石”匾额。十一月二十四日，作家训日课四条：一曰慎独则心安，二曰主敬则身强，三曰求仁则人说，四曰习劳则神钦。

同治十年（1871）八月十九日，挈李鸿章联衔会奏《拟选子第出洋学艺折》。九月，视察水陆各营防务、训练情况。十一月抵上海，二十三日在沪设宴庆祝61岁生日。

曾国藩作为一个理学大家在人生后期开始推动洋务运动，但是洋务派购买了大批钢炮枪支之后，发现没有人会操作，他们意识到中国最缺的是人才，于是曾国藩和李鸿章制订了幼童留洋计划，造就了一批影响中国近代历史的杰出人才。

同治十一年（1872）二月二十七日，曾国藩领衔上奏，促请对“派遣留学生一事”尽快落实，并提出在美国设立“中国留学生事务所”，推荐陈兰彬、容闳为正副委员常驻美国管理。在上海设立幼童出洋肄业局，荐举刘翰清“总理沪局选送事宜”。三月一日，时发脚麻之症，舌蹇不能语。三月十二日，午后散步署西花圃，突发脚麻，曾纪泽扶掖回书房，端坐三刻逝世。是月，清廷闻讣，辍朝三日。追赠太傅，谥号“文正”，祀京师昭忠、贤良祠，各省建立专祠。六月二十五日，灵柩运抵长沙。七月十九日，葬于长沙南门外之金盆岭。次年十二月十三日，改葬于善化县（今望城县）湘西平塘伏龙山。与夫人欧阳氏合葬。

曾国藩在政治方面的建树：

作为近代著名的政治家，曾国藩对“康乾盛世”清王朝后期的腐败衰落洞若观火，他说：“国贫不足患，惟民心涣散，则为患甚大。”对于“士大夫习于忧容苟安”，“昌为一种不白不黑、不痛不痒之风”，“痛恨次骨”。他认为：“吏治之坏，由于群幕，求吏才以剔幕弊，诚为探源之论。”基于此，曾国藩提出，“行政之要，首在得人”。危急之时需用德器兼备之人，要倡廉正之风，行礼治之仁政，反对暴政、扰民，对于那些贪赃枉法、渔民肥己的官吏，一定要予以严惩。

至于关系国运民生的财政经济，曾国藩认为，理财之道，全在酌盈剂虚，脚踏实地，洁己奉公，“渐求整顿，不在于求取速效”。曾国藩将农业提到国家经济中基础性的战略地位，他认为：“民生以穑事为先，国计以丰年为瑞。”他要求“今日之州县，以重农为第一要务”。

曾国藩对中西邦交有自己的看法。经过两次鸦片战争的冲击，曾国藩一方面他十分痛恨西方人侵略中国，认为卧榻之旁，岂容他人鼾睡，并反对借师助剿，“以借助外国为深愧”；另一方面又不盲目排外，主张向西方学习其先进的科学技术，曾国藩在《复陈购买外洋船炮折》中说：“购买外洋器物，尤属名正言顺。购成之后，访募覃思之士，智巧之匠。始而演习，继而试造，不过一二年，火轮船必为中外官民通行之物，可以剿发捻，可以勤远略。”

曾国藩曾奏明皇上，提出治理天下之办法，涉及吏治与廉洁、选材与用材、物质与财用、兵力与兵法等。曾国藩在《应诏陈言疏》中向皇帝进言：“今日所当讲求者，惟在用人一端耳。古今人才不乏，欲作育而激扬之，端赖我皇上之妙用。大抵有转移之道，有培养之方，有考察之法，三者不可废一。为我皇上陈之……以臣观之，京官之办事通病有二，曰退缩，曰琐屑。外官之办事通病，曰敷衍，曰颟顸。退缩者，同官互推，不肯任怨，动辄请旨，不肯任咎是也；琐屑者，利析锱铢，不顾大体，察及秋毫，不见舆薪是也；敷衍者，装头盖面，但计目前，剜肉补疮，不顾明日是也；颟顸者，外面全完而中已溃烂，章奏粉饰而语无归宿是也。有此四者故习相沿，但求苟安无过，不求振作有为，将来一有艰巨，国家必有乏才之患。”要想使官员振作起来，又须皇上以身作则。他从理论乃至实践上都极力标榜封建伦理道德，来维护地主阶级的根本利益。

曾国藩在军事方面的建树：

曾国藩提倡忠君卫道、以儒家学说治军的这一宗旨始终贯彻在选将、募兵、军队管理以及协调军内外关系等方面。曾国藩的军事思想内涵丰富，彰显了其过人之处。

曾国藩认为，兵不在多而在于精，“兵少而国强”，“兵愈多，则力愈弱；饷愈多，则国愈贫”。曾国藩主张军政分理，各负其责。同时，他还购买洋枪、洋炮、洋船，推进中国军队武器的近代化。

曾国藩治军把选将作为第一要务，他说，“行军之道，择将为先”。他的选将标准是德才兼备、智勇双全，把德放在首位，并把德的内涵概括为“忠义血性”。他提出：“带勇之人，该求我乡血性男子，有忠义之气而兼娴韬钤之秘者，与之共谋。”又说：“带勇之人，第一要才堪治民，第二要不怕死，第三要不计名利，第四要耐受辛苦。”“大抵有忠义血性，则相从以俱至，无忠义血性，则貌似四者，终不可恃。”曾国藩认为，“忠义血性”的将领主要应从既受封建礼教熏陶，又少官场恶习的儒生士子中选择。罗尔纲在《湘军兵制》中统计，凡姓名、籍贯、出身、职务可查的湘军将领 179 人中，儒生出身的有 104 人，占 58%。以如此众多的儒生为将，这在历代军事史上都是罕见的。

将清朝的世兵制改革为募兵制，也是曾国藩的创举。湘军的建立就是这一举措的实现。曾国藩说："数年来痛恨军营习气，武弁自守备以上无一人不丧尽天良。故决计不用营兵，不用镇将。"因此，他组建湘军时，主张不在市民而在乡农中招募兵员。其用意就是乡农中招募的兵员朴实健壮，有利于灌输忠义伦理思想，更能适应艰苦残酷的战争环境。曾国藩还规定："招募兵勇，须取具保结，造具府县、里居、父母、兄弟、妻子名姓、箕斗清册。各结附册，以便清查。"凡无保者，概不招募。其好处在于，士兵都是知根知底之人，他们对家室妻子有依恋之情，进入军营能够服从上级管理调遣，回家探亲时由知县、团总、户长进行督察，如果出现私逃，只要营官、将领禀告士兵所在省份，按照户籍查找，很快就能捉拿回来。曾国藩的这一做法，完全是承袭了明末抗倭名将戚继光的募兵思想。

曾国藩在军队的编制方面也进行了改弦易张。湘军的编制以营为基本作战单位，营以下设哨，哨以下陆师为队，水师为船，马队为棚。湘军之始，营以上不再设官，各营全辖于曾国藩一人。其后营数增多，才有统领和分统的称谓。曾国藩要求以将必亲选、兵必自找、层层节制的原则组建军队，自统领至兵勇都是逐级进行募选，改变了绿营中"兵与兵不相知，兵与将不相习"的弊病，但也明显暴露了建立私家军队的用心，并从此就开创了近代中国"兵为将有"的先例，军阀拥兵割据的局面也就初显端倪了。

曾国藩在治军方略上煞费心机。他主张用儒家学说治军，即用封建伦理纲常去教育官兵，以仁礼忠信作为治军之本陶冶官兵，他的目的就是要以此维系军心，培植出一支绝对服从于自己的私家军队。所以他认为:“用兵者必先自治,而后制敌。”

曾国藩的军事思想影响了几代人,不但其同时代的湘、淮将领以曾国藩为楷模,而且其后的黄兴、蔡锷等对曾国藩治军方略也推崇备至。甚至刘坤一、张之洞、袁世凯等在甲午战争后采用西法编练新军时,还采纳了曾国藩治军的许多做法。民国军事家蒋方震在他的《国防论》中赞赏曾国藩是近代史上“一个军事天才家”,还说凡领军者都应该效法曾国藩。蒋介石则明确表示要师承曾国藩,要求国民党军队中的将领必须“认清历史,效法曾胡”。

曾国藩治军最重视思想教育,曾国藩认为“爱民为治兵第一要义”。

曾国藩在治学方面的建树:

关于理学。

曾国藩是清末著名的理学大师,学术造诣极深。他一生奉行程朱理学,但对于程朱之学并未盲目崇拜,而是多方汲取宋明儒学其他支派的思想。宋明理学分为气学、理学和心学等学术派别,曾国藩在政治和军事实践中渐渐地看到了程朱理学“指示之语,或失于隘”,或“病于琐”,或“偏于静”的局限,因此他对心学表现出了宽容的学术姿态。对于程朱理学与陆王心学的学术争论,他认为两家之争应取其同、避其异、扬其长、兼收并蓄,共同推进儒学的发展。曾国藩还以气学在生成论方面的资源来弥补理学的局限,谓“张子之《正蒙》,醇厚正大,邈焉寡俦”。依着气学的思路,曾国藩认为,天地万物均因禀气而生,气是构成天地万物的最终基元。在禀气而生这个意义上,天地万物是“同体”的。不过,曾国藩同时认为，虽太和氤氲之气流行不止，天地万物最初所得之气“均耳”，但人与物、圣人与常人实所禀有之气并不相同。就人与物相对而言，人得气之全，物却仅得气之偏；故人有知性，而物仅得物性。就人类而言，圣人所禀之气清且厚，常人所禀之气却浊而薄。

关于为文。

他说：“盖真能读书者，良亦贵乎强有力也。”要有“旧雨三年精化碧，孤灯五夜眼常青”的精神。写字或具阳刚之韵，“着力而取险劲之势”；或有阴柔之美，“着力而得自然之味”。文章写作，需在气势上下功夫，“气能挟理以行，而后虽言理而不灰”。要注意详略得当，详人所略，略人所详，而“知位置者先后，剪裁之繁简”，又“为文家第一要也”。为文贵在自辟蹊径，“文章之道，以气象光明俊伟为最难而可贵”，“清韵不匮，声调铿锵，乃文章第一妙境”。曾国藩创立了晚清古文的“湘乡派”，是湖湘文化的重要代表。他论古文，讲求声调铿锵，以包蕴不尽为能事；所为古文，深宏骏迈，能运以汉赋气象，故有一种雄奇瑰伟的意境，能一振桐城派枯淡之弊，为后世所赞。曾国藩还选编了一部《经史百家杂钞》作为为文的典范，脱出了桐城派的窠臼，世称为“湘乡派”。清末及民国初期的严复、林纾、谭嗣同、梁启超等人都受到了他的文风影响。

曾国藩的著作繁多，主要有《求阙斋文集》《诗集》《读书录》《日记》《奏议》《家书》《家训》及《经史百家杂钞》《十八家诗钞》等，统收入《曾文正公全集》，传于世。另著有《为学之道》《五箴》等著作。

曾国藩在书法方面也有突出成就。曾国藩对于书法理论的阐述散见于《日记》《家书》及其他文章中。他对当时阮元抛出的南北书派论既赞成又批评，主张南北兼而有之。针对书法的本源，曾国藩提出乾坤大源之说，即乾道—阳刚美—着力—雄奇—大气、坤道—阴柔美—不着力—淡远—韵胜，以此形成了系统的书法理论观。曾国藩一生勤于书法创作，走过了一条由泛而专、由继承古典到创新时尚的曲折探索道路。他留下的近130万字的《日记》就是中国古代罕见的一部巨型书法作品。他的楷书竖起了一面承唐继宋、刚柔相济的正书旗帜；他的行书劲健华美；他的小楷与小行书可以说是整个清代书法的典范。他应该说是与同时代包世臣、何绍基齐名的大书家。

曾国藩藏书丰富。他的藏书堂“求阙斋”与袁芳瑛的“卧雪庐”是湖南当时最有名的藏书楼。曾国藩的长女嫁给了袁芳瑛的儿子袁秉桢，而袁芳瑛是版本目录大家；同时曾国藩又与莫友芝关系密切，都是道光、同治年间著名藏书家和版本目录学者。曾国藩的藏书中有宋版《庄子》及《施注苏诗》，乃罕见之书。曾国藩的“富厚堂”原称“八本堂”，取自“读书以训诂为本，诗文以声调为本，事亲以得欢心为本，养生以少恼怒为本，立身以不妄语为本，居家以不晏起为本，作官以不要钱为本，行军以不扰民为本”的家训，曾纪泽据《后汉书》“富厚如之”而改现名。“富厚堂”内，藏书曾达30余万卷，超过近代史上著名的私人藏书楼山东聊城海源阁、江苏常熟铁琴铜剑楼、浙江宋楼、杭州八千卷楼，是近代私人藏书第一楼。藏书楼建于同治六年（1867），分“公记”“朴记”“芳记”三部分，“公记”收藏的是曾国藩读过、批示过的书籍，以经、史、子、集、地方志、家藏史料及宋元旧椠为主；“朴记”收藏的是曾国藩长子曾纪泽的常用书籍；“芳记”为其次子曾纪鸿夫妇的藏书。《李秀成供词》副本就藏于富厚堂“公记”书楼。

曾国藩在治家方面的建树：

曾国藩坚信，一个家庭最重要的原则就是人人孝悌。孝就是对父母、对长辈的感恩、尊敬与赡养。悌是指兄弟之间和睦友爱，也就是同辈之间的融洽与和谐。在曾国藩家书里，一般都以为他给孩子写的信最多，事实上他写给弟弟的信才是最多的，可见他对兄弟之间关系的重视。曾国藩有段著名的评论，说家庭兴旺的规律是：天下官宦之家，一般只传一代就萧条了，因为大多是纨绔子弟；商贾之家，一般可传三代；耕读之家，也就是以治农与读书为根本的家庭，一般可兴旺五六代；而孝友之家，就是讲究孝悌、和以治家的家庭，往往可以绵延很多代。

曾国藩在“和以治家”的前提下还特别强调“勤以持家”。曾国藩认为，勤以持家有两层意思：一是家庭成员要克勤克俭；一是做家长的要勤以言传身教。曾国藩说到做到，他自己一丝不苟地带头去做，而且做得非常好。比如大儿子曾纪泽喜欢西方社会学，曾纪鸿喜欢数学和物理学，曾国藩虽然一窍不通，也能尽自己所能去了解，去努力学一点。这样的父亲，才不愧是一个真正“勤以持家”的父亲。在曾国藩的影响下，曾纪泽总是会亲自教孩子们学英语、数学、音乐，还教他们练书法、写诗文、学经史典章，不论多忙，每日总要抽出时间来陪孩子、陪家人，这就是最好的家庭教育。所以，曾国藩子孙、曾孙甚至玄孙里，有很多科学家、教育家和社会活动家。

曾国藩认为，持家教子主要应注意以下十件事：一是勤理家事，严明家规。二是尽孝悌，除骄逸。三是“以习劳苦为第一要义”。四是居家之道，不可有余财。五是联姻“不必定富室名门”。六是家事忌奢华，尚俭。七是治家八字：考、宝、早、扫、书、疏、鱼、猪。八是亲戚交往宜重情轻物。九是不可厌倦家常琐事。十是择良师以求教。

曾国藩的处世和修身：

曾国藩对交友之道颇有见地，他认为交友贵雅量，要“推诚守正，委曲含宏，而无私意猜疑之弊”。“凡事不可占人半点便宜。不可轻取人财”。要集思广益，兼听而不失聪。“观人之法，以有操守而无官气、多条理而少大言为主”。处世方面，曾国藩认为，“处此乱世，愈穷愈好”。身居高官，“总以钱少产薄为妙”。“居官以耐烦为第一要义”，“德以满而损，福以骄而减矣”。为人须在一“淡”字上着意，“不特富贵功名及身家之顺逆，子姓之旺否悉由天定，即学问德行之成立与否，亦大半关乎天事，一概笑而忘之”。“功不必自己出，名不必自己成”，“功成身退，愈急愈好”。

关于修身，曾国藩认为古人修身有四端可效：“慎独则心泰，主敬则身强，求人则人悦，思诚则神钦。”首先是诚，为人表里一致，一切都可以公之于世。第二是敬，敬畏，内心不存邪念，持身端庄严肃有威仪。第三是静，心、气、神、体都要处于安宁放松的状态。第四是谨，不说大话、假话、空话，实实在在，有一是一，有二是二。第五是恒，生活有规律、饮食有节、起居有常。最高境界是“慎独”，举头三尺有神明。

他每天记日记，对每天言行进行检查、反思，一直贯穿到他的后半生，不断给自己提出更多要求：要勤俭、要谦逊、要仁恕、要诚信、知命、惜福，力图将自己打造成当时的圣贤。许多人都认为人格修炼是空虚的东西，认为修身是虚无缥缈的东西，甚至还是迂腐的，但就曾国藩一生的成功来看，修身才是他事业成功最重要的原因。曾国藩不信医药，不信僧巫，不信地仙，守笃诚，戒机巧，抱道守真，不慕富贵，“人生有穷达，知命而无忧”。

曾国藩认为：“养生之法约有五事：一曰眠食有恒，二曰惩忿，三曰节欲，四曰每夜临睡前洗脚，五曰每日两饭后各行三千步。”养生之道，“视”“息”“眠”“食”四字最为要紧，养病须知调卫之道。

曾国藩总结了修身十三条：主敬、静坐、早起、读书不二、读史、谨言、养气、保身、写日记、日知所亡、月无忘所能、作字、夜不出门。

主敬：整齐严肃，无时不惧。无事时，心在腔子里；应事时，专一不杂。

静坐：每日不拘何时，静坐片刻，来复仁心，正位凝命，如鼎之镇。

早起：黎明即起，醒后勿沾恋。

读书不二：一书未点完，断不看他书。东翻西阅，都是徇外为人。

读史：每日圈点十页，虽有事不间断。

谨言：刻刻留心。

养气：气藏丹田，无不可对人言之事。

保身：节欲、节劳、节饮食。

写日记：须端楷，凡日间身过、心过、口过，皆一一记出，终身不间断。

日知所亡：每日记茶余偶谈一则，分德行门、学问门、经济门、艺术门。

月无忘所能：每月作诗文数首，以验积理的多寡，养气之盛否。

作字：早饭后作字。凡笔墨应酬，当作自己功课。

夜不出门：旷功疲神，切戒切戒。

关于曾国藩的评价：

一百多年来，对曾国藩的评价仁者见仁，智者见智，对曾国藩褒扬者有之，斥骂者也不乏其人。早在曾国藩镇压太平天国时，即有人责其杀人过多，送其绰号“曾剃头”。到了1870年“天津教案”，不少人骂他是卖国贼，以致曾国藩也觉得“内咎神明，外咎清议”，甚至有四面楚歌之虑。辛亥革命后，一些革命党人说他“开就地正法之先河”，是遗臭万年的汉奸。1949年后的一段时间内，史学界更是斥曾国藩为封建地主阶级的卫道士、地主买办阶级的精神偶像、汉奸、卖国贼、杀人不眨眼的刽子手等，予以全面否定。

历史是各种复杂因素的有机结合体，历史人物也是如此，因此，对复杂的历史人物予以简单、片面的肯定或否定都是不客观的，都不符合马克思主义唯物史观和实事求是的要求，应在全面了解和深刻理解历史人物所处的历史条件和环境的基础上，客观评判历史人物的是非成败。

《清史稿·曾国藩传》：国藩为人威重，美须髯，目三角有棱。每对客，注视移时不语，见者竦然，退则记其优劣，无或爽者。天性好文，治之终身不厌，有家法而不囿于一师。其论学兼综汉、宋，以谓先王治世之道，经纬万端，一贯之以礼。惜秦蕙田五礼通考缺食货，乃辑补盐课、海运、钱法、河堤为六卷；又慨古礼残缺无军礼，军礼要自有专篇，如戚敬元所纪者。论者谓国藩所订营制、营规，其于军礼庶几近之。晚年颇以清静化民，俸入悉以养士。老儒宿学，群归依之。尤知人，善任使，所成就荐拔者，不可胜数。一见辄品目其材，悉当。时举先世耕读之训，教诫其家。遇将卒僚吏若子弟然，故虽严惮之，而乐为之用。居江南久，功德最盛。国藩事功本于学问，善以礼运。公诚之心，尤足格众。其治军行政，务求蹈实。凡规划天下事，久无不验，世皆称之，至谓汉之诸葛亮、唐之裴度、明之王守仁，殆无以过，何其盛欤！国藩又尝取古今圣哲三十三人，画像赞记，以为师资，其平生志学大端，具见于此。至功成名立，汲汲以荐举人才为己任，疆臣阃帅，几遍海内。以人事君，皆能不负所知。呜呼！中兴以来，一人而已。

左宗棠：谋国之忠，知人之明，自愧不如元辅；同心若金，攻错若石，相期无负平生。

李鸿章：师事近三十年，薪尽火传，筑室忝为门生长；威名震九万里，内安外攘，旷世难逢天下才。

胡林翼：曾公素有知人之鉴，所识拔多贤将。

李瀚章：其深识远略，公而忘私，尤有古人所不能及者。

石达开：虽不以善战名，而能识拔贤将，规划精严，无间可寻，大帅如此，实起事以来所未见也。

薛福成：自昔多事之秋，无不以贤才之众寡，判功效之广狭。曾国藩知人之鉴，超佚古今，或邂逅于风尘之中，一见以为伟器；或物色于形迹之表，确然许为异材。平日持议，常谓天下至大，事变至殷，绝非一手一足之所能维持。故其振拔幽滞，宏奖人杰，尤属不遗余力。尝闻曾国藩目送江忠源曰："此人必名立天下，然当以节烈称。"后乃专疏保荐，以应求贤之诏。胡林翼以臬司统兵，隶曾国藩部下，即奏称其才胜己十倍。二人皆不次擢用，卓著忠勤。曾国藩经营军事，亦赖其助。其在籍办团之始，若塔齐布、罗泽南、李续宾、李续宜、王鑫、杨岳斌、彭玉麟，或聘自诸生，或拔自陇亩，或招自营伍，均以至诚相与，俾获各尽所长。

朱孔彰《中兴将帅别传》：中兴景运，群公辈出，十年之间，削平大难，非天生圣相而振兴之，乌能若是邪？然履危濒死屡矣，有百折不挠之志，宏济艰难，虽曰成功者天，抑亦人谋也。赵衰之言曰："说礼乐，熟诗书，为元帅。"叔孙豹之言曰："太上立德，次立功，次立言，谓为三不朽。"公独兼之。至天津之役，攘垢忍尤，以安邦国，老成至计，谋出万全，可谓至忠矣。

欧阳昱：予观文正一生，不善用兵而善用人，牛溲马勃，无不收纳。所以群才效用，大寇荡平，而为中兴第一功臣也。

梁启超《曾文正公嘉言钞》：岂惟近代，盖有史以来不一二睹之大人也已；岂惟中国，抑全世界不一二睹之大人也已。然而文正固非有超群绝伦之天才，在并时诸贤杰中，称最钝拙；其所遭值事会，亦终生在指逆之中；然乃立德、立功、立言三不朽，所成就震古烁今而莫与京者，其一生得力在立志自拔于流俗，而困而知，而勉而行，历百千艰阻而不挫屈，不求近效，铢积寸累，受之以虚，将之以勤，植之以刚，贞之以恒，帅之以诚，勇猛精进，坚苦卓绝。吾以为曾文正公今而犹壮年，中国必由其手获救。

杨昌济：宋韩、范并称，清曾、左并称，然韩、左办事之人，范、曾办事兼传教之人也。

王闿运：用将则胜，自将则败。

容闳：故其身虽逝，而名闻千古。其才大而谦，气宏而凝，而为清代第一流人物，亦称旧教之特产人物。

章太炎：曾国藩者，誉之则为圣贤、谳之则为元凶。

蔡锷：曾、胡两公，中兴名臣之铮佼者，其人其事，距今仅半个世纪。带兵如带子弟一语，最为慈仁贴切。能以此存心，则古今带兵格言，千言万语皆付之一炬。（《曾胡治兵语录》）

蔡东藩：若曾、胡二公，文足安邦，武能御侮，清之不亡，赖有此耳。

蒋廷黻：国藩以执两之道，贯经世之学，于社会之改造，则恢复民族固有美德，此之谓守旧；于民族之前途，则接受西洋文明，此之谓革新。二者同时进行，乃其对我国近代史之大贡献也。盖徒然恢复旧礼教，则不能抵抗帝国主义者之机械科学，何况旧礼教之本身，亦复百孔千疮，有待救正乎？若徒然接受新文化而不恢复固有之美德，则此腐化之旧官僚社会，根本不能举办事业，更何况社会民族之立场，有何术以全盘改造之乎？吾人之所以佩服曾国藩，诚以其眼光远大，订此救国救民之方案，与后日国父之民族主义如出一辙矣。

陈公笃《公笃相法》：国藩素拘谨，其才不如胡、左，而功倍之，独知人善用，是其特长。

胡哲敷《检论》：五百年来，能把学问在事业上表现出来的，只有两人：一为明朝的王守仁，一则清朝的曾国藩。

萧一山《清代通史》：国藩以严谨胜，宗棠以豪迈胜。

徐中约《中国近代史》：曾国藩的政治家风度、品格及个人修养很少有人能予以匹敌。他或许是19世纪中国最受人敬仰、最伟大的学者型官员。

## 十、曾国荃

曾国荃（1824—1890），字沅浦，号叔纯，又名子植，湖南双峰县荷叶镇人，曾国藩的九弟，毕业于湘乡私塾，湘军主要将领之一。因善于围城，有“曾铁桶”之称。

咸丰二年（1852）取优贡生。咸丰六年起，因攻打太平军之功，朝廷赏“伟勇巴图鲁”名号和一品顶戴。

同治三年（1864），因攻破太平军据点天京之功，加太子少保，封一等伯爵。同治间，与郭嵩焘等修纂《湖南通志》。

光绪元年（1875）后历任陕西、山西巡抚，署两广总督。

光绪十年（1884）署礼部尚书、两江总督兼通商事务大臣。

光绪十五年（1889）加太子太保衔。翌年卒于位，谥“忠襄”。

有《曾忠襄公奏议》存世。

光绪十六年（1890）十二月，湘乡曾国荃重修东湖王定安编辑的《宗圣志》刊于金陵。

曾氏兄弟5人，除曾国藩外，九弟曾国荃的功名要高于其他3人，不仅对于清朝功不可没，对曾国藩的帮助也最大。曾国荃比曾国藩小13岁，生于道光四年（1824）。16岁时，跟着他的父亲到京师，就学于曾国藩，很得乃兄的嘉许。道光二十二年（1842），曾国荃离开京师回原籍，曾国藩送他到芦沟桥，以诗为别，写道："辰君平、午君奇，屈指老沅真白眉。"曾国潢生庚辰岁，曾国华生壬午岁，曾国荃字沅甫，故以"辰君""午君""老沅"分别代指3人，诗赞曾国荃才俊特出于兄弟几人之上。曾国荃生性十分高傲，史书记载他"少年奇气，倜傥不群"。1847年曾国荃以府试第一人入县学，不久举优贡。

曾国荃早年随兄曾国藩筹建湘军，1856年，曾国藩率领的湘军在江西湖口惨败后，被太平军围困在南昌周围的狭小地区，处境十分险恶。曾国荃为了救援其兄，与吉安知府黄冕一起，劝捐募勇3000人援救江西，连陷安福等地，进围吉安。因始攻吉安，故称部队吉字营。吉字营自此成为曾国藩的嫡系部队。太平军在吉安凭险死守，等待援兵，攻城非常困难。曾国荃等采取挖壕筑垒的战略，实行长围久困之策（以后攻安庆，陷天京，曾国荃都以挖壕围城取胜，因此便有了"曾铁桶"的外号）。

曾国荃的成名之战是安庆之战。

咸丰十年（1860）5月，曾国荃率军进驻安庆以北的集贤关，开始了对安庆的围攻。安庆位于长江中游，溯江而上则能据汉口、武昌，顺水而下，则南京门户洞开，军事地理位置极为重要。在湘军准备攻取安庆时，该城已被太平军占领达9年之久。

1860年6月，曾国荃率湘军8000人进逼安庆。在城西、城北开挖长壕两道，造成包围之势，断其军粮，很好地运用了他的“铁桶”理论。城内太平军屡次出城作战，湘军都坚守壕垒，不轻易越壕迎战，屡屡挫伤太平军的锐气。太平军陈玉成部前来救援，也始终无法突破湘军的阵地。双方对峙，安庆的争夺也因此成为关系太平天国和清王朝之间军力消长的决战。驻在长江南岸距安庆几十里远的曾国藩，可以清晰地听到交战的火炮轰鸣声，可见战斗非常激烈。在这个关键时候，太平军首领陈玉成犯了一个大错，5 月 19 日他率数千太平军赴桐城会合洪仁和林绍璋，商讨下一步行动，却留 8000 人守集贤关内和菱湖两岸各垒，留 4000 人守集贤关内赤岗岭四垒，这样就使 1 万多人的部队陷入孤军作战且没有主帅的境地。5 月 20 日，湘军将领鲍超开始猛攻集贤关外的太平军四垒，太平军守将刘沧琳骁勇善战，战斗打得十分激烈。6 月 8 日，赤岗岭四垒也被湘军团团围住，太平军已是山穷水尽。鲍超派人劝降，有三垒太平军被迫投降。刘沧琳率数百人突围，被湘军穷追，一直追到溪河边，太平军已无力战斗，大部被生擒。

此时，安庆与外界的联系已经断绝，只有一些外国商人将粮食偷运过去卖给太平军，曾国荃就派兵士守在航道上，当外国商人的运粮船开来时，就以高于太平军的价格将粮食收买，安庆城内的太平军就完全断粮了。1861 年 9 月 5 日，曾国荃用地道填埋炸药轰倒安庆北门城墙，湘军蜂拥而入，城内太平军由于饥饿，已拿不动刀枪，无力抵抗，主将叶芸来等 16000 余官兵投降。安庆之战的胜利，为进攻天京准备了极为有利的条件。曾国荃也因功加布政使衔，以按察使记名，赏穿黄马褂，赏“伟勇巴图鲁”名号。

天京城首先被曾国荃攻破。

1862 年春，曾国藩开始部署进攻天京。他又把主攻的任务交给了弟弟曾国荃。急功近利的曾国荃在清军未按原计划出师前，率军急进，连下无为、巢县、含山、和州、太平府、东梁山、金柱关、芜湖、江宁镇、大胜关等地，直逼天京城，1862 年 5 月 31 日在天京城南门外的雨花台扎下营寨，使军队处于孤立突出的险境。曾国藩替他担心不已，写信劝他暂时后退，以求稳妥之策。但是曾国荃却认为："舍老巢勿攻，浪战无益，逼城足以致敌。虽危，事有可为。"丝毫没有退兵的念头。曾国藩准备派李鸿章部前去援助，也遭到他的拒绝。他开始在天京城外深挖壕沟，广筑防御工事，并结合水师，全力出击，靠 2 万军队击退了号称 20 万的太平军援部。曾国藩见他打了胜仗，又赶快劝其趁好即收，撤兵天京，以保全功业。此时已觉胜券在握的曾国荃力排众议云："贼（指太平军）以全力突围是其故技，向公（向荣）、和公（和春）正以退致挫，今若蹈其覆辙，贼且长驱西上，何芜湖之能保？况贼乌合无纪律，岂可见其众而自怯？"他还谢绝了白齐文指挥下的"常胜军"的支援。

是时江南流行瘟疫，曾国荃军中也开始蔓延，湘军元气大伤。1863 年能够连战连捷，夺下天京城外所有的战略据点，都是在极为艰难困苦的条件下取得的。曾国荃在疫病盛行的不利情况下，以寡敌众，力战四十六昼夜，屡次击退忠王李秀成、侍王李世贤的反扑，先后击毙对王洪春元、德王唐日荣。到了 1864 年 2 月，曾部已将天京合围。7 月 19 日午后，曾国荃的心腹李臣典点燃埋在天京城墙下面的三万斤火药，天京因此陷落。薛福成《庸盦笔记》记载了曾国荃部攻陷天京城的经过："宫保威毅伯曾公（曾国荃）之围金陵也，猛攻二年，盛暑鏖兵，迄不能下。自朝阳门至钟阜门，开地道三十三处，篝火而入地，崖崩而窟塞，则纵横聚葬于其中。贼（太平军）或穿隧以迎我，熏以毒烟，灌以沸汤，则题者幸脱，而惷者就歼。盖每穿一穴，为贼所觉，而将士须臾殒命者，率常数十百人。一日，穴地已过城根，贼尚未觉。会贼有以枪插地者，穴内军士见枪首入地，疑贼已觉而刺之也，急以手引枪入地数尺，贼始知官军在地下，复迎击之。官军或退或死，复开他道，或为山石所隔，或将近城根。贼酋李秀成登陴遥望，见其上草色，辄知下有地道。官军既克伪天堡城，即所谓龙膊子者也，在太平门外，高踞钟山之顶，俯瞰城中。提督李臣典与公密商，排巨炮三层于其上，昼夜对城轰击，无一息停。城堞皆颓，贼不能立足。曾公始下令军士，各持柴草一束，掷之城下，高与城齐，示将由此登城者。贼并力严备，不暇他顾，又隔于柴草，不能瞭望。

"官军于近城龙膊子山之下，觅得一隧，乃前数月所开，为贼所觉而中废者。曾公知贼不复防此道，派千人由此挖至城下，实火药三万斤于其中，封筑完固，填以大石。口门留一穴，以粗竹数丈为引线，贯入穴中。竹内用大布数匹，包火药实之。

"及期，各军严阵以待，火始入时，但闻地中隐隐若雷声，约一点钟之久，俄而寂然，众又以为不发矣。忽闻霹雳砰訇，如天崩地坼之声。城垣二十余丈，随烟直上，万众瞩目，咸见是城耸入云霄也。大石压下，击人于一二里外，死者数百人。

诸军由缺口冲入，其上有黑云一阵随之。既而城中火起，共见火光中有若金星一个，腾入云端，继有白光一道冲上，盖皆宝气所化也。先是咸丰三年，粤寇之陷金陵也，募得一黔人善掘煤者，掘地道自仪凤门入。及官军围金陵，黔人复在军中，曾公使挖地道自太平门入。噫！一省垣也，而得失系于一挖煤者之手，亦异矣。曾文正公既至金陵，修治缺口，镌石识其处。铭曰：'穷天下力，复此金汤，苦哉将士，来者勿忘！'"

攻下天京后，清廷赏加太子少保衔，封一等威毅伯。但曾国荃并没有青云直上，反倒受到官绅的非议和清廷的追究。一是因为当时朝廷财政困难，都指望夺取太平天国的国库来救济，而他却报告太平天国的圣库已经没有金银，拒缴所得；二则是他谎报洪秀全之子洪天贵已死，其实正是他的疏忽，才使他们得以脱身。曾国藩当然要比其弟深思熟虑得多，也更谙熟为臣之道。他急忙以曾国荃病情严重为由，请求将九弟开缺回籍。

同治五年（1866）七月，曾国荃奉命帮办湖北军务，镇压捻军。次年5月因剿贼无功摘去顶戴，十月因病请假开缺，十二月因东捻平定恢复顶戴。光绪元年（1875）后历任陕西巡抚、河东河道总督、山西巡抚、陕甘总督兼兵部尚书衔，继署两广总督。

曾国荃山西救灾赢得名声。

光绪三年（1877），曾国荃到山西上任。那一年，正是华北、华东、西北九省发生罕见灾荒之年（时称"丁丑奇荒"）的第二年。

"丁丑奇荒"，起于光绪二年（1876），止于光绪四年

(1878)，山西等一部分地区拖延到光绪五年（1879）。灾害蔓延北方九省，受灾人口多达两亿。直接饿死及无力掩埋人畜尸体引起的大瘟疫夺去的人命达1300万！其中山西省1600万居民中就死亡500万人，还有几百万人口逃荒或被贩卖到外地。真可谓“千里无鸡鸣，生民百余一”。

光绪二年（1877）的大致情形是：农田颗粒无收，蝗虫铺天盖地而来，把树叶野草都吃光了。旱情不断发展，可食之物罄尽，发生了人食人的惨剧。九个省份遭灾，山西、山东、河南、陕西、直隶五省是重灾区，山西最严重。

就在曾国荃为山西巡抚时，清政府发给他虚衔实职空白执照各2000张，命他数日内离京赴任。五月，朝廷一次给山西的灾民划拨了二十万两赈灾银，令曾国荃采买粮食，运往山西赈济。从此之后，朝廷中枢开始大规模的赈济灾民。

曾国荃起程奔赴山西之际，清政府已经下令：允许各省开设捐局。所以，曾国荃到山西时，手里已经拿上了户部发放的两千张空白“鬻爵”文本，可以筹措款项了。自此，山西得到清政府的多项赈灾政策，不能不说与曾国荃有关。

史料记载：当年八月，同样灾荒的河南、山西两省，其得到的赈灾救济是不一样的。山西其时已经得到了国家的二十万两赈银、未藉京饷和漕折银十四万七千余两救济银两。同时，朝廷又把八万多石粮食给了山西，给河南的仅仅是四万多石。除了原有的二十万两赈银、未藉京饷和漕折银十四万七千余两之外，山西还得到李鸿章筹措的十万两银子。之后，朝廷又拨了二十万两赈银，而且又明确：七成归山西，三成归河南。几天之后，不知通过何种渠道，清政府认识到河南的灾情也一样厉害，而给山西的赈银似乎还不足以体恤民艰，所以就改为原有的二十万两赈银不再分配，全部划给山西，另外追加二十万两拨给河南。由此，曾国荃与山西百姓结下了不解之缘，同时也与以太原为中心的晋商巨子结下了不解之缘。现以太原为中心的山西，许多地方留下了曾国荃的足迹；而以太原为中心的晋商大户，许多院落甚至留下了曾国荃的墨宝。

光绪十年（1884）曾国荃历任署礼部尚书、两江总督兼通商事务大臣。光绪十五年（1889），加太子太保。光绪十六年（1890）九月，在南京病卒于任上，终年 66 岁。谥“忠襄”，入祀北京昭忠祠、聚良祠。

曾国荃岐山寺题字。

岐山寺位于福建省闽侯县（福州市）南通镇新岐村，寺门悬挂着的四个烫金而苍劲有力的大字牌匾“大雄宝殿”，便是光绪年间一品顶戴、两江总督曾国荃题写的。

相传曾国荃当年随着兄长曾国藩统领彪悍善战的湘军南征北战、平乱安邦，镇压太平天国农民起义军，替清廷立下了汗马功劳，使湘军名声日震，自己也因此官封巡抚、总督。但家庭生活却给他造成了烦恼。家里二位夫人，婚后多年无子嗣。总督的二位夫人在家供奉菩萨，日夜虔诚信佛，并常常念叨，要丈夫信佛求子。

恰在这时，江南名刹岐山禅寺得到慈禧太后和光绪皇帝的恩赐。因祸得福，重新修复后的寺院，光绪钦赐寺名“岐山万寿仁瑞寺”并赐镇山宝物三件，拨府库金银若干，半副鸾驾，一路浩浩荡荡由京城运往岐山，并晓喻沿途百官，夹道迎送，下旨：“着两江总督曾国荃具体督办。”曾国荃携夫人共同前往进香，一路来到了岐山万寿仁瑞寺。后应岐山住持高僧之邀，为新落成的“大雄宝殿”题写了匾额。曾总督时值春风得意，年轻气盛且写得一手好字，所以这块牌匾，入木三分，刚劲有力。揭彩挂匾之日博得百官、地方豪绅以及众僧和香客们的喝彩。传说他的所作所为感动了佛祖，后来这位总督，果然子孙旺盛。

曾国荃人物评价：

李鸿章送挽联称他：“易名兼胡、左两公，十六言天语殊褒，恩数更惊棠棣并；伤逝与彭、杨一岁，二三子辈流向尽，英才尤痛竹林贤。”

清朱孔彰在《中兴将帅别传》中评议曰：“中兴拨乱，忠襄之勋烂焉。”

## 十一、曾纪泽

曾纪泽（1839—1890），字劼刚，湖南双峰荷叶人，晚清大臣，清代著名外交家，曾国藩之子。生于道光十九年，卒于光绪十六年，年51岁。袭父一等毅勇侯爵。同治年间相继出使英、法、俄诸国，孤身一人前往俄国谈判，与俄人力争，毁崇厚已订之约，更立新议，交还伊犁及乌宗岛山、帖克斯川诸要隘。官至户部左侍郎，追赠太子少保，谥号“惠敏”，世称“曾惠敏”。

曾纪泽学贯中西，有诗古文及奏疏若干卷，工诗文、书法篆刻，善山水画，尤精绘狮子。著有《佩文韵来古编》《说文重文本部考》《群经说》等传于世，后人辑为《曾惠敏公全集》。

曾纪泽自幼受严格教育，通经史，工诗文，并精算术。及长，因受洋务运动影响，复力学英语，研究西方科学文化。识者每以“学贯中西”誉之。

同治九年（1870），由二品荫生补户部员外郎。

光绪三年（1877），为父守丧期满，以承袭一等毅勇侯爵位入京。

光绪四年，派充出使英国、法国大臣，在英办理订造船炮事宜，补太常寺少卿，转大理寺。曾纪泽是当时秉承“经世致用”新思维的官员，在出使任内，深入了解各国历史、国情，研究国际公法，考察西欧诸国工、商业及社会情况。又将使馆由租赁改为自建，亲自负责图书、器物购置，使得使馆的规模既不失大国风度，亦不流于奢靡。驻外严于操守，节约公费，摒弃贪劣，倡导廉洁之风，为外国人所敬重。

光绪五年，巴西通过其驻英公使与曾纪泽联系，谋求与中国建交、通商，并招募华工垦荒。曾纪泽建议清廷予以同意；唯对招募华工一事，因美洲各国虐待“苦力”，请予以拒绝。

清政府曾于光绪四年（1878）六月派崇厚赴俄谈判索回伊犁失地，崇厚在沙俄的威胁下，竟在清廷不知情的情况下，于光绪五年（1879）擅自与沙俄签订了丧权辱国的《里瓦几亚条约》，除割去霍尔果斯河以西和特克斯河流域大片富饶的领土外，还赔款500万卢布。伊犁名义上归还中国，实际上却是“已成弹丸孤注，控守弥难”的残破空城了。清廷得知后极为震怒，于光绪六年（1880）派曾纪泽兼任出使俄国大臣，与沙俄谈判修改崇厚擅订的《里瓦几亚条约》。曾纪泽抵达俄国后，“与俄外部及驻华公使布策等前后谈判历时10个多月，正式会谈辩论，有记录可稽者51次，反复争辩达数十万言。至光绪七年正月二十六日（1881年2月24日），终于达成《中俄改订条约》（即《中俄伊犁条约》）。与崇厚所签条约比较，虽然伊犁西境霍尔果斯河以西地区仍为沙俄强行割去，但乌宗岛山及伊犁南境特克斯河一带均予收回；取消俄人可到天津、汉口、西安等地进行经济活动诸条款；废除俄人在松花江行船、贸易，侵犯中国内河主权等规定。同年，曾纪泽迁宗人府府丞、左副都御史。

光绪九年（1883）中法战争爆发后，曾纪泽不断抗议法政府的挑衅。与法国谈判，立场强硬。主张“坚持不让”，“一战不胜，则谋再战；再战不胜，则谋屡战”。又疏筹“备御六策”。

光绪十年三月，曾纪泽卸驻法大臣之职，旋晋兵部右侍郎，仍为驻英、俄大臣，与英国议定洋药税厘并征条约，几经周折，终于为清政府争回每年增加烟税白银200多万两。

光绪十二年六月，曾纪泽离英返国，帮办海军事务，协助李鸿章创办北洋水师，旋为兵部侍郎入总理衙门，后调户部，兼署刑部、吏部等部侍郎。在任出使英、法、俄三国大臣期间，订造了“致远”“靖远”舰。为了订购军舰不受制于洋人，深入地学习过近代海军知识，在有关舰船技术的论述上极有见地。

他关心外交诸事，如驻外领事部署，何地当设，何地宜缓，何地不应设，都随时向总理衙门各国事项建议。还改进驻外公使与国内联系电报通讯办法。他在外交界享有盛誉，与郭嵩焘齐名，时人并称“郭曾”。在出使英俄期间，在伦敦《亚洲季刊》上发表《中国先睡后醒论》，指出外来的侵略适足以“唤醒中国于安乐好梦之中”，中国的“全备稳固可翘足以待”，对民族振兴满怀信心。

光绪十三年正月二十三日，调户部右侍郎，兼管钱法堂事务。

光绪十四年六月二十日，任户部管理三库大臣。九月六日，兼署刑部右侍郎。

光绪十五年八月六日，兼署吏部左侍郎。

光绪十六年闰二月二十三日（1890 年 4 月 12 日），曾纪泽在北京台基厂寓邸中病逝，未满 51 周岁。两日后，朝廷追赠其为太子少保，照侍郎之例赐恤。旋即赐谥“惠敏”。

曾纪泽的最大成就是收回伊犁。

1871 年 7 月，沙皇俄国趁阿古柏侵占新疆并向东进犯之际，出兵占领了伊犁地区。清政府与之多次交涉，沙俄拒不撤兵。1876 年至 1877 年间，陕甘总督左宗棠指挥清军收复了新疆的大部分地区，于是，1878 年 7 月，清廷派崇厚为特命全权大臣，去俄国同沙皇交涉伊犁问题。崇厚昏庸无知，他以为只要收回伊犁就什么都能解决，结果在俄国官员的威胁和欺骗之下，他擅自签订了出卖国家利益的《里瓦几亚条约》。条约规定割让伊犁以南和以西的大片土地，清朝向俄国赔款 500 万卢布，俄国商人到新疆和蒙古等地经商全部免税，允许俄国经新疆到天津、汉口和西安陆路通商；而换回来的，只是一座三面被俄国包围的空城伊犁。

条约签订的消息传回国内，激起了全国民众的无比愤怒。清廷内部也引起了激烈的争论，以李鸿章为代表的主和派怕与俄国人打仗，主张妥协，接受这一条约；而以左宗棠为代表的主战派坚决不同意，要求修改崇厚与俄国签订的条约，把失去的主权收回来，同时做好开战的准备。左宗棠说到做到，积极备战。他分兵三路，向伊犁进军。不久，他自己带着一口棺材从肃州（今甘肃酒泉）出发，表示不收复伊犁，绝不活着回到关内。在全国民众的一片抗议声和爱国官员的坚决要求下，西太后不得不把崇厚撤职，交给刑部严加惩处，不久又派曾纪泽兼任驻俄公使，去俄国与沙皇政府重新谈判。

曾纪泽于 1878 年担任驻英、法公使。这次前往俄国，曾纪泽心中很清楚，谈判难度很大。但是为了国家的利益，他只能全力以赴。

1880 年 8 月，曾纪泽到达俄国首都圣彼得堡。接待他的是俄国外交大臣格尔斯和驻中国公使布策，两人一开始非常霸道，对曾纪泽说："两国全权大臣已经签订好了条约，没有什么可以修改的了。"曾纪泽冷静地回答："因为中国的使臣崇厚失职，违背了朝廷的旨意，所以这个条约理应酌情进行修改。"格尔斯和布策又说："崇厚是头等全权大臣，你是二等出使大臣，又无全权，怎么能够修改崇厚与我们签订的条约呢?"曾纪泽针锋相对："我既然是驻俄公使，就有权同你们谈判修改条约的事。"格尔斯和布策无话可说，只好同意与曾纪泽谈判。曾纪泽便把需要修改的地方一条条列出，送到俄国外交部。格尔斯看后暴跳如雷："这不是把前面所订的条约全部推翻了吗?"格尔斯故意拖时间，不作答复。曾纪泽就派人去催。格尔斯也派了人来回答说，俄国沙皇已经向清朝廷提出最后警告，假如不批准以前签订的条约，就只能用大炮来发言了。曾纪泽毫不退缩，镇定自若地回答："如果两国间不幸发生战争，中国用兵向俄国索还土地，那就什么地方都可以索取，绝不只限于一个伊犁。"几天后，格尔斯和布策又蛮横地向曾纪泽提出："我们守卫伊犁的军费总共为一千二百万元，中国必须予以赔偿。"曾纪泽冷笑道："双方还没有打仗，哪里跑出来的军费?"格尔斯和布策说："如果你们不答应，俄罗斯只好开战了。"曾纪泽不客气地回敬道："一旦打起仗来，谁胜谁败还不一定呢。大清如果获胜了，那俄国也必须赔偿我们军费。"在半年多的时间里，双方唇枪舌剑，激烈交锋。曾纪泽据理力争，终于迫使俄国政府修改条约。

《中俄伊犁条约》与《里瓦几亚条约》相比，除赔款增加了400万卢布外，其他方面中国都争回了很大一部分主权。在伊犁地区收回了伊犁南面的特克斯河流域的大部分领土；在斋桑湖和喀喇额尔齐斯河下游地区的界线，改为在《里瓦几亚条约》界线与《中俄勘分西北界约记》所定原线之间"勘定新界"，中国收回了一部分领土。商务方面，俄国设立领事的地点，由七处缩减为二处；中俄陆路通商新疆至汉口一条路线，删除了嘉峪关至汉口一段；水路方面，关于俄轮沿松花江航行到伯都讷的专条被删除了。

这一次谈判成为中国近代历史上唯一的一次成功谈判，是近代中国以来难得的一次外交胜利，此事使曾纪泽博得朝野的好评和西方外交界的尊重。

《中俄伊犁条约》一公布，世界舆论顿时哗然。英、法、美等国的各大权威报纸均载文评论说：中国的天才外交官曾纪泽创造了外交史上的一个奇迹，他迫使大俄帝国把已经吞进口里的土地又吐了出来。这是俄国立国以来不曾有过的事情。

法国驻俄公使商西则这样说道：无论从哪方面看，中国的曾纪泽创造的都是一个奇迹！

法国籍军官日意格的评价则是：我没有看错，曾纪泽确是我接触到的所有外交官当中最优秀的一个！

孝钦显皇后（慈禧）：看不出，曾纪泽还真有些胆量！

赵尔巽《清史稿》：崇厚擅定俄约，误国甚矣。纪泽继之，抗议改正。其时国势犹足自申焉。

蔡东藩《清史演义》：或谓吴之争嗣，何裨大局？俄许改约，全恃曾袭侯口舌之力，于左无与？……外交以兵力为后盾，微左公之预筹战备，隐摄强俄，虽如曾袭侯之善于应对，能折冲樽俎乎？

萧一山在所著《清史大纲》一书中评：曾纪泽是我国当时最了解国际形势的外交家；对使俄换约“不矜不伐，操心虑患”的态度，真不愧为曾文正公之子。

曾纪泽对西方有着自己的独特认识。

洋务运动的启蒙者们如曾国藩、左宗棠、李鸿章等，在最初与西方的交手中，感应到了变局的到来，但是否真的认识到中国与西方的差距则是有疑问的。士大夫要承认中国除了军事力量不足之外，还存在经济和政治体制等领域的不足，这对他们而言，存在难以逾越的心理障碍。只有亲身经历了西方社会的生活，才能有力地冲击这最后的防线，从而真正走向世界。曾纪泽的前任郭嵩焘已经大胆地承认了中国文化问题对中国发展的深刻牵制。曾纪泽本人通过朴素的观察，对西方具有自己的独特认识。

一是对中西方文化的基本认识。他从小学教育入手，认为：“中华所谓小学，有古今之分。汉学家以文字、声音、训诂为初学津梁，古小学也。宋学家以洒扫、应对进退为童蒙基址，今小学也。”而“西人所谓小学，则以显微镜察验纤细幺幺之物，以助格致家考究万物材质凝动之分，生死之异，动植之类，胎卵湿化之所以别。由细而知巨，由表以验里，由无用以求有用，由同种以察异种。以此为小学，与光学、电学之属，争奇而并重。设公会邀人观览，亦集思广益之意也”（曾纪泽《出使英法俄国日记》）。中国的学问注重人的道德文章，关注主体的修行，而西学注重对客观事物的考察。

对西方文化的认识，直接渗透到曾纪泽办理外交的实践中去。曾纪泽发现西方国际关系遵循一种规则即国际法，而国际法的根本点在于保护国家主权，保护国家主权不论国家大小强弱。他说：“西洋各国以公法自相维制，保全小国附庸，俾皆有自主之权。”这是和东方传统国家间关系在文化上的最大不同。国际法意识和主权意识给了曾纪泽无穷的力量，他利用西方国际法作为武器，以子之矛，攻子之盾。他在和俄国的艰难交涉中，成功收复了伊犁。他在辩论《烟台条约》洋药加税之事项时，义正词严地说：“西洋各国，无论大小、强弱，其于税饷之政，皆由主人自定，颁示海关，一律遵照办理。客虽强而大，不能侵夺主国自主之权。”“加税之权，操之在我！”（曾纪泽《出使英法俄国日记》）

二是对西方社会的体验和认识。作为外交官，考察所在国“政事、语言、文字、风俗之不同”是一项基本的使命。曾纪泽在日记中主要记载的就是这方面的观察结论。首先是建筑。

中国建筑多平面摊开，楼层不高，浪费土地。“西人地基价值极昂，故好楼居，高者达八九层，又穴地一二层为厨室、酒房之属，可谓爱惜地面矣”。形成这种差别的根本原因，曾纪泽没有剖析。其实这种差别是中国和西方在发展阶段上的差别所致。中国城市没有充分发展，因为处于农业文明的阶段，而西方城市和工商业的快速发展，必然导致地价上涨和高楼大厦。对于园林建设，曾纪泽也注意到了中西差别。西方“其建筑苑囿林园，则规模务为广远，局势务求空旷。游观燕息之所，大者周十余里，小者亦周二三里，无几微爱惜地面之心，无丝毫苟简迁就之规。与民同乐，则民不怨”（曾纪泽《出使英法俄国日记》）。

这样的结论很有见地，他把西方建设公共园林和“与民同乐”的政治理想结合，发现了西方社会以民为本的政治基因。其暗含的意思则是中国园林多为私家或皇家所建，没有实践古人“与民同乐”的理想。

三是对军事力量的认识。作为洋务运动的热心支持者，曾纪泽对中西方军事力量的差距，应该说是最为敏感的。对于西方军事力量的强大根源，他认识到：“盖其规模，亦合通国人士之智力，积数十年之历练，耗无数之财赋而后成焉。故闳博精微，兼擅其胜也。”（曾纪泽《出使英法俄国日记》）

西方为什么能够做到利用全国的智慧和力量造就如此庞大的军事机器，曾纪泽语焉不详。这可能是他观察的缺陷，但也可能是他不愿牵涉进政治的纠纷吧。

*曾纪泽与两宫皇太后有着两次对话。*

曾纪泽出使欧洲之前，于 1877 年和 1878 年两次被召见。

慈禧太后对于曾纪泽的出访非常重视，亲自问一些具体的问题，比如如何走、何时到、外国的外交体制如何等。

第一次：光绪三年。

卯正二刻，军机大臣下，召见纪泽于养性殿之东阁中，两宫皇太后、皇上皆西向坐。谟公带纪泽入见，揭帘，行二步即跪，自陈“奴才曾纪泽跪请皇太后、皇上圣躬万安，叩谢天恩”，免冠叩头有声，整冠起立，进三步许至黄垫前，跪于垫下。

慈禧皇太后问：“路上行了多少日子？”

对：“因沿路耽搁，走了两个多月。”

问：“一路经过地方都安靖？”

对：“奴才路过湖北、安徽、江南等省，略嫌雨水少些，人心尚属安靖。”

问：“你曾在那衙门当差？”

对：“奴才本系道光三十年荫生，因随侍奴才父亲原任大学士、两江总督曾国［藩］（此处原画圈，避家讳），在军营日多，及岁时未及考试，直至奴才父亲调任直隶总督，奴才乃得入京考荫。本系正二品荫生，蒙加恩赏给员外郎，分部行走，掣签在户部陕西司学习。其后当差未久，因奴才父亲患病，是以请假出都，仍旧随侍。其后奴才父亲调回两江，又随侍到江南的。”

问：“你住原籍几年？”

对：“住原籍五年。奴才父亲在两江任内病故，奴才丁忧回籍。蒙天恩，即令承袭侯爵。同治十三年，父忧服满，进京谢恩，行至中途，又闻讣丁母忧，仍复回籍守制。现在母忧服满，来京谢恩的。”

问：“你多大年纪?”

对：“三十九岁。”

问：“你是从湖南来的?”

对：“是。”

问：“湖南情形还好?”

对：“湖南今年年岁尚好，雨水还算调匀。”

问：“你动身时见王文韶否?”

对：“见着的。”

问：“王文韶在湖南何如?”

对：“王文韶很好。数年以来，湖南事务甚亏了王文韶料理。”

问：“他还能办事?”

对：“很能办事，又明白，又谨慎。”

问：“湖南州县官何如?”

对：“王文韶督率藩司崇福，署臬司夏献云整顿吏治，州县都很听话。”

问：“吏治一整顿，地方自然好了?”

对：“是。”

问：“湖南还有勇营?”

对：“湖南从前派勇援防贵州，贵州肃清后，勇营业已裁撤许多，现留水陆各数营，为巡防本省之营。（少歇又对）湖南昔当江南等省遣撤兵勇之时，本省常有哥老会匪滋事，近岁仰仗皇太后、皇上威福，会匪未再蠢动。固由年岁丰稔之故，而巡防兵勇亦颇得力。”

问："你有几兄弟？"

对："奴才兄弟二人。奴才胞弟曾纪鸿蒙恩赏给举人，本年会试未中。"

问："现在也在京城？"

对："尚在京城。"

问："你能作诗文？"

对："奴才仅应乡试一次。因随侍父亲在外，不能常常回籍应试，别的诗古文还学过，就是不会做考试之文。"

问："湖南有洋人否？"

对："湖南没有洋人入境，惟衡州、湘潭有天主堂，偶有洋人改扮中国装束来传教者，却也不常有。"

问："那系法国人？"

再问乃对："系法国人。"

问："你在外多年，懂洋务否？"

对："奴才父亲在两江总督任内时，兼署南洋通商大臣，在直隶总督任内时，岁未兼北洋通商大臣，却于末了儿办过天津教堂一案，奴才随侍父亲在任，闻见一二，不能全知。"

问："你能通洋人语言文字？"

对："奴才在籍翻阅外国字典，略能通知一点。奴才所写的，洋人可以懂了；洋人所写，奴才还不能全懂。"

问："是知道英国的？"

对："只知道英国的。至于法国、德国等处语言，未曾学习。美国系与英国一样的。"

问："现在各处正办海防，你想是听见的，纠结可恃不可恃，有把握无把握？"

对："奴才此次走长江一路，直至海口，又系航海到天津的，沿路炮台均得目睹。筑炮台之处，尚扼险要，惟大炮尚未多办，经费也不充足。"

问："你此次见过洋人兵船否?"

对："仅在天津一登英国小兵船，保护生意的。"

问："不是铁甲船?"

对："不是铁甲船。"

问："你看见铁甲船没有?"

对："仅见上海机器局新制小铁甲船一只。因船身太小，出水面不很高，尚未能放出大洋。"

问："你在天津看见李鸿章否?"

对："看见的。"

良久，太后顾谟公，命起去。退出后即出隆宗门，拜奏事官二处、未晤。至西安门德寿堂久坐。饭后拜客，恭王、伯王、宝佩蘅年丈、景秋坪尚书皆晤谈，恭邸谈最久，佩丈次之，余均未晤。酉初归寓，饭后与两弟久谈。写本日日记良久。夜饭后与两弟一谈。亥初睡。

第二次：光绪四年。

西太后问："你打算那日起身?"东太后亦同问。

对："臣因公私诸事，须在上海料理齐备，势须早些出都，现拟于九月初四日即启程。"

问："走天津不走?"

对："须从天津经过，且须耽搁十来日，与李鸿章商量诸事。"

旨（东太后所问——编者）："李鸿章熟悉洋务，你可与他将诸事细细讨论。"

对："是。"

问："上海有耽搁否？"

对："出洋路程甚远，应办诸事，应带诸物，均应在上海料理清楚，又臣携带随行员弁亦须到上海乃能派定。所以上海就耽搁较久，大约须住一个多月。"

问："你携带人员，系到上海再奏否？"

对："臣携带人员，有从京城同行者，有从外省调派者。其外省调派之员能去不能去，未可预定，拟俟分派定局，再行汇案奏闻请旨。"

问："天津到上海要走多少日子？"

对："招商局轮船快慢不一，其快者，从天津至上海不过三天半。"

问："你先到英国？先到法国？"

对："臣拟于十月廿八日从上海动身，赁法国公司轮船，行至马赛儿登岸，再赁火轮车行至巴黎、巴黎即法国都城，法国人见中国使臣至彼，必有迎接款陪之礼，臣若径行不顾，颇有未便。拟从上海发一电报致郭嵩焘，请其至巴黎交印。臣在巴黎接印，即可先将寄法国之国书交给，然后再赴伦敦，交递致英国之国书。伦敦系英国都城。"

问："国书已办齐交与你否？"

对："已接收。"

问："你去住房如何定局？"

对："郭嵩焘早经赁定房屋，臣去悉当照旧。近与总理衙门王大臣商量，将来经费充足时，宜于各国各买房屋一所，作为使馆。外国公使在中国，其房屋皆系自买自造。中国使臣赁屋居住，殊非长局，且赁价甚贵，久后亦不合算。”

旨：“你有事要办的，当与王大臣随时讨论。”

对：“是。”

问：“你出洋后，奏报如何递来？”

对：“郭嵩焘于紧要事件须奏陈者，系寄交总理衙门代递。其寻常事件咨商总理衙门，或用公牍，或用信函，均由上海之文报局递寄，臣拟照旧办理。其文报局委员，曾经郭嵩焘派游击黄惠和经理，尚无贻误，臣亦拟照旧用之。”

旨：“你随行员弁，均须留意管束，不可在外国多事，令外洋人轻视。”

对：“臣恪遵圣训，于随带人员一事格外谨慎。现在能通洋务而深可信任之人，未易找寻。臣意中竟无其选，只好择臣素识之读书人中，择其心中明白、遇事皆留心者用之。至于通事、刚八渡等人，大半惟利是图，断无忠贞之悃，臣不敢轻易携带。现在携带之二等参赞官陈远济，系臣妹婿，臣敢援故人内举不避亲之例，带之出洋。缘事任较重，非臣亲信友朋素日深知底蕴者，不敢将就派之。陈远济系原任安徽池州府知府陈源兖之子，陈源兖随江忠源在安庆泸州殉节，乃耿介忠荩之臣，远济系其次子，操守廉洁，甚有父风。”

问：“你这个亲戚多大年纪？”

对：“三十六岁。”

问：“你能懂外国语言文字？”

对：“臣略识英文，略通英语，系从书上看的，所以看文字较易，听语言较难，因口耳不熟之故。”

问：“通行语言，系英国的，法国的?”

对：“英语为买卖话。外洋以通商为重，故各国人多能说英语话。至于法国语言，系相传文话，所以各国于文札往来常用法文，如各国修约、换约等事，即每用法文开列。”

问：“你既能通语言文字，自然便当多了，可不倚仗通事、翻译了?”

对：“臣虽能通识，究竟总不熟练，仍须倚仗翻译。且朝廷遣使外洋，将来将成常局，士大夫读书出身后，再学洋文洋语，有性相近、性不相近、口齿易转、口齿难转之别。若遣使必通洋文洋语，则日后择才更难。且通洋文、洋语。洋学，与办洋务系截然两事。办洋务以熟于条约、熟于公事为要，不必侵占翻译之职。臣将来于外国人谈议公事之际，即便语言已懂，亦候翻译传述。一则朝廷体制应该如此，一则翻译传述之间，亦可借以停顿时候，想算应答之语言。英国公使威妥玛，能通中华语言文字，其谈论公事之时，必用翻译官传话，即是此意。”

问：“闻威妥玛快来了，你听见说没有?”

对：“夏间见新闻纸，言威妥玛秋后动身，其后未闻的确信。”

旨：“威妥玛人甚狡猾。”

对：“威酋能通华文华言，人极狡猾，抑且性情暴躁，外国人也说他性情不好。”

旨：“办洋务甚不容易，闻福建又有焚毁教堂房屋之案，将来必又淘气。”

对："办洋务，难处在外国人不讲理，中国人不明事势。中国臣民当恨洋人，不消说了，但须徐图自强，乃能有济，断非毁一教堂，杀一洋人，便算报仇雪耻。现在中国人多不明此理，所以有云南马嘉理一事，致太后、皇上宵旰勤劳。"

旨："可不是么。我们此仇何能一日忘记，但是要慢慢自强起来。你方才的话说得很明白，断非杀一人、烧一屋就算报了仇的。"

对："是。"

旨："这些人明白这理的少。你替国家办这等事，将来这些人必有骂你的时候，你却要任劳任怨。"

对："臣从前读书，到'事君能致其身'一语，以为人臣忠则尽命，是到了极处了。近观近来时势，见得中外交涉事件，有时须看得性命尚在第二层，竟须拼得将声名看得不要紧，方能替国家保全大局。即如前天津一案，臣的父亲先臣曾国［藩］，在保定动身，正是卧病之时，即写了遗嘱，分付家里人，安排将性命不要了。及至到了天津，又见事务重大，非一死所能了事，于是委曲求全，以保和局。其时京城士大夫骂者颇多，臣父亲引咎自责，寄朋友的信，常写'外惭清议，内疚神明'八字，正是拼却声名，以顾大局。其实当时事势，舍曾国［藩］之所办，更无办法。"

旨："曾国［藩］正是公忠体国之人。"

免冠碰头，未对。

旨："也是国家气运不好，曾国［藩］就去世了。现在各处大吏，总是瞻徇的多。"

对："李鸿章、沈葆桢、丁宝桢、左宗棠均系忠贞之臣。"

旨："他们都是好的，但都是老班子，新的都赶不上。"

对："郭嵩焘总是正直之人，只是不甚知人，又性情褊急，是其短处。此次亦是拚却声名，替国家办事，将来仍求太后、皇上恩典，始终保全。"

旨："上头也深知道郭嵩焘是个好人。其出使之后，所办之事不少，但他挨这些人的骂也挨够了。"

对："郭嵩焘恨不得中国即刻自强起来，常常与人争论，所以挨骂，总之系一个忠臣。好在太后、皇上知道他，他就拚了声名，也还值得。"

旨："我们都知道他，王大臣等也都知道。"

对："是。"

问："你现在在总理衙门居住？"

对："总理衙门事务，势不能不秘密，臣等从前未敢与闻。现因奉旨出使，须将英国、法国前后案件查考一番，并须摘要抄录一点。其全案虽在郭嵩焘处，然臣在路上，必有外国人交接应酬，若言谈之际，全然不知原委，未免不便。"

旨："你办事倒很细心。"

肃然未对。

问："你带同文馆学生去否？"

对："臣带英翻译一名，法翻译一名，供事一名，均俟到上海汇奏。"

问："他们都好否？"

对："臣略懂英文，英翻译左秉隆，臣知其可用。法翻译联兴，臣未能深加考究，因臣不懂法文之故。然联兴在同文馆已派充副教习，想其法文尚可。至于供事，不过钞誊公文，只要字迹干净，就可用了。”

问：“递国书日子，系由你定？系由他们外国人定？”

对：“须到彼国之后，彼此商量办理。”

问：“外国也有总理衙门？”

对：“外国称‘外部’，所办之事，即与中国总理衙门公事相同，闻英国近亦改称总理衙门。其实外国话都不同，也不唤外部，也不换［唤］总理衙门，只是所办之事相同就是。”

问：“你甚么时候可到？”

对：“只要托赖太后、皇上洪福，一路平安，路上没有耽搁，年底总可到法国都城。”

问：“你没到过外国，这些路径事势想是听得的？”

对：“也有翻看书籍、地图查考得的，也有问得的。”

问：“香港安船不安船？”

对：“臣赁法国公司轮船，轮船总有载货卸货、载人下人等事，一路口岸必有耽搁，但皆由该船作主。”

良久，旨：“你就跪安罢。”

退至原位，跪称：“臣曾纪泽跪请圣安。”掀帘退出，已辰正二刻矣。（以上据《曾纪泽日记》）

曾纪泽还写有著名的《中国先睡后醒论》。

在欧洲勉强维持、同时又极力抗争了将近九年后，1887年，曾纪泽带着无限的遗憾离开伦敦。临走之际，他和英国人马格里合作，用英文写成《中国之睡与醒》（China——The Sleepand the Awakening），发表在《亚细亚季刊》上。随后又以《中国先睡后醒论》为名发表在香港的一个中文刊物上。此文表达了曾纪泽的中国观念，充满着强烈的自强气息。自此文发表后，中国是“睡狮”的观念便不胫而走，成为后来百年中国寻求自强的经典比喻。曾纪泽在文章中表达了以下的认识。首先，他认为西方是把不平等条约强加于中国的。其次，他认为，外来的侵略是足以“唤醒中国于安乐好梦之中”，中国的“全备稳固可翘足以待”。对民族振兴满怀信心。对于曾纪泽的乐观断定，当时有著名的香港维新派人士何启提出疑义，认为他的论点太过于乐观，是把中国没有发生的事情当成了真实的事实，所以才得出中国已经睡醒的结论。

这样的争论当然值得从现实和政治观念的取向上进行解读。但是，曾纪泽所要真正表达的，是一种拳拳的爱国之心，是一种自强的信念。他的中国观念是建设性的，具有积极的价值。曾纪泽在国外余暇时间曾“作乐章一首，兼排宫商，以为国调（国歌）”，并为自己所作的国歌起名为“华祝歌”，足见祖国在其心中的分量。

**附：曾纪泽《中国先睡后醒论》**

列国经营缔造，永骛战功，以期国祚之常存，此同然之势也。乃有时大展规为，不惜帑藏，致觇国势者，疑其元气虚耗，无可设施，惟有坐而待亡，古来富强之国，或一朝而灭，或寖衰而绍至倾颓，皆以此耳。

说者观此，遂谓国与人无异：人有幼年壮年老年，一息待尽之年，国亦有之。欧洲人遽谓中国即一陵夷衰微终至败亡之国。盖彼见中国古所疏凿之洪流巨川四通八达者，今多涅塞；昔所传金石土木之工坚致钜丽，今日只存遗迹，剥落损坏，无复完美，且作法多有失传者。中国古昔之盛，与近今之衰，判若霄壤，遂疑中国精力业已销铄殆尽，将近末造，难支他国争胜之势。道光十九年，有英国著名之使臣，深知中国之时事及古今之典籍，一时未能或之先者，其言以为："中国虽疆宇广阔，外无异国蚕食，内无土寇鸱张，然其中实有溃败决裂之象，不过略迟而已。予或不应出此言，不妨姑存其说。"其意见如是，而彼时意见相同者，不乏其人。大抵欧洲皆以道光末年为中国危险之时，苟易新君新政，略有缺失，即恐灾害并至，纵使幸而无事，终多变故之迭生。

然使国家兴必有废，果系天运之循环，一成而不可挽，余只好为积衰之诸国怅然长叹，无复望耳。所幸者，此并非一成之局，其言谬也！如谓中国有似年老者奄奄待尽，则观近时大势，其谬益见。

有谓中国或仅错走其路，抑或其数百年近走之路习惯而素所深喜者，竟误认为固可引至于诸大国所造之胜境，致有此凋敝之形。盖其因由虽在此在彼攸异，而流弊则一。此说亦非。

愚以为中国不过似人酣睡，固非垂毙也。缘中国之意，以为功业成就，无待图维，故垂拱无为，默想炽昌之盛轨，因而沉酣入梦耳。然其存心如此，亦不足怪，何则？盖预有使之然者在也。即如职贡诸远邦，常遣使臣，进其方物；诸边藩属，文教均不如中国之懿美，时生倾慕；遂使中国日有侈心，自以为金瓯永固，固无待舍旧而谋新。兼之其他强大之国，远隔重洋，相去辽阔，彼中兴亡得失、和战攻守，漠然不知，以致中国绝无留意于海外诸国之事者。

沿至道光末年，沉睡之中国，始知己之境地，实在至危至险，而不当复存自恃巩固之心。向者中国固有海盗暨日本寇舶，扰及闽粤江浙海滨，然次数不多，为忧尚小。乃道光年间所来之英人，视彼尤为精悍，我君臣始多惊悸。其人随至何处，决欲久居。初时犹服约束，所务者不过将奇异之货，引诱我民，与之市易。不料至二十年，中英来往，时尚未久，竟至龃龉失和。英兵骚扰我边疆，自显其不独善于通商，亦且勇于战阵。嗣于道光二十二年，重修和好，时则有南京之和约，除广东外，别开四处通商口岸。自此环卫中国不欲与他国来往之藩垣，开门户五，而西国盘踞中国之处亦五矣。

此事略已唤醒中国于安乐好梦之中，然究未能使之全醒。尚须庚申圆明园之火，焦及眉毛，俄国之僭伊犁，法国之吞东京，始知欧洲人四面逼近其地，势极形危险。盖自庚申一炬，中国始知他国皆清醒，而有所营为，己独沉迷酣睡，无异于旋风四围大作，仅中央咫尺平静。窃以此际，中国忽然醒悟。假如作事颠倒，妄行妄为，已为常事，即使异常泼悍，亦不足怪。岂知深悟前失，改弦易辙，贤明亲藩，上章入告，永以和好为上策。中国先既失算，含忍优容，以为后图。今日舍此，殊无他法。再者，咸丰十年后，李爵相整顿中国军务，日有起色。今如他国再有战事，中国终不至有庚申之祸。爵相之为功于中国，实非浅鲜。窃以中国能顺受其颠沛，而从中渐复其元气，如帆舟之航海，将狂风所损坏之物，悉从船面抛去，修整桅舵，以将杀之风，作为善风，乘之稳渡。若此之国，不可谓为将灭之国。或以圆明园及所藏之古玩名画珍宝，价值甚巨，失此而长一见识，似乎费大而得小。不知彼苟能教我如何整饬军制，如何坚固炮台，如何精利器械，致胜于前三倍，则所失者，不得谓之太贵。今此役果有以教我。盖中国每与西国用兵，虽自知其柔弱，亦兼知其物力之尚属有余，至末一次而知之益深。是中国之见识，固与五年前大相悬殊也。

以上所言，是言中国之睡。今姑言其醒。

有问中国有三万万人，如一时俱醒，而自负其力，其作事得无碍于中西之和局否？或记昔时之屡败，今骤得大力，得无侵伐他国否？余应之曰：决无其事！盖中国从古至今，只为自守之国，向无侵伐外国之意，有史书可证。嗣后亦决无借端挑衅、拓土域外之思。夫他国每欲夺人土地，夺之而不用，欲用而不能。若中国则不然。且中国本无人满之患，无须别寻新地，以为游民寄居。欧人谓其国人多于地，不能不觅新地以安置其人，非笃论也。或谓中国许多次已有亿万人为势所逼，而谋衣食于古巴、秘鲁、美国及英国属地。不知此种人非因乡里谋生之难，乃遭粤匪之乱，丧失故业，乏困所致。其实十八省内，原有无主失种之田亩，兵燹之处更多。兼之满洲、蒙古、新疆，均有宽阔荒地，向无农工开垦者。中国人丁虽兴旺，即安插之，而尚有余地。故中国所应为者，不在使民谋食于外国，乃设法将民分置于国内，至迁百姓诣该处垦荒，为富国之一上策，亦军防之一要务，而不能不行者。中国固非不知，故近日业经奏请奉行矣。此外中国一经设立制造，开矿建铁路，则闲散之人，必能各有工业可做。此法比移民垦荒，更臻妥善。前者此三事未经举行，未经有富于国。兹次第举办，将来所用之人必多，苟能较之英国比国，得其十分之一，则借此而得食者，自无数矣。

曾有西国，屡欲与中国立约，准华民出洋佣工，总未踊跃。旁观者以为中国不留心时务。其实中国自有以用其人，即或不用，决不愿含糊怂恿出洋。盖华民在外国，每受无穷之凌侮。彼国律例，专为虐待华民而设。在彼土无论主与仆、本国与异国，皆一视同仁，皆固结以邦交情谊，惟有华人，则独白眼视之。在彼诸国，以恶报恶之旧俗，久已湔除殆尽，宛成一亿万年太平之世。乃彼宫审断华人讼事，曲存苛刻之心，则此称不合矣。以目报目，以牙报牙之故事，久不行于本国之中，而偶有华人误犯，则必报复，是其偏私未化矣。余以上所云，不可谓太过。因近日华民在外国，屡遭酷虐。二四年来，彼专为华民设立酷律，有新闻纸有律例书可凭。然而公道之所在，余亦不能不言也。近来彼曾设法保护华民，俾免下等人欺负，且视华民与他国人无甚轩轾，凡诸利益，一律均沾。即如美国，竭力禁止恶党谋害华人，且毁坏之什物，业俱赔偿。

或谓中国虽自知有复原之气力，终不欲侵伐他国，兼无须别觅寄居游民之地，故而未必与西国有失和之由，然岂可不畏中国或以前此屡败为耻，欲雪耻而生报复之心乎？昨中法起衅时，观时度势之人，谓中国必有是举。每闻彼人云，中国一经战胜，势必昏怀骄傲；今若法人不获全胜，则中国必贱视诸西国，以后难于相交矣！其时左袒中国者，亦有此言。不知中国后来绝无其意。时法国索赔军费，中国却以言讽刺之，强其归还所侵之地，凯旋后复与立约。然中国此际，并无骄傲，于诸西国并无异视，交涉事件并未亢不相让，反而中国与西国人相交更为亲睦，更出以实心，为从前所未见。其于英国尤为莫逆，诸国有所请于中国，苟能合理，每许虚衷妥议，可从则从。从前亦无此舍己从人之美意。近日与诸国交接，中国可谓和谐而无强求，以后当复如是也。

愚以中国虽记其前之屡败，决不愿弃其和好之心。盖中国不似他国，一受灾害，始终切齿。凡国相争，皆有败衄。即罗马在康及，奥国在撤土哇与利沙，法国在西棠，而中国亦有是挫。然所遗之血，惟血可洗，中国并不存此意见也。败衄之故，在于国之柔弱及多错误，而辱亦在是。如果弱而能强，错而能正，一经自知，稳固无故，则国耻已雪，无异于铭识家表铜盾去锈镀金。中国虽或尚未造乎全备稳固之地，然则全备稳固，可翘足以待。盖今正用其全力，整顿海防，创立坚固而实在得力之战舰也。水师一军，中国原不可少。咸丰十年间，已知其利，当即起办，请英国帮助，得有战舰数艘，并聘英国水师营内之奥士明提督管带，只惜因事中止，假若成功，中国早成一强大之国矣。溯自咸丰十年来，已有两次以无水师为国家之大不幸，深为叹息。盖因两次外国占其土地，只好任其所为。假如先创设之战舰数艘未废，益加增广，其事可以无有，即有亦不若是之易。中国现将兴办海防，创立水军陆军，渐渐推广，决勿疏懈。按目前之时势，起造铁路，以及别项富国之法，中国亦知为必需者，然既可稍迟时日，今且姑置不为。

前者土耳其国，自以为有战船数艘，兵若干，即可并列于强大国之中，而可无所作为，迨屡为俄所败，始知其误。惟中国决不肯蹈其覆辙。愚意一国之强，不在兵多，而在亿万之民，力作以济军实。兵之于国，仿佛躯壳，民则为活泼之心，实能使兹躯壳存立运动。不幸土耳其不知其理，遂致屡败。印度部目，曾与英兵交战，见其兵少，遂曰面前之兵，我确不惧，所惧者兵后居黑水彼岸之民，即亿万劳力纺织之众。可见彼之识见，出于土耳其人之上。

余此篇所论者，专在国外之事。盖邦交一事，实系今日急务，不可缓图。至于国内政事，何者或宜整饬，余暂不言。盖国势既强，则筹度国是，肃整纪纲，始为有益。譬如居室，先须缮完垣墉，修固门键，无穿窬之虞，然后可以清理内务。窃以天下所经历之灾难，固属不少，然一国之难，惟一国自知其从来，而自能专主。大凡国家遇有灾难，固须承当，苟能随事措置，更能遇机会而即取为用，则大幸矣。

中国目前所最应整顿者，如下数事：一、善处寄居外国之华民。一、申明中国统属藩国之权。一、重修合约以合堂堂中国之国体。

夫寄居外国之华民，屡受凌侮，非独致辱于外邦，兼且贻笑于中国。盖中国不恤其民，致受此困。近日已简钦使，查阅情节，据实回奏。惟望诸国曲体中朝顾恤其民之意，嗣后一例宽待。宽待华民，不特合乎万国公法，亦合乎以善待人之道。

至中国管辖藩属，法本妥善。乃近日西洲，每垂涎亚洲，以至藩属之事，西国屡有违言，而中国已失外藩数国。今决欲鉴察藩国之所为，不任其私自专主，并且设法照顾保护，俾余国不被侵蚀。现已钦派大臣，往高丽西藏新疆经理其事，借以维持大局。后有侵夺该藩属土地，或干预其内政者，中国必视此国为欲与我弃玉帛而事干戈矣。

凡国之败于敌，其败易忘，败后另生之牵制及一切贻害则难忘。譬人身受杖击，其痛易忘，被带常常扎紧而所受之痛则难忘。中国道光年间一战之夙怨，久已消释，至战后所立和约，未能平允，则其怨难消。盖所立之和约，系中国勉强设立，中间有伤自主之体统，今不能不设法改订。比如咸丰六年间，欧洲诸大国与俄国订立相约，其中黑海一条，碍俄之体统，随于同治十年在伦敦商酌废去。中国亦必如是。所云有伤体统，即通商各口租界一条，暨今不及备载诸事。若此者，却夺中国地主之权，不能置之不问。今拟于第三次十年换约之期，将此数条废去重立，以免后患。夫他国已有似而贻后患者，即埃及国可证，盖该国事权概在他国之掌握，而地主转难闻问也。窃以更改此条，或有难处，中国亦非不知。然此次决当力任其难，以免将来或任更难之事。亚洲之诸国，彼此常存嫉妒，甚有过于欧洲之忌亚洲者。亚洲诸国有同患之情，不应嫉心相视，自宜协力同心，务将西国一切交接，基于国谊而立之国约，非基于败衄而立之各约。

以上所云三事，中国决派钦使分诣诸国，往复妥议，必不隐忍不问。第事体重大，其整顿也自不免多延时日。然此一世界，固非将近终穷，太阳又非行尽轨道之圈数，为时尚永，中国尽为国之职分，正可以暇日行之，而无事亟迫也。

# 曾氏源流与太平房系

（下）

曾佑桥 主编

岳麓書社·长沙

# 第二章　曾氏明清进士

曾氏在明清时期共有进士231人，谨录于下。

曾玉，湖广零陵人，明洪武十八年进士，三甲第六十一名。（福建建阳丁显榜）

曾克伟，江西泰和人，明洪武二十一年进士，三甲第十四名。（湖广襄阳任亨泰榜）

曾寅，福建宁德人，明洪武二十一年进士，三甲第七十三名。

曾凤韶，江西庐陵人，明洪武三十年春进士，二甲第十三名。（福建闽县陈䢿榜）

曾博，河南洛阳人，明洪武三十年夏进士，三甲第四名。（山东武城韩克忠榜）

曾纯，江西永丰人，明洪武三十年进士，三甲第十四名。

曾芑，福建怀安人，明建文二年进士，二甲第七名。（江西吉水胡靖榜）

曾棨，江西永丰人，明永乐二年，甲申科状元。

曾与贤，江西泰和人，明永乐二年进士，二甲第六十三名。

曾慎，江西宁都人，明永乐二年进士，二甲第七十一名。

曾子荣，福建长汀人，明永乐二年进士，三甲第五名。

曾敬，湖广江夏人，明永乐二年进士，三甲第一百五十五名。

曾恕，江西赣县人，明永乐二年进士，三甲第二百五十七名。

曾希贤，江西长宁人，明永乐二年进士，三甲第三百一十七名。

曾春龄，江西泰和人，明永乐四年进士，二甲第四十七名。（福建莆田林环榜）

曾鼎，江西永丰人，明永乐十年进士，二甲第十七名。（福建长乐马铎榜）

曾弘，江西泰和人，明永乐十三年进士，二甲第十四名。（江西泰和陈循榜）

曾令得，江西吉水人，明永乐十三年进士，二甲第五十六名。

曾佛，福建福清人，明永乐十三年进士，三甲第二百零八名。

曾泉，江西泰和人，明永乐十六年进士，二甲第五十九名。（福建长乐李骐榜）

曾济，福建晋江人，明永乐十六年进士，二甲六十四名。

曾鹤龄，江西泰和人，明永乐十九年，辛丑科状元。

曾真保，福建邵武人，明永乐十九年进士，三甲第一百四十四名。

曾惟尔，江西吉水人，明永乐二十二年进士，三甲第四十五名。（安徽无为州邢宽榜）

曾序，江西泰和人，明宣德二年进士，三甲第二十四名。（山东临朐马愉榜）

曾翚，江西泰和人，明宣德八年进士，三甲第二十五名。（直隶宁晋曹鼐榜）

曾昂，四川合州人，明正统七年进士，三甲第四十九名。（江西吉水刘俨榜）

曾蒙简，江西泰和人，明正统十年榜眼，二甲第一名。（浙江淳安商辂榜）

曾卓，江西永丰人，明正统十年进士三甲第九十三名。

曾瓒，湖广邵阳人，明正统十三年进士，三甲第七名。（江西安福彭时榜）

曾会，直隶盐山人，明景泰五年进士，二甲第三十三名。（河南杞县孙贤榜）

曾唯，江西庐陵人，明景泰五年进士，二甲第六十七名。

曾清，直隶德州卫人，明景泰五年进士，三甲第十八名。

曾文，江西永丰人，明天顺元年进士，二甲第五十名。（湖广华容黎淳榜）

曾宣，云南临安卫人，明天顺元年进士，三甲第一百四十五名。

曾鉴，湖广桂阳人，明天顺八年进士，三甲第二十三名。（江西吉水彭教榜）

曾麒，江西乐安人，明成化二年进士，二甲第八十五名（江西永丰罗伦榜）

曾拱辰，福建南平人，明成化八年进士，三甲第三十六名。（江苏长洲吴宽榜）

曾譢，湖南永兴人，明成化十一年登己未科进士，三甲第一百五十三名。（浙江余姚谢迁榜）

曾彦，江西泰和人，明化成十四年戊戌科状元。

曾追，江西泰和人，明成化十四年登探花，一甲第三名。

曾禄，广东博罗人，明成化十七年进士，三甲第九十八名。（浙江余姚王华榜）

曾望宏，江西泰和人，明成化二十年进士，三甲第一百一十五名。

曾焕，江西吉水人，明成化二十年进士，三甲第一百四十名。

曾全，湖南永兴人，明成化二十三年进士，二甲第八十名。（江西铅山费宏榜）

曾昂，江西吉水人，明成化二十三年进士，二甲第一百零六名。

曾逸，福建龙溪人，明成化二十三年进士，三甲第一百七十二名。

曾介，湖南永兴人，明弘治六年进士，二甲第七十二名。（江苏昆山毛澄榜）

曾镒，广东万州人，明弘治六年进士，二甲第六十五名。

曾大有，湖广麻城人，明弘治六年进士，三甲第一百二十名。

曾得禄，湖广郧县人，明弘治十二年进士，二甲第六十五名。（广东南海伦文叙榜）

曾直，江西吉水人，明弘治十五年进士，三甲第六十三名。（陕西武功康海榜）

曾大显，湖广麻城人，明弘治十五年进士，三甲第一百八十七名。

曾禹，湖广桂阳州人，明弘治十八年进士，三甲第三十四名。（江苏昆山顾鼎臣榜）

曾念，湖南永兴人，明弘治十八年进士，三甲第一百八十四名。

曾与，四川泸州人，明正德三年进士，二甲第七十名。（陕西高陵吕楠榜）

曾鹏，广东琼山人，明正德九年进士，三甲第一百九十六名。（安徽歙县唐皋榜）

曾棠，四川嘉定州人，明正德十二年进士，三甲第十一名。（江西进贤舒芬榜）

曾梧，江西广昌人，明正德十六年进士，三甲第一百四十四名。（顺天府固安杨维聪榜）

曾世昌，广东南海人，明正德十六年进士，三甲第一百五十六名。

曾存仁，江西吉水人，明嘉靖二年进士，二甲第七十四名。（浙江慈溪姚涞榜）

曾仲魁，福建晋江人，明嘉靖二年进士，三甲第三十二名。

曾廷，湖广麻城人，明嘉靖二年进士，三甲第一百六十九名。

曾忭，江西泰和人，明嘉靖五年进士，三甲第八十二名。（福建怀安龚用卿榜）

曾羽，直隶霍丘人，明嘉靖八年进士，二甲第七十四名。

（江西吉水罗洪先榜）

曾铣，直隶江都人，明嘉靖八年进士，三甲第三十二名。

曾守约，广东归善人，明嘉靖八年进士，三甲第七十八名。

曾孔化，江西庐陵人，明嘉靖十一年进士，二甲第十七名。（广东海阳林大钦榜）

曾大吉，河南陈州人，明嘉靖十一年进士，二甲第五十八名。

曾钧，江西进贤人，明嘉靖十一年进士，三甲第十五名。

曾汝檀，福建漳平人，明嘉靖十一年进士，三甲第一百一十五名。

曾于洪，江西泰和人，明嘉靖二十年进士，二甲第五十一名。（直隶大河卫沈坤榜）

曾佩，江西临川人，明嘉靖二十年进士，三甲第四十名。

曾茂卿，福建长乐人，明嘉靖二十年进士，三甲第五十四名。

曾楚，广东南海人，明嘉靖二十三年进士，二甲第三十四名。（浙江临海秦鸣雷榜）

曾承芳，福建惠安人，明嘉靖二十六年进士，三甲第一百七十七名。（福建兴化李春芳榜）

曾镒，直隶德州卫人，明嘉靖三十二年进士，二甲第三十四名。（福建闽县陈谨榜）

曾经，广东博罗人，明嘉靖三十二年进士，二甲第六十一名。

曾廷芝，湖广汉阳人，明嘉靖三十二年进士，三甲第八十七名。

曾杰，江西南城人，明嘉靖三十二年进士，三甲第八十九名。

曾濂，江西永丰人，明嘉靖三十二年进士，三甲第二百四十六名。

曾震，四川合江人，明嘉靖三十二年进士，三甲第二百七十一名。

曾省吾，湖广承天卫人，明嘉靖三十五年进士，三甲第六十九名。（浙江山阴诸大绶榜）

曾同亨，江西吉水人，明嘉靖三十八年进士，二甲第四十四名。（直隶清河丁士美榜）

曾乔，湖广承天卫人，明嘉靖四十一年进士，二甲第三十四名。（江苏吴县徐时行榜）

曾如春，江西临川人，明嘉靖四十四年进士，三甲第二百五十七名。（浙江乌程范应期榜）

曾士楚，广东从化人，明隆庆五年进士，三甲第三十八名。（浙江山阴张元忭榜）

曾梦鳌，福建莆田人，明万历二年进士，三甲第四十二名。（江苏无锡孙继皋榜）

曾士彦，四川泸州人，明万历二年进士，三甲第四十九名。

曾朝节，湖广临武人，明万历五年探花，一甲第三名。（安徽宣城沈懋学榜）

曾乾亨，江西吉水人，明万历五年进士，三甲第一百六十七名。

曾维伦，江西乐安人，明万历八年进士，三甲第二百二十八名。（湖广荆州张懋修榜）

曾凤仪，湖广耒阳人，明万历十一年进士，三甲第九十四名。（浙江秀水朱国祚榜）

曾砺，山东阳信人，明万历十四年进士，三甲第一百六十八名。（直隶华亭唐文献榜）

曾开泰，湖广京山人，明万历十四年进士，三甲第一百六十八名。

曾代萧，河南商丘人，明万历十四年进士，三甲第二百八十名。

曾伟芳，福建惠安人，明万历十七年进士，二甲第六十三名。（山东日照焦竑榜）

曾如海，江西临川人，明万历二十年进士，三甲第二百二十六名。（福建侯官翁正春榜）

曾皋，江西庐陵人，明万历二十年进士，三甲第二百四十四名。

曾守身，四川德阳人，明万历二十三年进士，三甲第一百八十一名。（山东茌平朱之蕃榜）

曾之肖，湖广京山人，明万历二十三年进士，三甲第一百八十七名。

曾舜渔，广东博罗人，明万历二十六年进士，三甲第十四名。（山东益都赵秉忠榜）

曾陈易，广东番禺人，明万历二十六年进士，三甲第三十五名。

曾日唯，河南光山人，明万历二十六年进士，三甲第二百一十五名。

曾可前，湖广石首人，明万历二十九年探花，一甲第三名。（江苏青浦张以诚榜）

曾应启，福建海澄人，明万历二十九年进士，三甲第六名。

曾六德，福建蒲城人，明万历二十九年进士，三甲第六十三名。

曾汝召，江西龙南人，明万历二十九年进士，三甲第一百五十二名。

曾用升，广东海阳人，明万历二十九年进士，三甲第一百七十名。

曾一贯，河南镇平人，明万历三十二年进士，三甲第二十四名。（浙江慈溪杨守勤榜）

曾绍芳，湖广永兴人，明万历三十五年进士，三甲第一百二十名。（广东顺德黄士俊榜）

曾道唯，广东南海人，明万历三十八年进士，二甲第三十一名。（浙江归安韩敬榜）

曾学镜，江西万安人，明万历年三十八年进士，三甲第一百六十八名。

曾孔遇，四川井研人，明万历三十八年进士，三甲第一百六十八名。

曾楚卿，福建莆田人，明万历四十一年进士，三甲第二百一十九名。（江苏宜兴周延儒榜）

曾樱，江西峡江人，明万历四十四年进士，二甲第六十七名。（浙江嘉善钱士升榜）

曾国祯，江西临川人，明万历四十四年进士，三甲第七十一名。

曾栋，江西临川人，明万历四十四年进士，三甲第七十三名。

曾应瑞，江西临川人，明万历四十四年进士，三甲第二百二十九名。

曾化龙，福建晋江人，明万历四十七年进士，三甲第一百二十八名。（福建永春庄际昌榜）

曾省信，河南太康人，明万历四十七年进士，三甲第一百五十七名。

曾倜，四川井研人，明天启五年进士，三甲第七十四名。（浙江会稽余煌榜）

曾就义，江西宁都人，明崇祯五年进士，三甲第二百二十八名。

曾应遴，江西宁都人，明崇祯七年进士，二甲第四十六名。（河南杞县刘理顺榜）

曾亨应，江西临川人，明崇祯七年进士，三甲第一百三十八名。

曾高桓，云南宝山州人，明崇祯十三年进士，三甲第二百零二名。（顺天府通州魏藻德榜）

曾撰，江西宜黄人，明崇祯十五年进士，特第一百五十名。（江苏金坛史惇名列第一）

曾瑞来，江西乐安人，明崇祯十五年进士，特第一百六十七名。

曾益，江西临川人，明崇祯十五年进士，特第一百七十八名。

曾五典，直隶太仓州人，明崇祯十六年进士，三甲第一百五十八名。（直隶武进杨廷鉴榜）

曾振甲，江南常熟人，清顺治四年进士，三甲第一百一十九名。（江苏武进吕宫榜）

曾子京，浙江钱塘人，清顺治六年进士，二甲第四十名。（湖北黄冈刘子壮榜）

曾王孙，浙江秀水人，清顺治十五年进士，二甲第六十四名。（江苏常熟孙承恩榜）

曾光龙，广东顺德人，清康熙三年进士，三甲第一百二十三名。（浙江归安严我斯榜）

曾荣科，广东兴宁人，清康熙六年进士，三甲第一百零五名。（江苏吴县缪彤榜）

曾华盖，广东揭阳人，清康熙九年，三甲第二十五名。（浙江德清蔡启僔榜）

曾逢年，江西南城人，清康熙九年进士，三甲第四十名。

曾应星，江西临川人，清康熙九年进士，三甲第二百二十一名。

曾寅，江西清江人，清康熙十二年进士，三甲第六十六名。（江苏长州韩菼榜）

曾炳，福建潭平人，清康熙二十一年进士，三甲第一十八名。（浙江德清蔡升元榜）

曾昕，云南开化人，清康熙三十九年进士，三甲第二百一十名。（江苏常熟汪绎榜）

曾谨，湖广麻城人，清康熙四十八年进士，三甲第一百零

四名。（江苏武进赵熊诏榜）

曾世宗，湖南湘潭人，清康熙四十八年进士，三甲第一百七十三名。

曾振宗，江西龙南人，清康熙五十二年进士，三甲第十八名。（江苏嘉定王敬铭榜）

曾元迈，湖广景陵人，清康熙五十七年进士，二甲第二十五名。（江苏常熟汪应绖榜）

曾道亨，湖北天门人，清雍正二年进士，三甲第五名。（直隶安州陈德华榜）

曾丰，福建侯官人，清雍正十一年进士，二甲第四十九名。（江苏仪征陈倓榜）

曾兴柱，湖北云梦人，清雍正十一年进士，二甲第八十一名。

曾粤龙，广东博罗人，清雍正十一年进士，三甲第一百零三名。

曾式冕，福建晋江人，清乾隆二年进士，三甲第十名。（江苏金坛于敏中榜）

曾廷翰，江西宁都人，清乾隆二年进士，三甲第四十七名。

曾昌鳞，江西宁都人，清乾隆二年进士，三甲第一百零八名。

曾闻勇，江南舒城人，清乾隆二年进士，三甲第一百七十二名。

曾尚増，山东长清人，清乾隆二年进士，三甲第一百七十五名。

曾昌龄，江西宁都人，清乾隆七年进士，二甲第七十九名。（浙江仁和榜）

曾萼，福建平和人，清乾隆十六年进士，三甲第一百三十九名（浙江仁和吴鸿榜）

曾起鹏，福建侯官人，清乾隆十七年进士，二甲第十九名。（江苏江宁秦大士榜）

曾凤翔，广东嘉应州人，清乾隆十七年进士，三甲第二名。

曾元景，福建晋江人，清乾隆十七年进士，三甲第八十二名。

曾殿川，广东嘉应州人，清乾隆十七年进士，三甲第一百三十六名。

曾忠，福建沙县人，清乾隆十九年进士，二甲第四十七名。（江苏阳湖庄培因榜）

曾承唐，贵州遵义人，清乾隆十九年进士，三甲第二十八名。

曾正浩，江西奉新人，清乾隆二十二年进士，三甲第一百一十五，名。（浙江嘉善蔡以台榜）

曾西元，福建德化人，清乾隆二十二年进士，三甲第一百六十七名。

曾正本，江西临川人，清乾隆二十五年进士，三甲第八十二名。（江苏镇洋毕沅榜）

曾力行，河南固始人，清乾隆三十六年进士，三甲第三十七名。（安徽休宁黄轩榜）

曾延云，江西南城人，清乾隆四十年进士，二甲第八名。

（安徽休宁吴锡龄榜）

曾燠，江西南城人，清乾隆四十六年进士，三甲第二十九名。（江苏长洲榜）

曾济，江南常熟人，清乾隆四十九年进士，三甲第五名。（浙江会稽榜）

曾宝光，福建晋江人，清嘉庆元年进士，三甲第六十六名。（安徽太湖赵文楷榜）

曾涉，江苏昭文人，清嘉庆六年进士，三甲第二十五名。（江苏金匮顾皋榜）

曾晖春，福建闽县人，清嘉庆六年进士，三甲第一百一十八名。

曾冠英，广东和平人，清嘉庆十三年进士，二甲第一百零八名。（江苏吴县吴信中榜）

曾锡龄，河南固始人，清嘉庆十三年进士，三甲第一十六名。

曾式，江西南城人，清嘉庆十四年进士，二甲第八十四名。（安徽歙县洪莹榜）

曾守锐，四川遂宁人，清嘉庆十四年进士，三甲第一百一十七名。

曾秩，安徽舒城人，清嘉庆十六年进士，二甲第三名。（湖北天门蒋立镛榜）

曾鹏，湖北黄冈人，清嘉庆十六年进士，三甲第一百二十三名。

曾统一，贵州开泰人，清嘉庆二十五年进士，三甲第九十八名。（广西临桂陈继昌榜）

曾元海，福建闽县人，清道光二年进士，二甲第二名。（安徽天长戴兰芬榜）

曾望颜，广东香山人，清道光二年进士，二甲第十名。

曾际虞，江西宜春人，清道光三年进士，三甲第三十二名。（广东吴川林召棠榜）

曾毓璜，四川铜梁人，清道光三年进士，三甲第一百一十五名。

曾维桢，福建彰化人，清道光六年进士，二甲第六十八名。（浙江海监朱昌颐榜）

曾元卿，福建闽县人，清道光九年进士，三甲第八十二名。（安徽太湖李振均榜）

曾克敬，广西平乐人，清道光十三年进士，二甲第一百名。（江西彭泽汪鸣相榜）

曾世仪，湖北黄冈人，清道光十五年进士，二甲第八十三名。（江西永丰刘绎榜）

曾元燮，福建闽县人，清道光十八年进士，二甲第四十名。（浙江乌程钮福保榜）

曾国藩，湖南湘乡人，清道光十八年进士，三甲第四十二名。

曾希周，广东广宁人，清道光十八年进士，三甲第五十六名。

曾广渊，湖南湘乡人，清道光二十一年进士，二甲第十名。（广西临桂龙启瑞榜）

曾兆鳌，福建闽县人，清道光二十四年进士，二甲第一百零六名。（山东济宁孙毓桂榜）

曾咏，四川华阳人，清道光二十四年进士，三甲第二十三名。

曾作舟，江西南昌人，清道光二十四年进士，三甲第三十七名。

曾逊渊，福建平和人，清道光二十四年进士，三甲第四十七名。

曾璧光，四川洪雅人，清道光三十年进士，二甲第四十九名。（江苏太仓陆增祥榜）

曾光斗，福建古田人，清咸丰二年进士，二甲第五十名。（浙江鄞县章鋆榜）

曾省三，四川容县人，清咸丰二年进士，二甲第六十六名。

曾思沂，云南通海人，清咸丰二年进士，三甲第七十九名。

曾椿寿，江西临川人，清咸丰三年进士，二甲第九十九名。（山东济宁孙如仅榜）

曾思浚，云南通海人，清咸丰三年进士，三甲第四十一名。（浙江仁和钟骏声榜）

曾国霖，河南固始人，清同治四年进士，二甲第七十二名。（蒙古镶黄旗崇绮榜）

曾谊，镶红旗满洲人，清同治四年进士，三甲第七十二名。

曾福善，江西余干人，清同治七年进士，三甲第七十二名。（江苏吴县洪钧榜）

曾培祺，正白旗汉军人，清同治十年进士，二甲第七十五

名。(广东顺德梁耀枢榜)

曾星辉，陕西紫阳人，清同治十年进士，三甲第一百三十四名。

曾秀翘，江西南丰人，清同治十三年进士，二甲第一百二十八名。(江苏元和陆润庠榜)

曾行崧，江西长宁人，清同治十三年进士，二甲第一百七十名。

曾延里，湖南邵阳人，清同治十三年进士，三甲第二十六名。

曾长治，江西南城人，清光绪二年进士，三甲第四名。(山东潍县曹鸿勋榜)

曾耀南，广东茂名人，清光绪三年进士，二甲第二十四名。(福建闽县王仁堪榜)

曾炳麟，四川成都人，清光绪六年进士，第一百一十四名。(江苏江宁黄思永榜)

曾云章，江苏昭文人，清光绪六年进士，三甲第一百五十五名。

曾宗彦，福建闽县人，清光绪九年进士，二甲第八十二名。(顺天宛平陈冕榜)

曾树椿，四川庆符人，清光绪九年进士，二甲第八十六名。

曾福谦，福建闽县人，清光绪十二年进士，二甲第一百一十名。(贵州贵阳赵以炯榜)

曾广钧，湖南湘乡人，清光绪十五年进士，二甲第十二名。(广西临桂张建勋榜)

曾光岷，四川华阳人，清光绪十五年进士，二甲第一百二十四名。

曾庆兰，湖北京山人，清光绪十五年进士，三甲第八十三名。

曾思睿，广西平乐人，清光绪十五年进士，三甲第一百五十二名。

曾继光，四川南溪人，清光绪十六年进士，三甲第九十一名。（福建晋江吴鲁榜）

曾培，四川成都人，清光绪十六年进士，三甲第一百四十六名。

曾广运，四川隆昌人，清光绪十六年进士，三甲第一百五十一名。

曾习经，广东揭阳人，清光绪十八年进士，二甲第七十八名。（广西临桂刘福兆榜）

曾述棨，河南固始人，清光绪十八年进士，二甲第一百三十一名。

曾文玉，广西新会人，清光绪二十年进士，二甲第十名。（江苏南通张謇榜）

曾广嵩，福建古田人，清光绪二十四年进士，二甲第三十八名。（贵州麻哈夏同和榜）

曾瑞芬，贵州铜仁人，清光绪二十四年进士，二甲第九十四名。

曾熙，湖南衡阳人，清光绪二十九年进士，二甲第一百二十一名。（山东潍县王寿彭榜）

曾光曦，四川邛州人，清光绪二十九年进士，二甲第一百三十八名。

曾肇嘉，贵州贵筑人，清光绪二十九年进士，三甲第八十二名。

曾兰春，福建莆田人，清光绪二十九年进士，三甲第一百四十一名。

[省级馆藏资料，1991 年江西德安曾祥茂（1930—2001）查抄]

# 第三章　曾氏院士

曾氏现有院士 13 人，谨录于下。

曾昭抡（1899—1967），字叔伟，湖南湘乡人。化学家、教育家。1920 年毕业于清华学堂，后在美国麻省理工学院攻读化学工程与化学，1926 年获该校科学博士学位，同年回国。历任中央大学化学系教授、化学工程系主任、北京大学化学系教授兼主任、西南联合大学化学系教授等职。1944 加入中国民主同盟。1948 年当选为中央研究院院士。1955 年选聘为中国科学院学部委员（院士）。历任北京大学教务长兼化学系主任，教育部、高等教育部副部长，中华全国自然科学专门学会联合会副主席，中国科学院化学研究所所长，武汉大学化学系教授，中国科学院数学物理学化学部委员，高等教育部部长，全国科联副主席，第一届全国人大代表，第一至四届政协委员，中国民主同盟中央常务委员等职。

曾呈奎（1909—2005），福建厦门人。中国科学院资深院士，海洋生物学家，中国海藻学研究的奠基人之一。1926 年考入福州协和大学，1927 年转入厦门大学植物系。1931 年 1 月毕业，获学士学位，1932 年 9 月进岭南大学研究生院，1934 年 6 月毕业，获理学硕士学位。1940 年 8 月赴美留学，1942 年 5 月在密执安大学获得理学博士学位，并获拉克哈姆博士后奖学金。1931 年至 1940 年先后在厦门大学、山东大学、岭南大学任助教、讲师、副教授；1943 年至 1946 年在美国加利福尼亚大学斯克里普斯海洋研究所任副研究员，1946 年底回国，任山东大学植物系教授、系主任，兼任水产系主任和山东大学海洋研究所副所长。1950 年 8 月起先后任中国科学院海洋研究所及其前身（中国科学研水生生物研究所青岛海洋生物研究室和中国科学院海洋生物研究所）副室主任、副所长、所长、名誉所长。主要从事海藻生物学研究。代表性著作有《海带养殖学》《中国经济海藻志》《中国常见海藻》。1959 年以来，通过对海藻的分类区系、形态、实验生态、生理、栽培生物学、化学与资源及其利用和海洋水产农牧化等方面进行了大量研究，先后发表学术论文约 200 篇和专著 7 册。主持的“紫菜生活史的研究”获得 1956 年国家自然科学三等奖；主持的“海带生物学及其养殖研究”获 1978 年全国科学大会重大贡献奖状；主持的“西沙群岛海洋生物调查研究”获 1987 年国家自然科学三等奖。1980 年当选中国科学院生物学部委员（院士）。1985 年当选第三世界科学院院士。1987 年 12 月美国俄亥俄州立大学授予名誉科学博士，1991 年当选世界水产养殖学会终身荣誉会员。先后当选第三至九届全国人大代表，曾任山东省第五、六、七届人大常委会副主任；山东省科协、青岛市科协、山东省侨联名誉主席；中国海洋湖沼学会、中国海洋学会、中国藻类学会名誉理事长等。

曾德超（1919—2012），海南省琼山县人，中国著名农业工程学家和农业机械学家、中国农业机械和农业工程学科的奠基人。1942 年毕业于重庆中央大学机械工程系。1948 年美国明尼苏达大学农业工程系研究生毕业。历任重庆中央大学工业试验所助理工程师，邵阳乡村工业示范处工程师，中央农业部器械局工程师，国营农场管理局机务处副处长，北京农业机械化学院教授、系主任、副院长，北京农业工程大学教授、校学位委员会委员、实验室主任、顾问，兼任中国农业科学院学术委员会委员、国务院学位委员会学科评议组成员、中国农业工程学会名誉理事长等。1995 年当选为中国工程院院士，在旋转翻垡犁及常连犁曲面优化方面获得国家发明专利。

曾融生（1924—2019），福建平潭人。1946 年毕业于厦门大学数理系。曾任国家地震局地球物理研究所研究院兼第八研究室主任。并在北京大学、中国科技大学和中国科技大学研究生院兼课。曾为中国地球物理学会副理事长、中国地震学会理事、国务院学会委员会学科评议组成员。是第二届国家自然科学奖励委员会委员，《地球物理学报》及《中国地震学报》编委。1980 年当选为中国科学院院士（学部委员）。主要从事地球内部物理学和固体物理学的研究，近年来主要研究大陆岩石圈构造和地震成因等问题。著有《固体地球物理学导论》。

曾庆元（1925—2016），江西泰和人。1950 年南昌大学土木工程系毕业，1956 年清华大学土木钢结构研究生毕业。历任中国土木建筑学院、湖南工学院、湖南大学、长沙铁道学院讲师、副教授、教授。1986 年被国务院学位委员会批准为长沙铁道学院的桥隧工程博士生指导教师，1999 年 11 月当选为中国工程院院士。曾任中南大学教授、博士生导师。先后获詹天佑成就奖，两次国家科技进步三等奖、两次铁道部科技进步二等奖。长期从事桥梁结构振动与稳定的教学和研究，在列车—桥梁时变系统横向振动分析理论，桥梁结构局部与整体相关屈固极限承载力分析理论、列车—轨道时变系统横向振动分析理论等研究领域，取得了开拓性成果。创立了一套崭新的列车—桥梁时变系统横向振动分析理论。提出了大跨度斜拉桥局部与整体相芰屈极限承载力分析理论及钢构架、系杠拱桥、板桁组合结构的极限承载力分析理论。提出了列车—轨道时变系统横向振动分析理论及高速无缝线路轨道结构横向动力稳定性分析理论，解决了此系统的横向振动分析及无缝轨道结构横向动力稳定性的分析问题。提出的弹性系统动力学总势能不变值原理是对动力学广义变分原理。Hamilton 变分原理的总要补充，比动力学广义分变原理、Hamilton 变分原理、拉格朗日方程等的应用简便得多，因而具有普遍动力学理论意义和宽广应用范围。著作有《列车—桥梁时变系统振动分析理论与应用》和与任伟新合作出版的《钢压杠稳定极限承载力分析》。

曾士迈（1925—2014）湖南湘潭人，生于北京。1948 年毕业于北京大学农学院，获学士学位。曾任北京农业大学植物保护系主任、有害生物综合防治研究所所长、中国植保学会副理事长、中国植物病理学会理事长，亚洲植物病理协会主席，中国农业大学教授。编著了国内第一本《植物病害流行学》。著有《植物抗病育种的流行学研究》《植保系统工程导论》。1995 年当选为中国工程院院士。

曾毅（1929—2020），广东揭西人。1952 年毕业于上海医学院。曾任中山医科大学助教，中国医学科学院实习研究员、助理研究员、副研究员、研究员，英国格拉斯哥病毒研究所客座研究员，法国国家科学研究中心客座研究员等职。曾任中国预防医学科学院副院长、病毒学研究所研究员、肿瘤病毒研究室主任、世界卫生组织肿瘤专家组成员、世界卫生组织全球卫生研究委员会成员、中国科学院院士。担任国际 AIDS 和 VirusGenes 等 4 家杂志、国内病毒学报等 5 家杂志编委。长期从事于脊髓灰质炎病毒、肠道病毒、麻疹病毒、鼻咽癌、白血病和艾滋病的研究工作。1977 年研究成功用普通光学显微镜即可发现鼻咽癌的“免疫酶法”。证实艾滋病毒已于 1983 年传入我国，成功地分离到我国第一株艾滋病毒，建立了多种诊断艾滋病的试剂。主要成果曾获全国科学大会表扬奖和卫生部甲级成果奖等十多次。1984 年国家科委和人事部授予有突出贡献的中青年专家称号。撰写的学术伦文有《在中国研究 EB 病毒与鼻咽癌关系》《在中国鼻咽癌的血清流行病学的研究》《鼻咽癌病因的研究》（主编）等 180 篇。

曾苏民（1932—2015），湖南双峰人。曾在苏联学习两年，1965 年毕业于新风加工厂职工业余大学。西南铝业集团高级科技顾问。长期从事精密模锻工程技术研究工作，解决了许多压力加工重大技术难题，形成我国大型模锻生产技术体系。多次获得国家及省部级奖励，“TC11 钛合金材料盘模锻件的工艺研究”获 1987 年国家科技进步奖一等奖，“YL 型烟气轮机用 GH132 合金大型涡轮盘和 K213 合金精铸叶片的研制”获 1990 年国家科技进步二等奖。1999 年当选为中国工程院院士。

曾庆存，著名大气动力学家、地球物理流体动力学家，1935 年生于广东省阳江市。1956 年毕业于北京大学物理系，1961 年获苏联科学院数理科学副博士学位。回国后在中国科学院大气物理研究所等所工作，任研究员、所长兼大气科学和地球流体力学数值模拟国家重点实验室主任。曾任中国共产党第十三、十四届中央委员会候补委员，1980 年全国劳动模范，1989 年被全国先进工作者，第六届全国人民代表大会代表，1980 年被选为中国科学院学部委员（现称院士），1994 年被选为俄罗斯科学院外籍院士，1995 年被选为第三世界科学院院士。曾任中国工业与应用数学学会理事长，中国气象学会理事长，中国海洋学会副理事长、名誉理事长。2014 年当选美国气象学会荣誉会员。2016 年 6 月获得第 61 届国际气象组织奖。曾任中国科学技术协会副主席、中国人民政治协商会议全国委员会委员。在科学研究上，主攻大气科学、地球流体力学和应用数学。在气候学、动力气象、数值天气预报理论、大气遥感和卫星气象学、地球流体力学、计算数学等方面多有创造和突出的成就，著有《大气红外遥测原理》《数值天气预报的数学物理基础》（第一卷）等多部专著和百余篇论文。曾获国家自然科学奖二、三等奖各一项，中国科学院自然科学奖一等级五项和何梁何利科技进步奖。2020 年 1 月 10 日，获国家最高科学技术奖。出版诗集《华夏钟情》《风雨晴明》。

曾广商，湖南长沙人，1935 年生。1959 年毕业于北京航空学院。中国航天科技集团公司科技委顾问，中国运载火箭技术研究院科技委顾问，第十八研究所首席专家。主要从事飞行控制执行技术研究。获国家科技进步奖特等奖 3 项、二等奖 1 项、三等奖 1 项，部委级科技进步奖一等奖 8 项、二等奖 10 项。1999 年当选为中国工程院院士。

曾溢滔，1939 年生，广东顺德人。医学遗传学家。1962 年毕业于复旦大学生物系，1965 年复旦大学遗传学研究所研究生毕业。曾为上海交通大学医学院教授，医学遗传研究所所长，卫生部医学胚胎分子生物学重点实验室和上海市胚胎与生殖工程重点实验室主任。1994 年当选为中国工程院医药卫生工程学部首批院士。第九、第十届全国政协委员。长期从事人类遗传性疾病的防治以及分子胚胎学的基础和应用研究，是我国基因诊断、血红蛋白疾病研究和胚胎工程技术的主要开拓者之一。将分子生物学与临床医学相结合，发展了一整套遗传病分子诊断技术，并先后攻克了地中海贫血、苯丙酮尿症、杜氏肌萎缩症、血友病和亨廷顿氏舞蹈病等主要遗传病的基因诊断和产前诊断，推动了我国基因诊断学科的发展，在国际上产生了广泛的影响。在血红蛋白疾病领域，在珠蛋白化学、基因结构和表达调控以及地中海贫血的治疗等方面的研究成果卓著，并发现了 8 种世界新型血红蛋白变种，也是获得美国 NIH 科学基金的第一个中国科学家。20 世纪 90 年代，将基因工程与胚胎工程有机地结合，在国际上首次克隆了牛类性别决定基因 SRY 的核心序列，首次提出并成功地通过鉴定胚胎的 SRY 基因和胚胎移植来控制牛、羊等经济动物的性别，使我国这一领域的研究处于国际前沿，为我国畜牧业发展、胚胎和生殖工程以及人类遗传病的防治做出了积极贡献。在转基因动物/生物反应器这一国家重大研究项目中，他与同事们一起成功地研制出我国第一头乳汁中表达人凝血因子 IX 蛋白的转基因山羊和整合了人血清白蛋白基因的转基因牛。以上成果被两院院士先后评选为 1998 年和 1999 年中国科技十大进展之一。在国内外已先后发表学术论文 400 多篇，主编了 6 部专著，申请或获得发明专利

10 项，30 多次荣获国家级、部委级和上海市的重大科技成果奖，其中包括国家科技进步二等奖 3 次，三等奖 2 次；上海市科技进步一等奖 3 次；卫生部科技进步奖家等奖 3 次；并获得全国先进工作者、全国“五一”奖章、上海市科技功臣、何梁何利科学技术进步奖、上海市医学荣誉奖、国家级有突出贡献中青年专家等荣誉称号。

曾恒一，1939 年 9 月生，重庆市人。教授级高级工程师。1956 年毕业于重庆南开中学，1961 年毕业于上海交通大学。1989 年获建设部授予的中国工程设计大师称号。曾任中国海洋石油总公司副总工程师，海洋石油深水工程重点实验室主任。几十年来一直从事海上油气田开发工程的前期研究、设计及建造工作。曾获得多项国家奖与省部级奖，为我国海洋石油深水发展战略的研究，为准备实现我国深水技术跨越式发展做了大量的前期工作。作为国家 863 计划领域专家指导并参与了“浅水大型浮式生产装置关键技术研究”的课题，取得原创性成果，首次提出了“大型浮体浅水效应”概念，为优化设计开拓了新思路并得到了成功的应用。1997 年当选为中国工程院院士。

曾益新，湖南涟源人，1962 年生。1985 年毕业于湖南衡阳医学院，1990 年毕业于中山医科大学，获博士学位。2005 年当选为中科院院士，2008 年当选发展中国家科学院院士，2011 年当选国际欧亚科学院院士。曾任北京协和医学院校长，北京医院院长，中国抗癌协会副理事长，曾任国际 EB 病毒及相关疾病协会理事长。现为国家卫生计生委副主任、中央保健委员会副主任。主要从事恶性肿瘤发病机制研究。2005 年获国家自然科学二等奖，2010 年获瑞典卡罗琳斯卡医学院颁发的第一枚大银质奖章，2012 年获广东省科技突出贡献奖。

（参考曾小山主编《曾氏古今》，中国文化出版社 2007 年版）

# 第四章　曾氏历代文选

## 一、曾参：《大学》

大学之道，在明明德，在亲民，在止于至善。知止而后有定，定而后能静，静而后能安，安而后能虑，虑而后能得。物有本末，事有终始，知所先后，则近道矣。

古之欲明明德于天下者，先治其国；欲治其国者，先齐其家；欲齐其家者，先修其身；欲修其身者，先正其心；欲正其心者，先诚其意；欲诚其意者，先致其知，致知在格物。物格而后知至，知至而后意诚，意诚而后心正，心正而后身修，身修而后家齐，家齐而后国治，国治而后天下平。自天子以至于庶人，壹是皆以修身为本。其本乱而末治者，否矣。其所厚者薄，而其所薄者厚，未之有也。

第一章　明明德

《康诰》曰：“克明德。”《大甲》曰：“顾是天之明命。”《帝典》曰：“克明峻德。”皆自明也。

第二章　新民

汤之《盘铭》曰：“苟日新，日日新，又日新。”《康诰》曰：“作新民。”《诗》云：“周虽旧邦，其命维新。”是故君子无所不用其极。

### 第三章　止于至善

《诗》云："邦畿千里，维民所止。"《诗》云："绵蛮黄鸟，止于丘隅。"

子曰："于止，知其所止，可以人而不如鸟乎？"《诗》云："穆穆文王，于缉熙敬止。"为人君止于仁，为人臣止于敬，为人子止于孝，为人父止于慈，与国人交止于信。

《诗》云："赡彼淇澳，绿竹猗猗，有斐君子，如切如磋，如琢如磨，瑟兮僩兮，赫兮喧兮，有斐君子，终不可諠兮。"如切如磋者，道学也；如琢如磨者，自修也；瑟兮僩兮者，恂栗也；赫兮喧兮者，威仪也；有斐君子，终不可諠兮者，道盛德至善，民之不能忘也。《诗》云："於戏！前王不忘。"君子贤其贤而亲其亲，小人乐其乐而利其利，此以没世不忘也。

### 第四章　本末

子曰："听讼，吾犹人也，必也使无讼乎！"无情者不得尽其辞，大畏民志，此谓知本。此谓知本，此谓知之至也。

### 第五章　诚意

所谓诚其意者，毋自欺也。如恶恶臭，如好好色，此之谓自谦。故君子必慎其独也。小人闲居为不善，无所不至，见君子而后厌然，掩其不善，而著其善。人之视己，如见其肝肺然，则何益矣。此谓诚于中形于外。故君子必慎其独也。曾子曰："十目所视，十手所指，其严乎！"富润屋，德润身，心广体胖，故君子必诚其意。

### 第六章　格物致知

所谓致知在格物者，言欲致吾之知，在即物而穷其理也。盖人心之灵莫不有知，而天下之物莫不有理，惟于理有未穷，故其知有不尽也。是以《大学》始教，必始学者即凡天下之物，莫不因其已知之理而益穷之，以求至乎其极。至于用力之久，而一旦豁然贯通焉，则众物之表里精粗无不到，而吾心之全体大用无不明矣。此谓物格，此谓知之至也。

第七章　正心修身

所谓修身在正其心者，身有所忿懥则不得其正，有所恐惧则不得其正，有所好乐则不得其正，有所忧患则不得其正。心不在焉，视而不见，听而不闻，食而不知其味。此谓修身在正其心。

第八章　修身齐家

所谓齐其家在修其身者，人之其所亲爱而辟焉，之其所贱恶而辟焉，之其所畏敬而辟焉，之其所哀矜而辟焉，之其所傲惰而辟焉，故好而知其恶，恶而知其美者，天下鲜矣。故谚有之曰："人莫之其子之恶，莫知其苗之硕。"此谓身不修，不可以齐其家。

第九章　齐家治国

所谓治国必先齐其家者，其家不可教，而能教人者，无之。故君子不出家而成教于国。孝者，所以事君也；弟者，所以事长也；慈者，所以使众也。《康诰》曰："如保赤子。"心诚求之，虽不中，不远矣。未有学养子而后嫁者也。一家仁，一国兴仁；一家让，一国兴让；一人贪戾，一国作乱，其机如此。此谓一言偾事，一人定国。尧舜率天下以仁，而民从之；桀纣率天下以暴，而民从之。其所令，反其所好，而民不从。是故君子有诸己而后求诸人，无诸己而后非诸人。所藏乎身不恕，而能喻诸人者，未之有也。故治国在齐其家。《诗》云：

“桃之夭夭，其叶蓁蓁，之子于归，宜其家人。”宜其家人而后可以教国人。诗云：“宜兄宜弟。”宜兄宜弟，而后可以教国人。诗云：“其仪不忒，正是四国。”其为父子兄弟足法，而后民法之也。此谓治国在齐其家。

第十章　治国平天下

所谓平天下在治其国者，上老老而民兴孝，上长长而民兴弟，上恤孤而民不倍，是以君子有絜矩之道也。所恶于上，毋以使下；所恶于下，毋以事上；所恶于前，毋以先后；所恶于后，毋以从前；所恶于右，毋以交于左；所恶于左，毋以交于右，此之谓絜矩之道。《诗》云：“乐只君子，民之父母。”民之所好好之，民之所恶恶之，此之谓民之父母。《诗》云：“节彼南山，维石岩岩，赫赫师尹，民具尔瞻。”有国者不可以不慎，辟，则为天下戮矣。《诗》云：“殷之未丧师，克配上帝，仪监于殷，峻命不易。”道得众则得国，失众则失国。是故君子先慎乎德，有德此有人，有人此有土，有土此有财，有财此有用。德者本也，财者末也。外本内末，争民施夺，是故财聚则民散，财散则民聚。是故言悖而出者，亦悖而入；货悖而入者，亦悖而出。《康诰》曰：“唯命不于常。”道善则得之，不善则失之矣。《楚书》曰：“楚国无以为宝，惟善以为宝。”舅犯曰：“亡人无以为宝，仁亲以为宝。”《秦誓》曰：“若有一个臣，断断兮，无他技，其心休休焉，其如有容焉。人之有技，若己有之；人之彦圣，其心好之，不啻若自其口出。实能容之，以能保我子孙黎民，尚亦有利哉！人之有技娼疾以恶之，人之彦圣，而违之俾不通。实不能容，以不能保我子孙黎民，亦曰殆哉！”唯仁人放流之，迸诸四夷，不与同中国。此谓唯仁人为能爱人，能恶人。见贤而不能举，举而不能先，命也。见不善而不能退，退而不能远，过也。好人之所恶，恶人之所好，是谓拂人之性，灾必逮夫身。是故君子有大道，必忠信以得之，骄泰以失之。生财有大道，生之者众，食之者寡，为之者疾，用之者舒，则财恒足矣。仁者以财发身，不仁者以身发财。未有上好仁而下不好义者也，未有好义其事不终者也，未有府库财非其财者也。孟献子曰："畜马乘，不察于鸡豚；伐冰之家，不畜牛羊；百乘之家，不畜聚敛之臣。与其有聚敛之臣，宁有盗臣。"此谓国不以利为利，以义为利也。长国家而务财用者，必自小人矣。彼为善之，小人之使为国家，灾害并至，虽有善者，亦无如之何矣。此谓国不以利为利，以义为利也。

## 二、曾巩：《墨池记》《学舍记》《唐论》《战国策目录序》

(1)《墨池记》

临川之城东，有地隐然而高，以临于溪，曰新城。新城之上，有池洼然而方以长，曰王羲之之墨池者，荀伯子《临川记》云也。羲之尝慕张芝，临池学书，池水尽黑，此为其故迹，岂信然邪？

方羲之之不可强以仕，而尝极东方，出沧海，以娱其意于山水之间；岂其徜徉肆恣，而又尝自休于此邪？羲之之书晚乃善，则其所能，盖亦以精力自致者，非天成也。然后世未有能及者，岂其学不如彼邪？则学固岂可以少哉，况欲深造道德者邪？

墨池之上，今为州学舍。教授王君盛恐其不章也，书"晋王右军墨池”之六字于楹间以揭之。又告于巩曰：“愿有记。”推王君之心，岂爱人之善，虽一能不以废，而因以及乎其迹邪？其亦欲推其事以勉其学者邪？夫人之有一能而使后人尚之如此，况仁人庄士之遗风余思被于来世者何如哉！

庆历八年（1048）九月十二日，曾巩记。

（2）《学舍记》

予幼则从先生受书，然是时，方乐与家人童子嬉戏上下，未知好也。十六七时，窥六经之言，与古今文章有过人者，知好之，则于是锐意欲与之并。

而是时，家事亦滋出。由斯以来，西北则行陈、蔡、谯、苦、淮、汴、睢、泗，出于京师；东方则绝江舟漕河之渠，逾五湖，并封、禺、会稽之山，出于东海上；南方则载大江，临夏口而望洞庭，转彭蠡，上庾岭，由浈阳之泷，至南海上。此予之所涉世而奔走也。蛟鱼汹涌湍石之川，巅崖莽林貙虺之聚，与夫雨旸寒燠、风波雾毒不测之危，此予之所单游远寓而冒犯以勤也。衣食药物，庐舍器用，箕筥碎细之间，此予之所经营以养也。天倾地坏，殊州独哭，数千里之远，抱丧而南，积时之劳，乃毕大事，此予之所遭祸而忧艰也。太夫人所志，与夫弟婚妹嫁，四时之祠，属人外亲之问，王事之输，此予之所皇皇而不足也。予于是力疲意耗，而又多疾，言之所序，盖其一二之粗也。得其闲时，挟书以学，于夫为身治人，世用之损益，考观讲解，有不能至者。故不得专力尽思，琢雕文章，以载私心难见之情，而追古今之作者为并，以足予之所好慕，此予之所自视而嗟也。

今天子至和之初，予之侵扰多事故益甚，予之力无以为，乃休于家，而即其旁之草舍以学。或疾其卑，或议其隘者，予顾而笑曰：“是予之宜也。予之劳心困形，以役于事者，有以为之矣。予之卑巷穷庐，冗衣砻饭，芑苋之羹，隐约而安者，固予之所以遂其志而有待也。予之疾则有之，可以进于道者，学之有不至。至于文章，平生之所好慕，为之有不暇也。若夫土坚木好、高大之观，固世之聪明豪隽挟长而有恃者所得为，若予之拙，岂能易而志彼哉?”遂历道其少长出处，与夫好慕之心，以为《学舍记》。

（3）《唐论》

成、康殁而民生不见先王之治，日入于乱，以至于秦，尽除前圣数千载之法。天下既攻秦而亡之，以归于汉。汉之为汉，更二十四君，东西再有天下，垂四百年。然大抵多用秦法，其改更秦事，亦多附己意，非效先王之法，而有天下之志也。有天下之志者，文帝而已。然而天下之材不足，故仁闻虽美矣，而当世之法度，亦不能效于三代。汉之亡，而强者遂分天下之地。晋与隋虽能合天下于一，然而合之未久而已亡，其为不足议也。

代隋者唐，更二十君，垂三百年，而其治莫盛于太宗。太宗之为君也，诎己从谏，仁心爱人，可谓有天下之志。以租庸任民，以府卫任兵，以职事任官，以材能任职，以兴义任俗，以尊本任众。赋役有定制，兵农有定业，官无虚名，职无废事，人习于善行，离于末作。使之操于上者，要而不烦；取于下者，寡而易供。民有农之实，而兵之备存；有兵之名，而农之利在。事之分有归，而禄之出不浮；材之品不遗，而治之体相承。其廉耻日以笃，其田野日以辟。以其法修则安且治，废则危且乱，可谓有天下之材。行之几岁，粟米之贱，斗至数钱，居者有余蓄，行者有余资，人人自厚，几致刑措，可谓有治天下之效。夫有天下之志，有天下之材，又有治天下之效，然而不得与先王并者，法度之行，拟之先王未备也；礼乐之具，田畴之制，庠序之教，拟之先王未备也。躬亲行阵之间，战必胜，攻必克，天下莫不以为武，而非先王之所尚也；四夷万里，古所未及以政者，莫不服从，天下莫不以为盛，而非先王之所务也。太宗之为政于天下，得失如此。

由唐、虞之治，五百余年而有汤之治；由汤之治，五百余年而有文、武之治；由文、武之治，千有余年而始有太宗之为君。有天下之志，有天下之材，又有治天下之效，然而又以其未备也，不得与先王并而称极治之时。是则人生于文、武之前者，率五百余年而一遇治世；生于文、武之后者，千有余年而未遇极治之世也。非独民之生于是时者之不幸也，士之生于文、武之前者，如舜禹之于唐，八元八凯之于舜，伊尹之于汤，太公之于文、武，率五百余岁而一遇。士之生于文、武之后千有余年，虽孔子之圣、孟轲之贤而不遇。虽太宗之为君，而未可以必得志于其时也。是亦士之生于时者之不幸也。故述其是非得失之迹，非独为人君者可以考焉，士之有志于道，而欲仕于上者，可以鉴矣。（选自上海古籍出版社《曾巩散文选集》）

（4）《战国策·目录序》

刘向所定《战国策》三十三篇，《崇文总目》称十一篇者阙。臣访之士大夫家，始尽得其书，正其误谬，而疑其不可考者，然后战国策三十三篇复完。

叙曰：向叙此书，言“周之先，明教化，修法度，所以大治；及其后，谋诈用，而仁义之路塞，所以大乱”。其说既美矣。卒以谓此书战国之谋士，度时君之所能行，不得不然；则可谓惑于流俗，而不笃于自信者也。

夫孔、孟之时，去周之初已数百岁，其旧法已亡，旧俗已熄久矣；二子乃独明先王之道，以谓不可改者，岂将强天下之主后世之所不可为哉？亦将因其所遇之时，所遭之变，而为当世之法，使不失乎先王之意而已。

二帝、三王之治，其变固殊，其法固异，而其为国家天下之意，本末先后，未尝不同也。二子之道如是而已。盖法者，所以适变也，不必尽同；道者，所以立本也，不可不一；此理之不易者也。故二子者守此，岂好为异论哉？能勿苟而已矣。可谓不惑于流俗而笃于自信者也。

战国之游士则不然。不知道之可信，而乐于说之易合。其设心注意，偷为一切之计而已。故论诈之便而讳其败，言战之善而蔽其患。其相率而为之者，莫不有利焉，而不胜其害也；有得焉，而不胜其失也。卒至苏秦、商鞅、孙膑、吴起、李斯之徒，以亡其身；而诸侯及秦用之者，亦灭其国。其为世之大祸明矣；而俗犹莫之寤也。

惟先王之道，因时适变，为法不同，而考之无疵，用之无弊。故古之圣贤，未有以此而易彼也。

或曰：“邪说之害正也，宜放而绝之。此书之不泯，其可乎?”对曰：“君子之禁邪说也，固将明其说于天下，使当世之人皆知其说之不可从，然后以禁则齐；使后世之人皆知其说之不可为，然后以戒则明；岂必灭其籍哉？放而绝之，莫善于是。是以孟子之书，有为神农之言者，有为墨子之言者，皆着而非之。至于此书之作，则上继春秋，下至楚汉之起，二百四五十年之间，载其行事，固不可得而废也。”此书有高诱注者二十一篇，或曰三十二篇，《崇文总目》存者八篇，今存者十篇云。

## 三、曾棨：状元卷、《敦煌曲》、百梅诗（选）

（1）状元卷

制曰：朕闻圣人之治天下，明于天之经，察于地之义，周于万物之务，其道贯古今而不易也。是故黄帝、尧、舜统承先圣，垂裳而治，神化宜民。朕惟欲探其精微之蕴。“历象”，《禹贡》《洪范》纪于《书》。“大衍”，《河图》《洛书》著于《易》，古今异说。朕惟欲致其合一之归。兴学有法，立贤无方，而古今异制。朕惟欲通其所以教育，参其所以名扬。古者礼、乐皆有书，今《仪礼》《曲礼》《周礼》仅存，而《乐》书缺焉。朕惟欲考《三礼》之文，补《乐》书之缺，定黄钟之律，极制作之盛。皆人主治道所当论也。咨尔多方多士，承朕皇考圣神文武、钦明启运、俊德成功、统天大孝高皇帝作新四十余年，必知务明体达用之学，敷纳于篇，朕亲考焉。

对：臣闻之《中庸》之书曰：“大哉圣人之道！洋洋乎发育万物，峻极于天。优优大哉！礼仪三百，威仪三千，待其人而后行。”至哉言乎！斯道之全体大用，实有待于圣人乎！臣尝稽之于古，揆之于今，自黄帝、尧、舜以来，未有不由斯道也。恭维皇上受天明命，居圣人之位，得圣人之时，进臣愚于廷，以论圣人之治，是真有志于圣人学者也。故既统言圣人所以明于天之经，察于地之义，周于万物之务；而又析而言之，始之欲探夫圣学精微之蕴，中之欲会夫《易》《书》同异之说，参夫明扬、教育之方，终之欲极夫礼、乐制作之盛；且以明体达用之学望于臣策。臣愚知皇上之心，即黄帝、尧、舜之心也。先黄帝、尧、舜而圣者，此心也；后黄帝、尧、舜而圣者，亦此心也；太祖圣神文武、钦明启运、俊德成功、统天大孝高皇帝，实同此心也。皇上所以善继人之志、善述人之事者也、斯世斯民，何其幸欤！然上既以明体达用之学望于臣愚矣，圣人全体大用之学，臣愚敢不以皇上劝哉！

夫黄帝、尧、舜统承包羲、神农。垂裳而治，得圣人之时者也。皇上统承太祖之鸿业，以大有为之资，当大有为之日，岂非得圣人之时者乎！是故时乘六龙以御天也，云行雨施，天下平也。黄帝、尧、舜之通变神化，在皇上此心一转移间耳。中庸之道又岂有甚高远难行之事乎！臣请得而悉陈之。

自伏羲、神农、黄帝、尧、舜继天立极，而道统之传有自来矣。《易》所谓“穷理尽性以至于命”也。“刚健中正，纯粹精也”。“聪明睿知。神武而不杀”也。《书》之所谓“安汝止，惟几惟康”也。“敕天之命，惟时惟几”也。“惟精惟一，允执厥中”也。《中庸》所谓“尊德性而道学问”也，“致中和而天地位万物育”也。岂非所谓圣道精微之蕴乎！皇上勿求之茫昧，勿求之泛杂，勿求之艰深。既探而得之，愿服膺而守之也。

三辰迭运而有常，所以为天之德；五土分利而有宜，所以为地之义。天地之道可一言而尽也，亦曰求之于心而已矣。《书》曰：“钦若昊天，历象日月星辰，敬授人时。”历所以纪数之书，象所以观天之器。曰钦曰敬，此历象之统宗也。是故历法，周天三百六十五度四分度之一。天左旋于地，一昼夜其所行一周而又过一度。日月皆右行于天，一昼夜则日行一度，月行十三度十九分度之七。故日一岁一周天，月二十九日有奇而一周天，又逐及于日而与之会，岁十二会。方会则月光都尽而为晦。已会则月光复苏而为朔。晦后朔前，各有十五日，日月相对，则月光正满而为望。晦朔及望而日月之合对同度同道，则为交蚀。朱序尝取其说，以传《诗》之《十月之交》矣。至蔡沈，本其父季通之说，以为日行少迟于天，一日亦绕地一周，而比天为不及一度，积三百六十五日九百四十分日之二百三十五，而与天一会。月行尤迟，一日常不及天十三度十九分度之七，积二十九日九百四十分日之五百九十二，而与月一会。天岁与日一会，而多五日九百四十分日之二百三十五者为气盈；月岁与日十二会，而少五日九百四十分日之五百九十二者为朔虚。合气盈朔虚之数，而置七闰于十有九岁之间，则气朔分齐，是为一章。朱子又尝与门弟子讲《书》，而称此说分明矣。是故若有不同者然。

臣尝考之，天无体，以二十八宿为体；天无度，自其行过处为度。岁有十二月，月有三十日，日有十二时。时刻皆入，而子午卯酉加二焉。天度所历，则所谓至角、至娄、至井、至奎某舍某度也；地面所经，则所谓出卯入酉、出寅入戌，某时某刻也。以九百四十分之一日，而复为四分之日以周天。分十二次，次三十度，而复为四分之度所以算也。气盈者，岁二十四炁之日有余；朔虚者，岁六小尽之月日之不足也。一岁率多十日有奇，二岁多二十一日有奇，三岁多三十二日有奇，四岁多四十三日有奇，五岁多五十四日有奇。是五岁再闰，而犹不足以备两月，必十有九岁七闰，而七之数均焉。余分之积，亦终不得而齐也。其说何尝有不同哉？但日者阳之精，岂有迟于月之理！盖顺而数之，则见其进而与天俱左旋；逆而数之，则见其退而若右转。历家以进数阔远为难度也，故以其退数而纪之，则去度近而易耳。是故自地面而观其运行，则皆左旋；自天度而考其次舍，则日月五星以渐而东。其行不及天，而次舍日以退也。然次舍虽退，其行未尝不进也。退虽逆，而进未尝不顺也。左旋右转之说，其实何以异哉？至其论交蚀，则皆曰：王者修德行政，用贤去奸，使阳盛足以制阴，则日尝当蚀而不蚀；若国无政，不用善，小人凌君子，阳微不足以制阴，则日当蚀而必蚀，是亦未尝不同也。

世之言天体者三家，一曰周髀，二曰宣夜，三曰浑天。宣夜以为天无形，望之苍然，盖积气也。日月星辰，举无根系，荒忽阔远，近于异端，先儒尝谓其不可考矣。周髀之术，以为天似覆釜。盖以斗极为中，中高而四边下，日月旁绕之，日近而见之为昼，日远而不见为夜。即所谓天如倚盖，而世传以为盖天象者。蔡邕谓其考验天象，多所违失矣。独浑天之说，以天为半覆地上，半在地下。其天居地上，见者一百八十二度半，其地下亦然。北极出地上三十六度，南极入地下亦三十六度。而嵩高正当天之中，极南五十五度。当嵩高之上，又其南十二度为夏至之日道，又其南二十四度，为春秋分之日道，又其南二十四度，为冬至之日道，又南下去地三十一度，而已是夏至日，北去极六十七度，春秋分去极九十一度，冬至去极一百一十五度，其南北极特其两端，其天与日月星宿斜而回转，此必古有其法。秦火灭，至汉武帝时，洛下闳始于地中为浑象，以定时节，而作太初之历。东汉延熹中，张衡为铜仪于密室，具内外规，而以漏水转之。吴王蕃制仪立论，宋钱乐困之。后魏造铁仪。唐淳风作浑仪，七年而成，表里三重，曰六合，曰三辰，曰四游，太宗称善，置之凝晖阁。至开元时，一行改治新历，而太史无黄道仪，梁令瓒以木为之，一行是之，而更铸以铜铁，以木柜为平地，上置木偶，各施轮轴钩键关锁，机变若神。至宋太平兴国初，张思训亦为铜仪三重，比唐制加密，以汞代水，寒暑不忒。大中祥符中，有韩显符；元佑中，有苏颂；元初，有许衡、王恂、郭守敬、刘秉忠；简仪、浑仪之作，极人事之巧；璿玑、玉横之法，其庶几矣。然臣愚所取者，南考中星北察斗，建宅四方四隅以定候，审二分二至以测景。随时修改，以与天合。圣人复起，当不拘拘于有迹之初，以为无形之妙。其所以察之齐之，在于圣人心术之微，必不专倚于器数之末也。臣谓皇上及今必求如古名儒，而后可与论历象之说，钦若昊天，固非区区市廛卜肆星术之流所能辨也。

昔者：鲧堙洪水，汨陈五行，禹乃嗣兴，顺其性而之治。浚凿之功，则由下以及上。故始于冀、兖，以治河、济之下流，次及青、扬，以治江、淮之下流，下流既杀，渐治其上。故次荆次豫次梁，而雍地最高，水患最少，施功独后。此浚凿之序也。其疏导之功，则自上以达下。故《禹贡》言导山者四，导水者九，皆自西北极于东南，顺其就下之势，自源徂流，而无壅遏之患。此疏导之序也。于是因山川之行便，以别州域，因土地之生殖，以定贡赋。详于治内，略于治外，规模素定，经纬有条。以至禽兽夷狄遐方异类皆得其所。行其所无事，仁之至而义之尽也。然自成平以来，今数千年，兖豫之间水多溃决。昔之九河碣石，今已沦于海；昔之河趋伾降，今乃南合。清淮萦波，已难指实，而济漯亦非其故道。江沱潜汉，出非一所；九江汇泽，名实异同。或以台朕为尧舜，或以锡圭为锡禹。杂出之说，或以为岁有丰凶，或以为户有增减，或以为地力有年分之不同。臣愚的然以九江为洞庭，以汇泽为彭蠡，以台朕锡圭皆指禹言之。盖古者君臣一体，非若后世之有嫌疑形迹于其间也。杂出诸说，皆当以蔡沈为当焉。《洪范》者治天下之大法，其类有九。初一曰五行，而不言用，盖无适而非用也，五曰建用皇极，而不言数，非可以数明也。五事曰敬，所以诚身，参之五行，天人之合也。八政曰农，所以厚生，见人之所以同乎天。五纪曰协，所以合天，见天之所以示乎人。三德曰义，所以治民抚世酬物之权也。稽疑曰明，所以辨惑，以人而听于天也。庶征曰验，所以省验推天而征之人也。五福曰飨，所以劝；六极曰威，所以惩，其重则在于皇极也。前四者极之所以建，后四者极之所以行。大禹叙之，箕子陈之，武王受之，孔子删而存之，此即周之大训也。

至于《河图》之文，亦纪于《书》著于《易》，前此诸儒，皆以《河图》授羲，《洛书》锡禹，朱子、蔡氏亦各因之。然《洪范》即彝伦也，彝伦斁，则《洪范》不畀；彝伦叙，则《洪范》乃锡。其畀其锡，岂天与帝真有物象予之而集之哉！《易》大传言“河出图，洛出书，圣人则之”者，即所谓“仰观天文，俯察地理，近取诸身，远取诸物”，作《易》之事耳。岂有所谓龙马，有所谓神龟也哉！后世封禅之说，天书之事，未必不由此启之也。臣愚尝为之三叹于斯焉！

伏羲之画卦也，见阴阳有奇偶之象，画一奇以象阳，画一偶以象阴，而数肇于此矣。是虽有取于《河图》，未必尽出于《河图》也。至谓《洪范》本于《洛书》，乃《洪范》篇中无《洛书》之文。不知先儒何自而过信之，以起后世之惑。大衍之数，大传亦明言天一地二，天三地四，天五地六，天七地八，天九地十，即阴阳奇偶之数耳。奇偶生成，理之自然。故又曰天数五，地数五，五位相得，而各有合。天数二十有五，地数三十，凡天地之数，五十有五。大衍之数五十，其用四十有九。分而为二以象两，挂一以象三，揲之以四以象四时，归奇于扐以象闰，五岁再闰，故而扐而后挂。参伍以变，错综其数，通其变，遂成天地之文。极其数，遂定天下之象。此言象数之原，而阴阳五行之往来消长，对待之定体，流行之妙用，揆之万事万物，百家诸子之说，兼综条贯，无适而不遇其合；横斜曲直，无往而不通其流。同此数，则同此理。故非但曰天以一生水，而地以六成之；地以二生火，而天以七成之；天以三生水，而地以八成之；地以四生金，而天以九成之；天以五生土，而地以十成之。《河图》生出之次，始东，次南，次中，次西，次北。左旋一周，而又始于东。生数则阳下左，而阴上右；成数则阴下左，而阳上右。《洛书》阳数首北，次东，次中，次西，次南；阴教首西南，次东南，次西北，次东北。合而言之，首北而究于南。其运行则水克火，火克金，金克木，木克土。右旋一周，而土复克水者，与《大传》数言吻合而无间。不知后之作此图者，因《书》《易》有《河图》《洛书》之名，《大传》有对待流行之义，遂依彷而为之。故虽干支甲子参同运行之说，亦无不吻合者，一阴阳之理，天地之变也。所谓《图》者，《经》未尝言有马负之；所谓《书》者，《经》亦未尝方有龟乘之。自欧阳永叔、司马君实皆为力诋其怪诞者，良以此也。

臣愚谓《易》《书》之文，古今异说，欲致其合一之归，但求之于圣经而明辨其理，揆之于圣人而远宗其道，则涣然而冰释，怡然而理顺。知众说有异，而志道则同，又何致疑于其间哉？

古者，学校所以教育人才之法，舜之命后夔者至矣。《王制》春秋冬夏之异教。《文王世子》之篇，谓春诵夏弦之类，《燕义》授之车甲之文。臣愚恐其未尽然，汉儒之所附也。《周礼》师氏三德，保氏六仪，大司乐成均之法，乐师之小舞，大司徒之教象，以乡三物宾兴之；大胥掌士之版，合射以考其艺，旅师党正州长乡大夫书之，伦秀而升之，论定而后官之，任官而后爵之。其教之若是其备，进之若是其难，而学校无不修矣。而名扬询访，未尝缺焉。四岳之所举，非熊之所兆，审象而旁求者，亦皆非学校之所养也。况乎后世学校之政不修，明扬之法不立，闲暇无事之时，不思所以养士，缓急有为之际，则常患于乏才，曷不参之古之人乎？《棫朴》之人才至于济济之多，《卷阿》之吉士而有蔼蔼之盛，皆本于人君克和灼见，迪德忱恂，非一日也。周宣之中兴，则有若张仲导之于左右，山甫垂型于百辟，申甫为南国之式也，召虎至四方之平也。汉高阔达驾驭而得三杰，孝武崇儒重道而得仲舒，孝宣招选茂异而得丙、魏之伦，光武推心任人而得寇、邓之佐。蜀、魏及吴亦各有人才：魏之荀、贾，算无遗策；吴之周、鲁，腹心爪牙；蜀有孔明、王佐之才。西晋之世无闻。东晋仅有王、谢，寥寥已久。至唐而后，太宗大召名儒，得房、杜、王、魏之流，以成贞观之盛。开元以来，科举取士，得张九龄、韩休、裴度、韩愈之徒。宋兴，太宗尤笃意儒学，始有韩、范、富、欧阳以及周、程、张、朱黼黻，大猷，阐明斯道。而皆仅见于明扬之一得，而非教育之所致。盖所养非所用，所用非所养。俗吏以文法绳下，恬退者耻而不进，奔竞者趋而不顾。陟黜之异视之一言一事之间，而决之立谈之顷，乌在其为名扬之法哉？学校不过设徒，多卑污阘茸之人。考课专事乎虚文，进退不由于德否。充贡之子而遣行役，固不知小学方为何说，亦不知大学之教为何事，乌在其为教育之道哉？规模节目，疏密详略，既与古人不同；而躬行心得，精粗诚伪，又与圣人迥异。臣愚以为明扬教育之法，惟三代以上可以参而通之。汉、唐以下，明扬之法或有所得，而教育之效概乎未之闻者，臣不欲为皇上陈之也。皇上但求之圣人之心，不假于后世之法，而后能合于圣人之道耳。

皇上欲考三礼之文，则《经礼》《曲礼》《仪礼》，战国诸侯恶其害己而去其籍，孔子之时，已有文献不足征之叹，至秦大坏。汉兴，高堂生得《古礼》十七篇，河间王所得五十六篇，亦文同而字异。后以其所叙皆礼之仪，因名之曰《仪礼》。略举其首篇，而谓所传皆士礼者，非也。又谓《仪礼》非高堂生所传，而篇数偶同，亦非也。今日《仪礼》即古礼也。始《士冠·士婚礼》《士相见礼》《乡饮酒礼》《乡射燕礼》《大射礼》《聘礼》《公食大夫礼》《觐礼》《丧服礼》《士丧礼》《既夕礼》《士虞礼》《特牲馈食礼》《有司彻礼》，而“郊祀”“明堂”“庙制”，大典多阙，使后世如聚讼焉。承讹袭舛，可胜叹哉？于是朱子晚而条理之，挈《仪礼》正经以提其纲，辑《周礼》《礼记》诸经有及于礼者，以补其缺，厘为家乡邦国王朝之目，自天子至于庶人之礼，谓之《仪礼经传通解》，而亦未及精详，乃以属之门人黄干，而干复为《通解续》焉。至其晚年，《祭礼》尚未脱稿，又以授之杨复，复始研精殚思，搜《经》摭《传》，积十余年，以《特牲馈食》《少牢馈食》为主经，而冠之《祭礼》之首篇。礼辑《周礼》《礼记》诸书，分为《经》《传》，以补其缺。综之以《通礼》，首之以《天神》，次之以《地祇》，次之以《宗庙》，次之以《有神》，次之以《因祭》，次之以《祭物》，次之以《祭统》。有《变化》、有《杀礼》、有《失礼》，重见之篇终。《郊祀》《明堂》《庙制》皆折衷论定，以类相从，各归条贯，使畔散不属者，悉入于伦理，疵杂不经者，咸归于至当，而始得为全书，西山真德秀尝称为千年不刊之典矣。后又因朱子之意，取《仪礼》十七篇，悉为之图，制度名物，灿然毕备。以图考书，如指诸掌，庶几集其大成者焉。近世临川吴澄又取小戴《礼》而叙次之，取诸儒之说集为《纂言》，既屡易稿，而自谓《月令》《檀弓》尤为精密。其诸儒之中科分栉剔，以类相从，上下相承，文义联属。至其篇义次第，则《大学》《中庸》既为程、朱所表章，与《论语》《孟子》并为四书，既不容复次于《礼》篇；《投壶》《奔丧》，礼之正经，亦不容杂之于《记》。《冠》《婚》《乡饮》《燕》《射》《聘义》正释《仪礼》别辑为《传》，以附于《经》。此外，犹有三十六篇。曰《通礼》者九：《曲礼》《内则》《少仪》《玉藻》，通记小大仪文，而《深衣》附焉；

《月令》《王制》专记国家制度，而《文王世子》《明堂位》附焉。曰《丧礼》十有一，则丧之义也。曰《祭礼》者四，则祭之义也。曰《通论》者十有二：《礼运》《礼器》《经解》为一类；《哀公问》《仲尼燕居》《闲居》为一类；《坊记》《表记》《缁衣》为一类；《儒行》自为一类；《学记》《乐记》，其文雅驯，非诸篇之比，故以为是书之终焉。自谓篇章文句，秩然有序，先后始终，颇为精审。考《礼记》之文，亦庶几矣。若失《周礼》，朱子尝谓其广大精微，周家法度，尽在此书。而苏颍滨以为秦、汉诸儒以意损益之者众矣，非周公之完书也。诚哉是言！周之西都，今之关中，短长相补，不过千里，古今一也。而今《周礼》王畿四方相距千里，则其畿内远近诸法皆空言也。孟子曰："天子之制，地方千里，公侯百里。"而今《周礼》诸公地方五百里，诸侯四百里，郑氏谓周公斥大九州，始皆益之，尤谬论也。公邑必井，乡遂必沟，是立法以强人也。五峰胡氏谓今《周礼》，《五官》之外，更有《治典》，刘歆之妄也。《天官》有"宰夫考都鄙县，失财者诛，长财者赏。"此刘歆欲使上下交征也。《天官》"甸师丧事，代王受眚"，楚昭、宋景之所不为也。官正比宫中之官，府去其奇邪之民，是帘陛不严矣。士庶子卫王宫，是人不广矣。内宰建国，左右立市，岂王后之职？后苟好事于四方，则安用君矣？以隐宫刑余，近日月之侧，内祝掌宫中禭会，此乱亡之事。甚矣，歆之诬周公也！九嫔世妇，内政女功，后夫人之职也。而王安石以为统于冢宰，悖理莫甚焉。王者以天下为家，乃有王之金玉货贿之藏，四方之献，共王之好赐，是以桓灵之事罔成王而诬周公也。司丧有九官，膳夫有十官，医师有五官，皂隶之作，亦置五官，皆执技以事役于人者，而以为冢宰进退百官之属，夫岂周公之制哉？盖其为书，一坏于刘歆，再坏于苏绰，又再辱于王安石之手，其间改易旧文者多矣。其所记之礼，皆当有所定正而后可也。幸而中经朱子、杨氏、吴氏之所考订，今亦庶几焉。他如杜佑之书，与唐开元《礼曲台礼》，宋之《开宝通礼》，贾昌朝《太常新礼》，苏洵《太常因革礼》《伊洛遗礼》，陈祥道《礼书》，朱子亦尝喜其精博者，皆当取以辅翼二书，而立之学宫，传之天下，可以为万世之法矣。

若夫定黄钟之律，尤本于皇上之一心。致中而天地自位，致和而万物自育。所谓心正，而天地之心亦正；气顺，而天地之气亦顺。天地之和顺应，而气候之法可用。气正而尺度均，尺度均而中声得，可以制黄钟之律。而黄钟之律，其长九寸，中分厘毫丝忽，皆以九为度。故九寸，八十一分，七百二十九厘，六千五百六十一毫，五万九千四十九丝，五十三万一千四百四十一忽者，黄钟一律之长也。又置一，而三乘之，得十七万七千一百四十七之全数。三分损益，以生十七律，而各得管之长短。由是被之于五声，为六十调。又使其不相凌犯也，用正律正半律，变律变半律。亦三分损益，以生徵、商、羽、角、变宫、变徵，均之为八十四调。则清浊高下相济，而庶几八音克谐，此固制作之先务，尤在皇上以和致和也。秦、汉以来，尺度隳废，中声不定，或求之累黍，而有圆椭之殊，或求之指尺，而有短长之异。代变新声，议论纷纭。皆徒事其末，而不求其本；求之外，而不求之内，安能定黄钟之律以极制作之盛哉？

若夫乐书之阙，则《乐记》一篇可以为乐经，而宋太常博士陈旸所撰《乐书》，亦可删繁芜，以附其后。若宋之《景佑大乐》《皇佑乐记》，蜀人房庶之《乐记补亡》，蔡元定之《律吕新书》，吴仁杰之《乐舞新书》，皆可考证以辅翼之，以追咸英韶濩于千岁之上，以熙天地民物于太和之中，以明圣贤道学于千万世之下者，实在于皇上之一心也；且汉文帝有其质，而谦让未遑也；唐太宗有其才，而功利害之也；宋太宗有其志，而泥于语言文字之末；真宗溺于夸诈，仁宗偷于燕安。数千年之机会，非有待于今日欤？

然皇上所以策臣者皆礼乐之文也。礼乐之本，臣实在有望于皇上也。心中斯须不和不乐，而鄙诈之心入之矣；外貌斯须不庄不敬，而慢易之心入之矣。况人主一心，万化之原，万事之干，万物之休戚所由关，万几之治忽所由系，千万年圣人道统之所由继，中两间而立，为三才之主宰，可不以圣人全体大用之道任之于身而力行之欤？

请因圣问所及者，统而论之，则论黄帝尧舜之道，而探其精微之蕴者，圣学之全体也。明于天之经，察于地之义，周于万物之务者，圣学之大用也。非圣人之道，不足以为学；非圣人之学，又何可以明斯道也哉？更因圣问所及者，析而言之，亦各有体用焉。明于天之经，曰钦曰敬为体，而器数之属为用焉；察于地之义，曰祗曰德为体，而政治之事为用焉；周于万物之务，曰中曰极为体，而三德八政为用焉；兴学校必以躬行心得为体，而教育之方为用焉；作礼乐必以敬和为体，而仪文度数为用焉。圣道之体用，固无不在矣。然必在知之至而行之笃，而后体之具而用之全。必其时与学俱进，德与位俱隆，而后前黄帝尧舜而圣者，质之此心而无愧；后黄帝尧舜而圣者，揆之此道而无异。推之四海而准，传之万世而信。穷天地，亘古今，四三皇，六五帝，而不失天下之显名也。惟我皇上留意焉。臣谨对。

御批：贯通经史，洞达天人。有讲习之学，有忠爱之诚。擢魁天下，昭我文明。尚资启沃，惟良显哉。

（曾小山主编《曾氏古今》，中国文化出版社 2007 年版）

（2）《敦煌曲》

吐蕃健儿面如赭，走入黄河放胡马。
七关萧索少人行，白骨战场纵复横。
敦煌壮士抱戈泣，四面胡笳声转急。
烽烟断绝鸟不飞，十一年来不解围。
传檄长安终不到，借兵回纥何曾归。
愁云惨淡连荒漠，卷地北风吹雪落。
将军锦鞯暮还控，壮士铁衣夜犹著。
城中匹绫换斗麦，决战宁甘死锋镝。
一朝胡虏忽登城，城上萧萧羌笛声。
当时左衽从胡俗，至今藏得唐衣服。
年年寒食忆中原，还著衣冠望乡哭。
老身幸存衣在箧，官军几时驰献捷？

（3）百梅诗（节选）

（一）纸帐梅

试裁云茧护冬温，梦入罗浮欲断魂。
别意每怀山下路，归心犹恋水边村。
鸳鸯每睡花香透，飞翠幽栖墨迹存。
淡影疏枝长是伴，几看梁月照黄昏。

（二）玉笛梅

火轮飞出日枯焦，云管轻吹片雪飘。
嘈杂醉禽声更切，蹁跹白鹤势难招。
孤山仙去揪梧暗，庾岭人归道路迢。
肠断春江成远别，曲中哀怨几时消。

（三）画红梅

瑶池宴集景模糊，王母蟠桃出帝都。
绛脸初匀呈妩媚，朱唇剧饮纵欢呼。
影摇歌舞身先醉，色染胭脂目可娱。
此日丹成勾漏泄，酡颜不老写真图。

（四）水墨梅

使君意气独坚刚，直笔威严六月霜。
劲操贞姿无软媚，巧言令色岂端庄。
裁绡湿透佳人室，染翰香生画史房。
共说当时词赋艳，谁知原有铁心肠。

（五）全开梅

素质青姿霜雪分，满腔春意属天君。
蝶蜂竟得繁华戏，车马交驰赏玩勤。
迟日移时争艳丽，暖风到处播芳芬。
花因结子才凋谢，绿暗新梢几片云。

（八十六）观梅

当时人物见才难，谁识蛟龙暂蛰蟠。
根本深长通地脉，形容清瘦带霜寒。
隔墙有意新垂顾，对面无情浅就欢。
自此心肠坚铁石，不愁白眼冷相看。

（八十七）素梅

见说村居远近邻，几枝破土岁华新。
纤尘不染宜超俗，素壤相资岂厌贫。
藜杖雪中来故老，缟衣月下见佳人。
竹篱茅舍甘同守，特被风霜洁此身。

（八十八）探梅

花神何处卜佳期，篱落溪横破腊时。
寄傲岁寒冰是骨，侵凌风雪玉为姿。
金兰交契将谁就，鼎鼐调羹待孰为？
春到江南才几许，游蜂粉蝶未应知。

（八十九）问梅

新春何日过西湖，开到东风第几株？
杜甫巡檐曾笑否，林逋踏雪再来乎？
若教止渴行军远，还解和羹作相无？
独得乾坤清气早，操持要比圣贤徒。

（九十）寻梅

步履行径野木桥，迢迢径路不知遥。
冰凝远树花难辨，霜落空山叶尽凋。
独怪谷风偏解冻，却疑林雪未全消。
归来门巷多清思，惹得余香满袖飘。

**四、曾鹤龄：《舜陵记》**

有虞氏为万世所宗之圣，而其死与葬，皆有可疑。《书》言岁五月，南巡狩至于南岳。则南岳者，巡狩所不过也。今舜陵乃在九疑，去南岳千有余里，此其可疑一也。《史》言舜南巡狩，崩于苍梧之野。今苍梧在广西域内，去九疑又数百里，此其可疑二也。《孟子》言舜卒于鸣条。鸣条在东方夷服，今不闻有舜冢。夫孟子去古尚未远，而传闻未免谬误，何况后代，此其可疑三也。《书》言舜三十征庸，三十在位，五十载陟方乃死，则其在位通八十年，未尝释去。而《零陵郡志》载道家书言舜厌治天下，修道于九疑，后遂仙去，此其可疑四也。《艺文志》又载，蔡邕九疑出碑铭，言舜尸解升天。夫他人妄诞之说，犹不足怪；邕号知言而亦为之，此其可疑五也。

疑者既多，而解之者卒无的论。以予观之，舜南巡狩至于南岳，其或又幸九疑，遂崩而葬其地，故历代相传，有冢可证也。若苍梧，或者当时隶今零陵郡亦未可知，志不可考。追鸣条是否？不必辨，然亦谓之卒，未尝言仙去。以《书》《史》《孟子》明之，则道家蔡邕之说，其谬妄见矣。圣人之心，大公至正，未始一日忘天下。初，岂有修道仙化之事也？为此说者，侮圣人孰甚焉！

九疑山虽在古零陵，实今宁远县南五十里，辽敻幽绝，人迹所罕至，故凡来祀者，礼成即去，皆不暇刻石志其事，独我朝太祖皇帝，御制祭文二道，刻著于碑，盖人民祇承加谨故也。今年，予奉命来祭，既毕，宁远县令曰："不可无记。"遂记之曰："皇帝遣翰林院修撰，臣曾鹤龄致祭于帝舜有虞氏，实宣德元年二月十一日也。其所告，则即位改元之事。其所赍，则香币、祝支宝钞二百锭。其礼，则用大牢。其祭之日，则四月庚辰。其陪祭官，则宁远县令刘童、道州学正郑孟良。其执事，则县学生之才者。其护祭，则宁远卫千户李荣。"

夫惟智者不惑，然世之智者盖少，予因记祭祀之事，遂先列其疑于前而并释之，俾后观者知古之圣人生而必死，而不惑于修道仙化之说，而其家固有所在。凡不祀者，不失其实，且知所祀之意：为尊其道，非为其仙灵。如予之奉制为此行是也。

（吕国康主编《永州历代诗文选》，中国文史出版社 2006 年版）

**五、曾国藩：《慈荫亭记》、遗嘱**

（1）《慈荫亭记》

慈荫亭者，吾同宗瑞堂上舍为其母李孺人建也。孺人以丙申三月寿七十，瑞堂兄弟谋称觞庆祝，孺人弗许，乃建斯亭，为行人憩息之所。其内为家庙，以妥先灵，春秋则孝飨于斯。既落成三年，余适过之，乃升堂拜母。瑞堂备述所以，因请为之记。

瑞堂之言曰：吾少孤，严父见背之日，伯兄稚齿，诸季弟犹襁褓耳。吾母孱弱持户，栋檖无已。诸子或经纪家中琐杂事，则诃斥之曰：儿辈不能攻儒业，成父志，但求田问舍，何以慰泉下人，且是以无能谓我也。既而，伯兄号通经，又复早世，而母志益伤矣。然尚督读延师不少懈，家政无巨细，皆以自任。盖撑持二十余年，至兄弟异爨，始稍稍分理。

夫妇道无成，不幸而所天既陨，黄蘖余生，苟能抚孤成立，不坠门风，亦已难矣。乃必躬历诸艰，而教子以远大之业，岂非为其尤难者哉。

瑞堂又言其母好行善事，如乡里造桥、修路，或有贫穷无依及亲戚以窭告者，必力全之。今之设此亭施茶，盖母志也。

余嘉瑞堂之请，举其大端，乃作歌一首，使行道之人歌之，以彰母志，且以广人孝弟之思云。歌曰：

山木拳曲兮草萋萋，高高亭子兮与云齐；行路难兮唇干口燥，新茶如乳兮可以疗饥；饮七碗兮敢多。又颂尔德兮众人之母，尔子兮舞衣；诸孙罗列兮如培塿，烹龙为炙兮玉为酒；千金万年兮为尔寿。亭左兮旷野，右有乱山兮赤如赭；昔何苦兮茹荼，悲夫黄鹄兮早寡；誓不起兮波澜，惟画荻兮和丸。又百里兮河润，乃三族兮同欢；春荫慈竹兮广厦万间，庇荫天下兮皆开颜。楼上兮诸天佛像，香火功德兮无量；楼下兮骏奔，禧吉蠲兮酒郁鬯。春露兮秋霜，年年岁岁兮升香，俾尔兮炽而昌。

（道光二十五年《宝庆府志》卷六十二）

（2）遗嘱

余通籍三十余年，官至极品，而学业一无所成，德行一无可许，老大徒伤，不胜悚惶惭赧。今将永别，特立四条以教汝兄弟。

一曰慎独则心安。

自修之道，莫难于养心。心既知有善，知有恶，而不能实用其力，以为善去恶，则为之自欺。方寸之欺与否，盖他人所不及知，而己独知之，故《大学》之诚意章，两言慎独。果能好善能好好色，恶恶如恶恶臭，力去人欲，以存天理，则《大学》之所谓“自慊”，《中庸》之所谓“戒慎恐惧”，皆能切实行之，即曾子之所谓“自反而缩”，孟子所谓“仰不愧，俯不怍”，所谓“养心莫善于寡欲”，皆不外乎是。故能慎独，则内省不疚，可以对天地质鬼神，断无行有不慊于心，则馁之时。

人无一内愧之事，则天君泰然，此心常快足宽平，是人生第一自强之道，第一寻乐之方，守身之先务也。

二曰主敬则身强。

敬之一字，孔孟持以教人，春秋士大夫亦常言之，至程朱则千言万语不离此者。内而专静统一，外而整齐严肃，敬之工夫也；出门如见大宾，使民为承大祭，敬之气象也；修己以安百姓，笃恭而天下平，敬之效验也。程子谓："上下一于恭敬，则天地自位，万物自育，气无不和，四灵毕至，聪明睿智由此出，以此事天飨帝，盖谓敬则无美不备也。"庄敬曰强，安肆曰偷。若人无众寡，事无大小，一一恭敬，不敢懈慢，则身体之强健，又何疑乎？

三曰求仁则人悦。

凡人之生，皆得天地之理以成性，得天地之气以成形，我与民物，其大本乃同出一源。若但知私己，而不知仁民爱物，是于大本一源之道已悖而失之矣。至于尊官厚禄，高居人上，则有拯民溺救民饥之责。读书学古，粗知大义，即有"觉后知觉后觉"之责。若但知自了，而不知教养庶汇，是于天之所以厚我者，辜负甚大矣。孔门教人，莫大于求仁，而其最初者，莫要于"欲立立人""欲达达人"数语。立者，自立不惧，如富人百物有余，不假外求。达者，四达不悖，如贵人登高一呼，群山回应。人孰不己立己达，若能推以立人达人，则与物同春矣！后世论求仁者，莫精于张子之《西铭》，彼其视民胞物，与宏济群论，皆事天者性分当然之事，必如此乃可谓之人，尽达天下之人，而曾无善劳之足言，人有不悦而归之者乎？

四曰习劳则神钦。

人一日所着之衣、所进之食，与日所行之事、所用之力相称，则旁人韪之，鬼神许之，以为彼自食其力也。若农夫织妇，终岁勤劳，以成数石之粟、数尺之布；而富贵之家，终岁逸乐，不营一业而食必珍馐，衣必锦绣，酣豢高眠，一呼百诺，此天下最不平之事，鬼神所不许也，其能久乎？古之圣君贤相，若汤之昧旦丕显，文王日昃不遑，周公夜以继日、坐以待旦，盖无时不以勤劳自勉。《无逸》一篇，推之于勤则寿考，逸则夭亡，历历不爽。为一身之计，则必操习技艺，磨炼筋骨，困知勉行，操心危虑，而后可以增智慧而长才识。为天下计，则必己饥己溺，一夫不获，引为余辜。大禹之舟乘四载，过门不入；墨子之摩顶放踵，以利天下，皆极俭以奉身，而极勤以救民。故荀子好称大禹、墨翟之行，以其勤劳也。军兴以来，每见人有一材一技，能耐艰苦者，无不见用；不畏劳作者，皆见弃于时，饥冻就毙。故勤则寿，逸则夭；勤则有材而见用，逸则无能而见弃；勤则博济斯民而神祇钦仰，逸则无补于人而神鬼不歆。是以君子欲为人神所凭依，莫大于习劳也。

此四条为余数十年人世之得，汝兄弟记之行之，并传之于子子孙孙，则余曾家可长盛不衰，代有人才。

（曾小山主编：《曾氏古今》，中国文化出版社 2007 年）

### 六、曾庆存：《曾氏宗风》

曾姓在我中华是一个光辉的姓氏，尽管不算是个很大的姓；而且在祖国的历史上，姓曾的名人不算很多。但就只这几个落落的巨星，却放射出灿烂的光芒，照耀着祖国的历史、曾氏的族史和家谱。曾姓在祖国历史中做出过巨大的贡献。

翻开姓曾的家谱、族史，以至于中国历史，可知：姓曾的很少有春风得意、一帆风顺的。这些放射出灿烂光芒的巨星是怎样造就的？他们靠的是什么？——曾氏宗风！即坚持不懈的修身，艰苦卓绝、百折不挠的长期奋斗，终于大器晚成，或立德、或立功、或立言，永垂不朽。也许曾姓的主要“基因”，不是聪明，而是刻苦奋斗，对目标的执着追求。

曾姓的远祖是大禹，大禹第四代孙少康封其次子于鄫（或缯）。是为曾姓始祖，缯后演变为曾。大禹治水，是何等伟大！又是何等艰辛、何等坚强、何等执着地长期的不懈奋斗！承四载（四种交通工具），凿山、漂水、驰陆、爬泥。在外十三年，三过家门而不入，专心致志率领人民治水。传说中说他甚至忘记了自己的人形而变成了大力神，劈山开河，导水入海，制服了滔滔洪水，使中华大地成为有利于民族繁衍发展的沃土。大禹的“基因”和精神，传给了曾姓的子孙后代，发扬光大。

曾参，世称曾子，孔夫子的学生中年纪最小者之一，是公认的得孔子真传的人，后世尊为“宗圣”。孔学是通过曾子，再传给子思而孟子，才得以继承、发展成儒家学派，成为中华文明、世界文明的重要组成部分。可是，孔子对曾参的初评是“参也鲁”（鲁钝，“笨”），但曾子非常刻苦、用心、用功，坚持“吾日三省吾身”，其中一“省”是“传不习乎”？问自己是否每日熟习和身体力行了孔子所教的？是否领悟其所传的道的精髓？终于明确了儒家的中心思想，即孔子说的“吾道一以贯之”，是“忠恕”即“仁”。曾子还传孝道，提出“格物致知”是认识世界的思想方法，提出“修身、齐家、治国、平天下”的人生修养的至高境界。这些对曾家子孙、对中华民族、对世界哲学和伦理道德，都有巨大而深远的影响。

曾巩，唐宋八大家之一，不独在中国文学史上有杰出的贡献和重要地位，他的道德、文章、政事，都为当时所重，而且泽被后世。可是曾巩未及第前，屡遭挫折，非常坎坷。他与其弟多次应举而未中，有人在其屋墙上贴讽刺诗："三年一度科场开，落杀曾家两秀才，有似檐间双燕子，一双飞去一双来。"曾巩却以此作为鞭策，与诸弟更加发奋攻读，相互鼓励和督促，群策群力，从不懈怠，终于一科曾家六人同中进士。

再说一个：曾国藩。对他在政治历史上的是非功过颇有争议，撇开这不谈。他的修身和家教，举世无双，至今仍为世所公认、所称道。他的艰苦奋斗，愈挫折而愈坚强，从失败中总结经验教训，从不气馁，坚持不懈为达到目标而奋斗的精神，以至脚踏实地、"实事求是"的精神，（不妨称为"湘学精神"），对中国近代史乃至现代史有巨大和深刻的影响。中国的志士仁人，革新派和革命派，顽固派和反革命派，都从中吸取营养。曾国藩有一部《挺经》，讲的是故事，其实也是自况，告诉人们：碰到困难、甚至灾难时要挺住，想办法去克服它，胜利首先在于能"挺"，毛泽东青年时期甚佩服曾国藩之为人，说他是既能传教又能做事业的极少数人之一。毛泽东坚持"实事求是"精神，强调要"挺"，强调"艰苦奋斗"，十分坚定地号召："我们的目的一定要达到！我们的目的一定能够达到！"

上面举的例子是巨星。当然，还可以举出许多有杰出才能和贡献的曾姓人氏，无不具有这种精神。个人的能力有大小，但只要有这种精神，就是高尚的。古往今来，姓曾的人，从将相到黎民，大多正直、忠孝、厚道、勤劳、艰苦奋斗不懈，坚持曾氏宗风，为国家、为民族、为人民做出自己的贡献。

可贵的曾氏宗风!

（曾庆存：中科院院士，原中科院大气物理研究所所长）

# 第五篇

# 曾氏文化

# 第一章　曾氏文化的精髓

与其他姓氏比较而言，曾姓有着自己的一些独有的特色：

(1) 曾姓的祖源始于大禹

曾氏的受姓始祖是太子巫，鄫国灭亡以后，太子巫奔鲁，定居南武城，改鄫为曾，才有了曾姓。

再往上溯源。大禹死后，众多部落联盟的首领都反对伯益继位而归顺禹的儿子启。启联合各部落首领的势力，杀掉伯益，自立为王。这就是历史上的所谓“大禹传子”。氏族公社时期的部落联盟的选举制度被废除，变为王位世袭的制度。大禹的儿子启建立了我国历史上第一个奴隶制王朝——夏朝。夏启死后，他的儿子太康即位。太康的兄弟是仲康，仲康的儿子是相，相的遗腹子就是少康。少康复国后封次子曲烈于鄫地，封国在今河南方城县北。姒姓，子爵。这便是鄫国立国的开端。后来鄫国迫于形势迁往山东。在山东，鄫国被莒国灭国。

所以说，曾姓源于大禹，是真正的黄帝子孙。

(2) 曾姓享有圣裔的殊荣

孔子、曾子、孟子和颜回在中国文化史上的突出贡献和特殊地位，儒家思想在封建社会的统治地位，西汉“独尊儒术”之后，历代封建王朝都明确规定了以上四子的嫡系后代可以世袭“翰林院五经博士”封号，孔子嫡孙称“衍圣公”，曾子嫡孙明朝万历年间查访到，方始专享祀典祀产，并使用统一的排行字辈。这种特殊的尊称和礼遇是四姓特有的，曾姓正是四姓之一。

（3）曾氏族谱是我国几千种族谱之中比较早、比较完善的一种

自从曾参的八世孙、尚书令曾炜于西汉初年作家谱《武城曾氏世家》以后，经过汉、晋、隋、唐、五代、宋、元、明、清各个朝代，代代都有承修，从未间断，其连续性和真实性十分可靠，对研究我国古代历史文化和姓氏源流具有重大参考价值。

（4）曾姓起源纯粹

曾姓只有一个起源，那就是所有曾姓人口都是由曲烈一脉传承而来的。春秋时期，虽然同时有三个鄫国存在的记载，但都是夏王朝灭亡以后因鄫人转移迁徙到不同地点聚居而形成的，有着先后的发展继承关系。而且，自从鄫国灭亡以后，就没有曾姓人当过王，因而也不存在将其他姓氏纳入曾姓的赐姓问题。正因如此，遂有“同根同祖，血脉相连，天下曾氏一家亲”之说。

曾氏文化的精髓根植于曾姓的悠久传承和独有特色。

曾氏文化的精髓可以用以下关键词语进行概括：

（1）孝悌

曾姓以仁孝礼义著称于世。

孝悌忠信，礼义廉耻，是曾参总结出来的孔子德育内容的全部精髓。

“孝悌忠信，礼义廉耻”是做人的根本，也是人生的“八德”。

孝：即孝顺。孝顺父母和长辈，这是为人子女的本分。孝顺是报答父母养育之恩，孝敬是有感恩之心的基础，是一切美德的基础。所以才有“百善孝为先”之说。而对国家尽忠则是更大的“孝”。

悌：即悌敬。是指兄弟姊妹之间的良好关系。就是兄弟之间要相互友爱、相互帮助。扩大而言，就是对待朋友也要有兄弟姊妹之情，这样人和人之间才能消除矛盾、相互谦让。

忠：即尽忠。尽忠于国家，这是作为国民的责任。忠就是要忠于祖国和人民，忠于组织和自己的工作职责。

信：即信用。对朋友言而有信，不可失信。“言必忠信，行必笃敬”，说出的话，一定要有忠有信，不欺骗他人。所做的事，必须要有严谨的态度，认真去做，绝不敷衍了事。

礼：即礼节。见到人要有礼貌，还包括遵纪守法。学生见到师长要敬礼，见到父母要敬礼，见到客人要敬礼。不但表面上要有礼貌，心里更要恭敬。这是一个人道德修养的体现。

义：即义气。为人应该有正义感，有见义勇为的精神。无论谁有困难，要尽力去帮助他解决问题。对朋友要有道义，大公无私，助人为乐，绝无不良企图。

廉：即廉洁。廉洁持身的人，无论见到什么，不会起贪求之心，没有想占便宜的想法，从而能够养成大公无私的精神。

耻：即羞耻心。凡是不合乎道理的事，违背良心的事情，绝对不做。人若无耻，等于禽兽一样。因此，“耻”也是自尊、自爱、自重。孔子曰：“知耻近乎勇。”知道错误就去改过，不也是勇的表现吗？

曾参对孝进行了深刻的阐释，他认为，只有做到以下四个方面，才可以称之为孝：

一是奉养父母。《世说新语·慎微》记载，曾子孝事父母，晚上安定床铺，早晨探望慰问，住宿调节冷暖，饭食调和浓淡，尽心尽力在照料父母衣食住宿上操劳。《孟子·离娄上》记载，曾子奉养他的父亲曾皙，每餐必有酒肉。将要撤席的时候，必定请示剩下的给谁。如果问：“有剩余吗？”一定回答：“有。”孟子评价说：“像曾子那样，就可以称得上顺从父母意志的奉养了。侍奉父母如果能做到像曾子那样，就可以了。”《战国策·燕策》记载，曾子孝顺父母，“一夜也不离开父母住在外地”。曾子安身处世，包括出仕做官，都以能否奉养好双亲为出发点。《韩诗外传·卷一》记载：曾子在莒地做官，只得到三秉粟的俸禄。在这个时候，为了用来孝事父母，曾子重视俸禄而不计较自身价值。父母去世以后，齐国迎接他去做相国，楚国迎接他去做令尹，晋国迎接他去做上卿，曾子为重视自己的人格都拒绝了。《孔子家语·七十二弟子解》也有这类记载：齐国曾聘请曾子，想让他担任卿的官职，他却不去就职。他说：“我的父母都年老了，接受人家的俸禄就要担忧人家的事情，我不忍心远离父母去为别人做事。”

曾子不仅孝顺自己的亲生父母，对后母也极尽孝道。曾子的后母对待曾子并没有恩情，曾子对她的供养从不减少。有一次，他的妻子为后母蒸梨吃而没有蒸熟，曾子就要把妻子休弃了。有人说："这不属于休妻的七种理由啊!"曾子说："蒸梨是小事，我想让她蒸熟，她却不听从我的差遣，何况是大事呢?"（《孔子家语·七十二弟子解》）

二是尊敬父母。《说苑·反质》记载，曾子与父母在一起时不敢大声说话，就是呼喊也是轻声细语。曾子做什么事都请示父母，他曾说："孝子使唤人，不敢过分，行动不敢自己作主。"《孟子·尽心上》记载，曾皙喜欢吃羊枣，因而曾子不忍吃羊枣。正像不能随意称呼君主和父亲的名字一样，对父母喜欢吃的东西，自己也不能随便吃。

三是取悦父母。曾子曾说："孝子奉养父母，要使他们心里快乐，不违背他们的心意。"在这方面有个流传很广的"耘瓜受杖"的故事。我们从这个故事中可以看出，曾子虽然做得有些过分，但他确实是真心顺从父母的。

四是思念父母。曾子不仅在父母活着的时候能够尽心孝敬父母，父母死后仍对父母念念不忘。曾子三十一岁时，父亲曾皙去世，曾子办理父亲的丧事，七天没喝一点汤水，把父亲埋葬在南武山下。在他父亲出殡的时候，曾子悲痛万分，他攀着丧车拼命哭喊，拉丧车的人不忍心，只得停了下来。他对母亲也同样思念。有一次他吃生鱼，感觉味道很鲜美，因此把它吐了出来，别人问他什么原因，他说："我母亲活着的时候不知道生鱼的味道，现在我却吃了生鱼的美味，所以就把它吐出来了。"从此以后，终生不再吃生鱼。双亲去世以后，曾子每次观看丧礼，都会想起死去的父母，经常泪水浸湿衣襟。可见曾子怀念父母是发自内心的。

（2）正直

正直包括三层意思：

第一，加强自身修养，培养良好品行。作为开派之祖的曾参，非常注意修身，每天都要从三方面检查自己：一是为人做事有没有尽到心意；二是和朋友交往有没有失信；三是老师教的东西有没有复习好。曾参认为“吾日三省吾身”是自己修身的根本所在，希望子孙后代能够一以贯之，不断增长自身的道德修养，在复杂多变的现实社会中明哲保身、独善其身，不为世俗污染，具有强大的内心，能够让自身和整个曾氏更好地生存和发展下去。曾氏的“三省堂”即由此得名。事实上，“三省堂”起到了巨大作用，曾氏后辈正是通过不断自省提高了自己，在历朝历代都做出了自己的贡献。

曾氏的其他堂号都没有“三省堂”有名。“三省堂”对后世产生了巨大影响，以至于在中国历史上，“三省堂”到处开花，至今已遍布世界。

第二，不畏惧权势，坚持自己的操守。本书的“曾参年谱”中，就有曾参这方面的记载。《庄子·让王》记载：“曾子居卫，温袍无表，颜色肿哙，手足胼胝，三日不举火，十年不制衣。正冠而缨绝，捉衿而肘见，纳履而踵决。曳纵而歌《商颂》，声满天地，若出金声。”虽然穷，但不失气节，仍然纵情高歌，悠哉乐哉。鲁国国君请曾参去做官，曾参坚辞不受，原因是请他的那个君主的言行让曾参觉得不满意，曾参不想屈从迎合。在曾参五十岁时，“齐聘以相，楚迎以令尹，晋迎以上卿，皆不应命。”曾参要实现“治国平天下”的宏大目标，是需要担当较大官职才能达成的，曾参之所以面对这么多的大官都不去做，就是因为他对上述国君都不满意。曾参的原则是

“天下有道，则君子欣然以交同；天下无道，则衡言不革；诸侯不听，则不干其士；听而不贤，则不践其朝”（《大戴礼记·解诂》）。曾参对那些无道之君不屈从、不苟合，从而不畏惧和依赖权势，刚直不阿，清醒处世。可以说这就是原始儒家对待政治权势的正面态度与做人的基本原则：虽然不一定要卷入现实政治的旋涡，但一定要清醒地保留对专制政权的批评权力。

第三，行仁政、重民爱民、以人为贵。当官就是要为国为民，这是正直的内在要求。曾参继承孔子“仁”的思想并有所发挥。《论语·泰伯》记载：“曾参曰：‘士不可以不弘毅，任重而道远。仁以为己任，不亦重乎？死而后已，不亦远乎？”曾参把“仁”发展为一种具有宏大志向、肩负伟大人物、终生为之奋斗、至死不悔不改的一种积极的、忘我的伟大精神。这是为天下人谋利益的崇高精神。在重民爱民、以人为贵方面，《曾子·大孝》中说：“天之所生，地之所养，人为大矣。”曾参认定，人在天地之中是最大的，人的事情就是天下最大的事情，人的地位一开始就高于一切其他动物。因此应该重视人，重视人间，重视社会上的事。这为孟子“民为贵”的思想、荀子“制天命而用之”的思想的出现奠定了基础，我们可以看出其中的影响关系和继承关系。

（3）勤奋

勤奋是中华民族的优良传统，中华文明发展和进步的根本就源于勤奋。艰苦朴素、勤俭持家、乐观向上、奋斗不止的精神深深地扎根于民众和家族的心中。

曾氏也是如此。曾氏开派始祖曾参不但在理论上宣扬勤奋，在个人实践中更是一以贯之，用自己的行动为整个曾氏一族树立了勤奋的准则和典范。

首先，曾参在学习上最大的优点就是勤奋，千方百计地把自己不明白的问题弄懂，找老师请教，找朋友探讨。孔子说，“参也鲁”，就是说曾子性格上纯真质朴，为人老实可靠，不会有花花肠子。对待学习也是这样，会就是会，不会就是不会，不能不懂装懂，那样骗的不仅仅是自己，还会损伤自己的品行。孔子其他的弟子就向曾参请教如何能够保持一直如此，曾参回答说，只要“忠恕而已矣”。孔子听到了之后倍感欣慰，认为曾参是一个能继承自己衣钵的人。

曾参拜在孔子门下的时候十六岁，但是孔子已经年迈了，所以曾参入学晚、辈分低，跟随孔子的时间不长，思想体系也没有那么纯熟，但是好在他具有刻苦勤奋和沉稳坚持的性情，让他继承了孔子学说最精华的部分，并且在儒家思想中加入了“礼”“孝”等重要思想，使得儒家体系更加完整。

其次，曾参在从政上坚持“食君之禄，忠君之事”的原则，但是，曾参是把“孝”放到第一位的，所以，他把参政也视为“孝”的一部分。曾参说：“事父可以事君，事兄可以事师长，使子犹使臣也，使弟犹使承嗣也。能取朋友，亦能取所予从政者矣。”（《曾子·立事》）将忠与孝扭在一起，又说：“君子之事亲孝，故忠可移于君；事兄悌，故顺可移于长；居家理，故治可移于官。”（《孝经·广扬名》）“迩之事父，远之事君。”（《论语·阳货》）“忠臣以事其君，孝子以事其亲，其本一也。”（《礼记·祭统》）事亲孝推于事君忠，孝子以事其亲，其本一也。”（《礼记·祭统》）事亲孝推于事君忠，由修身齐家推于治国为政，从狭义的孝父母扩展到广义的忠天子，在家为孝子，在朝为忠臣，尽孝是尽忠的前提，尽忠则是尽孝的结果。忠孝两全才是最完美的道德境界。《吕氏春秋·孝行》引曾参曰："居处不庄，非孝也；事君不忠，非孝也；莅官不敬，非孝也；朋友不笃，非孝也；战阵无勇，非孝也。五行不遂，灾及于亲，敢不敬乎?"如上五者做不到，均会连累父母，当然算不得孝。

曾参把事君视为尽孝，那是一定需要精气神全部贯注才能做得好的，从此也可见曾参在做官为事上的辛苦和勤奋付出。曾参的道德修养和个人品格已经达到了相当的高度，他的勤奋精神已经成为曾氏家族的宝贵财富。

(4) 重教

重教也是从曾氏开派始祖曾参那里传承下来的文化精髓。重教分为尊师、办学和言传身教三个方面。

关于尊师。

曾参是孔子学说的主要继承人和传播者，在儒家文化中居有承上启下的重要地位。他勤奋好学，谨遵师教，所谓"于子言无不悦"，同时还提出了"吾日三省吾身"，即我每天多次自我反省：为别人办事是不是尽心竭力了？和朋友交往是不是做到诚实了？老师传授的学业是不是认真复习了？曾参是十分尊重孔子的。

"曾子避席"是历史上有名的典故，也是曾参尊重孔子的有名故事。有一次，曾参在孔子身边侍坐，孔子就问他："以前的圣贤之王有至高无上的德行、精要奥妙的理论，用来教导天下之人，人们就能和睦相处，君王和臣下之间也没有不满，你知道它们是什么吗?"曾参听了，明白老师是要指点他深刻的道理，于是立刻从坐着的席子上站起来，走到席子外面，恭恭敬敬地回答道："我不够聪明，哪里能知道，还请老师把这些道理教给我。"在这里，"避席"是一种非常礼貌的行为，当曾参听到老师要向他传授时，他站起身来，走到席子外向老师请教，是为了表示对老师的尊重。后来很多人都向他学习这种礼仪并将之发扬光大，如"程门立雪"就是尊师行为的体现。就算是在现代，当师长招呼和问话时，作为晚辈，也应该马上站起来有礼貌地回话。它体现的是一种尊重和礼仪文明，是曾参尊师行为的继承和发扬。

孔子去世后，曾参、子夏、子张、子游、有若等弟子们沉痛守丧三年。在满三年时，共同行了大礼，失声痛哭而归。此时，子夏、子张、子游三个人提出：有若的长相酷似老师，想把有若当作孔子，以对老师的诚意和礼节来侍奉有若，表示对尊师的敬意。曾参听后，非常生气，立即起来反对，严正陈词："这可不行，夫子的盛德好像纯洁的江水冲洗过，又像秋天的阳光照耀过，还像广阔无边的天地一样圣洁，相貌相似的人怎么能比得了呢？"曾参一番言语，众人听后叹服不已，深为曾参对老师的真诚和对礼仪的一丝不苟所感动。

孔子之后，曾参承继孔子道统，勇敢地担负起推行道义、仁德的重任。他说道："士不可以不弘毅，任重而道远。仁以为己任，不亦重乎？死而后已，不亦远乎？"他还编著了《大学》《孝经》等经典著作，被后人称为"宗圣"。

关于办学。

曾参跟随孔子以后，深感孔子学识的渊博和儒家学说的博大精深，希望不但自己能够学有所成，还努力想要将孔子的儒家学说传承下去。因此，曾参很早就打算像老师孔子一样教育弟子。在曾参23岁的时候，曾参一家从费国回到了南武城，曾参娶了公羊氏为妻，每当农闲的时候，就学着老师孔子的做法设教讲学。最开始的时候是设教于自己家里，招收了乐正子春、公明宣、公明仪、阳肤等一批弟子。从此，曾参整个一生都在办学。

曾参办学的地点是随着自己活动奔波而变动的，但主要集中在南武城、楚国和卫国三地。据前述“曾参年谱”记载，曾参在孔子去世守孝三年以后，其主要精力便放在了办学上。

公元前476年，为孔子守孝三年结束，曾参便回到了南武城。曾参回南武城后，一边农耕，一边设教讲学。

曾参再次办学后，对教学内容作了重大改进，除传授六艺知识外，还特别重视用孔子的思想教育弟子，常常原原本本地传授孔子的教导。

公元前473年，曾参33岁，在南武城继续为父亲守孝，并继续办学，常对弟子进行孝道教育。

公元前471年，曾参带领他的弟子到达楚国。楚惠王热情款待，让曾参做了客卿。曾参决心大干一番，实现自己的抱负。但不久便发现自己与楚惠王及其他大臣意见往往不合，自己的抱负难以实现，不久便辞职专门从事教学。在楚国，叶公沈诸梁很看重曾参，让曾参在他府上办学，并让曾孙沈犹行拜曾参为师，跟曾参上学。在叶公的影响下，很多达官贵人都把孩子送到曾参处求学，曾参的弟子很快发展到六七十人。曾参在楚国通过办学宣传了自己的政治主张，那就是“仁者爱人”。

公元前468年，曾参到了武城。受武城大夫所聘，曾参设教于武城。

公元前464年，曾参又到了卫国。在卫国教育弟子怎样修身，怎样提高素质。一直到公元前456年，曾参在卫国待了9年，都在坚持教育弟子，取得了很高的声望。

公元前455年，曾参51岁时，回到了南武城。当时，齐聘以相，楚迎以令尹，晋迎以上卿，曾参皆不应命。曾参继续设教讲学，宣扬以仁为本，强调孝的重要地位。

公元前445年，曾参61岁，在南武城与子夏、段干木等设教于西河一带。

公元前443年，曾参迁居鲁城，继续设教讲学，儿子曾元入鲁为官。曾参教导学生行孝要落在立身上，即通过成就事业使父母永远受到尊敬。此后直到公元前435年曾参71岁去世，曾参一直在鲁城教育弟子。

可以说，曾参的一生就是办学、讲学的一生，他从孔子那里得到了知识和儒家思想，加以发挥补充，又全部通过办学、讲学传承给了他的学生，使得儒家思想得以继承和发扬光大。曾参的办学是极为成功的，对后世影响巨大。

关于言传身教。

所谓言传身教，即一面口头上传授，一面行动上以身作则，指言语行为起模范作用。

曾参言传身教的故事很多，前面的“曾参故事”一节中，有“杀猪示信”的故事，答应了让孩子吃肉就必须做到，哪怕是杀掉家里的猪；有“卧冰求鱼”“耘瓜受杖”“思母吐鱼”“尊官悲泣”等故事，为后代树立了孝顺父母的杰出榜样；有“曾参更席”的故事，是遵守礼节的典范；还有每日“三省”，极力讲究自身修养和崇高思想品德。曾参的“宗圣”地位是当之无愧的。

# 第二章 曾氏文化的表现和传承

曾氏文化继承于开派始祖曾参，此后的历朝历代都得到了较好的发展和传承。

春秋时期，曾子世家就有了良好的家教，子孙成才，均有出息，开始发迹，到战国时期已显赫于中原。有的做官，有的从事社会活动。

曾参有儿子曾元、曾申、曾华，孙子曾西，他们都以贤达闻名。曾参的言传身教，曾元后来也成为了贤达之人。

曾申是曾参的次子，他完全继承了孔子和父亲曾参的儒家学说，也继承了父亲大孝的品德，对孝道极为看重，对不孝之徒宁可断绝师生关系。

西汉时期的曾参十五派孙曾据，官至都乡侯，因治世有功，西汉永光年间加封关内侯。曾据是节义之人，他遵循曾参“爱民忠君，驱邪匡正”之训，认为王莽的举动是大逆不孝，耻于与王莽为伍。曾据为保存曾氏，决定举族南迁。为此，曾据写有《南迁记》一文。此文写得气势磅礴，记述了南迁缘由，彰显了浩然正气。

自王莽始建国二年（10）曾氏合族迁居庐陵以后，一直在庐陵过着平静快乐、与世无争的生活。当时的江南，还是落后于北方较远，人口稀少，文化落后，生产力低下，很多人还被世人称为“蛮族”尚未开化，很多地方都还是荒地没有开发。曾氏族人不怕艰苦，团结一心，勤奋创业，从无到有，让曾氏很好地在庐陵扎下了根。

东汉明帝时期，曾氏终于迎来了政治上的复兴。永平六年（63），汉明帝为了对已故的曾据“耻事新莽”的忠义行为和对宗圣曾参的后人进行褒奖，下旨特追封曾据为吉阳郡公，追封其妻为吉阳郡一品夫人，随后又从曾氏族人中选拔一批官员。自此开始，曾氏历代都有人为官，影响不断扩大，也不断有曾氏人走出庐陵，散播各地。

魏晋南北朝时期是中国历史上的一个大乱世时代，各大势力、各个政权争斗不休，整个国家连年战乱频仍，社会始终处于动荡之中，更有西晋末年的永嘉之乱，使得中原和北方的士族纷纷大举南迁，而在江西庐陵的曾氏在此期间也大量进入南方诸省。从而在唐朝之前就已形成曾姓遍布中国、名人不断涌现、家族势力日渐壮大的局面，逐渐成为中国著名的大姓之一。

盛唐时期，社会安定，宗族发展速度加快，扩张、播迁亦为时尚。曾氏不断发展和扩张，“龙山曾氏”与“南丰曾氏”逐渐成为曾氏最有影响的两大房系。

到了北宋以后，曾氏影响日益扩大，前面“曾氏古代名人”一章所记述的曾公亮、曾巩、曾布、曾怀、曾从龙、曾棨、曾鹤龄、曾彦、曾国藩、曾国荃、曾纪泽等曾氏杰出人才更是将曾氏声望推到了顶峰，也使得曾氏文化得到了极好的继承和发扬。

文化的发展和传承需要许多代人的不断努力和坚持。特别是家族文化，更是需要一脉相承、一以贯之，不能中断。文化离不开人为因素，离不开人文环境，它需要政治环境、社会环境和人力推广。曾氏文化也是如此。因为有了历代朝廷对宗圣曾参的封赠，有了对曾氏家族的褒奖和特殊对待，有了曾姓官员对曾氏族人和曾氏文化的推动，加上曾氏文化得自孔子、成于曾参，历史悠久，内容丰富，根基牢实，底蕴深厚，从未中断，所以才能如此彰显于世世代代光芒不断。可以说，曾氏文化是我国家族文化中的佼佼者，很有值得夸赞的地方。

总体说来，曾氏文化最值得称赞之处有以下三点：

（1）孝字当先，言传身教

曾参是孝顺父母的典范，他以孝为本的孝道观，到现在还深刻影响着我们。曾参逝世以后，“曾参”一词便成为大孝子的代名词。凡提孝子，必言曾参。

如苏秦见燕王，曾曰“孝如曾参”；王充在《论衡》中也说：“仁如颜渊，孝如曾参。”而后世凡誉孝子，则必美称其为“曾子”“曾参”。就连禽类中最具孝子特色的乌鸦，在《元连百正诗》中也被誉为“鸟中之曾参”。

如张霸，东汉蜀郡成都人，曾官至会稽太守、侍中。据《后汉书》记载，张霸年幼时，就是一个品德高尚的孩子，“知孝让，虽出入饮食，自然合礼”。同乡人都对张霸的作为赞叹有加，大家以他比曾子，称其为“张曾子”。

南北朝时期，中国虽然陷入政治对立状态，但却皆服膺儒家道德规范，因此不论身处南北，皆有孝子贤孙之美名流传于世。南朝元卿少孤，祖母把他抚养成人。无论元卿走多远，都与祖母“心连心”，祖母一旦犯病，他便“心痛”。乡亲们都以元卿为道德模范，纷纷“宗事之”，元卿因此号曰“宗曾子”。

刘瓛是《南齐书》提及的一位贤孙兼孝子。刘瓛年轻时，照顾患有皮肤病的祖母无微不至，被其母孔氏称为“今世曾子”。为了照顾长辈，刘瓛竟然在四十多岁时，才在齐高帝萧道成和司徒褚渊两位月老的共同撮合下，娶到老婆。但好景不长，后来老婆因小事而惹恼了孔氏，刘瓛不由分说，便休掉了妻子，结束了这场御赐婚姻。刘瓛父亲去世，他还因此跪坏了双腿。鉴于刘瓛的孝行，取代萧齐政权的梁武帝特意颁布圣旨为其立碑，还谥其为“贞简先生”。

此外，南朝还有号为“蔡曾子”的蔡昙智，被王俭称为“滕曾子”的滕昙恭；北朝北齐和夷郡守裴景鸿有一子，名曰裴叔卿，裴叔卿因“有孝行”，也曾被誉为“裴曾子”。

贾循是唐玄宗时代的一员边将，曾做过安禄山的副手。安禄山叛变朝廷后，贾循决定帮助朝廷除掉这个忘恩负义之徒。不料，贾循计划遭泄，他本人遭到了安禄山部下的缢杀。贾循父亲叫贾会，贾会就是一个大孝子。贾会父母病亡后，他在父母坟前结庐守孝，并植松柏于墓旁。贾会因此被亲朋好友称为“关中曾子”（祖籍京兆，所以称“关中”）。

曾参不仅在行为上尽孝，还写有《孝经》专门论述孝的行为规范和道德要求。《孝经》对中华文化总体走向的影响可谓巨大，它不仅成为中华民族虽历经劫难仍薪传不息的传统道德，而且内化为一种民族精神。崇尚孝道，以孝为荣，以孝治天下，成为历代膺服的价值观。

汉初以孝廉察举士人，设孝弟力田之科。汉代皇帝以孝为谥，蔚然成风，如孝惠、孝文、孝景、孝武、孝昭等。《汉书·霍光传》云：“汉之传谥，常为孝者。以常有天下，令宗庙血食也。”东汉以“孝”道教化天下，“使天下诵《孝经》”。

历代统治者注释《孝经》的现象更是不绝如缕，晋元帝有《孝经传》、晋孝武帝有《孝经讲义》、梁武帝和简文帝有《孝经义疏》、唐明皇有《孝经注》、清顺治皇帝有《孝经注》、雍正帝有《孝经集注》，等等。

曾子孝道不仅作为一种道德价值体系流传千载、家家传诵，而且也深刻地影响了曾子之后政治制度的走向。《孝经》十一章云：“五刑之属三千，而罪莫大于不孝。”曾子学派这种论调只不过是一种道德评判而已，可事实上对历代法律制度都有影响。战国晚期的睡虎地秦简《封诊式》中有一份“爰书”记载：“某里士伍甲告曰：‘甲亲子同里士伍丙不孝，谒杀，敢告。’”官府据此立即派司法官吏前去调查，将被告丙逮捕，审讯的结果是：“甲亲子诚不孝甲所，无它坐罪。”父亲控告子女不孝，向司法机构起诉，要求判处死刑，司法机构依法受理。可见至少战国以来，法制中确实存在着“不孝有罪”的法律规定。唐代以后，“不孝”成为刑法“十恶”大罪之一。“不孝”罪包括：别籍异财；辱骂父母和祖父母；居父母丧，自行婚娶；闻父母、祖父母丧，匿不举；等等。

（2）好施仁政，为人正直

曾氏族人为官者都以国计民生为重，好施仁政。

曾芳，唐朝时曾担任程乡令，为政清明，能知百姓疾苦。当时程乡百姓被山野间的瘴气害得苦不堪言，曾芳用配好的药组织力量给百姓治病。但由于得病的人太多，他便命人将配好的药投入井中让百姓饮用。没过多久，治好了这种病。后人为纪念这件事将这口井取名为“曾井”。宋仁宗时期，仁宗听到后为表彰这种一心为民的做法，用飞白字体赐写了“曾氏忠孝泉”五个字。

曾公亮，“方厚庄重，沉深周密”，政绩卓著。任会稽（今浙江绍兴）知县时，曾公亮发动民工修渠立闸，引鉴湖水入曹娥江，使周围百姓广受其利。知郑州时，曾公亮缉盗治恶，以致盗贼悉窜他境，夜户不闭，人称“曾开门”。不论在地方为官还是在朝廷任职，曾公亮都时刻以百姓利益为重，人们称他为贤相，对他评价很高：“公自嘉祐秉政亘熙宁，熟朝廷事，尝与韩魏公共政，务去民疾苦，处西北边事亦善谋画。年高而力不衰，台谏无非之者。”

曾怀，初任金坛主簿时，官职虽然微小，却认真劝学，帮助穷困的孩子读书，尽心惠民，所以也很受当地百姓的拥戴。当他看到国家兵弱财匮时，又向皇帝提出对百姓应有体恤之心，建议以牧养为务，尽快释放一些罪行较轻的囚犯，这一方面有利于安抚流亡，另一方面可使这些人回家发展生产，维持家计。曾怀为官，秉公处事，尽忠效力，推贤扬善，因此后人评价他：“以清约自持，为相侃侃得大臣体。”

曾氏族人正直仁义。

如曾公望“惠于民人，义于朋友”，不趋炎附势，在权贵面前不折腰摧眉。

曾孝序，字逢原，曾公亮侄子。崇宁年间，曾孝序到湖北察访边事，回京后因讲实情，冲撞了权相蔡京而受到排挤，被任命为环庆路经略安抚使后，恰巧蔡京正颁下结籴俵糴之法，借此搜刮民脂民膏，孝序又历疏其弊，更加惹恼了蔡京，遭到蔡京的打击报复。

曾从龙则对史弥远及其同党窃威弄福的行径深恶痛绝，誓“绝不附之”，因而深得正人贤士的敬重。

（3）勤奋治学，成就卓著

曾氏家族不仅代出高官，在文化上也取得了较高的成就，留下了丰富的文化遗产。在文学上，曾会为文词采雅丽、描绘生动，其所撰《重修延福寺碑铭》之铭文有：“天地成气融结者，着形山泽之秀，东南炳灵。通海流涧，排空耸青。中有佛字，昭然福庭。唯禅之门，亦觉之路。本科虚空，孰为坚固……”

曾公亮的才学也非同凡响，除了主编《武经总要》，还主修《英宗实录》20 卷，监修《新唐书》250 卷，又撰《唐兵志》3 卷、《唐书直笔新例》1 卷、《元日唱和诗》1 卷、《英宗实录》30 卷。

一代大文学家曾慥博学能诗，著述颇丰：《宋百家诗选》50 卷、《续选》20 卷、《通鉴补遗》100 篇、《道枢》122 篇、《百家类纂》600 余种。

曾诞，字孚文，绍圣四年进士，有文名，“元符初孟后废，诞与邹浩书劝力请复后，浩皆不报，及浩以谏立刘后被黜南迁，诞作玉山人对客问讥之。大略言孟后废时，人已知刘贤妃之将立，至四年之后册命未行是天子知清议足畏也。诞三移书使请复后皆不答；非知进退存亡而不失其正者，然不失为有道之上也，世人传之以比韩愈诤臣论”。其余如曾公奭、曾孝广、曾恬、曾怀、曾说、曾从龙等都有著作传世。

曾国藩所著《曾国藩家书》更是影响深远。《曾国藩家书》是曾国藩的书信集，记录了曾国藩从清道光三十年至同治十年，前后达30年的翰苑和征战生涯，有近1500封书信。涉及的内容极为广泛，是曾国藩一生的主要活动和其治政、治家、治学之道的生动反映；行文从容镇定，形式自由，随想而到，挥笔自如，在平淡家常中盈育真知良言，具有极强的说服力和感召力。尽管曾氏流传下来的著作太少，但仅一部家书便能体现他的学识造诣和道德修养。

# 第六篇

# 太平房系与<br>湖南曾氏集团

# 第一章　太平房系渊源与世系

太平房系是指湖南邵东太平曾氏一支，它也是邵阳曾氏的一支。

# 一、渊源

曾姓只有一个起源，那就是所有曾姓人口都是由曲烈一脉传承而来的，太平房系也是如此。太平房系也是以曾参为始祖，曾据迁江西庐陵后，传至五十六代曾福仲（一名朝奉），行十一，元末官太常博士，至正七年（1347）自江西泰和迁潭州录事，弃职归隐于邵阳太平老君塘，被尊为邵阳曾氏始祖。邵阳太平老君塘即邵东县杨桥镇的旧称。自曾福仲迁居太平至今约 670 年，繁衍了三十余代。在这 670 年中，太平房系人口已达 16 万之多，分衍邵东佘田桥、杨桥、汪塘、水东、崇山、团山、流泽、光坡、火厂坪、野鸡坪等地，为地方大姓。其中 11 万余人集中在佘田桥、杨桥、流泽、光坡一带及其周边的邵东与双峰、衡阳接壤地区，另外尚有五万余人则流向到四川、贵州、广东、广西、云南等地。太平房系历代人才辈出，1945 年出生于湖南邵东、第十届全国人大代表、在公布的 2005 胡润中国百富榜中，以 10 亿财富居第 168 位的湖南曾氏集团董事长曾小山便出自太平房系。

太平房系源于江西庐陵吉安县，关于其始祖曾福仲的历史记载十分清晰。

曾福仲（1313—1375），名朝奉，行十一郎。原住江西吉安泰和圳上里（今江西万安县枫林乡圳上），博学多才。元代元统初期，应征入京师，任太常博士。从政期间，为人刚介，不阿时好，因而惹怒了朵儿只歹（副宰相），当公上书言事时，被其诬陷，遭贬为潭州（今长沙）录事。逾年，又触忤达鲁花赤（潭州掌大印官）。福仲公怫然曰："陶靖节不为五斗（米）折腰，吾何为者哉！"愤然隐退。在元顺帝至正七年（1347）丁亥之夏，携家小从潭州迁至宝庆东乡太平里（今邵东县杨桥镇内）。此地山川秀丽，风景宜人。东有蒸水环绕，南有湖山映照，北有龙山耸峙，西有古城（宝庆）胜迹。是年，福仲公35岁。定老君塘建家。住竹篱茅舍，着隐士服装，缄口不言世事，拒见权贵。凿浴池，建台榭，怡然自乐。弹指二十三个春秋，元朝灭亡。明洪武三年（1370），改迁屋上屋，起名"遁贞堂"，自号"遁贞子"。著《遁贞集》两卷。明建文元年（1399），朝廷追赠公为"胜世之直臣，本朝之逸老"。

（《曾氏古今》）

另据《曾福仲公传赞》：

公讳福仲，一名朝奉，唐检校司空丞之后也。自司空至公，凡二十三世矣。世居吉安之泰和圳上里，公素博洽，通经史。元元统初，征至京，馆太常博士逯鲁曾家。时方议配三朝皇后未决。伯颜以问鲁曾，曾不能对。归以语公，公以数语决之。鲁曾因善公，以告伯颜。伯颜诘其故，具以实对。伯颜益善公，乃以真哥皇后配武宗，擢鲁曾御史，以公为太常博士。公在职，熟习掌故，时刘闻、许从宗俱在博士署，公皆与之善，然性刚介，不阿时好，以是忤朵儿只歹，心憾之。会公上疏言时事，只歹从中下之，左迁为潭州录事。士论惜之，学士黄溍、虞集、欧阳伭亦素善公，悉相饯都门外。公慷慨前行，了无愠色，时以为难。

在潭甫逾年，复与达鲁花赤不相下，公怫然曰：“陶靖节不为五斗（米）折腰，吾何为者哉！”时沿江盗起矣，公谓瑛公曰：“元运将倾，不去祸将噬人，吾将焉往？”瑛曰：“儿闻衡岳，名镇也，多邃谷，必高士寤歌地，昔人如李邺侯、胡康侯俱盘旋焉，盍适诸？”公曰：“善。”乃挈家侨寓衡山之下。居无何，忽梦山神告之曰：“君何寓此？此非君所也，君有善地，当速之。”乃请所适。神曰：“南国甘棠极乐乡，任君飞去百世昌。”以手指西者再，复谓之曰：“申道人知之。”觉以语瑛公，如是者三夕。公恍然曰：“神告之矣，吾可勿去乎！”乃偕家人，沿江而上，抵零陵，欲入粤，闻有兵变乃止。反而适邵，将复归衡者，过甘棠铺，心惊讶，询之父老，曰：“此召伯布化处也。”曰：“得之矣，此地旧有申道人乎？”曰：“否！唐有申泰芝仙居太平之佘湖，今安得仙者。”公跃然曰：“蹇蹇靡骋，今而后有辟地乎？”乃偕瑛公徙里之老君塘，遂家焉。

公自是着隐士服，绝口不言世故。竹篱茅舍，贵客至，皆谢不见。性爱鱼，凿小池，市异鲜畜之，名其池曰“曾家池”，中构亭，颜曰“活池亭”，行省中丞吕思诚，素与公好，以行边，故造访焉，乃逼见之，宴游者累日，因为文记焉。未几，兵戈蜂起，土著家多设寨保障以自固。公坚不往，筑室山中，读书自娱而已。洪武初，访求人才，郡丞程公斗南荐之，公力辞却。晚年，始徙宅屋上，构室以居，名其堂曰“遁贞”，因自号“遁贞子”云。所著有《遁贞集》二卷。建文初，以瑛公贵，赠承直郎。

赞曰：博士公其犹龙乎！徘徊燕邸，一言道合。此与脱辂子马监察何以异！批鳞献替，夫岂苟禄者哉？贝锦既成，急流勇退，何公之达也，卷舒潜跃，惟时之宜，君子哉我公矣。

（《曾氏古今》）

曾福仲，原居江西吉安，先祖曾参，曾据迁徙庐陵以后的后代子孙。因为“博学多才”，20岁便被朝廷征辟，任职太常博士。

太常博士，古官职名。太常寺属官有博士。掌教弟子，分经任职。如《诗》，分鲁、齐、韩三家，各置一人；国有疑事，则备咨询。秩四百石，汉宣帝增为比六百石。其职相当于后世的国子博士。

三国魏文帝初置太常博士，掌引导乘舆，撰定五礼（吉、嘉、宾、军、凶）仪注，监视仪物，议定王公大臣谥法等事。

晋以后沿置，职称清要，而品级不高，唐从七品上。

宋太常博士职守同前代。明、清亦置，均正七品。然谥法掌于内阁，重大礼仪由廷臣讨论，博士地位降低。

元朝的太常博士则与其他朝代略有不同，元朝设立的是太常寺，元世祖忽必烈中统元年（1260）设立。太常寺亦曾一度合于翰林院，直到至元九年才有单独分离的太常寺。太常寺设置有太常卿、太常少卿、太常博士等职，并一度又将侍仪司并入，后又分出。太常寺主要负责宗庙、社稷的祭享之事，以及帝王、百官等死后的封赠谥号等，其下辖有太庙署、大乐署等机构。

曾福仲性刚介，不阿时好，学问好，敦孝行，懂礼仪，继承了先祖“吾日三省吾身”的优良传统，显得特立独行，因此不受当朝权贵的喜欢。朵儿只歹位高权重，想要为难曾福仲是十分容易的事情。当曾福仲“上疏言时事”之时，朵儿只歹便以“礼官干议朝政”为由，请元顺帝将其治罪，于是曾福仲被贬为潭州录事。录事掌总录文簿，即管记录、缮写的小吏。

曾福仲与翰林学士虞集交好，虞集写有《送博士曾君左迁潭州序》为曾福仲送行：

> 士君子得志于时，言听计从，幸矣。即不然，投放窜极，惟分之宜，怨尤何与焉。予观今之放臣逐客，往往忧谗畏讥，牢骚不平，见于词色。呜呼！抑何狭也。曾君官京师，偶以言事，谪南方。予饯之郊外，乃复慷慨自许，心旷神怡，若不知有荣辱状，斯其意气可谓壮哉！潭州古长沙，地志所称文人薮也。其山有衡岳、大沩、九嶷、佘湖之胜，其水有洞庭、潇、湘、资、沅、溆、辰之清。昔之谪迁其地者，或以德著，或以文名。如永之柳子厚，邵之张九成，衡之胡铨，而潭则屈三闾、贾太傅为尤著。以曾君之才志，忠爱如此，此中山水所借以生色者，亦正多矣。虽然圣代至今雨露尚多，长沙卑湿，其尚可以久留君哉。为我致声南方诸君子，曰：“君将从此逝也，行且召君矣。”
>
> （《曾氏古今》）

到潭州没有一年，曾福仲又不知道因为什么事得罪了潭州的达鲁花赤。所谓达鲁花赤，是由成吉思汗设立的、广泛通行于蒙古帝国和元朝的一种官职名，又称作“达噜噶齐”，是蒙古语，原意为“掌印者”。成吉思汗在各城设置“达鲁花赤”，也就是督官。达鲁花赤是代表成吉思汗的军政、民政和司法官员，以《大札撒》为根本，结合当地的同时惯例行使统治权。达鲁花赤后来成为长官或首长的通称。在元朝的各级地方政府里面，均设有达鲁花赤一职，掌握地方行政和军事实权，是地方各级的最高长官。

曾福仲性刚介，不愿低头，因此潭州录事也做不下去了，便学陶渊明，不为五斗米折腰，愤然离职，挂冠而去。其实，当时已经进入元朝末期，贪污剥削愈来愈严重。政府卖官鬻爵，贿赂公行。官吏敛括的花样无奇不有。“所属始参曰拜见钱，无事白要曰撒花钱，逢节曰追节钱，生辰曰生日钱，管事而索曰常例钱，送迎曰人情钱，勾追曰赍发钱，论诉曰公事钱。觅得钱多曰得手，除得州美曰好地分，补得职近曰好窠窟”（叶子奇《草木子》卷四下《杂俎篇》），甚至连肃政廉访官吏也是“所至州县，各带库子检钞称银，殆同市道”。到了元顺帝（元惠宗）时，腐败现象达到极点，蒙古贵族和喇嘛僧的跋扈、官吏的贪污、地主豪强的专横与日俱增。以顺帝为首的蒙古皇室，也是“丑声秽行，著闻于外”，元朝的统治已经走到了崩溃的道路。大批蒙古贵族抢占土地，而中原连年灾荒，更使得百姓破产流亡，无计为生。阶级矛盾和民族矛盾日益激烈，农民起义已经初现端倪。当时，黄河泛滥，给沿河中下游地区的人民带来了巨大的灾难。在这些灾民中普遍流行着一个民谣：“石人一只眼，挑动黄河天下反。”到至正十一年

(1351)，元朝征发15万人修治黄河，并派兵2万沿河镇压。监督修河的官吏贪污作弊，克扣民工“食钱”，致使民工挨饿受冻，群情激愤。北方白莲教首领韩山童及其教友刘福通等便决定抓住这一时机，发动起义，义军头裹红巾，人称“红巾军”。

曾福仲继承了先祖遗风，耻于与贪官污吏为伍，并对朝廷失去了信心，便举家迁徙，同儿子曾财瑛一商量，去往衡山。但住了没有多久，觉得衡山并非“高士寤歌”之地，便借托神示，往西南方向迁徙。刚走到湘粤交界处，听说有兵变发生，只好折返，最后终于找到了自己满意的地方——邵阳老君塘，即今之邵东县杨桥镇定居。从此闭门谢客，怡然隐居，自得其乐。

元朝灭亡，明朝建立。洪武初年，朝廷访求人才，郡丞程公斗南推荐了曾福仲，但曾福仲力辞不出。晚年，在宅屋上构室而居，名曰“遁贞之堂”，因此自号“遁贞子”。

遁贞堂建好后，曾福仲心有所感，写了《遁贞堂记》，全文如下：

> 丁亥之夏，予避地楚南，抵邵之太平。视其山水与幽人逸韵，雅相等也。湖山映其南，蒸水环其东；北有古城之胜，南尽龙山之麓。予顾而乐之，乃卜隐于其地之老君塘。茅其盖，竹其柱，四壁萧然，晏如也。居无何，海内分裂，兵戈四起，郡邑旋覆旋陷。北望阙廷，无泪可挥，臣罪当诛，漠然徒见黍离麦秀而已。
>
> 维岁庚戌之冬，始徙里之屋上，遂家焉。乃命匠氏陶氏，辟其地居之，为堂三楹，室若干间，左为思孝祠，其

右有轩。颜其堂为"遁贞之堂"，名其轩曰"遁贞之轩"。轩之外有圃，名之"遁贞之圃"。圃前有沼，名之"遁贞之沼"。曾子憩息其中，手挥五弦，目送水月，间赓楚声，又为吴调。间或杂樵牧饮，浩歌蒸江之滨，楚之野人皆望而知为山中民也。

客有好曾子者，过而访焉，饮之酒，将阑，乃起而言曰："先生之遁，遂至是乎？阳德亨矣，鳞翼云从。今之运筹帷幄、功名竹帛者，非昔之射策中覆郎官百里者耶，胡独不然也？"曰："此非仲所敢闻也。士之才不才，命尔。世之卓然名世者，固其才也，予薄无能，少而仕，仕而不见容于世，罪何如之！今老矣，岂复能奉西家帚哉。人世宦情，冷眼看过。生平自许，所学何事，奕祀而下，称圣世逸民足矣。上有尧舜，下有巢许。士各有志，无容强也，终南捷径，北山移迹，古今清士挂人齿颊者，何可胜道。吾遁矣，吾遁贞矣，奚用是哓哓也。"于是客矍然谢曰："小人不敏，乌知君子之腹哉？在《易》之象曰：'天在山，上曰遁'，'不见是而无闷'，先生似之，今而后，斯可兄子陵而弟元亮矣。"客退，乃书而志于壁。

（《曾氏古今》）

元末福仲公落籍邵东太平里后，生四子，即财瑛、财琚、财曜、财琦。

关于曾福仲落户邵东太平里，曾氏太平房系后人写的《刘安人传赞》比较详细清楚地记载了此事的经过：

安人姓刘氏，小字三娘，博士公福仲配，浙西提刑按察使刘公女也。通《女训》《孝经》，相博士公勤修内政，尤有智识，善揣摩今古事，公恒借资焉。方公左迁潭州，公见时事日非，有归隐志，谓安人曰：“天下滔滔，吾将从此隐矣，尔能从我乎?”安人欣然许诺曰：“君为梁鸿，妾独不能为德耀耶?”

公闻其言，善之。未几，公复与其达鲁花赤忤，犹迟豫不忍决。安人一日脱簪环，屏霞帔、椎簪，着短布衫，烹新茗以献于公。公怪，问之曰：“君业许隐矣，宁遂忘之耶?”曰：“非敢忘也，食人之粟者，事人之事。官虽卑，犹挂籍也，天下事尚可为，国亡不能救，是以隐忍，欲有所待尔。”安人曰：“比干剖心，箕子佯狂，其道一尔。诗有之矣：‘既明且哲，以保其身。’今几已见矣，尚何疑哉？龙不隐鳞，凤不藏羽，网罗高悬，去将安所，陈留老人之言，良可思也。”公曰：“善。”仍偕隐衡山之下，寻迁邵之太平，遂家焉。时潭之达鲁花赤，将谋于执政，欲成公瘴厉所，以公去，乃止，识者以是服安人之先见云。于是荆南官吏闻风，隐去者十余人。公乃优游卒岁，遂以偕隐终。建文初，以瑛公贵，赠安人。

赞曰：博士公可谓忠矣。君违，不忘万里念主。《易》曰：“王臣蹇蹇，匪躬之故。”我公有焉、刘安人可谓达矣，身将隐矣，焉用文为。《易》曰：“见几而作，不俟终日。”安人有焉。

子四：瑛琚元配出，曜琦副室出，女一名四贞，元配出。

（《曾氏古今》）

关于曾福仲在自家居地挖的养鱼的小池“曾家池”，其好友、元朝湖广参政、国子监祭酒吕思诚（1293—1357），字仲实，平定人，元朝名臣。吕思诚历任侍御史、集贤院侍讲学士兼国子监祭酒、湖广参政、中书参知政事、左丞转御史中丞、国子监翰林学士、翰林国史院检阅官及编修等职，曾参与编修过辽史、金史、宋史三史。其人性情刚直、倔强，直言敢谏、秉公办事。主要著作有《介轩集》《两汉通纪》《正典举要》《岭南集》等，他在《曾家池记》赞颂：

博士曾先生，官京师，与予及学士虞君，雅相善也。每过旅舍，辄相与话古今，筹时务，剧饮尽日，予过博士邸亦然。丁亥，公以言事左迁潭州，寻谢政归，卜隐于邵邑之太平六年矣。邵邑古邵伯巡行地，其山川秀丽，骚人士皆特赏之。公自衡抵邵，乐其风土，家焉，乃筑室于其地，之名："老君塘。"竹篱茅檐，环堵萧然。贵客至，皆谢绝不见；里之耕而凿者，懵不知为袍笏客也。性素好鱼，爰置小池，约数亩。邑多奇鳞，公不惜价买之，必得之而后快。以是异鲜盈沼，风和晴空，则游鱼戏浪，洋洋诩诩而已。于是曾君乐焉。乃建亭于中，柱盖皆竹，若黄州楼然。因名其池曰"曾家池"，亭曰"活池亭"。辛卯，予亦言事左迁湖南左丞。壬辰春，予奉命巡视边防，抵宝郡，闻公徙于其地，乃迂道造访焉。阍人辞曰："此非博士居也，特豫章游客偶憩此尔，君误矣。"予呼而谓之曰："此故人吕某也，愿无拒。"于是先生出见。亭中，道契阔，叙寒温，因留予信宿数日，乃命奚童载酒与肴，宴于亭上而乐之。予视其下，光彩炫目，错鳞种种，不可辨识皆徘徊遨游，若与人两相忘者。曾君欣然谓予曰："乐哉游也，其斯为活泼地乎！”予笑而谓之曰：“君非鱼，焉知鱼之乐？”曾君亦辗然曰：“子非我，焉知我不乐鱼之乐？”两人相顾尽笑。浮大白饮悉醉，曾君乃握予手，言曰：“若然，子其为我歌之。”予歌于罶之二章。曾君谢曰：“不腆薄耳，敢享嘉宾乎！”再歌在藻之首章曰：“名之瘼矣，亦孔之瘁矣，子大夫之责也。”三歌衡门之首章，曾君陶然喜曰：“子知我矣！仲不敏，敬志之不忘。”于是撤肴毕卮，拍舟登岸，皓光耀金，长空万里，踌躇徘徊。若不忍释然者，回视池沼于牣白鱼，犹依依媚人也。

（《曾氏古今》）

# 二、世系

始祖曾参，曾福仲是第五十六代曾氏子孙。

曾财瑛是曾福仲长子，字侣琼，淡泊名利，屡招不就。后来被迫在明朝为官，官太常典簿，后迁光禄署丞。建文帝继位后，擢衡府审理正。靖难之变以后，辞官归隐。因为住宅左边有一株古柏树，便自号“柏园先生”。

大学士胡广（1370—1418），一名靖，字光大，号晃庵，江西吉水人。明朝文学家、内阁首辅，南宋名臣胡铨之后。建文二年（1400）庚辰科状元。官至文渊阁大学士，以书信招曾财瑛复出，被曾财瑛严词拒绝。

曾财瑛《答胡学士书》：

瑛荆野鄙人，躬屈山阿，荷阁下不弃，赐书存问，感佩极矣。近复蒙书云：天子神圣，除左右两旁诸奸臣外，其余逮事先朝者，皆可录用。意欲以拙名焉，使复列朝班，食升斗粟，且援魏文贞以相劝勉。阁下之待不肖，可谓恩之至、文之尽矣。然瑛实有所不可者。区区之私，非敢尽言，亦不敢不言，惟阁下采择焉。夫魏文贞唐之名卿也，其才大，其学博，假令老死牖下，将终身抑郁无所建明，故不惮委曲而事之。是以太宗信任而不疑，文贞事之而不惜。如阁下者，真其人才也。瑛才不足以济当世，学不足以通古今。使贸贸而归，贸贸而往。亦适足取笑当时，贻讥后世耳，曾何济于用哉？汉人有云：上有尧舜，下有巢由，瑛品虽陋，不足仿佛高隐，然古昔好名之君，犹且贳贤称隐，以当盛举。则遗此穷老，使之沉吟泽畔，不衫不履，为圣朝之顽民，作江滨之野叟，谅亦盛世所不咎也。阁下求贤若渴，爱士能容，诚新天子保子孙黎民矣。如瑛者实不足以副尊意也。冒渎尊严，望贯其罪而矜之，幸甚。

（《曾氏古今》）

胡广因此很生气，与曾财瑛绝交。

曾财瑛与御史叶希贤交好。叶希贤，明洪武年间举贤良，任监察御史。曾上书明建文帝要求治李景隆（明朝将领，曹国公李文忠之子。燕军逼近南京时，李景隆开金川门迎敌，致使南京失守）死罪。建文四年（1402）六月，“靖难”兵起，奔逃中散失，家人疑其已死，以衣冠发丧葬。然其已抵蜀，隐姓埋名，削发为僧，号雪庵和尚，在重庆松柏滩建观音寺，朝夕诵经。他曾为曾财瑛写有《柏园记》一文：

园在屋上侧左，靖难之变，财瑛公既谢政归，而御史叶公即诸清士皆遁行时，自粤过楚适吾宅，偶有别业之筑，因为颜其园记之。

邵陵曾君，既赋归来，筑别墅于柴居之北，其外有园，园广半亩；其左有菊、有梅、有兰；其右有蕙、有萱、有芙蓉、有危石翠竹；而中有池，池方数武，植嘉莲；其下有葵，葵之阳有柏大十余围，实秦汉间物也。老干蟠屈，条枝纷披，蔽阴可数丈。曾君观书其中，左列琴，右列图史，性喜《周易》，日诵不辍。有嘉宾至，则酌清酒，话古今。憩息树下，徘徊长叹而已。丁亥之夏，予与梁君、冯君自蜀抵粤，乃遇楚南造而访之。因颜之古柏园，曾君曰：其记之，便夫，予乌记哉。予闻物之足重，往往与人为转移，人自重物尔。杨国忠子弟，春时移名花植木槛中，下设轮脚，挽以采絙，号移春槛，而民无得而称者，德不足也。五柳先生家贫，不克举火，妻号儿啼，至取葛中漉酒以为食。门前一株至今诵之者，其德芳也。且夫柏之为物也，坚凝耐久，傲霜雪欺严冰，几为剥落，毫不加损。而一切夭娇艳灼之物，万不逮焉。君子乎其贞哉，曾君似之矣。菊取其同于劲也，梅取其同于芳也，蕙兰取其同于香也。萱置忘忧也，莲出污泥不染也，竹与柏也并清者也，物莫不聚所好。吾知必有合矣。以视彼之，朝荣夕瘁，俯仰依人无所植立者，其物之贵贱且何如也。吾闻大禹植柏于大别，其根盘曲下至井底，君真姒氏子孙哉！然则，柏之生于君所，亦犹不幸焉者矣，于是梁君乃进而言曰：君之记柏固已，虽然奚以植夫葵也，葵向阳也，爝火方明，阳德奚亨，君安用此哉？曾君闻之，乃起而谢曰：予意谓有待也。居教我哉，请拔去其葵矣。

（《曾氏古今》）

曾财瑛有二子七孙，十八曾孙，后裔八万余人。祖孙三代未出太平里，到曾孙“景”字辈才分家析居。财瑛祖妣佘安人寿至104岁，子孝孙贤，集体居住共享天伦之乐，分家不分居。然而，大家庭一律化，自然禁锢了个性发展，佘安人故后，曾孙们就按各自志愿奔前程。他们以遁贞堂为中心向周边的水东江、汪堂、崇山、团山、流光岭、界岭，佘田桥、野鸡坪、火厂坪、龙公桥和双峰的花明楼、青树坪、三塘铺及衡阳的金兰寺、大安、界牌等地方发展。四世祖志宪携景昌和景鉴后代的一部分在“湖广填川”时，迁徙四川，另一支则去了广东佛山。

曾财琚是曾福仲第二子，博学能文，洪武年间以人才举，官至兵马司副指挥。曾财琚乃朝廷高官，因此人丁兴旺，其景字辈后裔全都迁去四川发展。

曾财曜是曾福仲第三子，善于理财，勤于耕作，因此家庭富裕。曾财曜率子孙迁至流泽所（石狮堂），尔后延伸光坡安家落户，繁衍 12000 余人。其中在双峰青树坪和湘乡朱津渡有 4000 余人生息。

曾财琦是曾福仲第四子，其生卒年及生平事迹今已无考。

邵东曾氏太平房系是以“福财有志景兴大，永维朝廷万载荣，世子开宗延夏统，贤侯绍武示周行，文章代焕贻风远，忠恕家传德教成，勉迪后嗣善继述，聿怀经义先扬名”八句律诗作为家族派序。自曾福仲迁居邵阳太平老君塘至今，繁衍了二十七代，后裔共有 16 万余人。

当今，太平曾氏子孙已流寓我国南方大多数省市，仅广西桂林一地就有 5000 余人。

## 武城曾氏太平房系前56代世系表

| 1代 | 曾 参 | 2代 | 曾 元 | 3代 | 曾 西 | 4代 | 曾 钦 |
|---|---|---|---|---|---|---|---|
| 5代 | 曾 导 | 6代 | 曾 羡 | 7代 | 曾 遐 | 8代 | 曾 炜 |
| 9代 | 曾 乐 | 10代 | 曾 浼 | 11代 | 曾 旃 | 12代 | 曾 嘉 |
| 13代 | 曾 宝 | 14代 | 曾 琰 | 15代 | 曾 据 | 16代 | 曾 阐 |
| 17代 | 曾 植 | 18代 | 曾 燿 | 19代 | 曾 培 | 20代 | 曾 德 |
| 21代 | 曾 珣 | 22代 | 曾 涣 | 23代 | 曾 梓 | 24代 | 曾 䙖 |
| 25代 | 曾 端 | 26代 | 曾 铉 | 27代 | 曾 海 | 28代 | 曾 璜 |
| 29代 | 曾 兴 | 30代 | 曾 隆 | 31代 | 曾 钧 | 32代 | 曾 谋 |
| 33代 | 曾 丞 | 34代 | 曾 略 | 35代 | 曾 炀 | 36代 | 曾 泳 |
| 37代 | 曾 钩 | 38代 | 曾洪立 | 39代 | 曾延铎 | 40代 | 曾仁旺 |
| 41代 | 曾致尧 | 42代 | 曾易直 | 43代 | 曾叔卿 | 44代 | 曾 綝 |
| 45代 | 曾 凭 | 46代 | 曾 盱 | 47代 | 曾 戬 | 48代 | 曾 秋 |
| 49代 | 曾元礽 | 48代 | 曾汝和 | 51代 | 曾 达 | 52代 | 曾 宅 |
| 53代 | 曾 熙 | 54代 | 曾 烑 | 55代 | 曾廉二 | 56代 | 曾福仲 |

（《曾氏古今》）

## 武城曾氏邵东太平房系曾氏集团家族嫡系世系表

| 武城 | 太平 | 家族辈名 | 御赐辈名 | 生卒年月 |
| --- | --- | --- | --- | --- |
| 56代 | 1世 | 曾福仲 | | 元仁宗二年（1313，癸丑）十月初十至洪武八年（1375，乙卯）九月十七日，享年63岁 |
| | | 曾母刘氏 | | 元皇庆元年（1312，壬子）二月初十至正十九年（1359，己亥）八月二十日，享年48岁（生子二名，生女一名） |
| | | 曾母刘氏 | | 元延祐六年（1319，己未）二月初十至明洪武八年（1375，乙卯）十二月二十日，享年57岁（生子二名） |
| 57代 | 2世 | 曾财曜 | | 元至元五年（1339，己卯）六月十一日至明洪武三十一年（1398，戊寅）十二月初三日，享年60岁 |
| | | 曾母申氏 | | 元至正元年（1341，辛巳）十二月二十三日至明洪武三十一年（1398，戊寅），享年58岁（生子一名，生女一名） |
| 58代 | 3世 | 曾友权 | | 明洪武十六年（1383，癸亥）六月十二日至景泰元年（1450，庚午）九月十八日，享年68岁 |
| | | 曾母王氏 | | 明洪武十六年（1383，癸亥）三月二十一日至景泰五年（1454，甲戌）九月十一日，享年72岁（生子一名） |

续表

| | | | | |
|---|---|---|---|---|
| 59代 | 4世 | 曾志寿 | | 明永乐十一年（1413，癸巳）五月二十日至成化十年（1474，甲午）四月初三日，享年62岁 |
| | | 曾母黄氏 | | 明永乐十年（1412，壬辰）五月二十日至成化七年（1471，辛卯）十二月十二日，享年60岁（生子二名，名洪、华） |
| 60代 | 5世 | 曾景洪 | | 明正统八年（1443，癸亥）五月二十一日至弘治十五年（1502，壬戌）九月初二日，享年60岁 |
| | | 曾母江氏 | | 明正统元年（1436，丙辰）二月十八日至弘治十七年（1504，甲子）正月十八日，享年69岁（生子一名，名贵） |
| 61代 | 6世 | 曾兴贵 | | 明成化六年（1470，庚寅）八月初六日至正德十二年（1517，丁丑）九月十六日，享年48岁 |
| | | 曾母凌氏 | | 明成化九年（1473，癸巳）七月十二日至嘉靖十三年（1534，甲午）九月十三日，享年62岁（生子一名，名钰） |
| 62代 | 7世 | 曾大钰 | | 明正德二年（1507，丁卯）二月十六日至万历九年（1581，辛巳），享年75岁 |
| | | 曾母王氏 | | 明正德九年（1514，甲戌）五月十六日至万历二十六年（1598，戊戌），享年85岁（生子四名，名鸾、凤、鸣、祥） |

续表

| | | | | |
|---|---|---|---|---|
| 63代 | 8世 | 曾永鸾 | 曾宏鸾 | 明嘉靖十年（1531，辛卯）十月二十七日至万历二十九年（1601，辛丑）五月初九日，享年71岁 |
| 63代 | 8世 | 曾母萧氏 | | 明嘉靖十八年（1539，己亥）五月初七至万历四十六年（1618，戊午）八月二十一日，享年80岁（生子一名） |
| 64代 | 9世 | 曾惟桂 | 曾闻桂 | 明万历四年（1576，丙子）十一月初七日至崇祯六年（1633，癸酉），享年57岁 |
| 64代 | 9世 | 曾母刘氏 | | 明万历八年（1580，庚辰）二月二十四日至崇祯十三年（1640年，庚辰），享年61岁（生子二名） |
| 65代 | 10世 | 曾朝兴 | 曾贞兴 | 明万历四十三年（1615，乙卯）二月十四日至清康熙七年（1668，戊申）十二月十一日，享年54岁 |
| 65代 | 10世 | 曾母赵氏 | | 明万历四十四年（1616，丙辰）二月十一日至清顺治七年（1650，庚寅）六月十五日，享年35岁（生子二名） |
| 66代 | 11世 | 曾延荣 | 曾尚荣 | 明崇祯七年（1634，甲戌）三月二十六日至清康熙五十三年（1714，甲午）正月初八日，享年81岁 |
| 66代 | 11世 | 曾母肖氏 | | 明崇祯十三年（1640，庚辰）二月十九日至清康熙四十四年（1705，乙酉）十二月十八日，享年66岁（生子二名） |

续表

<table>
<tr><td rowspan="2">67 代</td><td rowspan="2">12 世</td><td>曾万寿</td><td>曾衍寿</td><td>康熙四年（1665，乙巳）八月初六日至康熙五十八年（1719，己亥）九月十三日，享年 55 岁</td></tr>
<tr><td>曾母肖氏</td><td></td><td>康熙十一年（1672，壬子）五月初五日至乾隆八年（1743，癸亥）正月二十日，享年 72 岁（生子七名）</td></tr>
<tr><td rowspan="3">68 代</td><td rowspan="3">13 世</td><td>曾载升</td><td>曾兴升</td><td>康熙三十七年（1698，戊寅）七月二十四日至乾隆八年（1743，癸亥）正月初十日，享年 46 岁</td></tr>
<tr><td>曾母李氏</td><td></td><td>不详</td></tr>
<tr><td>曾母赵氏</td><td></td><td>康熙三十三年（1694，申戌）十月二十四日至乾隆十一年（1746，丙寅）六月十三日，享年 53 岁（生三子一女）</td></tr>
<tr><td rowspan="2">69 代</td><td rowspan="2">14 世</td><td>曾荣珍（席上）</td><td>曾毓珍（席上）</td><td>雍正九年（1731，辛亥）八月十八日至乾隆五十一年（1786，丙午）十一月十三日，享年 56 岁</td></tr>
<tr><td>曾母宋氏</td><td></td><td>雍正六年（1728，戊申）二月初一日至乾隆六十年（1795，乙卯）二月初四日，享年 68 岁（生子一名）</td></tr>
</table>

续表

| | | | | |
|---|---|---|---|---|
| 70代 | 15世 | 曾世记（颂文） | 曾传纪（颂文） | 乾隆十三年（1748，戊辰）八月十六日至乾隆六十年（1795，乙卯）二月二十六日，享年48岁 |
| | | 曾母邓氏 | | 乾隆十三年（1748，戊辰）十二月二十六日至乾隆五十八年（1793，癸丑）六月初六日，享年46岁 |
| | | 曾母周氏 | | 乾隆二十六年（1761，辛巳）正月初七日至道光十二年（1832，壬辰）九月初十日，享年72岁（生子一名，生女一名） |
| 71代 | 16世 | 曾子鹤 | 曾纪鹤（九皋） | 乾隆三十五年（1770，庚寅）十月二十八日至嘉庆十五年（1810，庚午）三月十八日，享年41岁 |
| | | 曾母李氏 | | 乾隆三十一年（1766，丙戌）三月初六日至道光二十二年（1842，壬寅）十月二十九日，享年77岁（生子八名，生女五名） |
| 72代 | 17世 | 曾开霞（晴轩） | 曾广霞（晴轩） | 嘉庆七年（1802，壬戌）七月十一日至道光十九年（1839，己亥）十月十八日，享年38岁 |
| | | 曾母刘氏 | | 嘉庆七年（1802，壬戌）十一月初一日至咸丰三年（1853，癸丑）六月二十七日，享年52岁（生子六名、生女三名） |

续表

| | | | | |
|---|---|---|---|---|
| 73代 | 18世 | 曾宗仪（文彬） | 曾昭仪（文彬） | 道光九年（1829，己丑）正月初四日至光绪十七年（1891，辛卯）七月初十日，享年63岁 |
| 73代 | 18世 | 曾母刘氏 | | 道光七年（1827，丁亥）七月二十二日至咸丰三年（1853，癸丑）十一月初五日，享年27岁（生女一名） |
| 73代 | 18世 | 曾母赵氏 | | 道光十年（1830，庚寅）七月二十七日至光绪十八年（1892，壬辰）正月初四日，享年63岁（生子三名、生女三名） |
| 74代 | 19世 | 曾延赐（承恩） | 曾宪赐（承恩） | 同治四年（1865，乙丑）四月十二日至民国三十年（1941，辛巳）二月初九日，享年77岁 |
| 74代 | 19世 | 曾母李氏 | | 同治五年（1866，丙寅）二月初六日至光绪二十一年（1895，乙未）十一月十七日，享年30岁（生子二名） |
| 75代 | 20世 | 曾夏道（祥生） | 曾庆道（祥生） | 光绪十三年（1887，丁亥）正月三十日至1970年（庚戌）十一月二十七日，享年84岁 |
| 75代 | 20世 | 曾母邓氏 | | 光绪十一年（1885，乙酉）正月二十八日至民国三十一年（1942，壬午）五月十七日，享年58岁（生子三名、生女三名） |

续表

| | | | | |
|---|---|---|---|---|
| 76 代 | 21 世 | 曾统熿（敬章） | 曾繁烘（敬章） | 民国二年（1913，癸丑）二月初一至2000年（庚辰）十一月二十四日，享年88岁 |
| | | 曾母赵氏 | | 民国元年（1912，壬子）十月二十三日至1997年（丁丑）九月初一，享年86岁（生子六名、生女四名） |
| 77 代 | 22 世 | 曾贤论 | 曾祥论（小山） | |
| 78 代 | 23 世 | 曾侯懿 | 曾令懿（超懿） | |
| 79 代 | 24 世 | 曾绍正 | 曾德正（宇正） | |
| 80 代 | 25 世 | 曾武 | 曾维 | |
| 81 代 | 26 世 | 曾示 | 曾垂 | |
| 82 代 | 27 世 | 曾周 | 曾佑 | |
| 83 代 | 28 世 | 曾行 | 曾钦 | |
| 84 代 | 29 世 | 曾文 | 曾绍 | |
| 85 代 | 30 世 | 曾章 | 曾念 | |
| 86 代 | 31 世 | 曾代 | 曾显 | |
| 87 代 | 32 世 | 曾焕 | 曾扬 | |

# 曾氏字辈对照表

| 派世 | 63 | 64 | 65 | 66 | 67 |
|---|---|---|---|---|---|
| 字辈 | 宏 | 闻 | 贞 | 尚 | 衍 |
| 派世 | 68 | 69 | 70 | 71 | 72 |
| 字辈 | 兴 | 毓 | 传 | 纪 | 广 |
| 派世 | 73 | 74 | 75 | 76 | 77 |
| 字辈 | 昭 | 宪 | 庆 | 繁 | 祥 |
| 派世 | 78 | 79 | 80 | 81 | 82 |
| 字辈 | 令 | 德 | 维 | 垂 | 佑 |
| 派世 | 83 | 84 | 85 | 86 | 87 |
| 字辈 | 钦 | 绍 | 念 | 显 | 扬 |
| 派世 | 88 | 89 | 90 | 91 | 92 |
| 字辈 | 建 | 道 | 敦 | 安 | 定 |
| 派世 | 93 | 94 | 95 | 96 | 97 |
| 字辈 | 懋 | 修 | 肇 | 彝 | 常 |
| 派世 | 98 | 99 | 100 | 101 | 102 |
| 字辈 | 裕 | 文 | 焕 | 景 | 瑞 |
| 派世 | 103 | 104 | 105 | 106 | 107 |
| 字辈 | 永 | 锡 | 世 | 绪 | 昌 |

注：曾参为1派。

说明：武城派行从曾参至62代无全国统一派行，自63代以清圣祖仁皇帝所赐15字“弘、闻、贞、尚、衍、兴、毓、传、继、广、昭、宪、庆、繁、祥”为圣裔排行命名，故谓之名派。其他各派行先人定的字句，以之取字，故谓房派。“弘”因避讳改作“宏”，“继”字因曾族避大宗讳名改作“纪”。因此，后来全国各派行统一使用名派15字：宏、闻、贞、尚、衍、兴、毓、传、纪、广、昭、宪、庆、繁、祥。清朝道光年间，宣宗皇帝又续赐名派10字：令、德、维、垂、佑、钦、绍、念、显、扬。

清同治年间穆宗皇帝再续10字：鼎、新、开、国、运、克、服、振、家、声（注：此十字为南宗曾氏族谱总局民国版《武城曾氏重修族谱》记载，东宗没使用，各地分支族“扬”字后有不同续派语）。民国初年大总统袁世凯还代表民国政府颁发名派20字：建、道、敦、安、定、懋、修、肇、彝、常、裕、文、焕、锦、瑞，永、锡、世、绪、昌。

# 三、曾敬章年表

（1913 年 2 月—2000 年 12 月）

1913 年

3 月 19 日（农历二月初一），诞生于湖南邵阳流泽所大坪村仁让堂。

1916 年

3 岁启蒙，就读于曾承恩所办的私塾。

1918 年

进牛客祖曾尧今所办的私塾读书。

1919 年

五四运动爆发。积极参加学堂组织的儿童团活动。

1923 年

10 岁。转入离家八华里的稽古学校读书。

1927 年

因稽古学校进步教师遭反动派逮捕、屠杀，以及家庭负担等原因而辍学，离校回家学习耕种。

1929 年

仅用两年时间就学会了当时农作物耕种的一整套技术，成为当地有名的“农活小能手”。帮助母亲干些家务杂活，被人称为“孝顺儿”。

1930 年

17岁。正月吉日，经媒人介绍与赵壬秀结婚。

1932年

农历十二月十七日，长女翠溶在仁让堂出生。

1934年

农历三月，支持弟弟曾日章参加中共地下活动，自己帮助父亲挑起家庭重担。

1935年

农历十月初十，二女翠娥在仁让堂出生。

农历十一月，与叔父家合伙修建坐落在仁让堂右侧的继让堂。

1936年

农历五月，哥哥曾耀章因长期患病医治无效去世，享年27岁。

1938年

农历二月，租用积福街岳父房子开设“曾氏祥记商号”，经营南杂（烟、酒、副食和布匹等）、百货、日用品、屠宰业等商业经营。

农历七月，长子有能出生于仁让堂。

1940年

农历八月，弟弟曾日章因参加革命活动，在福建省崇安县被国民党杀害，年仅24岁。

农历闰七月，二子有志出生于仁让堂。

1942年

农历三月，三女富珍出生于仁让堂。

农历五月十七日，母亲因病逝世，享年57岁。做道场3天后，母亲被安葬在流泽席公祠右侧曾氏祖坟山。

1943 年

在积福街经商五载，生意兴隆，业务扩大，除经营南杂、屠宰业外，售布匹、烟酒和副食等货物。

1944 年

农历七月，被日军抓去当挑夫。第 3 天早上逃跑回家，继续经营店铺和务农。

1945 年

在战火逃难中，长子有能、次子有志、三女富珍因患风寒急症，于农历六月底至七月初，先后夭折。

农历十月二十八日，三子在积福街出生。为了让儿子健康成长，将其抱至屋前拓水井石桥边，认石桥作“干娘”，并为其取名小桥（即曾小山）。

1946 年

农历三月，扩大店铺经营，从事副食南杂等批发业务。

1947 年

为接济贫困乡邻，以高价买下了急等钱用家庭的、质量较差的田土，街坊称其为“猛子”。

1948 年

农历二月二十五日，四女翠华在积福街出生。

农历五月，大女翠溶出嫁到黄陂桥七眼井李家。

农历十月，一次捐助 300 余元，为邻村一名邓姓病危老人治病。

1949 年

秋天，流泽解放。经营的曾氏祥记商号生意兴隆。

1950 年

继续经商、种田。

1951 年

参加农民协会。在流泽土改时被划为富农。

1952 年

农历闰五月十四日，四子出生，取名为“又桥”（次年改名为右桥，后又改为佑桥）。

农历十二月，出资 1. 18 万元，在积福街十字路口南边，买下岳父家的一块田地作宅基地，用于修建屋。

1953 年

在流泽大坪村成立互助组时，因耕牛农具齐全而没有加入互助组，但乐意将耕牛农具借给贫困农民使用，被村民们亲切地称为“互助组里的单干户”。

12 月，积福街的新屋落成，搬入新居。一家 10 口从此在积福街有了自己的房屋，结束了租住房子的历史。

1954 年

农历二月二十八日，五子在积福街新屋出生，取名左桥。

1955 年

春，加入缺少耕牛农具、困难较多的陈冬秀初级社。

1956 年

公私合营开始，把自家经营了近20 年的店铺交给了供销社经营，专心种田。

农历九月十九日，六子出生，取名为铁桥。

1957 年

商店停开后，全心投入农业生产。

1958 年

3 月，进入大跃进时代。积极参加集体的各种劳动，多次得到公社、大队、生产队表彰和社员们的称赞。

1959 年

担任炉前水库工地炊事员。日夜工作，被评为修建水库先进个人。

1961 年

2 月，在上山挖野菜、扒树皮时，不慎摔伤了脚。为了养家糊口，仅休息 3 天，又带病参加劳动。

1962 年

农村公共食堂解散，全家每人分到了 7 厘自留地。精心耕作，全家人勉强得以填饱肚子。

1963 年

农村经济开始复苏。在出好农村集体工的同时，重操旧业，做起经营小杂货的生意。

1964 年

6 月，农村开展“四清”运动。为了不被卷入政治风浪，只得把生意缩小，靠多出集体工挣工分吃饭。

1966 年

“文化大革命”开始。所办店铺被迫停业。

1967 年

农村狠抓阶级斗争。坚持白天出集体工，干重活、脏活、累活，夜晚到大队参加“政治学习”，接受“无产阶级专政”教育。由于做事努力，人缘关系好，没有被列为批斗的对象。

1968 年

正月初四，三子小山和本乡新泉村姑娘邓娥英结婚。

利用农闲和工余时间，组织三子、四子、五子前往邻近的新邵县上童冲担运竹拖，送到当地一些煤矿厂家，赚些力资，解决家庭日常开支。

1969 年

农历四月二十五日，三子小山的大儿子超懿出生。

1970 年

2 月，三子小山从师新邵县童家冲篾匠童全田，学习篾工技术，加工编织竹制品，同时让五子左桥也学着编织篾器，让四子佑桥利用业余时间到新邵等地购买竹篾。一家人中，有的在生产队出工，有的在家从事家庭副业，编织篾货，经济渐显宽裕。

农历十一月二十七日，父亲祥生公离世，被安葬在流泽鸡婆石凤形山上，享年 82 岁。

1971 年

年近六旬，除在生产队出集体工外，还早起晚归崇山铺等地买楠竹，去流光岭等地销售竹拖等制品。

1972 年

白天出生产队集体工，早晚空余时间协助子女们做点副业。

1973 年

农历二月初一，全家人一起吃饭，庆祝 60 岁寿辰。

农历十二月二十八日，四子佑桥与炉前村姑娘周向梅结婚。

1974 年

自家的商店重新开张营业。

1975 年

农历九月二十七日，四子佑桥的大儿子超群在继让堂出生。

1976 年

10 月，“四人帮”倒台，举国欢庆。率全家人学习了解党和政府的新政策，觉察到农村经济可能会慢慢好起来，鼓励子女好好学习，要有真本事，才能发家致富，过上好日子。

1977 年

农历二月，五子左桥和同村姑娘赵知英结婚。

农历十一月，外甥赵正凡勾结廉桥区法庭法官李某，无理侵占其继让堂房产，并以莫须有之罪名，被关押 20 多天，身心受到了严重的打击。

农历十一月初九，五子左桥的长子超毅在耒阳出生。

1978 年

12 月，中共十一届三中全会召开。收听广播后，告知子女做好经商打算。

1979 年

8 月，插完晚秧，安排六子铁桥和大女婿李积厚一道去湖北黄石做眼镜生意。

12 月，将 1953 年在积福街所建房子重新粉刷，开设铺面，扩大经营。五子左桥前往湖北经营眼镜生意。

1980 年

春节后，与子女商定，鼓励子女走经商、办企业之路。拿出自己多年积蓄的钱物，并求援于亲友，凑好资金，让小山承包新泉综合厂，左桥和铁桥继续去湖北黄石、岳阳、耒阳等地批发销售眼镜。

5 月，四子佑桥到江苏、云南、四川开始批发眼镜业务。

8 月，筹资扩建房子，为创办家庭工业做准备。

农历十二月十六日，六子铁桥和仁家坪姑娘李向娥结婚。

1981 年

与子商定：三子小山和四子佑桥租用本村赵伯生的房子，创办铝制品厂；五子左桥和六子铁桥仍往返于江苏、浙江、湖北、四川等地做眼镜生意。

农历十二月十七日，六子铁桥的长女爱柳在流泽出生。

1982 年

十字铝制品厂经过一年的发展，规模扩大。五子左桥入股铝制品厂。

5 月，六子铁桥从事运输业务，以 1.46 万元购买了“跃进牌”货车一辆。

8 月，支持四子佑桥和晴西等人创办十字化工厂。

农历十二月二十三，妻子 70 岁大寿，亲友前来祝贺。

1983 年

2 月，七十大寿，未办酒席。

农历二月十六日，四子佑桥与其岳父等人在廉桥合办的“益湘商店”开业。

3 月，三子小山管理经营的三强铝制品厂正式投产。

农历三月初三，六子铁桥之子超平在流泽出生。

1984 年

2 月，时任邵东县委书记钱松柏在时任廉桥区委书记刘会群陪同下视察曾家的家庭工业，并对曾家办厂精神给予充分肯定。

5月，《邵阳日报》报道曾家父子大胆创办家庭工业的情况。

8月，时任邵阳市市长郎艺珠到流泽视察曾家家庭企业。

1985年

4月，三子小山出席在长沙召开的湖南省家庭工业表彰大会，并获得1辆“解放牌”汽车指标的奖励。

11月，三子小山创办的轧钢厂试产成功。四子佑桥生产的脱膜剂产品也产销两旺。

1986年

经过5年的艰苦奋斗，曾氏企业——铝制品厂、轧钢厂、运输业等，经营良好，业绩喜人。

8月3日，时任湖南省省长熊清泉到流泽视察曾氏企业，并帮助解决流动资金不足的困难。

1987年

把自家承包经营的责任田转包给他人，集中精力与子女们一起管理企业。帮助四子佑桥和五子左桥、六子铁桥各创办一个压力锅厂。

1988年

向子女们提出了“走出去”的企业发展战略。

5月3日，子女们通过考察，出资10.2万元，在冷水滩市买了21个城市户口。

6月2日，四子佑桥和五子左桥投资16万元，在冷水滩市珍珠路购买了村部大楼，创办冷水滩压力锅厂和电子元件厂。

8 月，四子佑桥和五子左桥开始把部分企业搬迁到冷水滩市发展。

1989 年

9 月，时任湖南省政协主席刘正在零陵地委、冷水滩市委领导的陪同下，到冷水滩市曾氏所办的压力锅厂、轧钢厂及电子元件厂视察。

10 月，和妻子一起到冷水滩市小住了 20 多天。在此结识了以“摆地摊”闻名的时任冷水滩市市长李德旗。

这年，三子小山的轧钢厂、四子佑桥的压力锅厂、五子左桥的电子元件厂分别在冷水滩正式营业。

1990 年

5 月，和妻子一起在冷水滩河东个体街、梅湾路与河西珍珠路自家房子住了两个多月，除和儿子们共商企业发展大计外，还参观了李达、唐生智故居，游览了永州市的各处公园和名胜古迹。和曾咏宜一起参观了祁阳的浯溪公园碑林和陶铸纪念馆。

这年，四子佑桥开始兴建凿岩钎具厂。三子小山在流泽、冷水滩所建的两个轧钢厂产销两旺，冷水滩压力锅在长沙销路很好。

1992 年

农历十月二十三日，妻子八十大寿。向儿子们提出要求，要他们赶制 120 套棉被，再加 2 万元现金和 1 万斤大米，送到乡政府和村里，请其转送给当地的“五保户”和其他贫困户。

冷水滩诸厂产销两旺，只有冷水滩金刚石厂在经营上不够理想。

1993 年

在省市领导的倡议下，曾氏下属 12 家企业联合组建“曾氏实业集团”。

8 月，支持三子小山和四子佑桥在冷水滩河东新区购地 26 亩，修建河东商贸城。时任湖南省委副书记杨正午、副省长周时昌等领导视察曾氏企业。

1994 年

多次关注和询问冷水滩河东商贸城建设工程。

6 月，四子佑桥和四儿媳周向梅随省工商局考察团到香港地区和泰国考察。

8 月，与专程到曾氏企业看望的时任零陵地委书记邹金鳌，谈了曾氏企业今后在零陵的发展思路。

1995 年

支持子女前往长沙投资兴办益湘铝业公司。将长沙定为曾氏企业集团第三发展基地。

11 月，时任湖南省省长杨正午视察邵东曾氏企业。与三子小山一起向杨正午省长汇报企业新的发展思路，得到了肯定与支持。

9 月 9 日，在三子小山陪同下从流泽到长沙察看益湘铝业公司的生产经营情况。参观了岳麓山、天心阁、烈士公园等景点。

9 月 12 日，在三子小山、四子佑桥和五子左桥的陪同下，到湘雅附三医院检查身体。

农历九月十七日，长孙超懿的长子宇正在流泽出生，四代同堂。

1996 年

1 月 10 日，沈阳双喜公司总经理何义成一行到长沙益湘公司考察，与其签订为期 5 年的联营生产双喜压力锅的意向协议。

4 月 19 日，四子佑桥当选永州市第一届政协常委。

6 月，六子铁桥与上海制钳总厂联营，投资 300 万元在流泽建设邵东银工工具厂，生产沪工牌钢丝钳等五金工具。

1997 年

2 月 17 日，患感冒。

3 月 15 日，早饭后感觉不适，到医院检查，医生说已患重感冒，要住院治疗。

4 月 11 日，时任中共湖南省委书记王茂林到邵东铝业公司视察。

4 月 18 日，从晚上 9 点开始，因感冒加重致上吐下泻，病情凶险。当时经医生全力救护转危为安。一个月后康复。

6 月，四子佑桥出资 2.5 万元，改造建于 1953 年的积福街房子。

10 月 2 日（农历九月初一），下午 5 时 52 分，妻子因病医治无效去世。治丧 4 天后，出殡安葬在曾家祖坟山上。

7—12 月，三子小山在邵阳当选为湖南省第九届人大代表，四子佑桥当选为全国工商联第八届执委和长沙市第十一届人大代表，五子左桥当选为长沙市岳麓区第一届政协常委，六子铁桥当选为邵东县政协委员。

1998 年

5 月 3 日，曾氏集团在冷水滩举行部分企业从邵东搬迁到冷水滩发展10周年纪念座谈会，时任永州市委书记邹金鹫、市人大常委会主任郑邦淳、市政协主席欧学佳、副市长张维等领导到会并题词祝贺。

7月2日，双牌铝厂正式开工建设，要求曾氏兄弟在资金、技术、人才方面全力支持三子小山建好项目。

9月5日，被四子佑桥和五子左桥再次从流泽接至长沙湘雅附三医院检查，医生建议住院，并在附三住院15天，对身体进行了全面检查。

1999年

8月25日，再次被四子佑桥从流泽接往湘雅附三医院进行身体检查。

9月，提出设立曾氏教育基金设想，以资助曾氏子孙后代努力学习。

2000年

7月6日，贵州六盘水铝厂开工建设，在流泽打电话给三子小山和五子左桥表示祝贺。

8月9日，与视察曾氏集团邵东银工企业的时任中共湖南省委统战部部长石玉珍交谈。

8月14日，被四子佑桥和四儿媳向梅、小女儿翠华开车从流泽接到长沙湘雅附三医院住院15天，检查身体，发现肺部病变。

9月，嘱咐在国外读书的四孙超潜、五孙超林和七孙超平，认真学习，练好本领，报效祖国。

10月，专程派人到长沙湘雅附一、附二等医院找专家再次核检，被确诊为肺癌，已到晚期。

11 月，重病期间仍嘱咐三子小山和四子佑桥要全力建好贵州六盘水铝厂和安顺铝厂，争取项目早日投产。

12 月 19 日，（农历十一月二十四）零点 47 分，因病医治无效，在邵东流泽老家与世长辞，享年 88 岁。治丧五天后，被安葬在邵东流泽柿山岭，其墓地系生前所定。

（曾佑桥根据父亲口述整理）

# 四、曾日章事迹摘选

曾日章（1916—1940），名国策，号理之，邵东流泽人。1916 年，曾日章出生在邵东流泽所人丁兴旺的曾氏家族。读书期间受进步思想影响，1937 年加入当时邵东中共地下党组织。当时盘踞在邵阳的国民党执行蒋介石的“反共政策”，曾日章因革命活动频繁暴露身份，1940 年被迫离开家乡前往福建寻找新四军，不幸在福建省崇安县被反动派杀害，时年 24 岁。1991 年由邵东县委党史办、邵东县民政局编撰的《邵东英杰》一书中专门介绍了曾日章烈士的事迹。

邵东市流泽镇其名颇有意义，因为“此地地势高，水往四面流，东流湘乡，西流宝庆（今邵阳市），逆水 90 里，流远泽长，故名流泽所”。这里西距邵东市城区 14 公里，北距邵东廉桥仅 4 公里。廉桥自古就是热闹的街市，有经商兴业的传统。

根据其族谱记载，流泽曾氏家族依靠务农创新厚实基业，“集资垒万”成为富甲一方的乡绅。后来其先人通过兴办冶炼厂从地主向工商业主转变，有两处大型厂房，这让曾氏成为方圆百里的名门望族。

虽然后来曾氏家道有些衰落，特别是曾经的支柱产业冶铁业荒废，但是家底仍在。曾日章的父亲曾祥生通过“调整租额，清理旧管田租”，让渐落的曾氏家业慢慢回升。其间曾祥生组织重修曾氏祠堂，通过曾氏外甥——当时南京三民中学校长熊冲，邀请时任国民党政府教育部部长陈立夫题写了“曾席公祠”祠堂匾额。

曾日章在三兄弟中排行第三，这让他从小就享受大家庭格外的恩宠。曾日章不到5岁就走进曾氏所办的化鲁学校读书，由于他“悟性很高”，所学功课都拔尖，被认为是“读书的料”。他父亲曾祥生也认为其可以“读书及第、光耀门庭”，遂让其改去读私塾。历来节俭的曾祥生在曾日章读书一事上特别大方。

让曾祥生没想到的是，进入私塾的曾日章没有按照他的安排去发展，而是选择了为劳苦大众谋求解放的事业。在私塾里，曾日章碰到了彭柏林（邵阳地区著名地下党员、曾担任过邵阳地委书记，1940年牺牲）等同学，一群被父辈寄予无限美好希望的富家子弟，却在私塾中秘密做起了“有违祖训”的事业。

1930年9月，曾日章考入邵东廉桥的南京三民中学（现在邵东二中前身）。这是民国时期第一个以三民主义命名的学校，曾得到当时国民党和民国政府21名政要支持，其创始人熊冲是邵东廉桥人。

在南京三民中学，曾日章阅读大量的革命书籍，系统接受进步的革命思想，老师李化之是其革命引路人，李化之也是当时邵东地下党负责人（注：李化之1940年牺牲）。在南京三民中学读书期间，曾日章也从文弱的读书人蜕变为“有革命思想的进步学生”。

1936年，“一直在外，不知道在干什么”的曾日章写信告诉家里人，说他要结婚了。爱人刘惊天是他同学，同样来自富裕家庭，他们都成为邵阳地区早期地下党员，共同的革命志向让他们结为了伉俪。

新婚后不久，曾日章就“离家外出”，说要去武冈学习。其实他是接到李化之通知，随其去开辟新的战场。之后，曾日章又追随李化之在邵阳城内筹办《真报》，这段时间他足迹踏遍邵阳各地，四处宣传抗日救国，用八路军在抗日前线英勇作战的事迹鼓舞民众。

1938 年 6 月，中共湖南省委和八路军驻湘通讯处在武冈塘田寺创办塘田战时讲学院。学院招生广告一贴出，邻近各县的热血青年及全国各地的流亡学生陆续前来报名。曾日章受中共邵阳县委指派，和邓艾民（1949 年后任北京大学哲学系教授）等前往塘田战时讲学院学习。

当时革命形势日益严峻，在 1939 年 4 月，塘田战时讲学院被国民党政府强制解散。一个插曲是，当时曾日章从塘田战时讲学院返回邵东流泽途中，偶遇同是地下党员的谢竹峰（曾担任过地下党邵阳县委书记，1949 年后曾担任过衡阳行署专员、湖南省民政厅厅长等职）。曾日章告诉谢竹峰邵阳城里有特务，并邀请谢竹峰跟他回流泽仁让堂。谢竹峰在曾日章家住了一段时间。

1938 年 11 月，八路军驻湘通讯处由长沙迁往邵阳。博古、叶剑英、徐特立、王凌波等 100 多名党的优秀干部和领导人先后来到邵阳，以八路军驻湘通讯处为掩护，从事抗日救亡革命活动。其时，邵阳成为全省抗日救亡革命活动的中心。

1938 年 11 月，中共邵东廉桥区委成立，曾日章被选为区委宣传委员。邵东廉桥一直是商业重镇，这里三教九流、鱼龙混杂。从未经过商的曾日章为了便于开展地下工作，与李化之、彭柏林等在这里开设明月楼饺面馆、图书馆等，不断壮大地下党组织力量。

1939 年，在中共邵阳县委的安排下，曾日章在邵东宋家塘姚家院子办了一家纱厂。纱厂的工人均是共产党员和农会积极分子，他以此为掩护开展革命工作。1940 年，根据组织安排，曾日章来到邵阳城区，担任邵阳党组织的联络工作。为了掩护身份，曾日章将爱人刘惊天接来一起居住。

曾日章担任邵阳党组织联络员后，到邵阳各地传递党组织的工作指示，和敌人斗智斗勇。由于经常参加革命活动，引起国民党特务的注意。为了革命理想，向组织请示后，1940 年 6 月，曾日章把爱人刘惊天送回老家。7 月，他自己只身前往福建寻找新四军，但没想到这竟是他与家人最后的诀别。

1940 年 9 月 24 日，曾日章进入福建省崇安县境内后不幸被捕。曾日章哥哥曾敬章收到他从福建寄来的求救信函，要求哥哥筹集一笔款汇过去，看能否想办法脱狱。曾家人收到信后，马上筹集款项，11 月底曾家汇过去的款被退了回来，监狱附言：查无此人。家里人这才知道曾日章已经遇害。此时，曾日章年仅 24 岁。

曾日章遇害后，刘惊天一直一人孀居，直到 1986 年在流泽去世。而给刘惊天安慰的是，中华人民共和国成立后，谢竹峰（时任衡阳行署专员）为其向上级组织申请了烈士遗孀抚恤。而曾日章子侄“视其为亲”，几十年如一日，为其养老送终，在当地也是一段佳话。

（摘自湖南政协文史委，黄琪晨撰文，略改）

## 附：终归故里

祖父祥生公，生平简朴、正直善良。祖母邓老孺人，孝长辈睦邻里，持家善理。共衍三房，大房跃章公廿七早逝；父二房敬章公，初耕农亩，于廿五岁弃农经商，到积福街经营南杂，诚信敬业，终有所成。晚房日章公，天资聪颖，入私塾，读三民，成绩优异，十六岁投身革命。婶母知书达理，与叔父同为中共地下党员。一九四零年七月，邵阳地下党遭查，叔父赴福建下古田寻找组织，经崇安被扣，同年十月牺牲，时年二十四岁。惊闻噩耗，举家悲痛欲绝。路途千里之遥，忠烈遗骨未能殓归故里。祖母悲伤过度不久离世，祖父悲痛至双目失明，婶母守寡四十八载。举族悲伤愕然烙记于我等心灵。

为感念祖辈父辈盼亲情之期愿，请雕塑师曾文法先生创作叔父回归雕塑——《终归故里》。还原祖父祖母、婶母、父亲及两位姐姐迎接叔父归来的欣喜场面，冀见亲人的奔涌迫切心情。祈祖辈父辈在天之灵含笑欣慰，尽我等后辈寸心。愿这珍贵的孝悌家族亲情文化永志阡陌红尘！

二零二零年十月小山兄弟敬撰雕塑铭文

# 第二章　太平房系综述

曾氏太平房系的始祖曾福仲是一位博洽经史、不畏权贵、识时务、明事理、懂礼仪的读书人，其后裔子孙很好地承袭了他的精神风貌，为国家、为百姓做出了应有的贡献。如四世祖曾志暹倾尽全力捐出粮食1600石赈济灾民，明英宗先是遣使褒奖，后又亲自召见曾志暹，并赏赐了酒肉和冠带；七世祖曾岩山捐谷万石，还义卖10万石赈济灾民，受朝廷表彰，当地知府为其修建忠义祠，建造以他名字命名的岩山桥；十七世曾丙熙，捐银两万两创办杨塘书院，并赠学田400亩作为校产。整个明清时期，曾氏太平房系受朝廷表彰的人物多达37人次，充分体现了曾氏太平房系的高尚品德和精神风貌。

曾氏太平房系遵循祖训，注重自身修养，广泛结交文人，人才辈出。始祖曾福仲、二世祖曾财瑛便是如此。到了太平曾氏十一世，曾廷美（1610—1692）官至副总兵加都督同知，战功颇著，与著名大儒王夫之交往甚深。1648年冬，曾廷美与王船山共辅南明王朱由榔。从此，船山先生与曾氏太平房系交往甚密。王船山57岁定居衡阳金兰湘西草堂以后，与太平曾氏的交往更加频繁。住在佘田桥的曾致文成了他的故交，关系非常密切。1689年，曾致文写了《赞王夫子古稀寿诗》：

百岁人生七十秋，此生恨悔复无求。
一腔理想书中觅，满腹经纶笔上筹。
风雨穷途难坠志，海洋破浪有沉浮。
污泥未损芙蓉艳，肝胆英名人世留。

对王船山了解如此深刻，评价如此准确，感情如此深厚，在船山先生的朋友中是不多见的。

1691 年，邵东太平曾氏一修族谱的主要负责人曾湖峰请王船山写序时，船山先生欣然命笔。现将全文抄录如下：

谱之修也，以合族也。原其开肇，分其派衍，详其支系，缀其芳规，收其散轶，如是而谱成矣，谱成而族合矣。窃试念之：有非天下不可以合者焉，有非性不可以合者焉，有非学不可以合者焉。兴替之数也，而数孰为之，纲维污隆者，时也。而时孰为之？干运消息盈虚莫知朕兆，而有识者窥乎其域。则虞思之后耀于陈，毕万之后大于魏，皆能操其左券而预言之。天不远乎人，存乎人之不远之也，故曰天也，若天之以懿德畀乎人之也。孩提知孝，少长知弟。孝弟之所流行，胥一族而成其大顺。故举族而无不肖之子弟，犹一人之身，手足肢体，官窍发肤，无不调和而顺适也。计族而有克家之英彦，犹一人之身，耳司其聪，目司其明，而身必为之体荣而舒泰也。然则，性受于天，天不可分而性司其合。无忝尔所生，笃性而已矣。至于复性之有学也，四子之书，六经之训。一部十七史之纪，本末之旨灿如日星，善败之徵明于指掌。苟恻然而兴笃本之思，必毅然而为务学之至。又譬之人身之灵，耳任其聪，目任其明，不必谋之肢体而自相谋也。然则，君子言天、言性，即言学者，尤深维乎人道之大而俟其人矣。吾于曾氏之修谱有感焉。

曾氏之先受姓于姒，享国于鄫，邑于莱芜，郡于豫章，衍于南丰，世侯于汉，旄钺于唐，文坛于宋，如大江之流，汇为洞庭，又汇为彭蠡，又汇为震泽。而南丰旁出之沱，博士公又溢祭荥于邵阳，源承其流，而流即为源，传世十四，户分十七，则天之所厚，从可知矣。邵之风醇古，而曾氏族为其冠。博士公以降，仁厚世其家，入其里，礼让之风彬如也。天之所厚，因为性之所秩。无念尔祖而上笃于所生，因旁笃于云礽之昆弟，举族而合之。合以性之不可分，无劳人力矣。曾氏之著，而为余所订交者，处士致文氏；为余所知名者，明经垤耶君，明经蕃祉君，国学时叙君、届祜君。致文子万英、侄万芸从吾子游，吾尝授以予之礼注而俾学焉。

夫礼者，天秩天叙之所以昭也。曾氏之谱其族，其善于礼矣，等杀之不淆，哲愚之不竞，令则之不忘，疏遐之不遗，似续之不替，皆礼意也。谱成而必有善学者出焉。光远而自他，有耀以庇美乎！周汉唐宋之前人。天者为之，而取诸其性，夫岂远哉！

时康熙三十年岁次重光协洽月律蕤宾吉旦

衡邑后学王夫之顿首拜撰

在上面这篇序文中，王船山盛赞“邵之风醇古，而曾氏族为其冠。博士公（指太平房系一世祖曾福仲）以降，仁厚世其家，入其里，礼让之风彬如也”。对曾氏太平房系颇为赞赏，评价很高，从侧面说明了曾氏太平房系极高的影响和声誉。

王夫之还着重讲了修谱的好处，概括起来就是合族，即修谱可使一族之人和谐共处、各安其分。他还谈及，不但一族要合，全天下都要合，各学派也要合。怎样才能合？就是“天秩天叙”使之以昭也。具体地说，就是“等杀不淆”“哲愚不竞”“令则不忘”“疏遐不遗”“似续不替”。一言以蔽之，此文不仅讲了为什么要修谱，而且讲到了如何治国。

从修家谱联系到国家的治理，王夫之不愧为举国之大儒！

也就是王船山写谱序的这一年，他的好友曾致文的母亲七十大寿，于是，王夫之又写了《曾母申孺人七秩寿序》一文：

> 在易之六三，其象曰：“含章可贞。”含，其质也；章，其文也；贞，其德也。三美既具，进迓天休，取之于天，取之于己而已矣。故曰：“地道无成，而代有终。”唯其代终，故无成者皆其成也。陶母若兼刚德焉，非刚也，真方大之象也。柳仲郢之母遇黄裳之元吉焉，质美文宣，昭其大正，故坤德以从乾而立名于不朽。若夫章而含，含而贞，笃之为内葆之幽光，蓄之为潜孚之世美，如玉在璞，如灯在帷，则光大为世所未识。而君子恒乐道之，盍贞无有不含，而含无有不章。质备而文必宣，地道之纯，于斯隆焉。其取之己也，其符之天也。君子信其不习而元吉，为不诬矣。
>
> 太平里之曾氏为邵之望族，曾子致文为其北堂申太母七秩，请言于予，岁在重光，天明之所叶也，地在兑维，坤麓之所奠也。以母二十余年宝婺之辉，勿忘代终，而子翼温仁，孙枝颖秀，余以为坤三之德，以刘顺而笃厚载之休者，曾母有焉。内卦之德已成其慈休之所，世缵不驰声

华于咎誉之府，而黄中通理与乾敌应者相觏为利见之，占地道无成而授以成纯静渊□，萃祉于百年之内，则未占有孚无烦溢祝矣。陶以勋名，柳以文誉，显其母于千秋之下，而致文氏秩秩雍雍，抱尚德之心，冀勿泯慈天之幽懿，属余立言以求不坠。夫含其章者，章如其所含，而章之不可息也。此予所以乐为曾母言也。

是为序。

（引自《船山学刊》2007年第4期，作者曾仪容）

王夫之再次说明“太平里之曾氏为邵之望族”。

曾氏太平房系发展迅速，自曾福仲迁居太平至今约670年，繁衍了三十余代。在这670年中，曾氏后裔人口已经繁衍到了十万余众，成为地方大姓。而且太平曾氏自定居太平里以后，以定居地为中心四散发展。现今太平曾氏的后裔已经扩散到邵东杨桥、汪塘、水东、佘田、高楼、野鸡、崇山、团山、流光岭、火厂坪、周宫桥、龙公桥、砂石、流泽、界岭、光坡、堡面前、茶子山及衡阳县的金兰、大安、界牌和双丰县的花明楼、三塘铺、青树坪等地。另外，在清朝康熙、乾隆年间，万、载字辈有30多个男丁携家眷迁入四川、重庆等地，做了湖广填四川的迁徙立基之祖。

据《太平曾氏周边曾姓调查纪要》叙述，在邵东县内，除太平曾氏以外，还有两支姓曾的。一支是住在九龙岭毛家栗山的大塘曾氏，他们的始祖曾福庆，字仲琳，排行四十六郎，是太平始祖曾福仲的亲弟弟，开始从江西徙宝庆时，和哥哥一起住在太平里粽叶园，明洪武初再迁往九龙岭大塘村。这一支人繁衍至今，已近两万人，在邵东住的只有三千人，大多数已迁徙到四川、贵州及本省的祁东、邵阳、东安、新宁、武冈等地。大塘曾氏在明嘉靖二十三年（1544）完成了一修族谱的工作，太平房系自始至终参与修纂，谱谍的印制也是在太平宗祠守约堂进行，文字谱中的家规家训，与太平房系的一丝不差。在邵东境内，还有一支仅千人，住在野鸡坪的石长云和火厂坪毓桂堂，迁邵开派祖曾淯与太平房系共33派祖丞公。太平房系是略房后裔，他们是珪房后裔。

在邵东县的东面是衡阳县，那里除太平曾氏后裔外，以大安乡为中心，住着曾霸的后裔，两万余人，也与太平房系共33派祖丞公，他们也是珪房的后裔。曾霸是宋朝时迁入衡阳的，曾国藩家族就是从这一支分出去的。

在邵东县东面偏北有双峰县，这里除太平曾氏外，还有曾国藩家族，在曾国藩家乡荷叶塘附近，还住着一支由宝庆迁去的曾思义的后代，也与太平房系共33派祖丞公，他们也是珪房后代，人数大约三千人。

祁东县在邵东县南面，这里的乔木堂曾氏，发展已近三万人。他们的始祖曾福季，是太平始祖曾福仲的亲弟弟，曾在太平住了一段时期，后同哥哥福仲一同往乔木堂考察，觉得那里山清水秀，宜于居家，就在那里落地生根，开花结果。近二十年来，太平曾氏与乔木堂曾氏交往频繁。

太平始祖曾福仲还有一个比自己大两岁的哥哥叫曾福一，字省之，行九郎，官承务郎，先弃职隐衡山下，元朝至正七年同弟弟曾福仲一起徙宝庆东乡太平里。明朝洪武戊申年（1368）五十六岁时，率子复徙宝庆西坪，即现在的新邵雀塘镇田心境内。六十四岁逝世，与弟弟曾福仲同葬一茔，墓在邵东太平兰桥村曾家池。曾福一后裔在中华人民共和国成立前所修之谱，深受太平谱的影响，说法相同，只是38派祖洪立父亲一说有异。1949年后，他们至今未修谱，所以，人数也没有统计，但以他们的老谱推算，至少也有一万人。

新邵县在邵东的西北面，这里除曾福一的裔孙在田心一带以外，还有以赤水为中心住着有4000来人的曾氏群落，这一支属珪房的后裔，与太平房系也共33派祖丞公。

在邵东县西面是邵阳市，那里有三支曾氏。一是紫禁台曾氏，始祖曾林和太平房系的始祖是堂兄弟，是明朝中期从衡阳迁入的。后裔繁衍2000多人，大多住在鸡笼紫禁台一带，也有住在邵东牛马司境内的。二是崇山香水塘曾氏，他们的始祖是曾思义，是元末迁入宝庆的，也与太平房系共33派祖丞公，他们属珪房后裔，有摰、宾、宝、贯四个儿子，繁衍发展都没有人做过统计，迁往双峰荷叶塘附近居住的，就是曾思义的后代。第三个地方就是五里牌曾氏，现在已属于邵阳市内，也是曾思义的后代，总共一千余人。住在邵阳郊区的曾思义的后裔，出过著名的读书人，曾思义的六代孙曾瓒就是其中一个。邵阳市双清公园曾氏《重修碑记》中就刻有这样的句子："曾瓒，字廷器，邵阳人，明正统十三年（1448）中进士，任户部主事，品行端敏，居官有声，载之史册，彰明可考矣。"

有一谱提到曾福仲还有一个哥哥叫曾福孟，一说在衡地，一说在高平，一说在梅邑。在衡阳未找到福孟的后裔；新化的高平，广东的梅县，也没有人去调查。所以，福孟是否有其人，是否有后裔，这个谜还有待解开。

# 第三章　湖南曾氏集团

1980年，曾氏企业在邵东老家诞生。1988年6月，南迁于冷水滩市发展。1993年4月，曾氏集团成立。1995年10月，进入长沙市与沈阳双喜压力锅厂联营，企业得以快速发展。集团产品以电解铝、氧化铝、铝板、铝箔、工业铝型材、五金工具为主。骨干企业有：湖南省曾氏企业有限公司、湖南邵东铝业有限公司、邵东新仁铝业有限公司、湖南益湘科技有限公司、湖南三和科技有限公司、贵州六盘水碳素厂、湖北宜昌长江铝业有限公司、江苏江阴新仁铝业有限公司、上海双牌铝业有限公司、新疆天山铝业等企业。

从1995年开始，集团连续23年进入全国民营企业500强，1998年排名379位，2007年度排名376位。2018年，集团新疆天山铝业排名215位。

# 一、曾氏集团创立80周年大事记

党的十一届三中全会解除了在所有制问题上的传统观念束缚，为非公有制经济的发展打开了大门，民营企业登上了国民经济发展的大舞台。民营经济的迅速崛起，促进了科技创新，在增加就业、改善民生、促进国家经济发展等方面发挥了重要作用。有着80年历史中国民营企业500强之一的湖南曾氏集团书写了中国创业者故事中精彩的一页。

1938年

父亲敬章公深知“无工不富、无商不活”的道理，从仁让堂来到积福街经商，开设流泽“曾氏祥记商号”，从事南杂、百货、日用品、屠业等商业经营。本着薄利多销、和谐经营、童叟无欺的理念，在积福街一步一个脚印，很快打开市场，逐步做出名气。这就是湖南曾氏集团的前身，距今已有80周年。父亲敬章公开启了曾氏集团商业经营之路，绘制了致富的蓝图，留下诚信的美誉，给予后人勇攀高峰的信念。

1940年

10月，参加中国共产党并在湘南地区从事地下工作的叔父曾日章，前往福建寻找新四军，经过崇安县时被捕，遭国民党反动派残酷杀害，年仅24岁。

1942年

父亲经营的商号经过4年多时间发展，扩大经营，兼营副食、布匹、药材等。由于诚信经营，方圆20里的客户舍近求远到“祥记商号”来做生意，商号经营从零售走向批发。

1944年

父亲欲进一步拓展市场，由于日本军队已进入邵东流泽，占领了廉桥、两市塘和邵阳市区。为求生存，家中老少外出躲藏，商号几乎处于停业状态。

1945年

8月15日，日本投降后，商号重新开业。同年农历十月二十八日，大哥曾小山在积福街出生，曾氏增添新的力量。

1946年

父亲审时度势，再一次扩大经营，商号生意越做越大。

1953年

父亲在堂舅父赵学舟的建议下，在积福街购地，修建商铺，为“曾氏祥记商号”的发展打下了坚实基础。

1956年

我国工商业进行社会主义改造，实行公私合营政策。“曾氏祥记商号”被列入改造之列，商店商品全部交公，以支付公债券并入供销社。同年，父亲认为家里人多劳力少，只好放弃参加供销社工作的机会，回家务农，以求家人温饱。

1963年

农村公共食堂解散，政府允许农民种点自留地，实行“三自一包”政策，农村经济慢慢好转，商号又试着营业。父亲在生产队一边务农一边经商，同时安排子女们利用农村集日赶场，学习做些小生意，以培养和锻炼人才。

1966年

“文化大革命”开始，“曾氏祥记商号”被迫停业，我和弟弟左桥小学尚未毕业，只得辍学参加生产队劳动。

1969 年

3 月，父亲为了全家人生计，安排大哥曾小山去新邵县上童冲学习竹篾器编织手艺，我和弟弟左桥每周一次步行40 多公里从流泽到新邵县上童冲担运竹拖，搞点副业增加收入，增添家用。农历四月二十五日，曾小山长子曾超懿出生，父亲十分高兴，亲自下厨做菜，招待亲友。

1970 年

大哥曾小山学成之后，几兄弟利用早晚时间在家搞点副业。家乡当时小煤矿很多，竹拖业务慢慢做大，家里人多劳力多，一到冬季别人农闲休息，我们兄弟几人并不闲，家庭副业越做越好。

1975 年

在反击“右倾反案风”运动下，家庭副业被视为走资本主义道路，手工业工具和材料全部收归大队综合厂，我们兄弟只能在综合厂拿生产队工分。

1976 年

大队综合厂为提高效益，实行生产承包。我们兄弟承包大队综合厂，吃苦耐劳，灵活经营，干劲十足，每天工作 12 小时以上，收入慢慢增多，业务随之做大。

1978 年

2 月，反击“右”倾翻案风，使承包的经营综合厂再一次被打成地下工厂，我和父亲及大哥小山、弟弟左桥先后到廉桥工商所隔离反省每人学习 15 天，综合厂只得停业。

12 月，党的十一届三中全会在京召开，我国拉开了改革开放的序幕。在除夕那天，为纪念这个好政策到来，我们兄弟 4 人带子侄超懿、超群、超毅步行 4 公里来到廉桥照相馆照了一张合影，并请照相师在照片上题写“云开日出”以表达对党和国家新政的感恩之情。

1979 年

春节，时年 66 岁父亲组织我们兄弟学习新政策、开拓新思路。

8 月和 11 月弟弟左桥和铁桥分别前往岳阳和湖北黄石市做眼镜生意，父亲重新装修“曾氏祥记商号”，再次开门营业。

1980 年

大哥小山和几位同学筹资承包新泉大队综合厂，聘请师傅生产翻砂铝锅等产品。我和弟弟左桥、铁桥 3 人前往江苏、上海等地从事眼镜批发生意，规模逐渐扩大；年底在流泽修建新房三间供小弟铁桥结婚。

1981 年

大哥小山承包新泉综合厂取得成功后，安排我和彭跃威、刘杰灵等人办理个体工商执照，创办十字铝制品厂，生产铝锅、铝桶等制品。

4 月，我和岳父周祥麟赴长沙成立“邵东十字铝制品厂驻长业务处”，收购废铝，为工厂提供原材料。

1982 年

7 月，我与曾晴西、唐金兵等人合伙创办“十字化工厂”，生产“脱模剂”，产品销往橡胶厂和水泥预制场。

8 月，大哥小山在积福街建新房 4 间，取名“新仁堂”，全家从仁让堂重新迁回积福街居住和发展。

1983 年

农历二月十六日，我和岳父在廉桥镇上投资开店经营，从事日杂、副食、百货、布匹等生意，流泽“曾氏祥兴商号”搬入廉桥镇，更名为“曾氏益湘商店”。

1985 年

4 月，国家改革开放政策进一步明朗，湖南省政府在长沙召开家庭工业和联户企业代表座谈会，大哥小山作为邵阳市唯一的代表出席会议，受到时任省委书记毛致用、省长刘正等领导接见，被授予“致富能人”称号，奖励曾氏企业解放牌柴油汽车指标一辆。

1988 年

5 月 3 日，我们兄弟一行 6 人到冷水滩市了解城市户口出售情况，经父亲同意，出资 12 万元购买 21 人城镇户口，在冷水滩投资兴办企业。

5 月 16 日，我和弟弟左桥在冷水滩市投资 16 万元购买珊瑚乡珍珠塘综合厂办公楼和土地，新建厂房及宿舍。

8 月，弟弟左桥在冷水滩创办的电子元件厂试生产。

9 月，我创办的冷水滩压力锅厂投产。

10 月，大哥小山投资 20 万元在冷水滩珍珠村建设年产钢材 3000 吨的轧钢厂，长侄超懿任厂长。

1989 年

5 月 29 日，我在廉桥经营 6 年多的曾氏益湘商店全部搬入冷水滩，从此我们全家正式在冷水滩工作、生活和学习。

1990 年

5月，我在竹山桥投资创办的冷水滩凿岩钎具厂建成投产，生产钎具、扩孔钎头、连接套、钎尾，为铁路隧道、大型水利工程建设提供配套产品。

10月3日，冷水滩压力锅厂经零陵地区计量局全面验收，获得三级计量单位。

1991年

3月27日，父亲以敏锐的眼光，纵观经济发展态势，做出前瞻性的建议。我们兄弟一行6人前往深圳、大亚湾等地进行为期一周的考察，曾氏企业计划涉足特区发展。

6月，我所创办的冷水滩凿岩钎具厂荣获冷水滩市人民政府颁发的“重合同、守信用”企业称号。

1992年

2月，曾氏企业进驻深圳设立办事处。

3月，开始在深圳经营股票，并计划在大亚湾投资房地产业。

农历十月二十三日，我们兄弟在老家流泽为父母八十大寿设宴招待宾客，同时捐现金3万元及棉被120套、大米10000斤发给当地贫困户。

12月，我当选冷水滩市第四届政协常委。

1993年

3月，大哥小山当选邵阳市第十一届人大代表。弟弟曾铁桥当选邵东县第四届政协委员。

4月，在湖南省委、零陵地委、邵阳市委的关心支持下，“曾氏实业集团”在冷水滩市正式挂牌成立。

8月，长子曾超群在冷水滩四中毕业，并考入北京大学国际经济系。

10月16日，我和大哥小山、唐联风、金普生等人在冷水滩市河东购地28.2亩，计划投资4000万元，修建一座集商贸、居住融一体的“河东商贸城”。

1994年

1月，我投资购买了冷水滩市规划局的上岭桥加油站，从事石油经营服务业，并更名为“滴水洞”加油站。

2月，在邵东县政府的支持下，大哥曾小山投资400万元在流泽新建铝材压延厂，解决邵东等地铝制品厂生产原材料供应问题。

1995年

11月，曾氏集团进驻长沙发展，租用观沙岭工业园长沙橡胶机械厂的38亩土地和厂房，成立湖南省益湘铝业有限公司，和沈阳双喜压力锅厂签订联营生产双喜压力锅的合作协议。

1996年

3月，湖南省益湘铝业公司正式投产，曾氏集团生产的双喜牌压力锅产品销往四川、云南、贵州、湖南等地，产销两旺，为曾氏集团铝工业发展做出了较大的贡献。

6月，弟弟铁桥在邵东流泽成立邵东工具厂，投资300万元与上海制钳厂联营生产“沪工牌”五金工具。

10月28日（农历九月十七日），大哥小山长孙宇正在流泽出生，父亲在公司接到电话后，连夜从长沙赶回邵东看望曾孙，四世同堂十分喜悦。

1997年

4月11日，时任湖南省委书记王茂林在市县领导的陪同下视察邵东铝业公司和邵东银工工具厂等企业。王茂林书记对曾氏集团的稳步发展给予了高度评价，并鼓励曾氏企业解放思想，加大发展。

6 月，超懿和其爱人李亚洲到湖北郧西县创办湘鄂有色金属冶炼厂。

8 月，左桥当选长沙市岳麓区政协常委和岳麓区工商联副主席。

8 月 7 日，时任湖南省委副书记储波在长沙市委副书记易希文等领导的陪同下考察曾氏益湘铝业。

8 月 18 日，《曾氏企业报》在时任省政协主席刘正，省委常委、长沙市委等领导的关心和支持下正式创刊出版。

9 月，毕业于北京大学的曾超群，被分配到中共长沙市委办公厅工作。

10 月 2 日，曾氏集团的创始者、元老——我母亲因病医治无效在邵东流泽逝世，享年 85 岁。我们兄弟怀着极其悲痛的心情，为老人举行为期 4 天的葬礼。

11 月 3 日至 7 日，我出席在北京人民大会堂举行的全国工商联第八次会员代表大会，并当选为全国工商联执委。

12 月 28 日，我当选长沙市十一届人大代表，参加市人大会议。

12 月 30 日，邵阳市十二届人民代表大会召开，大哥小山当选湖南省第九届人大代表。

1998 年

3 月 30 日，我和大哥小山同时出席在长沙召开的《省乡镇企业工作会议》，大哥小山被评为“湖南省乡镇企业家”，益湘铝业公司被授予“湖南省明星乡镇企业”。

5月3日，曾氏集团部分企业迁驻冷水滩十周年座谈会在冷水滩河东商贸城召开。

8月7日，大哥小山在永州双牌投资2700万元兴建的年产1万吨电解铝的双牌铝厂，正式破土动工。

12月22日，曾氏企业集团在长沙隆重聚会，热烈庆祝党的十一届三中全会召开20周年，集团领导人回顾了党的十一届三中全会给私营企业带来的无限活力。

1999年

3月9日，双牌铝厂第一期工程竣工，30条电解槽投入生产。

7月2日，该厂第二期工程竣工，32条电解槽投入生产。

10月29日至11月17日，湖南省总商会应邀组团访美，我作为曾氏集团总经理应邀参团，先后考察洛杉矶、华盛顿、纽约、旧金山、夏威夷等城市。

2000年

3月8日，双牌铝厂第三期工程全面竣工投产，该项目的建成，使曾氏集团的铝材料生产供应上了一个大台阶。

4月24日，大哥小山和我分别荣获“湖南省劳动模范”和“永州市劳动模范”光荣称号。

7月8日，曾氏集团投资在贵州六盘水市建设的电解铝厂破土动工。

12月19日凌晨，曾氏企业集团创始人、88岁高龄的父亲敬章公在流泽逝世，曾氏集团所有企业放假3天，为集团创始人举行为期5天的葬礼。

2001 年

1 月，大哥投资 3000 万元，在流泽建一座现代化铝板生产基地，计划在 2002 年 6 月建成投产，年产值可达 1.5 亿元。

2 月 3 日，曾氏企业集团在贵州省投资兴建的第 2 个电解铝厂——安顺铝厂破土动工。

4 月 22 日，湖南省乡镇企业工作会议在株洲召开，曾氏集团副董事长曾左桥荣获湖南省人民政府颁发的“湖南省优秀乡镇企业家”称号。

10 月 25 日，经全国工商联等部门审查评定的全国 500 强民营企业在京揭晓，《中华工商时报》等新闻媒体公布，曾氏集团名列 359 位。

12 月 8 日，在邵阳市委书记蒋建国等市、县领导陪同下，时任湖南省委书记杨正午率省直有关部门领导到邵东铝业公司视察。

2002 年

4 月 13 日，在邵阳市委书记蒋建国的陪同下，时任湖南省省长张云川视察曾氏企业集团下属企业邵东铝业公司、邵东银工工具公司等。

4 月 28 日，上海双牌铝业公司成立，该企业主要经营集团下属各电解铝生产企业的产品出口和氧化铝进口等业务，曾超懿任公司总经理。

10 月 7 日，集团投资兴建的第 4 个电解铝厂——长江铝业有限公司在湖北宜昌破土动工，该厂设计规模为年产电解铝 12 万吨，产值可达 15 亿元。

11 月 23 日至 27 日，全国工商联第九次全国代表大会在北京召开，我再次当选第九届全国工商联执委。

11 月 28 日至 29 日，《贵州日报》公布，我和左桥分别当选贵州省第十届人大代表和第九届政协委员。

12 月 29 日，时任湖北省委常委、常务副省长周坚卫等领导视察宜昌长江铝业有限公司，对长江铝业的快速发展给予肯定。

同年，我当选湖南省第九届政协委员和贵州省第十届人大代表，左桥当选贵州第九届政协委员，大嫂邓娥英当选湖南省第十届人大代表，铁桥当选邵阳市第十届政协委员。

2003 年

1 月，大哥小山当选全国人大代表，3 月 5 日至 17 日光荣出席第十届全国人民代表大会。

4 月，为纪念曾氏集团创始人敬章公诞辰 90 周年（老人生前十分注重文化教育），集团捐资 26 万元修建流泽中学敬章科教楼。

10 月 19 日，曾氏集团委派 8 人，由大哥小山带队，随湖南省政府工商代表团到日本大津参加湖南省和日本贺滋县友好联谊 20 周年庆典会。

2004 年

3 月 17 日，集团下辖的六盘水铝业公司、安顺铝业公司同时荣获“贵州省优秀乡镇企业”称号。

6 月 25 日和 7 月 28 日，全国人大副委员长、民建中央主席成思危，全国政协副主席、全国工商联主席黄孟复分别视察贵州，在省政府召开民营经济发展座谈会，我和左桥出席会议，分别向成思危主席和黄孟复主席汇报曾氏集团在贵州的投资情况，受到领导们的高度重视。

6月，曾氏集团在贵州南方铝业举行股东会议，会上确定：为加快发展，曾氏集团决定分为两家集团，以董事长曾小山为首成立曾氏铝业集团，以总经理曾佑桥为首成立曾氏企业集团。

12月10日，我和大哥小山同时参加省政府召开的光彩事业座谈会，分别荣获“湖南省优秀中国特色社会主义事业建设者”称号和“湖南省十佳光彩人物”称号。

2005年

5月，左桥荣获“贵州省优秀中国特色社会主义事业建设者”光荣称号。

6月，大哥小山出资1.2亿元人民币，收购长沙昊天大酒店，作为曾氏集团在长沙的总部。

7月18日，集团收购贵州平坝化工厂，投资建设的第一期年产8万吨氢氧化铝项目，破土动工。

11月29日，集团在长沙神龙大酒店举办盛大宴会，集团各企业代表共同祝贺大哥小山60大寿。

12月25日至26日，中国光彩事业促进会第三届会员代表大会在北京召开，我出席会议并当选为中国光彩事业促进会第三届理事会理事。

2006年

4月28日，湖南省工商界百名诚信人物表彰大会在长沙召开，我荣获“湖南省百位诚信企业经营者”的称号。

6月20日，集团重点企业——平坝宏大铝化工公司第一期工程试生产，第二期工程8月22日开工建设。

10 月 19 日，安顺黄果树铝业二期年产 10 万吨电解铝技改项目破土动工。

2007 年

7 月 10 日至 12 日和 8 月 29 日至 30 日，湖南省工商联（总商会）第十次代表大会和贵州省工商联第十次会议分别在长沙、贵阳召开，我和左桥分别当选湖南省总商会副会长、贵州省总商会副会长。

7 月 18 日，宏大铝化工有限公司和贵州大学联合成立铝资源研发中心，联合开发的贵州低品位铝土矿再利用做出成果。

5 月 21 日至 7 月 30 日，集团捐资 40 万元修建邵东大塘光彩科教楼和蓝山县大桥学校光彩科技楼。

2008 年

5 月 3 日，庆祝曾氏集团迁驻永州发展 20 周年座谈会在冷水滩南华酒店召开，我以“回顾创业历程，加快企业发展”为题发表讲话，总结过去，展望未来。

7 月 8 日，民建中央全国抗震救灾优秀会员表彰大会在北京召开，全国 698 位优秀民建会员受到表彰，我被评为“全国抗震救灾优秀民建会员”。

10 月 27 日至 29 日，2008 湖南经济合作洽谈会暨第二届湘商大会在岳阳市隆重召开，弟弟左桥被评为湖南省首届十大杰出湘商。

2009 年

2 月，时任安顺市委书记陈坚到平坝宏大铝业公司看望员工并现场办公，帮助宏大铝业协调解决原材料紧张、矿山配置、企业融资等问题，支持宏大铝业做大做强。

5 月，时任全国人大副委员长、民建中央主席陈昌智来湘调研，在湖南省委九所宾馆召开座谈会。我应邀参加会议，并在会上就曾氏集团改革开放 30 年来的发展情况和安顺铝业在节能减排方面取得的成绩做了汇报。陈昌智主席对公司给予充分肯定。

7 月 8 日至 13 日，大哥小山带队我们兄弟一行八人，到青海、甘肃、陕西三省进行了为期一周的考察，了解当地投资环境和市场状况。

10 月 20 至 31 日，湖南省工商联应英国中小企业科技创业园和瑞典斯德哥尔摩商务区邀请，组团远赴英国、丹麦、挪威、瑞典、芬兰等北欧地区进行商务考察，我和夫人周向梅参加考察。

2010 年

6 月 19 日，曾氏企业在长沙高新区购买土地 50 亩，投资建设曾氏企业麓谷生产基地。该基地是一个集研发、生产于一体的高科技产业园。

8 月 16 日，新疆天山铝业项目开工建设，经过一年多紧张筹备，集团决定在新疆石河子市投资建设煤电铝一体化项目。该项目的建设使集团铝工业发展登上了一个新台阶。

9 月 7 日至 21 日，我在北戴河参加全国政协第 74 期干部培训班。时任全国政协副主席王志珍出席开班式并讲话。

10 月 27 日，曾氏新仁铝业在新加坡成功上市。

2011 年

4 月 4 日至 5 日，曾氏集团创业 30 周年庆典座谈会在流泽邵东铝业召开，回顾历程，总结经验，畅谈未来发展。

8月13日，时任新疆维吾尔自治区党委书记张春贤率区政府有关领导到天山铝业视察，帮助企业解决发展中遇到的一些难题，并充分肯定了曾氏集团作为一家有实力的企业，投资建设天山铝业，为新疆经济发展做出了重大贡献。

8月26日，曾氏企业和金荣集团联合成立湖南金佑投资有限公司，在长沙望城区工业园购地270亩开发工业地产项目。

9月5日，由国台办主办、娄底市人民政府协办、双峰县人民政府承办的海峡两岸曾国藩首届学术研讨会和曾国藩诞辰200周年庆典活动在双峰荷叶塘召开，我参加庆典大会。

10月28日，曾氏集团新疆天山铝业经过一年多时间的努力拼搏，第一期工程顺利通电试生产。

12月8日至13日，长沙市岳麓区总工会组团考察日本，我和夫人向梅随团前往日本参加考察。

2012年

11月22日，集团新疆天山铝业煤、电、铝项目第一期两台35万千瓦自备电厂并网发电。

11月27日（农历十月二十三日），曾氏兄弟率子侄聚集流泽老家，举行庆典。隆重纪念父亲敬章公和母亲赵老孺人诞辰100周年。

2013年

9月12日，为做好产业转型升级，湖南省曾氏企业有限公司与长沙高新技术开发区、长沙市食品药品监督局正式签订三方合作协议，在高新区购地226亩，投资建设湖南益湘生物医药产业园。

10月21日，新疆天山铝业第三期电解铝项目通电运行，至此该公司已达年产 90 万吨电解铝的生产规模。

10 月 25 日，新疆天山铝业二期两座 60 万千瓦自备电厂发电成功，可供天山铝业年产 90 万吨电解铝项目 60% 的用电量。

2014 年

3 月 16 日，曾氏企业被认定为“长沙市市级孵化器资质”。随后着手申报湖南省省级孵化器资质。

6 月 21 日至 30 日，曾氏企业总经理曾侯军、副总经理马昭琳随长沙高新区管委会组团参加美国圣地亚哥生物科技大会，会上曾氏企业代表参与合作洽谈，为曾氏生物孵化器园区签订了多份意向合作协议。

11 月 5 日至 7 日，中国传媒大学“崔永元口述历史研究中心”张明巍教授一行 3 人，专程到长沙采访，了解曾氏集团创业 35 周年的发展之路。我和左桥分别代表曾氏集团接受采访，讲述 1978 年十一届三中全会以来的企业发展之路。

2015 年

4 月 26 日，曾氏企业获岳麓区政府批准，进驻岳麓科技产业园，与园区管委会签订入园合作协议。曾氏企业自 1995 年从永州迁到长沙发展以来得到了岳麓区党委政府的支持，本次进入园区是曾氏企业发展的又一跨越。

4 月 27 日，我和新仁科技公司负责人黄翼辉从长沙到永州，向时任永州市常务副市长易佳良汇报曾氏企业发展情况。曾氏企业自 1988 年进驻永州发展，在永州市委市政府支持下，企业得到平稳发展。

6 月 27 日至 28 日，曾氏文化论坛暨基金会创建大会在长沙举行，来自全国 20 多个省市区的曾氏代表出席会议，大哥小山当选为曾氏文化基金会会长。

9 月 27 日，湖南省科技厅领导在长沙市科技局等领导陪同下，到曾氏企业麓谷孵化基地进行联合验收，曾氏企业获得评委一致通过，被评为“湖南省科技孵化器”项目。

10 月 16 日，已引进 50 多家科技企业的长沙高新区曾氏麓谷工业园，经长沙高新区和省科技厅市科技局联合推荐，成功申报并被批准为国家火炬计划项目。

11 月 6 日，湖南省经济合作洽谈会暨第七届湘商大会在邵阳市召开，全国政协副主席、全国工商联主席王钦敏等领导出席会议，曾氏企业总经理曾侯军参加会议，并在会上就曾氏集团创业发展 35 周年做大会发言。

12 月 9 日，大哥小山 70 大寿庆典在长沙世纪金源大酒店举行，曾氏集团旗下 36 家企业代表和来自全国各地亲朋好友到场祝贺。

2016 年

1 月 23 日，曾氏企业与李检云、曾斌、范理等股东共同投资 3800 万元，收购麓谷邵液洪格液压有限公司土地、厂房及办公楼等，改造为洪格科技孵化器项目。

1 月 29 日，我与大哥小山、弟弟左桥，以及夫人向梅，次子超军，彭柑夫妇带其两子俊豪、俊博等一行 11 人，来到湖南杂交水稻研究中心，再次拜访袁隆平院士。曾氏家族对袁隆平院士研究杂交水稻工程，解决世界人民吃饭问题十分钦佩。大哥小山高兴地和袁隆平院士就社会发展等问题进行了亲切交谈。

4 月 22 日，曾氏企业创立 35 周年庆典座谈会在长沙麓谷曾氏企业召开，我介绍曾氏企业 35 周年发展历程。21 名书法家和企业代表为曾氏企业创业 35 周年题词作画。

5 月 16 日至 21 日，曾氏企业总经理曾侯军随湖南省代表团出席在香港召开的“一带一路”高峰论坛。香港特别行政区长官梁振英致开幕辞，中共中央政治局常委张德江出席会议并讲话。

6 月 16 日，长沙县召开党政负责干部会议，时任长沙市委常委、组织部部长程水泉出席会议，宣读湖南省委和长沙市委有关干部调整决定：曾超群任中共长沙县委委员、常委、书记。

12 月 25 日，长沙经开区召开干部会议，时任长沙市委常委、组织部长张宏益宣布省、市委有关干部任免决定：曾超群任长沙经济技术开发区党委书记。

2017 年

2 月 21 日，我和大哥小山、弟弟铁桥等兄弟在时任邵阳市政协主席周吉平等市县领导陪同下，前往曾氏兄弟 40 多年前的创业地新邵县太子庙镇严塘村，帮助村民脱贫致富，捐助现金 20 万元用于修建道路和改造村级公共设施。

2 月 27 日，曾氏企业和湖南有色设计院签订收购麓谷有色三和工业园用地（116.6 亩）协议，并向管委会申请转为工业地产开发项目，由曾氏企业投资建设三和智汇产业园。

6 月 6 日至 9 日，我随湖南省政协副主席胡旭晟所率的省政协委员代表团赴广州市、汕尾市、清远市三地调研广东省非公有制经济发展，学习听取三地发展的成功经验。

6 月 21 日至 7 月 1 日，长沙地区遭受洪灾，严重损坏农作物和房屋等设施，曾氏企业总经理曾侯军随省市政协和工商联前往重灾区宁乡县抗洪救灾，曾氏企业再次为灾区捐款10万元。

7月24日至26日，曾氏企业第三代学子曾俊豪，在北京参加2017年第十四届“外研社杯”全国小学生英语大赛（个人技能赛），荣获全国总决赛A组三等奖。

11月30日，湖南省政协民族和宗教委员会在长沙枫林宾馆召开全体委员（扩大）会议。时任省政协副主席葛洪元及相关领导出席会议。我作为省政协委员和省民宗委委员参加会议。

12月10日，湖南省工商联十一届六次会议在长沙湘江世纪金源大酒店召开。我参加会议并向大会递交十一届副会长述职报告。

2018年

4月26日，曾氏企业投资建设的三和智汇产业园举行园区6个项目集中开工典礼，该项目总用地面积116.6亩，总建筑面积约27万平方米，可满足创新创业型小微企业、科研中试型中小企业、加速成长型企业等不同规模、不同发展阶段企业的场地硬件及软环境需要。

5月21日，曾氏企业联合曾斌、范理、莫美容等人收购长沙广瑞紧固件有限公司地块，拟投资1.3亿元建设长沙广瑞智能制造科技园区，总用地面积50亩，规划总建筑面积为7.6万平方米。该项目主要提供嵌入式系统研发、生产、应用配套环境。

6月29日，曾氏益湘医疗器械科技园开工建设，项目由湖南益湘斯德尔科技有限公司投资建设，被列为长沙市岳麓区重点项目，总用地面积 49.93 亩，规划总建筑面积 6.08 万平方米。项目拟打造为集研发、生产、仓储及生活配套为一体的高端生物科技园，项目总投资约 8 亿元。

7 月 11 日，曾氏集团第四代长孙曾宇正美国留学完成大学学业回国，在上海双排铝业参加工作，任见习经理，协助其父亲曾超懿管理工作。

10 月 26 日，曾氏集团创业 80 周年座谈会在长沙曾氏企业召开。曾氏集团董事长曾小山和我分别在会上介绍了曾氏集团 80 周年创业发展史，得到了与会领导和嘉宾们的高度认可。

11 月 22 日，曾氏企业申报国家级孵化器资质，经省科技厅会同中南大学和湖南大学有关专家初步鉴定符合申报标准，并计划报国家科技部复审批准。为此，曾氏企业将为创业者搭建一座更大、更坚实、更通畅的创业之桥。

曾氏集团 80 年来的曲折历程，映射中国民营经济发展的路线，在经历一次又一次的浴火洗礼后，终于成长为美轮美奂的“金凤凰”一飞冲天。随着中国改革开放的不断深入，曾氏集团将不断提升管理水平，促进经营业绩稳步发展，注重员工素质和企业文化，弘扬社会主义核心价值观，推进曾氏集团健康、可持续发展。

（此大事记由曾佑桥编撰）

# 二、风雨80年——致敬曾氏集团

曾氏集团八十年发展的光辉历程，不仅仅是中国民营企业发展的历史缩影，更是中国民营企业家奋勇拼搏的精神写照。

跟踪采访曾氏企业近10年来，该集团所走过的风雨历程，为不屈命运抗争的艰难，为中国崛起所作出的贡献，令人崇敬。

每个人都会以不同的形式影响自己所处的时代，而曾氏集团在80年的风雨中，苦难没有消磨它的勇气，黑暗没有消磨它的智慧，挫折没有毁灭它的激情，终于在坚守中迎来了自己云开日出的那一天。

梳理曾氏集团所走过的艰辛历程，以10年时间段为一个维度，我们再来回望一下这家企业的伟大。

1938至1947这10年，是兵荒马乱的战争年代，曾氏企业艰辛创业的10年，为日后曾氏发展奠定了基础。

1948至1957这10年，中国商业刚有起色，在当时的历史背景下，1956年国家实行公司合营，资产交公，曾氏企业为新中国的发展做出了第一次贡献。

1958至1967这10年，是三年困难时期，加上“文革”动乱，曾氏企业停业。

1968至1977这10年，曾氏企业家族成员一边务农，一边学习挣钱积累资本，苦练内功等待好机遇。

1978年至1987年这10年，党的十一届三中全会召开，党的好政策来到，曾氏家族大梦先觉，敢为人先，走在创业前列，企业获得较好发展，曾氏集团初具雏形。

1979年2月，中共中央、国务院批转了第一个关于发展个体经济的报告，允许“各地可根据市场需要，在取得有关业务主管部门同意后，批准一些有正式户口的闲散劳动力从事修理、服务和手工业者个体劳动”，城市地区的个体工商户应运而生，这为中国民营企业的萌发提供了机会。

改革开放政策一扫过去的阴霾，经济焕发出春天般的勃勃生机。国家开始承认私有经济的合法性。1980年前后，第一批个体工商户合法获得营业执照；1981年7月，国家首次承认个体户存在的合法性。在此背景下，民营企业顺势而生。

1988至1997这10年，是曾氏企业快速发展的10年，从家乡南迁冷水滩，把家庭工业做大进入民营企业500强。1992年，邓小平同志的南方谈话，标志着中国改革开放第二次浪潮的掀起。同年召开的党的十四大，确立了走社会主义市场经济道路，确定了“以公有制为主体，个体经济、私营经济、外资经济为补充，多种经济成分长期共同发展”的方针。在这样的大背景下，全国上下创业激情高涨，迅速掀起一股下海潮，大量机关干部、科研人员、国有企业员工、海归等跳出体制，纷纷辞职下海创办企业，形成我国改革开放后的新一轮创业潮。1993年，曾氏家人整合过去小作坊正式成立曾氏集团。

1998至2007年这10年，曾氏集团提出民企要发展要向国企学习规范化管理和做大产业之理念。1997年，曾氏集团开始和国企合作，扩大眼界，规范管理。2000年进入贵州发展铝工业，参加西部大开发。

2008至2017这10年，曾氏企业产业转型升级，关停20万吨以下的高耗能小电解铝产业，走科技创新之路。曾佑桥离开贵州回到长沙投资生物医药和医疗器械等新生产业，并且配合长沙高新区投资科技孵化器项目；大哥曾小山企业2010年在新加坡成功上市，响应中央新疆工作会议精神，到新疆石河子投巨资建设煤、电、铝一体化大项目。

2017年，党的十九大报告指出，中国特色社会主义进入了新时代，并重申“两个毫不动摇”，为民营经济持续健康发展指明了方向，标志着中国民营经济发展进入新的历史阶段。2018年政府工作报告指出，支持民营企业发展。坚持“两个毫不动摇”，坚持权利平等、机会平等、规则平等，全面落实支持非公有制经济发展的政策措施，认真解决民营企业反映的突出问题，坚决破除各种隐性壁垒。构建新型政商关系，健全企业家参与涉企政策制定机制。激发和保护企业家精神，增强企业家信心，让民营企业在市场经济浪潮中尽显身手。

事实上，曾氏集团在享受到改革开放政策红利的同时，还怀有深切的家国情怀。曾氏集团总经理曾佑桥说：“在80年的发展历程中，经过三代人的努力，曾氏集团的品牌特色愈发彰显，文化根基愈发深厚，经济实力愈发强劲。未来我们将继续以科技创业为引领，不断强化企业管理，创新业务模式，扩大市场辐射力，在经营发展的道路上砥砺前行，不忘初心，牢记使命，传承和发展曾氏集团企业的使命和担当。”

改革开放天地宽，昂首奋进正当时。曾氏集团80年的发展经验表明，民营经济的底蕴在于奋斗、民营企业的生命力来自创新，而要让奋斗的底蕴与创新的生命力迸发出来，还在于构建一个更优质、更亲商的营商环境。曾氏集团发展的历史告诉我们，民营中小企业凭借其生产的高效性、创新的精准性，在整个产业链条中融入得更加紧密，发挥出了不可替代的作用，成为拉动生产、推动创新不可或缺的坚实力量。

可以期待，中国特色社会主义进入新时代，民营经济必将更高质量地发展，不断焕发其独有的魅力和活力，在国民经济发展中扮演更重要的角色、彰显更华丽的色彩。

（中华工商时报记者章勇）

# 三、曾氏集团高管介绍文选

## 运筹帷幄，决胜千里

——记曾氏集团董事局主席曾小山的发展之路

在中华人民共和国成立之初，邵东经济发展水平还在全省平均水平之下，是典型的内陆贫困县。但到了1998年，该县GDP达47亿元人民币，高于中西部239个县级市32.15亿元的平均水平。在2004年时，邵东GDP升到86.47亿元，在湖南省居第五；县治所在地两市镇更是获得“湖南综合实力第一镇”的桂冠。虽然邵东经济实力和沿海发达县（市）相比，存在着很大的差距，但与内地相比，还是让人刮目相看。这个不沿海、不沿江、不沿边、人多地少的弹丸之地，外无重点工程投资拉动，内无经济特区政策优惠，又是如何创造被经济学者称为“邵东现象”的经济奇迹的呢?

早年，在沉重的生存压力下，邵东人迫于生计纷纷外出“淘金”，使邵东获得了“百工之乡”的称号。有个小故事，很能体现拓荒时期邵东人精明的商业头脑。20世纪80年代初，邵东人在秋收后，将稻谷15元一担卖给邻县人，春荒时，再以20元一担的价格买回。邻县人窃笑：“邵东人傻，每担送我5元!”邵东人感慨：“邻县人笨，帮我存了一年粮食不说，还给我一笔活钱，让我落实好几笔生意!”

这就是精明的邵东人。

提到邵阳商人，就不能不提曾小山。曾小山的创富历程，某种意义上就是中国第一代民营企业的发展缩影。

相对于同时代同地域的人，曾小山的高中学历无疑让他对财富更为敏锐。曾小山回到了当时的生产队担任会计和出纳员。也许是受父辈的影响，他从小就具有经商的天赋。十年动乱时期，他曾带领3个兄弟弃农经商，从事当时所谓的“投机倒把”。因为那个年代割“资本主义尾巴”风越刮越厉害，到70年代初，他只好弃商去新邵拜师学习竹篾技术，而后与兄弟们办起了竹篾加工厂。但好景不长，竹篾加工厂两度被打成“黑工厂”。工厂被封，生产设备、产品全部充公，家被抄，家具也被抬走。曾小山还被关了30多天，不准再从事手工业，责令在生产队里老实出集体工。极左路线虽使曾小山尝尽了苦头，历尽了坎坷，但却练就了他一身铮铮铁骨和处变不惊的应变能力，也为他后来办厂立业奠定了基础。

党的十一届三中全会确定了发展经济、改革开放的方针政策，这为曾小山兴办企业、施展才华带来了千载难逢的好机遇。

1981年，改革开放伊始，曾小山放弃承包新泉大队综合厂，和弟弟曾佑桥等人筹资不到5000元钱，在家乡大坪大队以生产队名义创办了湖南省第一家民营企业——邵东流泽十字铝制品厂，生产最原始简陋的翻砂工艺粗品炒菜锅是一个最典型的家庭手工作坊。因为是全省的第一家民营企业，曾小山一度名声大噪。直到现在，曾小山津津乐道的不是亿万富豪的身价，而是当年“第一”的勇气和胆识。

曾小山说，他的创业三十年可以分成艰辛的17年和幸福的

13 年，是邓小平的改革开放政策让他彻底翻身做主人。他是邵东的第一批万元户，卖过铝锅，办过铝翻砂厂、轧钢厂。什么行业有前途就做什么，做过的行当很多。开办家庭手工业作坊时被当时的政府批判成“资本家黑工厂”，富农出身的背景也让他尝尽苦头。那时开办工厂都要亲力亲为，一天除了睡觉，所有的时间都是在工作。

五年的艰苦创业，五年的顽强拼搏，尽管付出了许多辛勤的汗水，尝够了办企业的艰难曲折，但天道酬勤，曾小山办的企业因此得到了较大的发展，他也尝到了创业带来的欢乐。用曾小山一句话说，非公有制经济如同一株幼苗，虽有早春刺骨的寒意，但也有润物无声的和煦，它最终必破土而出，茁壮成长。

1985 年，湖南省召开个体私营经济代表座谈会，省内只有 26 名有影响力的企业界人士参加，曾小山代表邵阳市唯一的一个代表出席会议。在会上，时任副省长曹文举鼓励大家解放思想，迈开步伐大胆干。时隔 13 年后的 1998 年，当年的 26 家优秀企业，现在只剩曾氏铝业和另外一家了。1988 年，邵东全县有 8 个优秀私营企业，但到 1998 年，受市场经济的冲击，也只剩下曾氏企业在发展壮大，其他 7 家企业早已不复存在。曾小山说，办企业既要摸着石头过河、稳打稳扎，又要把握机遇、不断进取，只有这样，企业才能在激烈的市场竞争中立于不败，求得发展。

1995 年，为考察铝制品行业，曾小山在长沙铝厂被保卫人员抓了起来，原因是他看得太仔细、看得太入神。1998 年，他通过论证电解铝的前景，知道只要利用好最廉价的电力资源，就能大大地降低成本，于是他决定在双牌电站附近投资建设电解铝厂。当时因为只有 500 万元资金，但建设工程需要 1500 万元，他只好依靠老家的亲朋好友和邵东银行的支持到永州投资，儿子和妻子都督战现场。

终于，工厂建成当年就产生巨大效益。不久曾小山再次决定到电力资源丰富的贵州和湖北宜昌建设电解铝厂。因为电解铝和钢铁具有无法比较的优势，于是他成立的曾氏集团不知不觉就成了中国铝业的老大。

2000 年 7 月，曾小山动工兴建了贵州六盘水 5 万吨的电解铝生产基地。

2001 年 2 月，他又带领 3 个兄弟，在贵州安顺破土兴建了一个年产 5 万吨电解铝的铝业公司，2002 年建成投产。为顺应邵东县委、县政府“兴工强县”经济发展战略，2001 年 5 月，他又投资 1.2 亿元，回家乡扩大原邵东铝业公司规模，征地 42 亩，建立年产 2 万吨铝板、铝带、铝箔生产线。该项目生产高精产品，其主要设备均为中日合资涿神公司制造，测厚仪设备从美国购进。生产的品种为空调箔、电线箔、PS 版基及各种合金铝板带。他的建成投产，填补了湖南省铝材深加工的空白，同时，也标志着曾氏铝业集团走进了高科技、高品位的现代化企业行列。该企业 2002 年下半年建成，2003 年已上交国家税金 500 多万元，为邵东“兴工强县”和经济建设做出了突出贡献。

曾氏企业集团并没有满足现状，而是进一步寻求更大的发展空间。2002 年，曾小山又把发展定位在湖北宜昌。他看准了三峡的水电优势和古城的地理人文环境优势，要在那里大展宏图。于是在湖北宜昌征地600亩，建设一个年产20万吨铝锭的生产基地。第一期工程2002年10月动工，2004年5月竣工投产；第二期工程于2006年竣工，该基地年产值可达30亿元。

30多年来，曾氏企业集团由一个小的家庭作坊式工厂，经过不断发展壮大，已成为一家集铝矿石开采、冶炼、深加工于一体的一条龙生产的大型企业集团。该集团现拥有宜昌长江铝业公司、邵东铝业公司、双牌铝业公司、贵州六盘水铝业公司、贵州安顺铝业公司和上海双铝进出口公司等10家企业。企业拥有员工21600人，实行董事会领导下的经理负责制，全方位引进人才和先进的现代企业管理制度，彻底改变了过去那种家族式的管理模式，使企业充满朝气和活力。

2003年，该企业集团生产铝锭20多万吨，年产值达30多亿元，年纳税近亿元，固定资产超过20亿元。董事长曾小山2003年10月，被《新财富》杂志列入全国400强富豪第202位。

2010年，曾小山又在新疆投资亚洲最大的铝电煤一体化企业，并得到时任书记张春贤的充分肯定和大力支持。曾小山决心用自己的诚信和智慧让曾氏铝业坐上世界铝业的头把交椅。

# 创业路上不停歇，人生迈步从头越

## ——写在湖南曾氏企业集团总经理曾佑桥年逾花甲之际

2012 年 7 月 2 日，是曾氏企业集团总经理曾佑桥难以忘怀的日子，这天他年满花甲，再次当选湖南省工商联（总商会）副会长。太多的祝贺与赞美都难以掩饰曾佑桥此刻的激动与豪迈，回首六十年走过的人生风雨和创业历程，曾佑桥满含热泪，面对记者的采访，他脱口而出一句古诗："一蓑烟雨任平生，岁逢甲子再重来。"

好一个"岁逢甲子再重来"！30 多年来，曾佑桥带领下的曾氏企业，一步一个脚印，一年一个台阶，演绎了企业由"小不点"变为"巨无霸"的奇迹。1979 年，他从邵东县的流泽乡起步，1983 年拓展到廉桥镇，1988 年兄弟南迁冷水滩市发展，1996 年扎根省会长沙，2000 年他又乘西部大开发的东风将企业办到贵州，创业的足迹遍及全国各地。在人生的花甲之年，曾佑桥回到长沙开始了他人生的再次创业：在长沙高新技术开发区投资兴建了新的产业园及铝工业科研基地。

从 1981 年曾氏兄弟创办十字铝制品厂到现在，曾氏企业走过了 30 多个年头。30 年前，曾氏集团正是靠改革开放的政策起步、乘改革开放的春风扬帆，从家庭小作坊干起，从家乡邵东干起。到 2011 年，曾氏集团已在湖南、贵州、湖北、江苏、上海、广东、新疆等省市都有企业。从 1997 年开始，曾氏集团已连续 15 年被评为全国民营企业 500 强。可以说，曾氏企业的成长是我国改革开放的一个缩影，是我国民营经济的一个代表。

有人说，曾佑桥是中国最有创业精神的农民，因为他们兄弟把一个货郎担做成了实力雄厚、位居中国民营企业500强的现代化企业集团。更有人说，曾佑桥是中国最有代表性的民营企业家，演绎出商界破茧成蝶的神话。

“我的创业成功很简单，认真、专注、简单做好一件事就可以了，当别人都在放弃的时候，坚持就能成功。”回首60岁的人生、34年的创业历程，曾佑桥感慨良多。

曾佑桥与曾小山、曾左桥、曾铁桥兄弟四人，在当今湖南商界享有盛名。可30年前，他们还只是湘中腹地邵东县的普通农民。党的十一届三中全会之后，曾氏兄弟和当地许多人一样，开始创业致富。在大哥曾小山带领下，他们摆摊开店，后又办了一个家庭工厂——邵东县十字铝制品厂。他们的大胆之举得到了当地党委、政府的肯定和支持。

正如曾佑桥所期待的那样，改革开放的序幕拉开后，全国上下迎来了令人振奋的好形势。有着经商传统的曾氏家族都按捺不住内心的激动与渴望，纷纷经商创业。

1979年8月开始，曾氏兄弟做起了眼镜生意，首先靠摆地摊，随后兄弟们合作从上海、江苏批发眼镜到广西、云南、四川、湖南等地销售，经过一年多时间的拼搏，曾氏兄弟完成了资本的原始积累。

1981年元月，曾佑桥和大哥曾小山看到当时铝制品在当地农村大受欢迎，便决定投资设厂，由此开始了艰难的创业历程。曾佑桥创办的这家规模较大的铝锅翻砂厂，取名为“十字铝制品厂”，就是希望在自己人生的十字路口选择好正确的道路。

1982年，弟弟曾左桥、曾铁桥两人相继入股企业，共同经营。由于当时还没有私人办企业的先例，他们每年上交生产队5000元，以集体企业名义领取了营业执照。由于市场始终供不应求，加上兄弟们扎实肯干，“十字铝制品厂”生意非常红火。随着党和政府关于发展个体私营经济政策的逐渐明晰，曾佑桥的企业也越做越大。

1986年8月12日，时任省委书记毛致用和省长熊清泉先后率省直部门负责人来流泽曾氏兄弟企业考察，鼓励曾氏兄弟进一步解放思想，更新观念，加快发展步伐，曾佑桥创业的劲头更足了。

1987年9月，在当地政府的鼓励和支持下，曾氏兄弟从事生产铸铝压力锅，通过采取分产联销的合作方式，既降低了成本，又提高了竞争力，可以说这是一种新的尝试。曾佑桥组织曾氏企业产品销售队，赴怀化市参加秋季商品订货会，“宝葫芦”压力锅受到普遍欢迎，产品知名度迅速提高。这年，曾氏兄弟拥有了3个能生产合格产品的铝制品厂，总投资近200万元，年产值达2000多万元，产品由邵阳走向全省。

随着事业的不断壮大，他和兄弟们越来越强烈地感觉到，要在更高的起点上走自主创业的路，必须拓展舞台、拓宽平台。

1988年，在国家各种改革举措的激励下，曾佑桥、曾左桥兄弟率先离开家乡到冷水滩市办厂，揭开了曾氏兄弟到外地谋求更大发展的新一页。由于轻车熟路，不到一年时间，便有两家企业年产值分别达到100多万元。生产的“迎乐”牌压力锅逐步打开销路。1989年4月，曾佑桥还把在家乡邵东廉桥经营了6年多的“益湘商店”全部搬到冷水滩市。

1995年10月，曾佑桥将企业扩展到长沙，在岳麓区观沙岭工业园采取先租用后购买的方式收购了一家占地35亩的区属企业，创办了“湖南省益湘铝业有限公司”。

有了在冷水滩生产压力锅的投石问路，曾佑桥在长沙的发展得心应手。曾佑桥想到了“借鸡生蛋”来拓展自己的生产规模。于是，他们兄弟多次赴沈阳，寻求与沈阳双喜压力锅厂联营生产。功夫不负有心人，经过一番周折，1996年初达成联营协议，与沈阳双喜压力锅厂联营生产“双喜”牌压力锅，公司很快投入生产。1997年，他们兄弟经营的整个曾氏企业集团下属10个经济实体，完成产值2.1亿多元，利税达到2075万元，首次被评为全国民营企业500强。

1998年，大哥曾小山投资创办双牌铝厂，随后曾氏兄弟利用国家实施积极的财政政策的机遇，大规模进军铝冶炼和铝材加工业，相继在永州、邵阳以及贵州、湖北、江苏、上海等地投资办厂开公司，造就了一个其规模在全国位居前列的“铝业帝国”。在短短几年里，曾氏企业集团具有了一定规模和效益。2000年4月26日，湖南省人民政府召开新千年的第一个湖南省劳动模范表彰大会，曾佑桥被评为湖南省非公有制经济领域的劳动模范。这也是改革开放以来，湖南省首次在非公有制经济代表人士中评选劳动模范。

曾氏集团的“旗舰”由此而生，2011年产值达到83亿元。作为集团主席的曾小山上了福布斯排行榜，还成为全国人大代表。曾佑桥等 3 人也分别当上了湖南、贵州、湖北等地的人大代表和政协委员。

（原载 2012 年 9 月《湘声报》）

## 奋进的人生，飞腾的事业

——记曾氏宏大集团总裁曾左桥

曾左桥，1954 年 2 月出生，高级经济师。现任湖南曾氏宏大集团总裁兼贵州省平坝宏大铝化工有限公司董事长，贵州省第九届、第十届政协委员。贵州省总商会第七届副会长、贵州省湘商联合会会长。

曾左桥于 1981 年开始创办个体企业，二十多年来他与兄弟们一起先后创办了湖南邵东左桥铝制品厂、冷水滩市铝合金厂、湖南益湘铝业有限公司、上海六盘水铝业有限公司、贵州省六盘水铝业有限公司、贵州省安顺黄果树铝业有限公司、贵州省平坝宏大铝化工有限公司等企业。

曾左桥自创办企业以来，多次被评为冷水滩市优秀企业家，永州市和长沙市、安顺市优秀企业家；2002 年被湖南省人民政府授予“湖南省优秀企业家”称号；2008 年被贵州省人民政府评为“贵州省优秀中国特色社会主义事业建设者”。

曾左桥在办企业的二十多年中，为社会公益事业和光彩事业捐物、捐款，折合人民币 1500 余万元。

1978 年 12 月，党的十一届三中全会在北京召开，曾左桥兄弟在《湖南日报》农村版上看到此消息后，知道农村经济发展会迎来春天。春节过后，兄弟们分头行动，寻找机会积累资本。1979 年秋，曾左桥和弟弟曾铁桥先后到岳阳和湖北黄石摆地摊做起了眼镜修配和零售生意。那时候，眼镜特别是墨镜、太阳镜很时髦，也很畅销，利润也高。曾左桥掘出了他人生的第一桶金。1982 年，曾左桥带着弟弟铁桥回到邵东，参股两个兄长在家乡创办的十字铝制品厂，随后又自办了一个家庭小作坊工厂——邵东左桥铝制品厂，生产铝盆、铝锅等铝制产品。

1986 年，曾左桥在湘潭聘请师傅，购买机器，开办了高压锅厂，试图把小作坊变成机械化工厂。他为高压锅注册了一个“宝葫芦”商标，着力品牌打造，企业当年规划、当年开工、当年投产，“宝葫芦”很快就办成了宝葫芦，开始产生效益。曾左桥也第一次完成了从小作坊到机械化生产的转变。

1988 年，冷水滩市被列为湖南改革开放试验区，曾左桥抓住发展机遇，把家搬到了永州冷水滩，在那里办起了电子报警器厂和铝合金厂。

1995 年，曾左桥与大哥、二哥在长沙合作创办了益湘铝业有限公司，与沈阳双喜公司联营生产“双喜牌”压力锅。那几年，说起“双喜牌”压力锅，没人不知道。几乎每家都用上他的产品，从此曾左桥兄弟的资产也随着慢慢增长。

1998 年，大哥曾小山在双牌水电站创办电解铝厂成功后，曾左桥第二年开始和大哥到贵州考察，随后兄弟们实现了家族产业的跨越式发展。

2000 年 7 月，他在贵州六盘水，投资创办了双牌铝业有限公司；2001 年 2 月，又在贵州安顺成立了黄果树铝业有限公司；2005 年 7 月，在贵州平坝成立了宏大铝化工有限公司等铝工业企业。

目前，曾氏集团在铝工业领域已形成年产电解铝 51 万吨、氧化铝 15 万吨、铝用阳极 10 万吨、铝材深加工 10 万吨，职工

5000多人、年工业产值100亿元，税收5亿元的上规模铝业企业。

（摘自2012年《曾氏企业报》）

# 诚信勤谨　与时俱进

## ——记邵阳市政协委员、湘贵投资有限公司总经理曾铁桥

1956年，曾铁桥出生在邵东流泽一个殷实富裕家庭。其父曾敬章以农事和经商为生，通过自己大半辈子的辛勤劳动创下了一份家业。

曾铁桥自幼勤奋好学，因为排行最小，且又乖巧听话，深得长辈和兄长、姐姐们的怜爱。他还是兄长们、特别是大哥曾小山的“小跟班”。他七岁开蒙读书，在学校天资聪慧，尽管有点调皮，但学业成绩一直优秀。初中毕业后，受极左思想和“文革”的影响，失学在家务农。由于自小受父亲曾敬章和兄长的影响，潜移默化中他接受了不少经商知识和理财理念。

1978年党的十一届三中全会召开后，他跟随兄长从事手工业修理到摆地摊卖眼镜，经过几年拼搏，积累了原始资本。1981年8月他在父亲的帮助下，买下了当时流泽镇的第一辆私家货车从事个体运输，从此开始自己创业。其间，经历了太多的辛酸苦辣和艰难险阻，但凭着他坚强的毅力和勤奋，创下了自己的一份家业。

靠自己跑运输挣下的辛苦钱，于1986年起，曾铁桥开办属于自己的企业。他先后兴办了邵东县日用铝制品厂、邵东银工五金有限公司，长期从事铝产品加工和五金工具制造。由于经营得当且又为人豪爽、讲义气、重情义、讲诚信、依法经营，他不但自己通过办企业淘得第一桶金，而且企业越办越红火、

越办越兴旺，所经营的企业曾多次被评为省、市、县“重合同、守信用”企业，邵东县和邵阳市优秀工业企业、纳税大户，被市、县党委、政府评为“双文明单位”。他也在此期间完成了资本更多的原始积累，为办更大的企业打下了坚实的管理经验基础。此时的曾铁桥已把眼光投向了更加广阔的天地。

2000 年，曾铁桥在大哥小山、二哥佑桥、三哥左桥的带动下，齐心协力西进贵州，创办了年产电解铝5 万吨的安顺铝厂，从此，开始了曾氏兄弟的创业。安顺铝厂在当地政府的大力支持下，通过曾氏兄弟的艰苦打拼，做到了当年动工新建、当年投产，为曾铁桥接下来的发展奠定了基础，为曾氏兄弟接下来打造的“铝业王国”写下了浓重的一笔。接下来，曾铁桥先后在贵州平坝、清镇、普定等地兴办企业，同时与大哥一道花重金收购了邵东焦化厂。他的事业如日中天、企业兴旺发达。

（原载 2012 年《曾氏企业报》）

# 传承辉煌，再谱华章

## ——记贵州省人大代表、上海双牌铝业有限公司董事长曾超懿

时代的前进，社会的进步离不开大家的努力和奋斗，实现中华民族的伟大复兴的中国梦，更是我们每个人不可推卸的责任和义务，我们曾氏集团的成长与传承也折射出了出中国社会发展的缩影，这当中，不缺乏为国、为家而为之奋斗的楷模，我的大侄儿曾超懿就是曾氏集团的新一代创业者的典范，他的五十载岁月记录下了他精彩人生，虽经历风霜雪雨，仍不忘初心、砥砺前行，为社会的进步和家族的发展凝心聚力，奋勇当先。

曾超懿作为曾氏集团年轻一代企业家的中流砥柱和优秀代表，二十多年的创业历程，充满挑战和艰辛，而今的他——成熟冷静，果断干脆、阅历丰富、经历充沛。他 1997 年开始和夫人李亚洲到湖北创业，几年后发展失利。2000 年响应国家的“西部大开发”战略号召进驻贵州，组建贵州六盘水双牌铝业有限公司，2003 年他在他父亲的支持下，到湖北宜昌投资长江铝业，2005 年他一手创办的上海双牌铝业达到了一定规模，随后又到江苏江阴创办铝材深加工企业，2010 年他的企业在新加坡上市，年产值达 30 余亿元，员工 1000 多名，年利税达到 3 亿多元。2010 年中央新建工作会议后他又带领兄弟姐妹到新疆投资，创办石河子天山铝业，该公司现已达到年产铝锭 140 万吨，自备 35 万千万电厂五座，自备铝矿年产量 100 万吨，打造

出煤、电、铝为一体的产业链。他秉着曾氏集团“以人为本，诚信致远，开拓创新”的经营理念，带领企业和员工锐意进取，开拓创新。2008 年和 2013 年他连续当选贵州省第十届、第十一届人大代表，2009 年被评选为“2009 中国节能减排领军人物”等称号。为了追求更大发展，2015 年他退出了新加坡上市，2018 年和浙江新界泵业商谈合作发展，借壳在国内上市，天山铝业以 180 亿资产加入该公司，现这项计划进展顺利。一路走来，风雨兼程，他能取得今天的成就，成为曾氏集团成功的标榜，但他成功的背后付出了常人难以想象的艰辛。

曾超懿从事企业管理20 多年，一直致力于以人为本，打造优秀的企业文化，树立“双赢”企业价值观来引进人才，凝聚人心，培养和造就一批信念坚定，技术过硬的团队；企业诚信立足，用心服务，以质量为基础，铝产品畅销国内、国际市场；创新致远，大胆进行企业管理和技术创新，激发员工和企业的创新精神，拓展企业新的发展途径，积极走上市融资之路；曾超懿认为企业和个人能有今天的发展，离不开党的改革开放政策，离不开地方政府和公司广大员工的大力支持，在今后的创业道路上，立足国内，面向国际，把铝产业做大做强，为社会提供高质量的产品，以创更大的业绩，回报社会、回报人民。

一个成功的企业家只有回馈社会，才是立足长远，曾超懿从创业之初，就想到要用自己的力量扶贫帮困，他常说，做实业不要忘了对社会的责任，多年来他在社会公益事业累计赞助达 1000 万元以上，不仅为此企业赢得了良好的社会形象，也为地方经济、和谐社会的发展作出贡献，同时也获得诸多荣誉，他以实际行动诠释责任和坚守，继承和发扬祖辈、父辈们致富思源，济困扶贫，为国家、为社会做贡献的企业家精神。

以人为本，可以聚集内部之力；以诚立足，可以交天下之友；以创新为动力，可以翱翔于天际。成功没有捷径，大爱成就人生，曾超懿付出和努力传承发扬了曾氏集团的优良传统，也印证了曾氏集团成功的秘诀，那就是诚信和坚持！

（曾佑桥）

# 四、曾氏集团的崛起

## 一、流泽创业

党的十一届三中全会以后，曾氏兄弟乘改革开放的东风，在美丽的故乡——湖南邵东流泽开始创业。流泽的山山水水，哺育了他们兄弟，留下了他们兄弟早年艰苦创业的足迹，记录了他们兄弟无悔的青春岁月。同时，故乡流泽，也因孕育了曾氏兄弟企业家群体而闻名遐迩，流光四溢。

（1）云开日出。

1978 年 12 月，党的十一届三中全会在北京圆满闭幕，中国改革开放的春风吹拂祖国大地，亿万中国人明显地感觉到党的政策在进行着调整。

改革的春风也迅速吹进了邵东流泽镇。当时全会内容明确指出，不许无偿调用和占用生产队的劳力、资金、产品和物资，社员的自留地、家庭副业和集市贸易是社会主义经济的必要补充，任何人不得乱加干涉，强调在经济上要关心农民的物质利益，在政治上要切实保障农民的民主权利。

对于当时因阶级成分被划为富农而备受压制、打击的曾小山兄弟，在报上阅读到这些内容，自然比一般人要敏感得多。他们感觉到党和国家的政策将出现大的调整，经济方面的束缚即将放松。因此，一家人如沐春风，精神格外振奋。在这年除夕，曾氏兄弟和家人专程前往廉桥照相馆合影留念，并特意在照片上方题写“云开日出”四个大字，以表达他们对十一届三中全会的拥护，对未来美好生活的向往。

正如曾氏兄弟所期待的那样，改革开放的序幕拉开后，全国上下生机盎然。曾氏兄弟按捺不住内心的激动，在其父亲曾敬章的指点安排下，纷纷外出闯世界。

1979 年春节刚过，老大曾小山就跑到国营 717 矿（位于邵东县毛荷殿乡，其时生产铀矿石）学习汽车修理技术。曾佑桥、曾左桥兄弟二人也退出大队综合厂，利用从综合厂学到的修理技术，在家乡附近的流光岭、宋家塘、双泉铺等地的供销社和农机站，从事修补氨水袋、汽车轮胎、拖拉机轮胎等工作。8 月中旬，曾铁桥跟大姐夫李积厚前往湘潭、湖北黄石做眼镜生意。11 月初，曾左桥也前往湖北和曾铁桥一起经营眼镜生意。

1980 年，流泽一带从事眼镜销售的人获利颇丰，因此，曾佑桥在插完早稻后，到耒阳从事眼镜零售业务。为了把生意做大，曾佑桥在其父亲曾敬章和表兄赵金城的帮助下，筹款 400 多元，又和爱人周向梅商量，将家里的一头生猪卖给食品站得款 90 元，总计 500 余元。带着这笔钱，他和曾铁桥二人由湖南耒阳辗转到江苏吴县做眼镜批发生意，在吴县眼镜厂购买一些眼镜架子和镜片到黄石、岳阳等地批发，经营区域慢慢扩大到湖北、广西、四川等地，赚到了钱，也开阔了眼界，增加了见识，尤其是积累了经商的经验。

作为大哥曾小山，则对外出销售眼镜不感兴趣，在 717 矿学完汽车修理技术回家后，本打算开汽车修理厂，但当时国家对农村的控制逐渐放松，农村经济形势逐步好转，他便放弃了开修理厂的计划。1980 年春节过后，他和邻村邓景福等人共同承包新泉大队综合厂，生产翻砂铝锅等粗制铝产品。因经营得法，产品畅销至贵州等地。

这样，曾氏兄弟四人在父亲曾敬章的支持下，各自开始在经商创业的道路上打拼，赚到了经商的第一桶金。

（2）创办“十字铝制品厂”。

1980 年除夕，曾氏兄弟商议着要把生意做大，并将家里能变成现金的东西都拿出来，再把存栏的生猪也卖掉，凑成资金，创办工厂。但在改革开放初期，人们思想并未完全解放，要办个体工厂国家没有明确的政策支持，人们都惧怕被戴上“走资本主义道路”的帽子。因此，最初想办工厂者大多借着“红帽子”，即以集体名义申办，个人承包经营。

曾氏兄弟在其父亲曾敬章的建议和支持下，经过反复考虑，也决定以集体名义创办工厂。1981 年元月，曾小山、曾佑桥租用本村大队书记赵伯生房屋，创办了一个制造铝锅的翻砂厂。以十字生产队集体名义领取营业执照，并取名“十字铝制品厂”，每年上交大队和生产队 5000 元管理费。因担心政策有变，曾氏兄弟决定先暂由曾小山和曾佑桥加入，并联合刘杰灵、彭跃威等人合伙经营，曾小山任厂长，曾佑桥负责原材料采购和产品销售。

1982 年，国家对个体工商业的政策进一步放开，曾氏兄弟胆子稍大，曾左桥和曾铁桥亦参股进厂经营，工厂规模也迅速扩大，工人人数由 12 人逐步扩大到 16 人。这家小厂成为改革开放后湖南最早的私营企业之一，也是后来全国闻名的曾氏企业集团的雏形。

由于“十字铝制品厂”经营得法，经济效益显著，在短短的两年时间内，该厂固定资产增加到近3万元。为了扩大经营，1983年，曾左桥、曾铁桥便放下眼镜批发业务，全身心地投入“十字铝制品厂”工作。

当时，由于十字铝制品厂生产的铝锅十分畅销，就出现了原材料供应短缺的问题。当时金属铝材属于国家控制的“指标物资”，私营企业很难通过正规途径购买。为了解决这个难题，保障工厂长期有铝材供应，满足生产需要，曾佑桥经常到长沙、津市、益阳等地购买铝材。另外，曾氏兄弟打听到大城市有废旧铝制品收购，于是商议决定，到省城长沙开个专门回收废铝的收购站。

为此，曾佑桥先后五次跑到长沙，在长沙北站铁路招待所和长沙红星旅社住下，整天在外面联系，但却找不到愿意出售铝材的工厂。后来，在邻居邓冬莲的介绍下，1981年5月，曾佑桥租用了长沙市建湘东路187号徐顺家的房子，和弟弟曾左桥等人定点收购废旧铝材，承担起为“十字铝制品厂”提供收购原材料的重任。他们在徐顺家门前挂起了“邵东十字铝制品厂驻长办事处”的招牌，招牌一挂，果真吸引了不少卖废铝的客户。这一极其简陋的业务处，成为曾氏兄弟在长沙设立的最早一个办事处。

在长沙找到第一个立足点以后，曾佑桥开始在长沙闯码头、收购废铝。此后经熟人罗中池、徐顺几位退休老同志的指点，在长沙市的银盆岭、树木岭、正圆机械厂、伍家岭消防器材厂和省废旧物资回收公司等一些工厂以及废品收购站、车辆修理厂买到了第一批废铝。他十天半月一次到各单位，用人力三轮车将收购的废铝拖回到业务处。等积累到有两三吨的时候，便租汽车送回邵东流泽的工厂里。

有了原材料的保障，“十字铝制品厂”如鱼得水，越办越红火。当时，许多个体户正在为“万元户”奋斗时，曾氏兄弟的“十字铝制品厂”每年就已经能赚几万元的纯利润了。

收购废铝，看上去容易，做起来其实很难。花费很多体力不说，风险也很大。与单位都是现金交易，每次带在身上都有上千元的钞票，一面做着搬运检收工作，一面又要同各单位的人打交道。在长沙，除了几个介绍人，大多都是陌生人。不知别人的底细，不敢完全相信；带多了现金，又提心吊胆。每一笔业务，都须格外慎重小心。因此大多数时间，曾佑桥都是踩三轮车自己去提货，这是体力透支的活，十分辛苦。

随着生产规模日益扩大，供销业务与日俱增，自己没有运输工具，生产急需的原材料运不进来，产品出不去，雇车又雇不到，曾氏兄弟很想买一台属于自己的车。当时私人买汽车搞运输是很困难的，找不到购车指标。为了解决运输工具紧张的问题，1981 年 8 月，兄弟们出资 3600 元，买下五一大队从昆明买回来的一部两吨半的“云南牌”旧卡车。这样，他们既可保障厂里的材料和产品的运输，又可附带搞些运输业务。曾氏兄弟一商量，决定聘请以前在公社农机站开车的刘同清当司机，安排弟弟曾铁桥跟车学习驾驶技术，另外还负责签收、查化、验货等。

但不幸的事发生了，1981 年 12 月 23 日，刘同清和曾铁桥出车到邵东县焦化厂运焦煤，下午 2 点左右返回时，汽车经过黄陂桥铁路叉路口时，和邵阳开往长沙的 312 次列车相撞，汽车被火车撞到铁路坡下。曾铁桥负伤住进了娄底铁路医院，第二天被转入到邵阳市人民医院，住了50多天才出院。这次血的教训十分深刻，事故造成工厂损失5000元，那台“云南牌”汽车也基本报废。

办工厂发展空间大，要想成大业，只有发展工业。兄弟们在父亲曾敬章的指点下，对各自经营的事业进行了调整，决定把修理、喷漆、卖眼镜、搞运输的资金都集中在办厂上。兄弟们先合伙集中力量办好一个厂，取得成功经验后，再各显其才。

自从曾铁桥出车祸后，兄弟们都一心一意地投入到了办活做大铝厂这个目标上，因而在很短的时间内，工厂规模在流泽越做越大。

自从曾氏兄弟捆成一团，共同经营铝制品厂以来，家业越做越大。1982年5月，曾氏兄弟共同出资14600元，从省机电公司买了一辆全新的南京134柴油车，帮助工厂运输。又对工厂所有机械设备进行了一次全面检修，将安全生产摆在了十分重要的位置。

（3）创办“十字化工厂”。

为了扩大经营范围，1982年10月，曾佑桥、曾晴曦、唐金兵等人共集资5000元，合伙开办“十字化工厂”。农民兴办脱膜剂厂，当时许多人不理解，他们认为脱膜剂厂应该由集体办，或者国家办，怎么能个人兴办。因此，为办工厂营业执照，曾佑桥跑了12趟工商所，工商所的同志每次都回答说：“个人办工厂上面没有明确规定，事情不好办。”最后在曾小山的帮助下，几经周折，跑到县工商局，才办好营业执照。

“十字化工厂”从事橡胶脱膜剂化工制品和水泥制品生产，曾佑桥出任厂长。生产的产品化学脱膜剂主要销往长沙橡胶厂、湖南矿用橡胶厂和益阳水泥制品厂等单位。由于注重质量，讲究信誉，所以尽管工厂不大，但每年产值可达 10 万元，获利 3 万元左右。

初尝创业甜头，曾氏兄弟决定进一步拓展事业。

1983 年 2 月，曾小山与曾华强等人在流泽新仁堂创办“三强压铸厂”，将以前翻砂制造铝锅工艺改为压铸制造铝锅工艺，产品质量与产量均大幅提高。

1983 年农历二月初八，曾佑桥与其岳父等人在廉桥街上合伙开了第一家零售百货、布匹、烟酒、副食的综合商店——“益昌商店”，同时收购废铝。周向梅背着半岁多的咏柳，从流泽步行到廉桥镇上班，走上了工商兼管的道路，这家商店成了当时曾氏兄弟设在廉桥镇上的一个商业窗口。

1984 年，曾佑桥也利用自家的房屋，开办了一个铝制品翻砂厂，生产铝盆、铝桶、铝锅。由于产品注重生产工艺质量，广受市场青睐。

此时，曾氏兄弟已正式告别了祖祖辈辈生息繁衍的田土耕作，迈出了由农民向企业家转变的步伐，实现了由小商小贩到兴办实业的重大转变。

创业初期的艰辛，曾佑桥至今难以忘怀。购买原料，资金不足，要向信用社贷款。由于是私营企业，而且信用社不清楚化工厂效益情况，开始不肯贷款。后因通过几百元、上千元的反复借，每次都能按时还款，才与信用社建立起良好的信贷关系。

寒冬腊月，曾佑桥带车外出购买原料，既当采购，又搞装车。到衡阳制革厂买工业猪油，天正下着大雪，装油的铁桶冻上了冰，摸上去，钻心地冷，搬不上几桶，手便冻成了红萝卜似的，僵硬麻痛，只能口含热气哈一下，继续抓紧干。脚上的鞋在雪地里浸湿了，又冷又冻，也只能在地上猛跳几下，活动活动筋骨，以增加抗寒的能力。每次在株洲购买烧碱，联系到货源，自己买一车又买不起，只好东问西问，求人合伙购买，共同装运，克服重重困难，才把原料运回家。

办企业，由小到大，需要精打细算，节约每一分钱，降低生产成本。但是，又绝不能偷工减料，坑害客户。由于深信产品质量是企业的生命，把产品质量放在第一位，曾佑桥凭着稳定的产品质量和良好的信誉，跑长沙，下广州，一路推销产品，与客户建立了稳定的业务关系。长沙橡胶厂、长沙矿用橡胶厂以及省内省外一批水泥制品企业，都喜欢用十字化工厂的产品。

办企业的艰辛只有办企业者才能真正体会到，曾佑桥在初办十字化工厂时所经历的艰辛一言难尽。十字化工厂的产品，原来是在廉桥火车站发运到全国各地，可是有一段时间，流泽有几家化工厂的脱膜剂在列车上烂了几个铁桶，损坏了同列车的货物，责任一时搞不清，被火车站告知暂停发货，生产出来的脱膜剂只得运到邵东站或者双峰三塘铺去发货。为信守供货合同，再困难也要想办法把货物发运出去。有一次，曾佑桥派人开手扶拖拉机到邵东火车站去送货，拖拉机开到大禾塘，车子急转弯翻进沟里，货物翻坏了，还好人员没有受伤，曾佑桥立即派车将损坏的货物送回厂里，重新装上货物送去，从而保证了送出去的产品完好无损。

曾氏兄弟创办的铝制品厂与化工厂因经营得法，生意十分红火，在当地影响巨大，引起政府的关注。1984 年 2 月，邵东县长钱松柏带领全县乡镇领导到厂参观，《邵阳日报》等媒体单位进行专题报道。7 月，邵阳市委书记朱东阳、市长郎艺珠，带领邵阳市各县区委书记、县区长参观曾氏兄弟企业，了解曾氏兄弟创办家庭工业的模式，鼓励其解放思想，加快发展。

1985 年 4 月，湖南省政府在长沙召开全省家庭工业和联户企业代表座谈会，曾小山到省城长沙出席了座谈会。座谈会共有 14 人出席，曾小山作为邵阳市的唯一代表出席会议，受到时任省委书记毛致用、省长刘正的亲切接见，并被授予“致富能人”的光荣称号，获得了一辆解放牌汽车指标的奖励。

（4）创办邵东轧钢厂。

一心想把企业做大的曾小山经过考察，认为人们富了，生活水平提高了，以后建房需要大量的钢材。通过反复的市场调查，1985 年 5 月，曾小山在流泽开始筹办轧钢厂，设计年产值 2000 吨。6 月，委托邵东二中考选 20 余名高中毕业生送往涟源钢铁厂培训，作为技术工人。6 月 12 日，经政府批准，轧钢厂征用 2 亩多土地，正式开工修建厂房。7 月，曾小山委派邵东钢厂赵庆庭和涟钢退休工程师曾禄云等 3 人，到湖北买回了轧钢设备。农历十月二十八日开机试轧，一次成功。该厂一次性投资总额达 20 万元，雇工 40 余名，规模之大、建厂和投产速度之快，在当时都是少有的。不久，轧钢厂在《湖南日报》刊登宣传广告，开创了曾氏兄弟首次在省级媒体上进行产品宣传的先河。

为把钢厂办大，曾小山在原料组织、提高质量标准、扩大销售地区和资金运用四个方面日夜操劳。主要原材料钢坯大多数在湘潭钢铁厂和邵东钢铁厂购买；销售方面与绥宁、新宁物资局和贵州黎平县物资局、广西物资局等单位开展贸易往来。

1985 年 8 月，曾小山与曾左桥联合在《邵阳日报》媒体上登广告，提高企业和铝制产品的知名度。

眼见大哥曾小山、二哥曾佑桥、三哥曾左桥的事业蒸蒸日上，老四曾铁桥亦决定独立投资设厂。在此之前，曾铁桥自己购买了一辆柴油汽车跑运输。他不怕苦，不怕累，顶风冒雨常年奔波于广东、湖北及省内各大城市之间，每年纯收入近万元。1985 年 8 月，曾铁桥在十字路老家原址旁砌新房 3 间，也兴办了一个铝制品厂，生产初级铝制品。同年底，曾铁桥又在家乡流泽兴办了邵东县工具厂，从事专业机械工具的生产。

曾佑桥在投资办厂的同时，廉桥商店的生意也日日兴隆。为了把生意做大，1986 年，曾佑桥和岳父各自经营一个商店。曾佑桥经营益湘商店，其岳父带领儿子经营益昌商店。由于对顾客热情周到，价格合理，讲究诚信，生意十分红火。因铝制品十分畅销，曾佑桥当年在廉桥镇“益湘商店”的后面，独资兴办了一个铝制品厂，这是前店后厂的模式，生产的铝锅主要销往耒阳、安仁等湘南地区。

此时，曾氏兄弟所办工厂，在湖南已具有很大影响，不断有各级领导前来视察。1986 年 8 月 6 日，时任湖南省省长熊清泉来企业考察，鼓励曾氏兄弟进一步解放思想，加快发展步伐。省长熊清泉来视察时，省经委、省计委、省企业局和省农业银行等部门的领导与时任邵阳市委书记刘阳春、市长朗艺珠带领的市、县领导共60多人一同前往。熊清泉省长当场表扬曾氏兄弟有敢闯、敢干的精神，视察后还帮助轧钢厂解决流动资金困难的问题。9月，时任省委副书记刘夫生、副省长杨汇泉以及市县领导又相继来厂视察。

在当时的情况下，各级领导的鼓励、支持，对于曾氏兄弟来说十分重要。可以说，给曾氏兄弟办厂注入了强大的精神动力，使曾氏兄弟吃了定心丸，大大增加了投资办厂的信心。

1987年，曾铁桥放弃运输业务，全力投入办厂，创办了邵东日用铝制品厂，生产日常生活中用的铝盆、铝桶等产品。该厂拥有员工58人，年产值达到50万元。是年，曾氏兄弟所办各厂均取得了良好的经济效益；大哥曾小山所办的邵东轧钢厂年产值达到100万元，这在当时湖南的民营企业中十分少见。时任湖南省委书记毛致用到曾氏兄弟所办的企业视察，对曾氏兄弟的创业精神给予了高度评价。

从此，曾氏兄弟所办企业日益红火，扶摇直上。企业发展后，曾氏兄弟开始注重扶贫济困工作，凡是周边村民遇到困难，就主动赈济。逢年过节，对五保户和困难户，总要捐赠一些过冬、过节物品。

（5）“宝葫芦”锅问世。

“不断开拓创新，永不满足”的湖南人特性在曾氏兄弟身上得到集中体现。尽管当时曾氏兄弟所办企业产销两旺，形势一片大好，但曾氏兄弟并不满足于此。他们仍然多方收集致富信息，到处做社会调查，以寻找新的投资项目。当曾佑桥和曾左桥了解到高压锅产品销路十分畅销时，便当机立断，决定由曾左桥为主，试制铝制高压锅。

当时在流泽一带，大多数铝制品厂家都是翻砂生产铝锅，曾氏兄弟尽管能运用铸造工艺生产铝锅，但还远未达到生产高压锅的技术要求。生产高压锅，无论是在制造工艺还是技术上，与此前生产铝锅都有着重大区别。但这些问题，都难不住拥有丰富办厂经验的曾氏兄弟。

曾左桥从小就聪明，爱钻研，一直负责曾氏兄弟铝制品厂的技术工作。为了试制高压锅，他与曾佑桥多次赴长沙、湘潭聘请有关专家，最后在湘潭家用电器厂禹工程师和长沙冶金研究所的专家们指导下，开始从事压力锅的试制工作。经过半年多的试制，1986 年 8 月第一批高压锅被生产出来，曾左桥把它取名为“宝葫芦”牌压力锅。10 月，第一批产品经邵东县、邵阳市经委质检部门检测全部合格。12 月，在邵阳市经委的帮助下，压力锅通过新产品鉴定，开始批量生产。

于是，曾左桥创办的湖南省首家铸铝压力锅厂在邵东流泽诞生。由于产品质量好、美观大方、价格合适，市场销路很快打开。年产值达 30 万元，年利税达到 1 万元。

曾左桥创办压力锅厂成功后，无私奉献技术，1987 年，在禹技师的指导下，曾佑桥、曾铁桥在家乡流泽也分别创办了一家铝制压力锅厂。这样，曾氏兄弟所办的三家压力锅厂先后投入分批量生产，采取分产联销的合作经营方式，曾左桥、曾佑桥和曾铁桥分别生产 24cm、22cm、20cm 的压力锅，所有的产品都由邵东县百货公司包销。

由于三厂相继开工，原材料供应紧张，特别是压力锅的金属配件和橡胶圈供应都需要到外省外地购买，往往一时供应不上，迫使三厂多次停工。过去四兄弟办厂，一向在外搞采购的都是曾佑桥，但现在他自己开办的压力锅厂刚刚投入生产，工作千头万绪，许多问题都要亲力亲为，无法出远门。兄弟们经过反复商议之后，决定派益湘商店的得力骨干谢双珍和曾左桥的爱人赵知英前往浙江鄞县和玉环县寻找货源。

经过半个月的辛苦走访，在鄞县买到了 9000 套压力锅配件。但那里铁路运输紧张，有了货源却一时运不回来。为解燃眉之急，曾佑桥顾不上自家工厂的事务，找到廉桥农机厂厂长陈德盛联系车辆，亲赴浙江鄞县去运配件。经过三天长途汽车，在鄞县装好配件后，次日往回赶，千辛万苦地解决了配件问题，压力锅大批生产出来，并很快流向千家万户。

就在前途一片光明之时，一件意想不到的事发生了。1987 年 4 月，韶山医院王新亮客户买了一只“宝葫芦”压力锅，在煮稀饭时发生爆炸，《湘潭日报》《中国轻工业报》两媒体分别报道此事。用户见报后，纷纷到百货大楼要求退货，闹得满城风雨。

5 月 12 日，曾佑桥和赵博之赶往韶山调查了解。调查后认为：压力锅爆炸不是质量问题。于是，请来有关专家与技术监督员，会同《湘潭日报》编辑李度和部分记者，召开现场技术分析会，通过分析试验，澄清了事实，证实爆炸是因使用不当所致。《湘潭日报》发表文章说明此事，才使“宝葫芦”起死回生，挽转局势。这是曾氏企业办厂过程中第一次碰上大暗礁。

9 月，为了扩大销售，曾佑桥带领赵博之、曾芝华等人参加怀化地区秋季商品订货会，曾氏兄弟生产的“宝葫芦”牌压力锅深受客商欢迎，知名度迅速提高。在同月举办的长沙秋季商品交易会与10月举办的株洲商品订货会上，“宝葫芦”牌压力锅同样受订货单位青睐。在这三次订货会上，曾氏兄弟先后签订了价值60多万元的销售合同。

曾氏兄弟们从事铝制品加工生产以来，积累了一些资金，但是大规模生产压力锅，还是显得资金不足。困难之时，得到廉桥营业所、流泽信用社等领导的关心，通过贷款渡过了难关。为了打开销售局面，曾氏兄弟除了发函到外地联系销售业务，还成立了产品销售组，直接与各地百货公司、供销社有关人员见面。为扩大产品影响，树立产品形象，开始抓产品销售宣传，经工商局批准，他们在《湖南日报》《邵阳日报》等媒体上刊登广告，宣传自己的产品。他们的努力很快产生了效果，加上产品好质量好，价格又比外省高压锅便宜百分之十，很多销售部门来人看样要货。于是，“宝葫芦”压力锅从邵东流泽这个小山村，源源不断地流向湖南城乡市场。

（6）带动一方。

1987年，曾氏兄弟在家乡流泽已拥有3个铝制品厂、一个轧钢厂，总投资100万元以上，年产值达300万元以上。这一成就当时已闻名全省，曾氏四兄弟也成为远近闻名的企业家。

在曾氏兄弟的带领下，从1987年前后开始，一家家铝制品厂就像雨后春笋般在邵东流泽冒了出来。当时流泽一带稍有资金的人，纷纷投资兴办各种铝制品厂，使不产铝的流泽镇迅速成为湖南有名的铝制品集散地，众多从事铝制品生产或销售的农民脱贫致富，流泽落后的面貌也因此逐渐被改变，现在已成为店铺林立、商贾川流不息的新兴城镇。

更为可喜的是，在曾氏兄弟投资办厂致富的影响下，至今流泽镇一带的农民，仍然把办厂作为自己子女未来的重要出路。他们认为，自己的子女大学毕业后，要么考国家公务员，要么就像曾氏兄弟一样自己去投资办厂。这就是榜样的作用，也是曾氏兄弟对家乡的重要贡献。

## 二、扎寨永州

从1988年起，曾氏兄弟先后来到湖南重镇零陵冷水滩投资设厂，并取得巨大成功，开辟了一片崭新的天地。其中一些企业至今兴旺，成为永州的纳税大户，为永州的经济发展做出了十分突出的贡献。也从这时起，曾氏兄弟与永州人民结下了深厚的友谊。

（1）走向永州。

随着事业的蓬勃发展，曾氏兄弟强烈地感觉到，要想把企业做大做强，必须拓展舞台，走出邵东，到更广阔的天地去创业。家乡流泽虽好，但毕竟属于相对偏僻的农村地区，交通不发达。特别是邵东的乡镇企业、个体企业蓬勃发展起来后，供电不足成了曾氏兄弟继续奋进的严重障碍，它不仅制约了生产规模的扩大，而且连维持现有的生产也十分不易。

在当时的情况下，尽管当地政府为发展流泽企业已做出了巨大努力，但要兴办现代化的大型企业，条件显然不足。当时曾氏兄弟所办铝制品厂生产的有关产品，正供不应求，面对如此美好的前景，为了更好、更快的发展，曾氏兄弟萌发了开辟新天地，到另一个舞台去创业的强烈愿望。

曾氏兄弟的父亲曾敬章，是一位经验丰富才高识远的长者，尽管他一生经历坎坷，但一直未与经商绝缘。即使在人民公社时期，他亦千方百计带领子女搞副业。改革开放之后，正是他的支持、鼓励与指导，才使曾氏四兄弟走上了经商的道路。而曾氏四兄弟每当有重大决策时，也往往主动与其父亲曾敬章商量，听取其父亲的意见。曾氏四兄弟虽然都已办厂致富，但其父亲曾敬章远不满足于此，坚决支持儿子们“走出去”，到更广阔的天地去寻求更大的发展。

这时，我国的改革开放进一步向前推进，中央鼓励发展私营经济的一系列政策相继出台，投资办厂的外部环境大为宽松，机遇在向有志于在经济改革大潮中拼搏一番的人招手。又逢海南建省，建立大经济特区，一群又一群的有志者奔赴海南创业，这种大潮也使曾氏兄弟一度产生了去海南一搏的想法。可家里有年近 80 岁的父母，如到太远的地方发展不利于照顾，于是兄弟们经过商量，打消了去海南的念头。

海南虽然没去成，但冲出邵东，谋求到更广阔的天地去创业的迫切愿望却没有消失。机遇终于来了，1988 年 2 月，零陵地区被划进湖南改革开放试验区的消息传到了邵东，传进了曾氏兄弟的耳中，引起了曾氏兄弟的极大兴趣。凭着多年来对党和国家有关改革开放政策的体会和心得，以及多年来经商办厂所积累的丰富经验，曾氏兄弟判断“零陵地区实行类似于广东、海南的政策”中的“类似”，就是要把湖南搞得和广东、海南一样活跃、一样发达。现在试验区已办到了离家乡不远的地方，离父母也不太远，曾氏兄弟觉得这信息太好了，曾氏兄弟很快便决定到湘南试验区去大干一番事业，以实现自己的迫切愿望。

于是在曾氏兄弟老二曾佑桥的几次倡议下，1988 年 5 月 3

日，曾氏兄弟四人和大嫂邓娥英、二嫂周向梅一行六人驾车前往零陵地区工业重镇、湘南改革开放试验区——冷水滩市实地考察。

到冷水滩考察后，曾氏兄弟认为这里处于广东、广西接壤的地理位置上，是一个办企业的好地方。而冷水滩市政府出台的多项招商引资特殊政策，正吸引着许多商家参与投资，大家认定这个地方今后一定会大有发展前途。

冷水滩素有“湘西南门户”之称，是零陵地区的交通枢纽、工业中心和物资集散地，是块创业的风水宝地。历史上，柳宗元、怀素、徐霞客等文人骚客都曾在这里留下足迹。不能让机遇从眼前溜走，兄弟们和冷水滩市政府崔永平副市长见面后，当即决定出资12万余元，购买21个农转非城市户口，以便长久在冷水滩发展。这一决定，使曾氏兄弟从此迈出了从农村转入城市创业发展的一大步。

（2）创办冷水滩压力锅厂。

半个月后，曾佑桥和曾左桥再次来到冷水滩市政府和有关部门洽谈投资办厂，协商征用土地事宜。兄弟俩看中了冷邵公路——冷水滩西北角珍珠塘村合作社的一幢二层楼房和3000多平方米的山坡地。这幢二层楼房是1988年元月落成的，坐西朝东，紧靠冷邵公路，楼下有6个商业门面，楼上是单间住房，经济实用，根据他们以往办厂的经验，搞前店后厂，这是个很理想的地方。楼后靠山3200平方米坡地，可以用来安排修建厂房、车间和产品仓库，而且石头围墙已经砌好了一半，投资建好剩下的围墙和修建一些简易厂房就行了。6月12日，曾佑桥和曾左桥两人共同出资16万元，买下了这块地，决定先搞简易投产，以后再逐步扩大生产规模。

6月16日，曾佑桥和曾左桥带着邵东老厂抽调的15名职工，来到冷水滩艰苦创业，开始实施在城市办厂的计划。煤、米、盐、柴、炊具、工具都是随车从家里带来的。6月正值盛夏时节，天气炎热，十几个人都在楼上打地铺。白天头顶烈日搞基建，晚上在楼顶上吹风乘凉。

由于是第一次进城投资办工厂，大家都有吃苦耐劳的心理准备。因此，15个同甘共苦的伙计，虽然在极其艰苦的条件下劳动，却没有怨言。苦干50多天，围墙修好了，简易厂房也修好了，自来水也接通了，有关设备亦很快安装完毕。借助试验区的优惠政策，凭着自己的智慧与勤劳，迅速建成一个拥有固定资产30多万元的新型压力锅厂。同年8月，曾左桥创建的电子元件厂也正式投产，这个企业有工人10余人，年产值达30多万元。

1989年3月12日，曾佑桥在冷水滩开办的冷水滩压力锅厂正式开工投产，这个工厂是当时湖南零陵地区唯一生产铝合金压力锅的专业工厂，也是湖南省首家生产铝合金压力锅的一家专业工厂。这个注册商标为“迎乐”牌的压力锅问世后，经有关部门检测，质量达到了轻工部颁布的标准。

压力锅厂正式投产后，曾氏兄弟根据自己制定的“以产品求发展、以信誉求市场、以质量求生存”的经营方针，严把质量关，生产20cm、22cm、26cm等各种规格的压力锅，年产值达120万元。

当时，为了打开销路，曾佑桥请人做了一幅巨型广告画，安装在冷水滩汽车站和市中心十字路口；请来冷水滩电视台制作了电视广告，在冷水滩电视台和零陵电视台反复播出，使“迎乐迎乐，家家欢乐”的广告词在冷水滩大地回响。曾佑桥还在永州租用一家商店门面，设立“迎乐”压力锅销售服务部，全方位对产品进行推销，从而使该厂生产的“迎乐”牌高压锅在零陵地区九县二市畅销起来，迅速走进了千家万户。

其后不久，为扩大产品销量，曾佑桥带着“迎乐”产品来到长沙。在省城第一流百货商场——五一路百货商场推销。服务员看了看“迎乐”，似乎有点小瞧的样子。曾佑桥见状，提出要见商场经理。经理见曾佑桥的话语不多，一副诚恳且充满自信的样子，动心了，答应试销，试销一批后，再决定有无可能建立购销关系。这样的条件，似乎有点苛刻，但曾佑桥能理解，因而满口应承。他深信自己的“迎乐”产品一定会征服省城客户。半个月后，他收到了长沙发来的电报，五一路百货商场一次要货一千只，他的愿望实现了。

冷水滩高压锅厂产品的热销，大大鼓舞了曾氏兄弟在永州创业的信心。1988 年，曾左桥把家搬到了冷水滩。第二年 5 月，曾佑桥把在邵东廉桥经营 6 年多的工厂、商店及家属全部搬迁到冷水滩市，准备在这个美丽的湘南重镇大干一番事业。

冷水滩高压锅厂投产以后，得到省、市领导的高度重视。1989 年 9 月至 1991 年 5 月间，时任省委书记熊清泉、省人大常委会主任刘夫生、省政协主席刘正都先后前来视察，《零陵日报》《潇湘文艺》等报刊发表了曾佑桥艰苦创业的长篇通讯和报告文学，冷水滩市电视台制作的电视新闻专题片《潇湘奇葩》也先后在地、市电视台同时播出。《湖南日报》《东方时报》《湖南农村报》《中国有色金属报》《西南经济信息报》都先后进行了报道。1989 年 6 月 20 日，曾佑桥参加了冷水滩市工商联第二届会员代表大会，当选为冷水滩市工商联执行委员。

曾佑桥、曾左桥在冷水滩办厂的成功，为曾氏兄弟在永州的进一步发展奠定了基础。

（3）创办冷水滩铝合金厂与轧钢厂。

曾左桥在创办电子元件厂的同时，又在冷水滩办起了铝合金厂。该厂请贵阳等名牌铸铝厂专家和省四〇九地质队化学分析高级工程师做技术顾问，经过反复试验，成功地生产出铝硅、铝钢、铝镁和其他铝合金，用作飞机、坦克、摩托车、汽车、轮船、卫星发射仪等配件，产品销售到广西、海南、深圳等地三十多家大厂以及兵工部、航天部与冶金科研等单位。尽管该厂当时规模不大，首期投资仅 48 万元，设备 12 台，工作人员也只有 28 人，但由于经营有方，产品销路好，年产值达 350 万元。

当时，冷水滩正步入城市建设的高潮，钢材严重短缺。1988 年底，曾小山迅速决定在冷水滩创办轧钢厂，并决定由其长子、年仅 20 岁的曾超懿具体负责。建厂期间，零陵地委和冷水滩市委、市政府和工商部门等领导给予了大力支持，使该厂迅速建成投产，并完全达到了设计要求，成为零陵地区第一家轧钢厂。

此后该厂产品销售渠道畅通，产品走俏，规模迅速扩大，以至于在短短的几年内，该厂拥有固定资产 100 万元，工作人员 100 多人，年实现利税达 20 多万元。

（4）创办凿岩钎具厂。

极具忧患意识与开拓创新精神的曾佑桥，从不安于现状，1990 年便开始外出考察寻找新项目。在广东，他参观访问了几家塑料厂，当时广东人生产的塑料盆、提水桶和小凳子充斥着湖南城乡市场。在广西，他参观了南宁市铝板厂和广西百色锻压机床厂制造的拉伸机，用来拉伸压力锅和铝提桶、铝水壶。但是塑料制品与拉伸机在市场上已处于饱和状态，因而这些项目都未被曾佑桥看中。他还在长沙正圆机械厂看了制造汽车用的活塞，在株洲五三厂看了高锰钢球、钢锭制造，在省烟草公司看了卷烟水松纸样品，参观了这么多厂家，似乎都不中意。

1990 年 8 月 6 日，曾佑桥看望岳父周金海时，他岳父谈起邵东机床厂生产的凿岩钎头，引起了曾佑桥的浓厚兴趣。真是“踏破铁鞋无觅处，得来全不费工夫”。曾佑桥决定抓住这个项目，便要岳父请师傅尹介龙到冷水滩来商谈。不久后，在尹师傅的陪同下，曾佑桥参观了邵东机床附件厂，还参观了邵阳市电动工具厂，又去考察了桂林临桂机床厂。通过大量实地考察、调查研究和分析预测，曾佑桥发现凿岩钎具是大厂不愿上、一般私营小厂又生产不出来的好项目，大有市场潜力可挖。在搞清了生产凿岩钎具所需的厂房、设备、材料等事项后，他立即决定创办凿岩钎具厂。

为兴办凿岩钎具厂，曾佑桥费尽心血，几次南下桂林购买机械主体设备，每次都是早晨 6 点多从冷水滩出发，第二天凌晨 1 点回到冷水滩。尽管桂林山水有“甲天下”之美誉，但对于时间就是金钱、时间就是效益的曾佑桥来说，他无暇观赏。

经过一段时间的紧张筹备，1990 年 9 月，冷水滩凿岩钎具厂在冷水滩潮水乡竹山桥村诞生了。

该厂首期投资30万元用来买回机械设备。在购买设备的过程中，尚缺15万元，得到当时冷水滩市主管财贸的副市长李顺阳和冷水滩市农业银行行长李昌荣的大力支持，使该厂迅速渡过难关，顺利投产。经过短短的几年发展，该厂拥有固定资产89万元，自有流动资金100万元，主要设备25台，技术员工48人，年生产能力400万元，实现利润达到近20万元。当时，时任湖南省委副书记刘正视察该厂，给予了高度评价，赞扬曾佑桥勤俭办厂的创业精神。

1991年，全国众多国有大中型企业相继大批量生产压力锅，在宏观调控一时难以奏效的情况下，一些小的压力锅生产企业相继关门倒闭，面对市场强大的压力，曾佑桥审时度势，决定暂停压力锅的生产，集中力量生产凿岩钎具。

曾氏兄弟常说："人才是活宝，是企业发展的核心竞争力。"

曾氏兄弟在办厂的过程中，始终把招聘技术人员作为办厂兴业的头等大事。如曾佑桥在办凿岩钎具厂的过程中，通过各种方式和渠道，从社会上招聘了30多名专业技术人才；同时还刊登广告，高薪在全国各地聘请了20多名工程师、技术员当顾问。请他们对出厂产品进行质量跟踪监督并反馈信息，还邀请他们亲临工厂进行技术指导，以提高产品质量。因而在短短的两年中，该厂相继开发生产了硬质合金钎头、联接套、扩孔钻头、钎尾、钎杆等一系列凿岩钎具产品。

该厂生产的"潇湘"牌凿岩钎杆等，产品选材优良、结构先进、工艺精湛，是用于军事设施、铁路、公路、隧道、矿山、地质勘探、水利、电力等开挖工程的理想钻凿工具。尤其是该厂开发生产的热嵌工艺填补了国内空白。

由于该厂技术力量雄厚，设备精良，管理方法科学，生产的产品质量居国内同类产品之首，达到国际同类产品水平，1993 年 10 月冷水滩凿岩钎具厂的产品到深圳参加全国 20 多个省市个体私营企业产品联展会，受到与会者的高度赞誉。凿岩钎具厂，连续三年被冷水滩市政府评为“重合同、守信用”单位，被中国农业银行零陵地区中心支行评为“特级信用企业”。

曾佑桥夫妇在冷水滩创办凿岩钎具厂之后，短短两年多时间，还先后投资兴办了同力皮纺制品厂、特种铸钢厂、城西建材门市部、滴水洞加油站等企业。同力皮纺厂生产的各类皮手套，在深圳十分抢手，还曾出口到伊拉克、挪威等石油出产国，每年产值达 200 万元左右。

（5）曾氏企业集团诞生。

从 1989 年下半年开始，关于姓“资”姓“社”的讨论沸沸扬扬。受此影响，湖南的个体私营经济发展速度明显放慢，一直到 1991 年，湖南的个体经济私营企业仍然有减少的趋势，众多私营小企业倒闭。就总体情况而言曾氏兄弟所办企业尽管仍处于兴旺状态，但调整、整顿的有关政策对曾氏兄弟企业也产生了一定影响。

虽然曾氏兄弟深信党和国家发展个体私营企业的政策不会改变，但面对激烈的市场竞争，面对耳闻目睹众多倒闭的私营企业，曾氏兄弟深深感到，要想企业长久立于不败之地，就必须将企业做大做强。在重大决策面前，大哥曾小山具有超人的胆识和气魄，面对变幻莫测的市场环境，经与诸弟商量，他大胆决定将兄弟们创办的企业联合起来，把人力、物力、财力集中起来，统一调度，形成企业集团，“小船连群闯大浪”，以增强企业抵御风险的能力。

其时，刚刚从香港考察归来的曾佑桥夫妇对香港王氏兄弟联手组建实业集团进军国际市场所获得的成功，大为赞赏并深受启发，对组建企业集团满怀信心。

同时，在多年的办企业过程中，曾氏兄弟各自的才能与特点也充分显示出来。曾小山开拓意识强，看准的事敢于决断；曾佑桥和善、诚信，与人沟通能力强，是公关能手；曾左桥深沉、稳重、内涵丰富，是技术型的企业家；曾铁桥善于管理、善于与工人群众交朋友。当然，这只是就当初的情况而言。现在曾氏兄弟个个都是善决策、善管理、善经营的企业家。

1993 年 3 月 8 日，在时任湖南省委副书记杨正午和邵阳市委、零陵地委等领导的关心下，一个由曾氏四兄弟共同创建的“湖南曾氏实业（集团）有限公司”（简称“曾氏集团”）在永州正式挂牌营运，注册资金 1000 万元，曾小山任集团董事长。从此，曾氏四兄弟走上集团化、规模化发展的道路。

这一年曾氏兄弟又增办了两家铝业公司和一家金刚石厂。至此，曾氏集团已拥有 12 家下属企业，自有注册资金 3500 万元，每年产值 8000 多万元，年利税近 500 万元。

为了充分发挥地区团队的作用，曾小山号召在冷水滩经商开店办厂的 2000 多邵阳人组织起来，成立了“冷水滩市邵阳同乡经济促进会”。“促进会”通过外引内联，在冷水滩城南、城西、凤凰园、河东以及零陵地区北路延伸段购地 120 余亩，兴建了“凤凰商贸城”“凤凰园百业市场”“河东商贸城”。其中以曾佑桥为主要股东的“河东商贸城”占地 28 亩，总建筑面积4万多平方米，总投资约5000万元，为各地客户提供将近1000个经商门面，成为湘南个体商业商贸城。

（6）创办双牌铝材。

为加快企业集团发展，1998年元旦之际，曾氏企业集团召开董事会议，董事长曾小山针对目前曾氏兄弟下属各企业的情况，提出了新的发展策略。他强调集团要以现有企业为本，在此基础上进一步扩大企业规模。为使铝制品企业的原料供应得到充分保障，计划在永州双牌县利用本地的水电资源，兴办一个年产1万吨的双牌电解铝厂。他同时就曾氏兄弟所兴办的其他企业本年度的发展，亦提出了战略性的指导意见。

董事长曾小山的双牌电解铝厂于1998年8月7日正式破土动工，项目总投资2700万元，第一期工程于1999年3月9日竣工，16条电解槽投产。

第二期工程于1999年7月2日顺利完工，20条电解槽进入投产。一、二期工程投产后，年产电解铝1万吨，年产值达8000万元。

第三期工程于2000年3月12日全面竣工，24条电解槽投产。至此双牌电解铝厂60条电解槽全部投产运行，每年产值达1.2亿元。从此，双牌电解铝厂成为曾氏集团的又一支柱性企业，曾氏集团的实力也因此迈上了一个大台阶。

双牌铝厂第一、二、三工程建设过程中，得到永州市委、市政府以及双牌县委、县政府的大力支持，工程顺利竣工。永州市委书记邹金鸾，曾先后两次到工地视察。双牌县委书记邓荣卿、县长杨海河也十分关心工程的建设，县委和县政府还成立了以县委书记、县长任顾问的工程指挥部，以保证该工程的顺利进行。

20 世纪 90 年代，曾氏兄弟在冷水滩还创办了邵阳铸钢厂，回收各种废旧物资，进行冶炼，铸成钢坯，以缓解轧钢厂在材料上的短缺。同时，在零陵地、市领导的关怀下，投资 50 万元，兴建了冷水滩铁合金厂，占地 3380 平方米，生产高锰钢球等产品，年产值达 200 万元左右。

曾氏兄弟以高瞻远瞩的目光、超前经营的策略以及诚实守诺的信誉，短短几年内便在冷水滩大展宏图，他们为永州经济发展做出突出贡献的同时，也收获了一份丰厚的回报。

### 三、进驻长沙

尽管曾氏兄弟在冷水滩的事业如日中天，但是对具有强烈开拓意识的他们来说，冷水滩只是他们创业的第二个舞台，他们前进的步伐绝不会停留于此。为了更好地实现自己的抱负，曾氏兄弟在冷水滩大展宏图之时，便开始进军长沙。省会长沙成为曾氏兄弟外出创业的又一个大舞台。

（1）与“双喜”联营。

在市场经济条件下，品牌的价值是无限的。一个能得到大众认可的著名品牌，能大大提高产品的附加值。搏击商海多年的曾佑桥对此有切身的体会，曾氏兄弟生产的“宝葫芦”牌压力锅，尽管产量好，品质高，且有一定的影响，但由于未能在全国形成知名的大品牌，产品的经济效益未能充分发挥出来。善于经营的曾佑桥审时度势，决定曾氏企业要努力与当时中国最著名的沈阳“双喜”压力锅公司联营。

1995 年 10 月，曾氏兄弟冒着严寒，远赴零下 10 摄氏度的沈阳，来到了双喜压力锅公司总经理何义成的办公室，用浓重的湖南口音，表达了曾氏企业渴望与“双喜”联营的强烈愿望。当时，“双喜”品牌的压力锅誉满天下，产品覆盖了大半个中国市场。这几个湖南冷水滩的农民企业家想与全国有名的“双喜”联营，似乎有点“癞蛤蟆想吃天鹅肉”，因此何总经理没把曾氏兄弟放在眼里。曾氏兄弟无功而返，但是他们并没有因此放弃。经过深思熟虑后，11 月初，曾氏兄弟再次远赴沈阳，并把一包荣誉证书及各种报刊报道自己及企业的文章送到何义成手里。何总经理才逐渐得知，原来曾氏家族几代经商，过去虽然主要做点小本生意，但到了改革开放后，曾小山、曾佑桥、曾左桥、曾铁桥四人扬帆出海，从提篮小卖到创办实业，短短 15 年，已创办起一个总资产近亿元、有企业 12 家的集团公司。同时，在 80 年代末期就开始生产的“宝葫芦”和“迎乐”压力锅已经畅销三湘大地……

功夫不负有心人。从 10 月到 12 月，曾氏兄弟先后五次远赴沈阳，何总经理最终被曾氏兄弟对实业的执着追求和一股创业的韧劲所感动，答应与曾氏企业集团联营，但认为冷水滩太偏僻，不利于公司未来的发展。曾佑桥为打消何总经理的疑虑，当即表示：“只要你肯联营，我就把企业搬到长沙。”

1996 年，曾氏兄弟在长沙成立了湖南双喜压力锅公司，与沈阳双喜压力锅公司联营生产高压锅。从此，曾氏集团吹响了向省会长沙进军的号角，创业开始了又一次战略大转移。

在长沙创业，不是容易的事情。找领导，寻地盘，实地考察，最后决定在观沙岭工业园租厂房生产。曾左桥亲自前往沈阳双喜压力锅总公司学习生产工艺。从冷水滩铝合金厂及原压力锅厂人才的调集，机械设备的购买安装，生产工艺的掌握，产品模具的制造、调试，生产人员的安排，财物与生产管理制度的制定，一项项一件件，事无巨细，都需考虑周全，曾氏兄弟付出的艰辛是可想而知的。

湖南双喜压力锅公司的成立与发展，是曾氏兄弟共同努力的结果。大哥曾小山统筹全局，指挥调度；曾佑桥既管供销又管内务与外联；曾左桥负责技术与生产管理。兄弟齐心，其利断金。短短 3 个月，一个投资 1200 万元的压力锅生产企业，在长沙市岳麓区观沙岭工业园诞生。

开业时，沈阳双喜压力锅公司何总经理来到长沙祝贺。当他来到崭新的厂房里，看到压力锅在一条条国内 90 年代水平的流水线上欢快地跳跃时，由衷地感叹："原以为湖南人只是战场上的英雄，哪知道在商场上也是豪杰呀!"

联营使湖南双喜压力锅公司飞速发展，不仅使企业在技术、设备、产品质量上大为提高，而且，也为企业引进了一套现代企业管理方法。压力锅年产值一年一个台阶，1996 年产值 1090 万元，1997 年产值 3200 万元，1998 年产值达 6000 万元。1998 年 6 月 12 日，湖南省技术监督局和长沙市技术监督局对湖南双喜压力锅公司生产的"双喜"压力锅分别进行了抽检，结果表明，湖南双喜压力锅公司生产的 18 厘米至 26 厘米等规格的压力锅全面符合技术指标，各项数据均达到国家 92 新标准。

（2）创办益湘铝业公司。

曾氏兄弟是一群深谋远虑的企业家，他们没有满足于湖南双喜压力锅的发展，也没有满足于已取得的令人称赞不已的成绩。他们深知办企业的艰难，况且现在压力锅的品牌是别人的，自己绝对不能骄傲，必须寻求超越和突破，只有创造出自己的品牌，才能在激烈竞争的市场经济和商海中立于不败之地。

因此，时隔三年后，当湖南双喜压力锅公司顺风扬帆之时，曾氏兄弟又做出了一个新的重大决策——开发自己的名牌产品。曾氏兄弟相信，在人口众多的中国，压力锅市场还有巨大的潜力，一种真正过硬的优质产品，只要有了品牌优势，一定能赢得广大用户的青睐，并会产生巨大的经济效益。从经营角度考虑，当时曾氏兄弟生产的高压锅，每只要交沈阳双喜公司6元的联营费，如果年产70万只锅就是420万元的联营费！曾氏兄弟认为，如果每年拿400万元来作广告宣传，不愁自己的牌子不响！

为了创造自己的名牌产品，曾氏兄弟决定首先在提高“双喜”高压锅的质量与安全度上下功夫。为此，曾氏兄弟花巨资从台湾购进两项专利，增加压力锅耐腐蚀耐高温能力，并在高压锅的另一侧安装扶手柄，此项技术亦属国内率先使用，大大提高了压力锅的安全系数。1998年8月，曾氏兄弟又从中科院力学所请来了压力锅专家王永光，以技术入股的形式合作开发新产品，研发一种国内独创的不锈钢压力锅，并开发“益湘”牌系列压力锅。曾氏兄弟将自己的产品命名为“益湘”，意为湖南人民乃至全国人民提供优质的产品，并通过自己的名牌产品为湖南经济社会的发展做出贡献。

1998年10月，曾氏兄弟经技术革新推出的一种新型防爆压力锅，经国家技术监督局检验，产品质量达到部优水平，多项技术属国内独创。29 日，益湘公司在长沙市岳麓区乡镇企业局召开新闻发布会，隆重推出“益湘”牌压力锅。与此同时，湖南双喜压力锅公司正式更名为湖南省益湘铝业有限公司，与沈阳双喜公司的联营也到此结束。

曾氏兄弟实现了从“借”名牌到“创”名牌的超越，不到一年的时间，湖南省益湘铝业有限公司成为全省第一家获得“国批”的压力锅生产厂家。

曾氏兄弟为了创名牌，给企业制定了严格的、全方位的质量保证体系，建立了质量监督网：在生产 IT 序上的两道关键工序设立了质量控制点，使次产品绝不流向下一道工序；在出厂之前还设立了质量监控点，做到“不让任何不合格产品进入市场，给消费者带来不便”。1999 年 8 月，“益湘”公司还一次性投入广告费 300 多万元，在《人民日报》、中央电视台、《湖南日报》、湖南电视台等新闻媒体上进行广告宣传。

曾氏兄弟的付出取得了丰硕的成果，“益湘”牌多保险防爆安全压力锅一问世便受到广大消费者的青睐和社会各界的好评，“益湘压力锅，安全家家乐”的宣传广告词见之于各种媒体，并得到千千万万家庭的认可。

1999 年 7 月 12 日，《湖南日报》刊登了首届“湖南市场品牌调查活动”的结果，益湘压力锅品牌成为“1999 年湖南市场占有率最高品牌”和“1999 年湖南消费者购买首选品牌”，并先后荣获“中国保护消费者基金会推荐产品”“中国公认名牌产品”等称号，接着又顺利通过了 ISO9002 国家质量论证体系。

1999 年 9 月 18 日，在湖南省 100 名私营企业和百强私营企业家评选当中，益湘公司名列百强第16位。这一年，益湘公司防爆安全压力锅的总产量达40万只，总产值3600万元，销售收入3200多万元，益湘公司一举成为“湖南省明星乡镇企业”及中南地区最大的压力锅生产企业之一。

益湘公司的崛起，使曾氏企业集团无论是规模还是在效益上均迈上了一个新台阶。

（3）创办长沙铝合金热水瓶厂。

为了将企业集团不断做大，曾氏兄弟在长沙大力经营高压锅的同时，一直在寻求新的项目，他们想通过多元化的经营思路，增强企业集团抵御风险的能力，使企业永远立于不败之地。

1997年8月，曾氏集团出资880万元购买了长沙橡胶机械厂的38亩土地和9600平方米新厂房及部分机械设备，在省会长沙建立了自己的产业基地。

同年，曾左桥在考察北京、上海、武汉、广州等大城市，做热水瓶的市场调查。通过调研，综合分析市场上一贯流行的藤制、塑料、铁皮热水瓶的不足，于是大胆决定，生产铝合金热水瓶。12月18日，铝合金热水瓶终于生产出来，填补了我省新型热水瓶的空白。同一天，曾左桥的儿子曾超毅在长沙创办的“宝葫芦”日用品公司宣告成立，主要从事铝合金热水瓶等民用产品的生产和销售。

铝合金热水瓶具有造型美观、经久耐用、不生锈、不变形、安全可靠等优点，且成本低、价格适合，一投向市场，受到消费者的普遍好评，为曾氏企业又创造了一个效益好的新品牌。1999年11月，铝合金“宝葫芦旋转式压力锅”荣获湖南省经委颁发的“湖南省新产品”证书。

1998 年 7 月 28 日，曾氏集团总经理曾佑桥出资 260 万元，购买在占地 32 亩的东方红农场和 2700 多平方米厂房，作为在长沙建立长永铝业公司的生产基地。

（4）创办湖南正方锰业有限公司。

2000 年，曾氏集团在长沙观沙岭工业园参股投资兴建的湖南正方锰业有限公司，经过 6 个月的建设于 11 月正式投产。这家企业是专门生产锰合金等金属材料的公司，时任总经理冯子勇是 1998 年从长沙冶金学院毕业的研究生。他对锰制品金属材料颇有研究，且懂锰制品的制造工艺，并对我国锰制品的市场前景有独特的看法，可以说是一个既懂技术又懂生产经营的专家。公司开业前，曾氏兄弟与冯子勇为公司制订了一套完善而切实可行的管理制度。公司开工不久，就与省进出口公司签订了几批出口业务，同时还与国内的几家企业签订了多批供销合同，使该企业迅速走上了健康发展的轨道。这是继益湘公司后，曾氏企业集团在长沙投资的第 4 家工业企业。

（5）首进 500 强。

曾氏兄弟的事业在长沙如日中天时，他们在家乡邵东的企业亦得到了新的发展。

1997 年，曾氏集团副董事长曾铁桥，为了将自己创办的邵东银工工具厂做大做强，亦采取联营的策略。他于 6 月 28 日，与上海制钳总厂联营制造沪工牌工具，使该厂迅速成为当时湖南少有的工具生产厂家。此后该厂所生产的有关产品迅速畅销全国，产生了巨大的经济效益。

同年，时任湖南省委书记王茂林在邵阳市委领导的陪同下，视察了曾氏企业集团的邵东铝业公司、邵东日用铝制品厂、邵东银工工具厂等企业，了解生产情况，对曾氏企业的稳步发展与所做出的贡献给予了充分肯定，对曾氏兄弟给予了深切的鼓励。

1997年6月，曾超懿和爱人李亚洲，到湖北省郧西县创办了湘鄂有色金属冶炼厂，并取得了当年投资、当年见效的好成绩。

曾氏企业集团的快速发展，迅速在湖南乃至全国产生了巨大影响，1995年至2002年多次被评为“全国500强企业”，其铝制品、五金工具等30多个品种销往全国50多个城市。

1997年12月初，中央电视台记者周慧一行三人在湖南省有线电视台记者黄自笑等陪同下，深入曾氏集团的明星企业邵东铝业公司、邵东日用铝制品厂、邵东银工工具厂以及长沙益湘铝业有限公司进行了为期三天的采访拍摄。先后采访了企业集团领导曾小山、曾佑桥、曾左桥、曾铁桥，拍摄了现场并采访了技术人员和工人。整个电视片以专题的形式，全面报道了曾氏兄弟由农民成长为湖南省乃至全国有影响的民营企业家的坎坷经历，揭示了曾氏企业集团在党和国家有关发展民营经济政策的支持下，一步步成长、发展、壮大的过程，从一个侧面反映了党的改革开放政策的正确性。该专题片于1998年元月上旬在中央电视台二台《金土地》专题栏目中播出，由此曾氏兄弟为越来越多的人所熟知，曾氏企业集团已成为全国比较有名的企业集团。

党和政府对曾氏兄弟所取得的巨大成功也给予了充分的肯定与鼓励。

曾氏集团董事长曾小山，1998 年当选为湖南省人大代表，同年被省政府评为“湖南省优秀企业家”。曾氏企业集团总经理曾佑桥 1997 年当选为全国工商联执委，受到党和国家领导人的亲切接见，兄弟二人 2000 年先后被评为永州市“劳动模范”和湖南省“劳动模范”。曾氏集团副董事长曾左桥 2001 年荣获湖南省人民政府颁发的“湖南省优秀乡镇企业家”称号。

## 四、抢占西部阵地

1999 年，党中央提出了“西部大开发”的号召，曾氏集团领导人敏感地意识到，我国西部的矿产资源、水电资源丰富，市场投资发展潜力巨大。党中央又出台了一系列开发大西部的政策，种种因素叠加在一起，一定会形成巨大的商机。曾氏兄弟认为，西部大开发将是曾氏企业集团新世纪快速发展的一个新契机。

（1）创办六盘水双牌铝业公司。

为了解中国西部地区的市场状况，从 1999 年 5 月开始，以曾氏集团副董事长曾左桥为团长，双牌铝厂厂长曾超懿、技术厂长赵行福、曾超毅为团员的曾氏集团西部地区考察团，飞往陕西西安，参加“西部地区开发投资洽谈会”，然后又到贵州、云南、四川等地考察论证。

考察团认为，开发西部是国家提出来的一个新的国家发展战略，西北地大物博，但经济欠发达，曾氏集团进入西部抢占先机，大有可为。曾氏集团的核心事业是发展铝业，但从事铝业的一个重要条件是必须有充足的电力供应。考察团先后到成都的都江堰、攀枝花二滩电站等水电系统单位做了考察，当地政府与有关单位的热情接待以及吸引他们来投资的迫切心情，给考察团留下了深刻印象。但综合各方面的因素，曾左桥一行对在贵州六盘水发展铝业很有信心。这次考察尽管只有短短的12 天时间，但掌握了第一手资料，为曾氏集团进军西部大开发做了充分的准备。

考察团回湘后，曾氏兄弟一致认为，曾氏企业集团要想大发展，必须抓住西部大开发的机遇，并决定首先在贵州六盘水兴办铝厂，以后再根据时机进一步扩大在贵州的投资。这一决定正式吹响了曾氏集团向西部进军的号角，也成为曾氏集团在新一轮发展中的又一重大战略决策。

2000 年 5 月，贵州六盘水双牌铝业公司宣告成立。在贵州省委省政府、六盘水市委市政府和有关部门的大力支持下，公司的第一个铝厂六盘水铝厂正式破土动工。全部工程直接由曾氏集团董事长曾小山指挥，日常工作由副董事长、六盘水双牌铝业公司总经理曾左桥负责。

曾氏集团一次性将近亿元的资金投入工程第一期建设，首期建设 1 万平方米的大型厂房，32 条铝电解槽。至 2001 年 1 月，厂内机械设备安装完毕，第一期工程竣工。3 月 2 日一期通电试生产。5 月 1 日，32 条电解槽正式通电投产，将年产 5 万吨电解铝。

该厂在创办过程中，得到贵州省委省政府及当地政府的大力支持和帮助。2001 年 3 月 18 日，时任贵州省副省长刘长贵在六盘水市领导的陪同下，来到了六盘水铝业基地视察。六盘水铝业公司总经理曾左桥热情接待了省、市领导，并做了详细汇报。6 月 14 日，时任安顺市委副书记、常务副市长慕德贵在安顺铝厂主持召开现场办公会，听取铝厂负责人曾佑桥关于工程建设情况的汇报，对铝厂提出的亟需解决的问题，敦促有关部门积极搞好协调服务，妥善解决问题，确保铝厂生产顺利进行。

贵州六盘水双牌铝业公司在投产后的几年里，虽然整个电解铝行业经营困难重重，但该公司董事长曾超懿认为任何行业在萧条几年后过不了多久一定会有新的行情。因此，公司在他的领导下克服种种困难，经历多方努力，积极运作，科学管理，一步一个脚印，使企业得到持续发展。2003 年，公司完成销售收入 4.5 亿元，上交当地税收 1840 万元。公司所做出的优秀成绩得到了六盘水市委、市政府的高度肯定。2004 年 2 月 17 日，六盘水市政府召开乡镇企业表彰大会，六盘水双牌铝业公司被评为优秀企业，获得一台轿车奖励。3 月 17 日，贵州省召开全省乡镇企业工作会议，集团下辖的六盘水铝业公司、安顺铝业公司同时荣获贵州省“优秀乡镇企业”称号。

（2）创办安顺黄果树铝业有限公司。

在六盘水双牌铝业公司破土动工后，曾氏兄弟又谋划在重庆、贵州兴办第二个铝厂。

2000 年 11 月，曾佑桥从重庆考察房地产情况后又来到贵州六盘水考察电解铝项目，回来后在长沙观沙岭工业园召开董事会，曾佑桥向公司董事们汇报了这次考察的情况。在汇报中，曾佑桥特别提到了贵州私营企业的发展情况和当地政府对外来投资者的热情和支持，同时也提出了他对安顺的投资环境、地理位置、政府发展经济优惠政策的看法，建议公司邀请安顺市政府和供电局领导来曾氏企业考察，确定在贵州省安顺市投资建设一个年产 10 万吨的电解铝厂。董事会听完汇报后，同意派人再去做细致的考察工作。

12 月，曾佑桥组织一批技术人员，再次进驻安顺做全面的投资考察，安顺市委、市政府热心地接待了他们，全面介绍了全市的相关情况，并积极协调，争取安顺供电局的大力支持。

2001 年元月，曾氏企业集团与安顺市人民政府正式签订建设电解铝厂的投资协议。

每一次新的发展，都是一个崭新的开始。2001 年 1 月 5 日，安顺黄果树铝业公司宣告成立。2 月 3 日公司下属的安顺铝厂举行奠基典礼。2 月 12 日，项目正式破土动工。为了建设好这个企业，曾氏集团总经理曾佑桥牵头组建班子，亲自带队施工，工程建设如火如荼地展开。工地上车来人往，建设资金从各地集中过来，原材料源源不断地从全国各地涌入。11 月 15 日，贵州省安顺市市长陈海峰带领市经贸委、市发展计划委员会、市财政局、市公安局等有关部门负责同志，走访安顺铝厂，帮助解决建设中存在的实际困难。

经过不到一年的奋战，2002 年 1 月 28 日，安顺铝厂第一期 30 条电解槽通电试生产一举成功。2003 年 5 月 1 日，第一期电解槽全部建成投产，生产规模为年产电解铝 10 万吨。5 月 21 日，时任安顺市副市长韦林、陈正明率市国土局、经贸局、环保局、西秀区政府、轿子山镇政府等部门领导一行 21 人到安顺铝厂现场办公，支持铝厂工程建设，解决存在的问题。

安顺铝厂是曾氏集团投资西部大开发的重点工程之一，同时也是安顺市政府列入十五规划的重点工程。原安顺地委和行署在 20 世纪 80 年代末期就计划在这里办一个铝厂，由于多种原因一直未办起来，这次曾氏兄弟不仅为安顺市委、市政府完成了夙愿，而且为安顺市填补了一个空白。

（3）创办清镇南方铝业公司。

曾氏企业集团在贵州先后兴办的六盘水、安顺铝厂的主要原材料为氧化铝，当时这两个铝厂所需的氧化铝都是从其他厂购买。由于所需氧化铝日益增多，往往供不应求，影响了两厂的正常生产。为解决氧化铝的供应问题，曾氏集团决定自己兴办氧化铝厂。于是从2002年开始，集团派专人外出考察，在中南大学、郑州轻金属研究院、贵州工业大学、贵州铝厂等单位有关专家的帮助下，最后确认贵州的清镇市铝矾土资源丰富，交通便利，遂决定在此兴办氧化铝厂。通过和贵阳市、清镇市政府多次商谈，当地政府对曾氏兄弟来清镇办厂十分欢迎，双方很快便达成了投资办厂的意向。

2002年12月，曾氏企业集团副董事长曾佑桥带领公司技术人员，到遵义、清镇等铝土矿丰富的地方考察氧化铝项目建设情况。在省、市有关部门的支持下，2003年6月18日，曾氏集团与清镇市政府正式签订了投资合同，准备建设一个年产40万吨氧化铝厂。经过一个月的开工前期准备，曾氏集团又一重大工程——清镇氧化铝厂于7月17日正式破土动工。该厂隶属于是年5月成立的贵州南方铝业公司。

开工典礼上，曾氏集团董事长曾小山，清镇市委、市人大、市政府、市政协负责人出席仪式，开工典礼既简朴又隆重。接着地质局115队、贵阳市建筑公司等工程队施工机械进场施工。在2004年12月，该工程第一期年产20万吨氧化铝项目建成。从此六盘水与安顺铝厂的原材料供应问题得到彻底解决。

在短短的两年时间内，曾氏企业集团在贵州先后兴办了三个大型铝厂，为当地的经济发展做出了重大贡献。贵州人民为了表示对曾氏兄弟的敬意与感谢，集团事副董事长曾佑桥、曾左桥，于2002年12月分别当选为贵州省人大代表和贵州省政协委员。同年，曾佑桥再次当选为全国工商联第九届执委。

（4）创办长江铝业公司。

为进一步将企业做大做强，通过多次论证，2002年10月7日，由曾氏企业集团董事长曾小山投资兴建的第四个电解铝厂——宜昌长江铝业公司，在湖北省宜昌市破土动工。

宜昌地处三峡电站附近，地理位置优越，电力资源丰富，依托奔流不息的长江，交通运输相当便利。集团看准了这一基地，曾于2001年派员实地考察，2002年7月就和宜昌市政府达成了投资协议。

开工后，湖北省委、省政府对这一项目相当重视。时任中共中央政治局委员、湖北省委书记俞正声，湖北省省长罗清泉，省委常委、常务副省长周坚卫等领导曾亲临现场指导，关心支持这一项目的发展，并解决了施工过程中的一些难题。该企业在两年的建设中，宜昌市委、市政府和区委、区政府等领导也曾多次赶赴工地，解决问题，使铝厂加快了施工进度。

长江铝业是曾氏集团支柱性产业项目，是继湖南双牌铝业、贵州六盘水铝业、安顺铝业、湖南邵东铝业后的又一大型铝厂，是当时全国首屈一指的大型电解铝企业。该厂采用国内先进的24万伏电流预焙电解槽技术，全部建成投产后可年产铝锭13万吨，产值可达16亿元，可安排就业人员1200余人，是曾氏企业集团当时最大的一个项目。

在湖北省委、省政府的亲切关怀下，经过两年的艰苦建设，第一期工程于2004年12月基本竣工，2005年一季度生产电解铝1.6万吨，实现销售收入3.15亿元，得到当地政府的一致好评。但由于供电紧张，一直延误了投产。在湖北省委书记俞正声、省长罗清泉以及宜昌市委、市政府的关心支持下，集团多次与湖北省电力公司、国家电力公司协商，要求尽快解决宜昌铝厂的供电问题，以便该厂迅速投入生产。经过领导关心与董事长曾小山的努力，2005年7月12日，规模宏大的126条电解槽陆续投入通电试生产，年产电解铝12万吨，标志着第一期工程建设实现了试运行。

同年，长江铝业公司二期工程开始建设，在12月建成试生产，年生产能力达12万吨，年产值达到22亿元。

长江铝业公司的法人代表是董事长曾小山的儿子曾超林。2005年4月，他从加拿大留学回国，在上任不到一年的时间内，便把企业引向了快速发展的轨道。他认真钻研管理，虚心向员工学习，广泛听取来自公司各方面的意见，利用自己在国外学到的管理知识，结合本企业的实际，大胆开拓，广用人才，使企业充满活力，发展喜人。

曾氏企业集团从1998年进入生产电解铝业行业以来，在董事长曾小山的正确领导和集团董事会成员的密切配合下，5年来上下一心，团结奋斗，艰苦创业，大胆创新，阔步前进，一年上一个新台阶，取得了丰硕的成果。从建湖南双牌铝厂、贵州六盘水铝厂、贵州安顺铝厂、湖南邵东铝板铝料加工基地，到宜昌长江铝业有限公司，这些先后创建的企业业绩充分证明，曾小山与他的兄弟们有着过人的胆识、巨大的勇气与气魄，他们一步一步缔造了一个铝业王国，这个王国日新月异，如日中升，展现出无限广阔的发展前途。而曾氏集团经过在西部地区的第一轮发展，实力大为增强。经全国工商联等部门审查评定，2001 年集团名列全国民营企业 500 强的第 359 位，2002 年名列第 316 位，2003 年名列第 201 位。至此，曾氏企业集团连续 6 年被评为全国民营企业 500 强，并且名次每年都稳步向前。

### 五、走向全国

自 20 世纪 90 年代后，曾氏兄弟的事业进入高速发展阶段，所办企业如雨后春笋般冒出。如果仅仅以时间为线来勾画企业集团的发展轨迹，显然过于简单，尤其是企业进入西部地区发展后，原来在邵东、冷水滩、长沙以及其他地区所办企业均得到了很大发展，集团规模急剧扩大。进入新世纪后，曾氏集团进入黄金发展阶段。

（1）曾氏铝业集团与曾氏企业集团成立。

曾氏企业集团是曾小山、曾佑桥、曾左桥、曾铁桥兄弟联合在永州创建，在各级领导和社会各界朋友的关心支持下，经过多年的发展，集团由小到大，由弱到强，在全国享有越来越高的知名度。鉴于企业集团下属企业日益增多，规模越来越大，为了更好地发挥各企业的积极性，使企业经营更加灵活，经集团董事会 2003 年 7 月讨论通过，自 2004 年 8 月开始，曾氏集团正式分设为："曾氏铝业（集团）有限公司"与"曾氏企业（集团）有限公司"。曾氏铝业集团由大哥曾小山带领其子女成立，曾氏企业集团由曾佑桥、曾左桥、曾铁桥三兄弟成立。两家集团公司自主经营，财务分开，独立核算，自负盈亏。集团董事会还决定《曾氏企业报》从 2006 年 5 月起由曾氏企业（集团）有限公司独立承办。

（2）贵州企业繁荣兴盛。

曾氏企业集团成立后，2005 年在贵州投巨资创办了平坝宏大铝化有限公司，生产氧化铝。

为了新建这个氧化铝项目，曾氏企业集团于 2002 年 12 月开始派人考察遵义氧化铝项目，与遵义市、县领导多次洽谈投资事宜。在时任遵义市委书记傅传跃、市长卢守祥、副市长叶滔、刘明和遵义县委书记袁利民、县长金明扬等领导关心下，2003 年 8 月 30 日至 9 月 1 日，曾小山与曾佑桥、曾左桥及长江铝业负责人一起对遵义县的黑石台、阁老坝、尚稽镇等地进行为期三天的实地考察，正式达成投资协议。

平坝县境内的航宇机械厂是三线军工机械生产企业，占地面积近 500 亩，建筑面积近 10 万平方米，后来该厂由农村搬迁转移到城市，该企业厂房宿舍被闲置多年。安顺市委、市政府和平坝县委、县政府为盘活这家企业的资产，多年来一直试图通过招商引资解决这一问题。当与曾氏集团达成投资协议后，市、县领导便介绍集团领导进入该厂进行考察。经过专家评估后认为，航宇机械厂地址虽然偏僻，但办氢氧化铝项目是符合条件的。因此，曾氏企业集团领导人经过与对方协商，以 1620 万元人民币收购了平坝航宇机械厂的全部资产，决定在此建立一个新的氢氧化铝项目。

在董事长曾佑桥主持下，经过细致的论证和规划，2005 年

7 月，贵州平坝宏大铝化工有限公司正式成立。同时，平坝铝化工项目正式开工建设。这个项目由集团总经理曾左桥主持全面建设工作，副董事长曾铁桥负责各配套经营公司的协调，曾超毅负责安顺、平坝项目的总体经营，大家紧密配合，工程进展顺利。

工程建设过程中，得到安顺市委、市政府和平坝县委、县政府及市、县有关部门的大力关心和支持，进度和质量都符合设计要求。在企业员工的共同努力下，经过 10 个月的艰苦奋斗，2006 年 6 月平坝宏大铝化工有限公司第一期年产 8 万吨氢氧化铝项目建成试生产，年产值达 7 亿元，每年可为平坝县上交各项税收 5000 万元，成为当地最大的纳税户，同时为解决当地下岗职工、农民工就业问题做出了积极贡献。

平坝宏大铝化工一期项目，是曾氏企业集团正式组建后兴建的第一个重大工程，这是湖南曾氏集团在贵州省投资的第四家企业。

为了增强企业抗风险能力，壮大企业实力，2008 年 7 月，平坝宏大铝业和深圳北方公司在贵阳圣丰大酒店国际会议厅签订了股份置换合作协议。时任贵州省委常委、秘书长张群山，安顺市委书记陈坚，市委常委、常委副市长杨梦龙，中国北方公司副总裁徐宇平、何晓东，曾氏企业集团董事长曾左桥，平坝宏大铝业董事长曾超毅等负责人出席了签字仪式。这次合作是双方着眼当前、立足长远的双赢选择。签字仪式后，曾氏宏大集团和深圳北方公司联合投资建设的年产 7. 2 万吨铝棒生产线一期工程于 2009 年 6 月试生产，从而为曾氏企业集团的发展注入了新的活力。

曾氏兄弟在西部所办的其他铝业公司在克服重重困难后，亦得到了大发展。2005 年 10 月 18 日，《中华工商时报》报道：2004 年度全国民营企业 500 强评定，曾氏集团以年工业产值 20.126 亿元位居第 210 位。

2006 年 3 月，在公司董事的支持下，六盘水铝业公司负责人曾超懿投巨资，大胆进行第二期工程建设。建设期间，时任贵州省委副书记黄瑶、六盘水市委书记辛维光、市长廖绍华、水城县委书记杨明达、县长周兆等领导来厂视察，帮助企业解决问题。第二期年产 15 万吨电解铝工程在 2007 年下半年建成投产。

2006 年 10 月，安顺黄果树铝业有限公司第二期年产 10 万吨电解铝技改项目破土动工。为了该项目的顺利兴建，时任安顺市委书记陈坚全力支持，安顺市长申晓庆、副市长杨梦龙到企业集团现场办公，使该项目得以顺利进行。

2008 年，受亚洲金融危机的影响，黄果树铝业有限公司一度经营困难，引起贵州省委、省政府的高度重视。10 月 29 日，时任贵州省委书记、省人大常委会主任石宗源，省委常委、秘书长张群山等领导在安顺市委书记陈坚，市委副书记、代市长罗宁，市委常委、常务副市长杨梦龙等市领导陪同下视察黄果树铝业有限公司，在听取公司有关负责人的汇报后，指示省委、省政府全力支持帮助曾氏企业集团在贵州项目的发展。同时希望集团提升产业链，共渡金融危机和经济难关。2009 年 2 月 1 日，时任安顺市委副书记、代市长罗宁，市委常委、副市长王延恺带领市财政局、发改局、经贸局、电力局、城市信用社、西秀区领导等一行 20 多人到黄果树铝业公司调研。罗市长明确要求市各级各部门要尽全力支持企业的发展，服务好企业，帮助企业渡过难关。

2009 年 4 月 23 日，黄果树铝业调动一切可以调动的力量，克服种种困难，筹集发展资金，在国际金融危机中迎难而上，将元月份限电停产的二期工程 68 条电解槽通电、于 5 月 1 日投料试生产。在贵州省委、省政府以及公司全体员工的共同努力下，公司很快渡过难关。同年 12 月初，经国家发改委、财政部组织的节能技改项目节能量专家组审核，黄果树铝业预培槽阳极技改项目荣获国家节能奖，并获得奖励资金 764. 27 万元。

（3）湖南企业蒸蒸日上。

在贵州企业越做越大、繁荣兴盛之时，曾氏兄弟在家乡邵东、湖南永州及省城长沙创办的部分骨干企业，进入新世纪之后，均得到了很大发展。

为了提高产品的科技含量，增加产品的附加值，2001 年 9 月，集团董事长曾小山创办的湖南邵东铝业公司进行全面扩建，新投资 6000 万元，征购地 150 亩，引进高科技铝材深加工设备，与北京高科技研究所联合创建邵东铝带板厂，联手开发年产 1. 5 万吨电缆箔、PS 极基、装饰用铝板等产品。这个科技含量高的精铝深加工工程，在省、市、县领导的关心和支持下，2002 年 7 月第一台冷轧机建成投产，生产的铝卷、电缆箔、PS 板基、合金装饰铝板、空调用清水箔等主要产品填补了湖南、江西两省空白，铝板达到国内领先水平。第二台冷轧机于 11 月底安装完毕，顺利进入调试生产阶段，这标志着湖南省最大的铝板带轧制厂正式建成，为湖南省铝加工业的历史掀开了新的一页。

2003 年，湖南邵东铝业公司年产电缆箔、PS 板基、装饰用铝板铝卷等达 11000 吨的好成绩，上交税额 800 万元，产品远销上海、江苏、广东、福建等地，供不应求。公司生产的“双铝”牌铝锭质量过硬，在广东市场销售，被广东省质监部门列为免检产品。

为进一步扩大企业生产规模，做大做强企业，2004 年 3 月，湖南邵东铝业公司建设第二期铝箔生产线。工程破土动工后，由于资金充足，管理有序，所建生产车间迅速竣工，工程于 2005 年投入生产。

邵东铝业有限公司产销两旺，至今繁荣昌盛，每年上交国家税收千万余元，成为邵阳乃至全省的明星企业，引起了各级领导的高度重视。时任湖南省委书记、省人大常委会主任杨正午，湖南省省长周伯华，副省长贺同新，以及继任湖南省省长张云川，省人大常委会副主任郭俊秀，湖南省政协主席胡彪先后到厂视察。时任邵阳市委书记蒋建国、继任邵阳市委书记盛茂林以及邵阳市市长黄天赐等市领导以及邵东县委、县政府的领导亦先后莅临邵东铝业公司视察和调研，一再鼓励曾氏企业做大做强，加快发展，为家乡的经济发展做出更大的贡献。

除邵东铝业公司获得超常规发展之外，曾氏企业集团下属的邵东银工企业有限公司亦获得新的发展，产品质量不断提高，经营业绩不断攀升。从 1999 年开始，连续多年被湖南省评为“重合同，守信用单位”称号。2004 年被国家工商总局评为全国“重合同，守信用企业”称号。

2005 年，长沙的房地产处于低谷时期，烂尾楼很多。曾氏铝业集团董事长曾小山投巨资收购长沙市八一路与迎宾路交叉处的一栋烂尾楼，接着花了两年时间把所有手续办齐。原开发商想将该栋烂尾楼建成大酒店，因为考虑到省军区在旁边，为了配合政府的安防，曾小山将该栋楼改成小户型公寓，用房地产经营模式开发。为了解决原来没有停车场这个大问题，集团租用了省军区1万多平米300多个车位的地下车库。这样，不仅为政府解决了这栋拖延多年的烂尾楼难题，同时也为公司创造了显著的经济效益。

同年，曾小山董事长出资1.2亿元人民币，购买长沙市皇冠大酒店产权，作为曾氏新仁集团在长沙的总部。

曾氏企业集团为加快发展，自2006年后开始投资房地产产业，在湖南长沙和广东大亚湾投资两个房地产开发项目，并在深圳投资成立了宏大铝业公司，经营产品销售和原材料供应。

2006年11月，曾氏企业集团投资参股湖南盛大泽西城房地产公司，占该公司40%股份。该项目位于河西毛泽东文学院东侧，占地40.5亩，总建设面积9.1万平方米。该项目2007年初全面开工建设，至2010年6月，开发的9.18万平方米商品房基本销售完毕。

2007年，曾氏集团董事长曾小山和总经理曾铁桥收购国营企业邵东焦化厂，成立湖南兴工焦化有限公司。

为了企业的长远发展，2008年，曾氏企业集团召开董事扩大会议，明确下一代接班人。9月15日，集团董事扩大会议在长沙岳麓山庄召开。会议总结了集团近30年的发展成绩，同时从全局和长远的高度选定下一代集团领导：由曾超毅任董事长；曾超平、曾爱柳分管安顺黄果树铝业有限公司；曾咏柳、曾超军分管平坝宏大铝化工有限公司；曾超潜分管深圳曾氏宏大铝业有限公司。这是曾氏企业集团为了企业的长远发展而做出的一个重大战略决策，其主旨是为了培养新一代企业家群体，使他们能够在市场经济的激烈竞争中得到更好的锻炼。

受2008年国际金融危机影响，曾氏集团下属有关铝工业企业面临着更为激烈的市场竞争，为此，曾氏铝业与曾氏企业集团多次召开对策分析会，寻找企业走出困境的新思路、新办法。2008年12月和次年4月曾小山、曾佑桥、曾左桥、曾铁桥、曾超毅等企业负责人先后在长沙岳麓山庄和家乡邵东县流泽宏仁堂召开专题会议，就国际金融危机对铝工业的影响进行分析，就应对危机、平稳过渡进行深入研讨，要求各企业负责人务必强化企业管理、节能减耗、增收节支，调动各方优势，精诚团结，全面发展，并采取了一系列措施来坚定员工信心，推动企业渡过难关、继续发展。

此后，原有企业相继加强了内部管理，稳扎稳打，积极采取措施，逐步调整发展方式，增加新的投资，走科技创新之路，以求在外部经济形势严峻的情况下求得企业新的发展，创造新的增长点。

为此，集团负责人曾佑桥、周向梅于2009年10月随湖南省工商联访欧考察团远赴欧洲，对英国、丹麦、挪威、瑞典、芬兰等五国经济发展情况进行考察，以开阔视野，寻求经济发展之策。

2009年，曾氏企业集团长沙明泰金属科技有限公司坪塘生产基地开工建设，为明泰金属科技生产打造新的发展平台。

2010年3月，曾氏集团董事局主席曾小山带领曾佑桥、曾左桥、邓娥英等集团负责人考察长沙含浦工业园，并就2010年投资长沙项目进行全面论证。7 月，集团在长沙高新区麓谷科技园摘牌土地 50 亩，用于建设科研生产基地。10 月，基地全面开工建设，总建筑面积 36000 平方米，成为曾氏企业在长沙麓谷工业园内的一个集研发、生产、培养人才于一体的高科技生产基地。经过精心施工，至 2011 年 10 月，基地二号楼主体封顶。该项目是曾氏企业集团和中南大学、湖南大学部分科研人员联合从事铝镁工业科研的创新型项目。

2010 年 10 月，曾氏企业有限公司和双峰曾国藩酒业有限责任公司合作，在长沙五华宾馆举行协议签字仪式，通过引进技术，联合生产“曾国藩”系列白酒。同年 12 月，为回报家乡发展，曾佑桥联合刘峥嵘、林寿春、李检云、曾爱柳等股东，成立邵东宏源小额贷款公司，为小微型企业发展提供资金支持。

荣誉总是伴随着奋斗者与成功者，曾氏兄弟在湖南创业的成功，湖南人民一直没有忘记他们，并给他们戴上了众多的桂冠：

2003 年，集团董事长曾小山当选为全国人大代表，3 月，他光荣出席第十届全国人大代表大会。同年，曾佑桥总经理当选为湖南省光彩事业促进会副会长，集团再次荣获湖南省光彩事业先进单位奖。曾小山董事长荣获湖南省中国特色社会主义事业优秀建设者光荣称号。

2008 年曾左桥荣获湖南省十大杰出湘商称号，受到表彰。

2011 年，曾小山和其夫人邓娥英、儿子曾超懿三人分别当选为湖南省、贵州省人大代表，分别参加湖南省、贵州省十一届人大五次会议，曾佑桥、曾左桥则分别当选为湖南省、贵州省政协委员，出席湖南省、贵州省政协十届四次会议。是年，曾氏集团共有 12 人分别担任湖南、贵州、湖北等省、市、县（区）的“两会”代表和委员，被媒体誉为“参政议政一家”。

（4）上海企业兴旺发达。

曾氏兄弟是一群具有卓越见识的企业家群体。可以说，哪里有机遇，哪里就有他们的身影。上海是我国国际性大都会，开放程度高，市场机遇多，它所具有的发展机遇是国内其他城市无可比拟的。经过多年的开拓经营，上海浦东亦有了曾氏兄弟的一份事业。

到上海发展是曾氏企业集团 2001 年 10 月开始设想酝酿的。其时，曾氏集团在董事长曾小山的指导下，已取得了辉煌的成就，拥有 4 家电解铝厂，分布在湖南、贵州、湖北等广阔地域，每年可生产铝锭 20 万吨，年需氧化铝 40 万吨。为了把企业做大做强，曾小山董事长提议把市场面向世界，把产品推出国门，决定到上海成立公司，做好做活外贸经济，把集团产品推向世界。

董事长这一思路公布后，立刻得到集团高层领导的响应，并且马上付诸行动。通过董事会反复讨论与认真考虑，大家一致推荐曾超懿去上海筹建公司。曾超懿原是六盘水铝厂副总经理，具有较强的管理和组织能力，他从 1998 年开始一直分管产品销售和氧化铝购进工作，对铝厂的供销经营有着丰富的管理经验。他为人正直，讲究诚信，深得各业务单位的信任。大家都相信他一定不负重托，会出色地完成这一任务。

曾氏企业集团对这个项目拍板定下来后，曾超懿开始着手策划上海公司的人选事项。2002 年 3 月 12 日，曾超懿携其夫人李亚洲肩负着曾氏企业集团交给他们的这副重任，前往上海，走马上任，闯荡广阔的企业天地。

俗话说：万事开头难。曾超懿到达上海后，工作伊始，遇到不少困难，诸如熟悉环境、了解市场情况、搜集经济信息、沟通人际关系、调整工作思路、聘用人才等方面都存在许多实际问题。好在他在上海、北京等地有一批朋友，在朋友们的大力帮助下，他很快打开了局面，顺利地开展工作。首先，他在浦东新区陆家嘴世界广场20层楼租下了一个760多平方米的写字楼，摆开了场面。为了很好地开展工作，树立良好的形象，他迅速请来了装修公司，商量好装修方案，尽快地把办公场地装修得高雅而又有气魄。为了便于工作，他又在写字楼附近租用了几套住房，办公地点和住房定下来后，他与夫人李亚洲马不停蹄地开始招聘人才和开展前期业务准备工作。虽然任务繁重，但他们夫妇既有工作经验又能吃苦耐劳，在他们的精心组织与策划下，经过短短两个月的筹建，上海双牌铝业公司于4月28日在上海隆重开业，主要经营集团下属各电解铝生产企业的产品出口和氧化铝进口等业务，曾超懿任公司总经理。

该公司是曾氏企业的产品出口、原材料进口的重要渠道。曾超懿十分敬业能干。5月8日，他就以合适的市场价与北京五矿公司签订了第一笔业务，从澳大利亚进口氧化铝3万吨。紧接着，他又和多家外贸公司取得联系，进行了友好互利的合作，出口铝锭，进口氧化铝，一笔一笔业务有条不紊地进行交易，取得了可观的经济效益。

为了尽快地与外商直接联系，减少中介环节，节省时间与财力，提高工作效益，曾超懿从2002年下半年开始，多次出差到加拿大、日本、澳大利亚、新加坡等国，进行实地考察，了解国际铝业市场的实际情况，掌握第一手资料，以便于直接与外商洽谈商贸业务。由于他熟悉业务，工作起来得心应手，加之在做生意中讲究诚信，为人谦恭，能虚心和业内人学习，因此业务能力提高很快。他在很短的时间内就做成了 16 项大业务，实现公司当年投资、当年出效益，为曾氏企业集团 2002 年度各铝厂的原料厂进口和打开国际市场做出了很大贡献。

曾超懿的努力拼搏精神和忘我工作的劳动热情，受到了曾氏集团董事会的赞扬和表彰。2003 年元月 26 日，在集团年度总结会上，大家一致通过，授予曾超懿和李亚洲为曾氏集团 2002 年度优秀先进管理者光荣称号。此后，公司在曾超懿的精心经营下，不断取得新的业绩，为曾氏集团电解铝厂的发展起到了至关重要的作用。

曾氏集团在上海的第二家企业是上海六盘水铝业公司。该公司于 2002 年 6 月由曾超毅负责创办，是曾氏集团进行铝厂深加工的试验工厂，聘请铝加工退休专家负责技术，主要产品是工业型铝材，产品销往日本、韩国等地。

2005 年，董事长曾小山在江苏江阴市徐霞客镇创办了“新仁科技有限公司”，经营铝产品深加工，并从事铝原料及铝产品进出口业务，公司业务十分兴盛。

经过几年的发展，曾氏铝业集团在我国东部上海、江苏的企业均已落地生根，并日益发展壮大。2006 年 2 月，集团在上海召开董事会，对集团第六个五年发展规划（2006 年至 2010 年）进行全面部署，并对企业人事进行了新的安排。至 2010 年，所属公司均已超额完成六五规划，已进入第七个五年计划

（2011 至 2015 年）发展阶段。我们相信，伴随着我国经济开放性程度不断提高，曾氏铝业集团所属的上海、江苏等企业一定会更加兴旺发达。

（5）新疆企业异军崛起。

曾氏兄弟是一群不满足现状、勇于开拓进取的企业家。他们从事铝工业以来，一直在不断地考察新项目，寻找新机遇，从而使他们的企业从家乡逐步拓展到了全国。

2009 年 7 月，董事长曾小山亲自带队，邓娥英、曾佑桥、周向梅、曾左桥、赵知英、曾超懿、李亚洲一行 8 人，对青海、甘肃、陕西三省进行了为期一周的考察，了解投资环境和市场状况。考察期间，曾小山一行还先后参观黄河源和青海湖、鸣沙山、月牙泉、莫高窟、长城及西安古城等名胜古迹。接着，董事长曾小山又多次赴新疆考察。

经过考察，曾小山认为新疆矿产资源丰富，电力供应充足，投资环境优越，是发展铝工业的理想场所。于是，曾小山作出了在新疆投资设厂建设曾氏铝业大本营的重大决定。经过一年多紧张筹备，集团投入巨额资金在新疆喀什市建设煤电铝一体化项目。2010 年 8 月，新疆煤电铝一体化项目开工建设。2011 年 8 月 13 日，时任新疆维吾尔族自治区区委书记张春贤在石河子市市委领导的陪同下，来到曾氏集团天山铝业视察，给在此办企业的曾氏铝业集团员工以巨大的鼓舞和鞭策。

该项目的资金来源之一是曾氏铝业在新加坡上市后所募集的资金。曾氏铝业的上市，是董事长曾小山立足长远，从战略高度考虑新仁铝业未来发展而成功筹划的得意之作，它为新疆项目建设起到了十分重要的作用。新疆项目自 2010 年开工以来，经过一年时间的努力，现已初具规模，第一期工程于2011年年底建成投产。该项目的全部建成，使曾氏铝业集团迈上铝工业发展新的阶段。

（摘自《曾氏企业文史》）

# 后　记

身为曾氏家族一员，我们历年来珍藏的曾氏文史资料浩繁，将其整理成《曾氏源流与太平房系》予以出版，旨在彰显宗族前贤风采，激励后裔与时俱进。此乃应有的家国情怀与责任担当，我始终念兹在兹。

岳麓书社道承湘学，言纳百家，繁荣学术，积累文化，是国内优秀出版社，深受读者仰慕。我一日登门拜访曾德明总编辑，初次相见，交谈甚欢，说明来意：请贵社编辑我曾氏书籍。曾总编辑当即允诺，我得以如愿以偿。

本人从事民营企业工作四十余年，在辛勤耕耘之余，热衷舞弄文墨，坚持下来，小有成果，先后出版《崎岖》《跨越大洋》《旅欧札记》《父亲的足迹》等多部专著；主编《曾氏古今》《笃亲追远　丕振家声》《流泽三部曲》等。1997年，创办《曾氏企业报》，至今已发行180多期。“重视企业文化，陶冶情操；传播曾氏美德，任重道远”，是我内心深处的感悟和坚守。

值此书出版之际，感谢袁隆平院士和大哥小山董事长为该书作序；感谢岳麓书社唐浩明先生为本书题写书名；感谢聂双武先生精心编撰。武城曾氏上溯之源流清楚明白，重要之人事精彩纷呈。感谢曾令金宗亲和曾仪容族贤的全力协助。

曾氏集团从先父敬章公1938年在老家仁让堂搬到积福街，开设“曾氏祥记商号”开始，已历经80多年风雨，虽有曲曲折折、起起伏伏，但始终在成长、壮大和创新中发展，位居中国民营企业500强之列。2018年计划举办我集团创立80周年庆典，从节俭考虑，以座谈会代之。

本书的出版，也算是作为献给曾氏集团创业80周年的一份薄礼了。

曾佑桥

2021年3月于长沙岳麓山庄

**图书在版编目(CIP)数据**

曾氏源流与太平房系/曾佑桥主编 . —长沙:岳麓书社,2021. 5

ISBN 978-7-5538-1459-9

Ⅰ. ①曾…　Ⅱ. ①曾…　Ⅲ. ①氏族谱系—研究—湖南　Ⅳ. ①K820. 9

中国版本图书馆 CIP 数据核字(2020)第 232030 号

ZENGSHI YUANLIU YU TAIPING FANGXI

**曾氏源流与太平房系**

主　　编:曾佑桥

责任编辑:彭卫才

责任校对:舒　舍

封面设计:邓　卉　刘　峰

岳麓书社出版发行

地址:湖南省长沙市爱民路 47 号

直销电话:0731-88804152　0731-88885616

邮编:410006

版次:2021 年 5 月第 1 版

印次:2021 年 5 月第 1 次印刷

开本:890mm×1240mm　1/32

印张:18

字数:389 千字

ISBN 978-7-5538-1459-9

定价:180. 00 元

承印:湖南省众鑫印务有限公司

如有印装质量问题,请与本社印务部联系

电话:0731-88884129